BALKAN

WOLFGANG LIBAL

Balkan

Prestel

Passavia Druckerei GmbH Passau
ISBN 3-7913-0763-0

Für Michael

Inhalt

RUMÄNIEN

BULGARIEN

Einleitung

Versuch einer Eingrenzung

»Das ist Balkan« – das sagt sich so leicht hin, aber was meint man damit eigentlich? Einen geographischen Bereich, eine historische Erfahrung und ein politisches Schicksal, eine kulturelle Prägung, eine bestimmte Verhaltensweise und Mentalität der Menschen, oder das eine wie das andere und alles zusammen? Bevor versucht werden soll, darauf eine Antwort zu geben, einige Bemerkungen:

Nirgends auf der ganzen Welt gibt es auf so engem Raum eine so bunte Fülle von Völkern, großen und kleinen, von so verschiedener Herkunft, Religion, Sprache und nationalem Schicksal wie im Südosten Europas, Völkern, die miteinander in Frieden gelebt, aber auch sich gehaßt und bekämpft haben, um dann wieder friedlich miteinander auszukommen.

In diesem Teil Europas haben sich zwei rand- und außereuropäische historische Faktoren ausgewirkt, denen man in unserem Westen nicht immer gerecht wird: das tausendjährige Reich von Byzanz-Konstantinopel und die fünfhundert Jahre dauernde Herrschaft der Osmanen.

Den Spuren nachzugehen, die diese beiden Reiche und Kulturen zwischen Donau und Ägäis, zwischen Adria und Schwarzem Meer hinterlassen haben – in der Denk- und Lebensweise der Bewohner dieser Landschaften, im Mechanismus seiner Staaten, in der Politik seiner Herrscher, im Geist seiner Kirchen – wird Sache dieses Buches sein.

Es soll auch geschildert werden, wie durch unsere moderne Arbeits- und Wirtschaftswelt, die mit Industrien, Kraftwerken, Autobahnen und dem internationalen Massentourismus auch diese Länder überzieht, immer wieder die nationalen Grundmuster durchschlagen.

Von all dem soll hier die Rede sein, aber auch von der Vielfalt seiner Landschaften: den Karstwüsten Montenegros, der Urlandschaft des Donaudeltas unter der großen Glocke des Himmels, dem lieblichen Rosental am Fuß des Balkan-Gebirges, dem Zauber des weltverlorenen Dreiländer-Ecks zwischen Jugoslawien, Griechenland und Albanien, den dunkelgrünen bosnischen Bergen, dem mediterranen Licht in den Buchten der albanischen Riviera und der Stille um die Klöster in den Tälern Serbiens.

Wo aber beginnt dieser ›Balkan‹, vom Westen her gesehen?

Für manche beginnt er bereits am Hauptbahnhof in München, und wenn nicht dort, dann auf alle Fälle am Ostrand von Wien. Für solche Leute gehört daher auch die ungarische Puszta zum Balkan, womit sie Gefahr laufen, sich den tödlichen Haß der Magyaren zuzuziehen, die bekanntlich größten Wert darauf legen, als mitteleuropäisches Volk zu gelten.

Im Westen, Norden und Südosten können wir es uns insofern einfach machen, als wir Gebiete, die nur vorübergehend oder niemals von den Türken beherrscht wurden, *nicht* zum Balkan zählen. Dubrovnik (Ragusa) zum Beispiel gehört nicht dazu und der größte Teil Dalmatiens, in dem jahrhundertelang das Wort Venedigs galt. Im Norden selbst brauchen wir uns nur an die alte österreichische Militärgrenze zu halten, wenn wir den Balkan von Mitteleuropa abgrenzen wollen. Sie verlief, etwas grob gezeichnet, von Karlobag an der Adriaküste zur Una in Westbosnien, ging dann der Save und Donau entlang und schwenkte schließlich, indem sie sich an den Karpatenbogen hielt, nach Nordosten. Sie trennte die von der westlichen Kultur geprägten Slowenen, Kroaten, Magyaren, Deutschen und auch einen Teil der Rumänen vom Herrschaftsgebiet des Sultans am Bosporus. In diesem lebten nicht nur islamische Türken, sondern auch christliche Völker, Serben, Bulgaren, Albaner, Griechen, die abgeschlossen waren von den geistigen Strömungen im Westen, an denen also Renaissance und Reformation, Aufklärung und die bürgerlichen Revolutionen vorbeigegangen sind.

Um zum Geographischen zurückzukehren: Im Osten ist es einfach, denn dort begrenzt das Schwarze Meer den Balkan.

Schwieriger wird es dagegen im Süden, in Griechenland: Sollen wir zum Beispiel Saloniki für den Balkan beschlagnahmen, wegen seiner Bedeutung für die Kultur der süd- und ostslawischen Völker, da doch die Slawenapostel Kyrill und Method, die diesen Völkern ihre eigene Schriftsprache schufen, von dort kamen? Oder sollen wir dem ägäischen Gesicht dieser Stadt den Vorrang geben? Das ist schwer zu entscheiden, ich möchte mich eher für letzteres entschließen.

Bei Ioánnina, der einstigen Hauptstadt des Epirus und Residenz des gefürchteten Ali Pascha, der sogar dem Padischah, dem Großherrn in Istanbul, trotzte, fällt mir die Wahl schon leichter. Für mich ist Ioánnina balkanisches Griechenland, von dem aus wir, den Spuren Ali Paschas und seines berühmten Gastes Lord Byron folgend, auch gleich die Brücke zu Albanien und den Albanern schlagen können, die sich ja als das älteste Volk auf dem Balkan bezeichnen. Womit wir den Kreis um den Balkan geschlossen hätten.

Bleibt noch die Frage zu beantworten, woher der Begriff Balkan stammt. Es gibt das Balkan-Gebirge, jene über fünfhundert Kilometer lange Bergkette, die sich in Bulgarien von West nach Ost zieht und das Land in zwei Teile teilt. Nur sprechen die Bulgaren selbst von ihm als der ›Stara planina‹, dem Alten Gebirge; den Ausdruck Balkangebirge kennen sie nicht. Obwohl er neueren bulgarischen Forschungen zufolge alt-bulgarischen Ursprunges ist und zuerst von den Arabern gebraucht (Djebel i balkan) und dann von den Türken übernommen wurde. Von ihm ist dann die summarische Bezeichnung für den europäischen Südosten abgeleitet worden, so wie man von Italien als der Apennin-Halbinsel spricht.

Geographisch und politisch verwendet wird der Begriff ›Balkan‹ aber erst seit dem vorigen Jahrhundert. Noch auf dem Berliner Kongreß 1878, der nach dem russisch-türkischen Krieg die neuen Grenzen im Südosten festlegen sollte, sprach man von der ›orientalischen Frage‹, wenn es um die Probleme zwischen den Balkanvölkern und ihren Schutzmächten einerseits und der europäischen Türkei andererseits ging. Denn »wenn hinten, weit, in der Türkei, die Völker aufeinanderschlagen«, war das für die Menschen im Westen schon der Orient, fern und geheimnisvoll, malerisch und gefährlich, romantisch und märchenhaft, am Rande von Tausendundeiner Nacht.

JUGOSLAWIEN

Herzegowina

Von Dubrovnik nach Trebinje

Kann man sich im südlichen Dalmatien etwas Mediterran-westlicheres vorstellen als Dubrovnik? Mit seinen gewaltigen Mauern und Bastionen, den Türmen seiner Kirchen, den Kreuzgängen seiner Klöster, dem Renaissancepalais des Rektors (Fürsten), den gotischen Bürgerhäusern, dem ›Stradun‹, der breiten Geschäftsstraße, auf deren Steinplatten man wie auf einem gepflegten Parkett einhergeht? Natürlich auch mit der urbanen Atmosphäre eines ehemaligen Stadtstaates, dessen Bürger sich seiner Bedeutung, seines Reichtums und seiner Kultur noch heute bewußt sind, und dieses Bewußtsein auch ungebrochen zur Schau stellen. Und das nicht nur während der Touristensaison und der Festwochen.

Eines Tages aber will man sich auch im Hinterland dieser Perle der Adria, wie Dubrovnik in Prospekten und Reiseführern nicht zu Unrecht gepriesen wird, umsehen. Man beschließt, nach Trebinje zu fahren, einem Städtchen, zweiunddreißig Kilometer südöstlich von Dubrovnik, hinter einer Bergkette im Innern des Landes gelegen. Es gehört nicht mehr wie Dubrovnik zur Jugoslawischen Teilrepublik Kroatien, sondern zur *Herzegowina,* die mit Bosnien eine Teilrepublik für sich bildet und ihre eigene, von Dubrovnik völlig verschiedene Geschichte hat. Während nämlich der Stadtstaat niemals unter türkischer Herrschaft war, auch wenn er dem Sultan einen jährlichen Tribut zu zahlen hatte, gehörte die Herzegowina über vierhundert Jahre lang zum Osmanischen Reich. Noch heute ist dies in Trebinje auf Schritt und Tritt zu spüren.

Schon die Landschaft läßt erkennen, daß man aus der mediterran-maritimen in eine balkanisch-kontinentale Welt überwechselt. In Serpentinen windet sich die Straße den Berg hoch und allmählich bleiben die Pinien und Zypressen zurück. Zurück bleiben schließlich auch die Mandarinen- und Feigenbäume und die Granatäpfel. Das Gelände wird karger und karstiger. Macchia überzieht es, aus der nur hier und da Steineichen herausragen.

Nach einer Fahrt von knapp einer Dreiviertelstunde ist man dann in **Trebinje**, an dem Flüßchen Trebišnica gelegen. In einer Welt der Moscheen und Minarette, des abendlichen Korsos unter schattigen Platanen, der kleinen Cafés, in denen der ›Türkische‹ in Schalen auf Messingtabletts serviert wird, der Restaurants, aus denen der Duft des auf Holzkohlenfeuer bratenden Fleisches dringt, und einer allgemeinen Stimmung des lässigen Nichtstuns, deren menschlich wohltuende Wirkung keineswegs durch das Wissen beeinträchtigt wird, daß es auch hier eine Werkzeugmaschinenfabrik gibt, die sich selbst auf ausländischen Märkten recht wacker behauptet.

Zum ›orientalischen‹ Bild von Trebinje aber gehört vor allem die *Arslan Agić-Brücke,* die etwas außerhalb des Städtchens einen kühnen Bogen über die Trebišnica schlägt. Sie zählt zu den schönsten Brücken in dem an schönen Bauwerken aus der türkischen Zeit wahrlich nicht armen Bosnien-Herzegowina. Abgesehen von ihrer architektonischen Schönheit weist sie noch eine Besonderheit auf: sie befindet sich nämlich nicht mehr an der Stelle, an der sie ursprünglich über den Fluß führte. Als man vor rund zwei Jahrzehnten die Trebišnica im Zuge eines Kraftwerkbaus aufstaute, wäre die Brücke im See verschwunden. Hierzu wollten jedoch weder die Stadtverwaltung noch der Denkmalschutz ihre Zustimmung geben. Also entschloß man sich, die Brücke Stein für Stein abzutragen und an anderer Stelle in neuem Glanze wiedererstehen zu lassen.

Das dauerte natürlich seine Zeit und Quader und Steinplatten kamen zunächst in ein Depot. Als es dann soweit war und die Brückenbauer daran gingen, das aufbewahrte Material zu sichten, stellten sie zu ihrem Schrecken fest, daß von den gewaltigen Steinplatten, die das Brückengeländer bildeten, viele fehlten. Sie waren gestohlen worden. Es gab einen landesweiten Skandal, eine Untersuchung wurde eingeleitet und siehe da, die Platten tauchten nach und nach wieder auf. Die Miliz (Polizei) wußte offenbar, wer in Trebinje und Umgebung Verwendung für alte Brückenplatten gehabt haben konnte.

Nun wölbt sich also die Arslan Agić-Brücke mit ihren zwei verschieden weiten und großen und den zwei doppelten kleinen Bögen wieder über die Trebišnica. Da ihr Scheitelpunkt aber wie bei den meisten Brücken aus der Türkenzeit hochgezogen ist, eignet sie sich nur wenig zur Bewältigung des modernen Verkehrs. Sie dient mehr den Fußgängern und ihrer eigenen Schönheit. Dies hindert die Bewohner des neugebauten Dorfes am anderen Ufer jedoch nicht daran, mit ihren Fičas, der jugoslawischen Ausgabe des Fiat 600, auf der einen Seite über das holprige Brückenpflaster hoch- und auf der anderen Seite wieder hinunterzurumpeln. So erfüllt also die Brücke des Arslan Agić, von der trotz ihres Namens niemand so richtig weiß, wer sie erbaut hat, auch heute noch und auch an ihrem neuen Platz ihren Zweck, vom ästhetischen Genuß, den ihr Anblick noch nach Jahrhunderten bietet, ganz zu schweigen.

Počitelj – Wacht im Neretva-Tal

Wo die Neretva, der Hauptfluß der Herzegowina, sich ins Meer ergießt, liegt die Hafenstadt **Kardeljevo,** benannt nach dem 1979 verstorbenen Ideologen der Jugoslawischen Kommunistischen Partei Edvard Kardelj, einem der wichtigsten Mitarbeiter Titos während des Krieges und im Nachkriegs-Jugoslawien. Auf den meisten Landkarten heißt der Ort aber noch *Ploče*. Ob unter dem alten oder dem neuen Namen – zu berichten ist von ihm nur unter Gesichtspunkten des Verkehrs. Es zweigt dort von der Adria-Magistrale die wichtige Straße nach Mostar und Sarajevo ab, die ins Innere von Bosnien-Herzegowina führt; außerdem kann man von Kardeljevo (Ploče) mit Fährschiffen auf die Halbinsel Pelješac übersetzen, von wo aus man wiederum leicht auf die Insel Korčula gelangt.

Schließlich ist Kardeljevo auch noch Endstation der Bahnlinie von Belgrad über Sarajevo, auf der auch Autozüge geführt werden. Wer also, sei es vom Norden von Split und den Stränden der Makarska-Riviera oder vom Süden aus der Richtung Dubrovnik ins Landesinnere will, muß hier durch. Das gilt auch für alle, die von ihrem Urlaubsort an der dalmatinischen Küste das Neretva-Tal aufwärts nach Mostar zu fahren wünschen, der Hauptstadt der Herzegowina, oder zu den geheimnisumwitterten ›Stećci‹, den steinernen Denkmälern der Bogumilen-Nekropole von Radimlje.

Der Weg zu diesen letzten beiden Zielen führt über **Počitelj,** das damit gewissermaßen die Pforte zur Herzegowina bildet. Wenn ein Ort das Beiwort ›malerisch‹ verdient, dann ist es dieser. Unten am Fluß und an der Straße ragt aus Oleanderbüschen die Kuppel des *Hamam,* des ehemaligen Badehauses, heraus. Dort, wo während der türkischen Ära die lokalen Honoratioren schwitzten, schwatzten und sich pflegten, befindet sich heute ein Restaurant, dessen Einrichtung und Speisekarte den Gästen etwas von der Atmosphäre der muselmanischen Herzegowina von einst vermitteln wollen. Hat man sich hier gestärkt, kann man sich der Erschließung des Städtchens widmen. Sie kostet einige Mühe, einigen Schweiß, denn die Häuser ziehen sich den Hang hoch, die Gäßchen und Treppen sind steil und ihr Kopfsteinpflaster ist alles andere als knöchelfreundlich. Man kommt an den Mauern des *Han* vorbei, der Herberge, die beachtliche Ausmaße gehabt haben muß. Das erstaunt kaum, lag doch Počitelj jahrhundertelang an einer bedeutenden Handels- und Karawanenstraße von der Mittelmeerküste ins Innere des Balkans.

Besser erhalten ist die *Medrese,* das islamische Gymnasium, unter deren Kuppeln Generationen junger Muselmanen mit den Lehren des Korans vertraut gemacht wurden. Einstmals war sie im ganzen Lande hoch angesehen und auch heute noch dient sie dem geistlichen Unterricht, allerdings nur außerhalb des offiziellen jugoslawischen Schulsystems, in dem ja die Religion keinen Platz hat.

Eine neue Bestimmung erhalten hat das Kapitänshaus Gavran Kapetanović, ein richtiges Herrenhaus, das früher wohl

Sitz des Stadtkommandanten war. Seine ausgedehnten Räumlichkeiten einschließlich des Haremluk, der Wohnräume der Frauen, mit dem an drei Seiten von Fenstern begrenzten Erker, bieten heute einer Reihe von Malern und Bildhauern Wohn- und Arbeitsmöglichkeit während der schönen Jahreszeit. Gleich in der Nähe befinden sich zwei Bauwerke, die die architektonischen Akzente des Städtchens setzen: die Sahat-Kula, der Uhrturm, und etwas höher gelegen die *Moschee*. Diese stammt aus der zweiten Hälfte des 16. Jahrhunderts, besitzt ein elegantes Minarett, und auch die drei kleinen Kuppeln über dem säulengetragenen Vorbau und die große Kuppel über dem achteckigen Tambour sowie das kunstvoll geschnitzte Holzportal verleihen dem Bau eine Aura, die über die einer Provinzmoschee hinausreicht.

Das gleiche gilt für den *Uhrturm*, dessen Stil origineller ist als der entsprechender Türme in anderen Orten Bosniens und der Herzegowina. Er schießt ebenfalls schlank in die Höhe, so, als nähme er die Herausforderung des Minaretts der Moschee an. Und er setzt auch noch in anderer Hinsicht einen Kontrapunkt: er hält den orientalischen Bauwerken spätromanische, also westlich-mediterrane Stilelemente entgegen.

Nimmt man noch die *Burg* hinzu, die heute, natürlich stark verfallen, mit ihren Mauern, Toren und Türmen das Städtchen einschließt und krönt, an der noch vor der Türkenzeit die Stadtrepublik Dubrovnik ebenso gebaut hat wie der Ungarnkönig Matthias Corvinus, dann versteht man vielleicht, warum ich über Počitelj verhältnismäßig ausführlich gesprochen habe: weil sich hier, ähnlich wie zwischen Dubrovnik und Trebinje, die westliche und die balkanische Welt ganz nahekommen, ja eigentlich schon unmittelbar aufeinandertreffen. Ein Reiz, dem man sich mit großem Vergnügen hingibt.

Radimlje – Rätselhafte Bogumilensteine

Fährt man von der Küste das Neretva-Tal hoch, zweigt kurz vor Počitelj rechts eine Seitenstraße ab, die sich durch eine heitere Landschaft windet: zu beiden Seiten Weingärten, Zypressen, Pinien, Feigenbäume und Lorbeersträucher. Nach zwanzig Kilometern steht man vor der Nekropole von Radimlje, und es verschlägt einem den Atem. In einem flachen Tal eine Anhäufung von Grabdenkmälern, Sarkophagen, Stelen, Steinplatten, stilisierten Kreuzen, teils nur roh behauen und allein durch ihre Wucht wirkend, teils bearbeitet von unbekannten Steinmetzen, die in längst versunkenen Zeiten aus dem hellen Stein Ornamente, Symbole und figürliche Szenen herausgemeißelt haben.

Die Nekropole von Radimlje ist nicht einmalig in Bosnien-Herzegowina, es gibt deren viele auf den von Bergen gesäumten Hochflächen zwischen Kroatien und Montenegro und zwischen der Adriaküste und dem Fluß Drina. Aber sie ist wohl eine der schönsten und, was die künstlerische Gestaltung ihrer Steine anbetrifft, eine der interessantesten Ansammlungen dieser rätselhaften Denkmäler, die nur hier in Bosnien und der Herzegowina und sonst nirgends auf dem Balkan existieren.

In der Landessprache werden diese steinernen Zeugen aus fernen Zeiten ›Stećci‹ genannt, was die Mehrzahl von ›Stećak‹ ist, ein Begriff, den man in diesen Teilen Jugoslawiens für Schöpfungen verwendet, deren Ursprung und Bedeutung auch heute noch nicht restlos geklärt sind.

In Radimlje gibt es 130 dieser Steine; dreiundsechzig davon sind mit Flachreliefs verziert. Sachverständige schätzen, daß sich in ganz Bosnien-Herzegowina zwischen dreißig- und vierzigtausend dieser steinernen Zeugen einer versunkenen Welt befinden. Sie bilden nicht nur ganze Nekropolen wie hier in Radimlje, man findet sie auch vereinzelt am Rande heutiger Städte und Straßen, selbst in gottverlassenen Gegenden, durch die jetzt nur die Hirten mit ihren Herden streifen.

Nach Radimlje sollte man am frühen Morgen oder am späten Nachmittag fahren, wenn die Sonne noch nicht oder nicht mehr hoch steht und die Reliefs auf den Steinen plastisch hervortreten. Dann bekommen die Jagdszenen ihre Lebendigkeit, die Turniere ihre Dramatik, die Rundtänze ihren Schwung. Von den zur Beschwörung oder zur Abwehr erhobenen Handflächen mit den gespreizten Fingern geht Magie aus, und die primitiven Familienszenen, in denen der Vater schützend die Arme über seine Kinder breitet, wecken Rührung und Anteilnahme. Dazwischen immer wieder und oft nur schwach aus dem Stein herausgearbeitet oder schon von Wind und Wetter angenagt, die verschiedensten Ornamente, Girlanden, Spiralen und Symbole wie Sonnenrad, Mondschiff oder Kreuz. Uns eröffnet sich eine geheimnisvolle, archaische Welt, beinahe so fern wie die der Felszeichnungen an den Wänden der Höhlen in Spanien und Südfrankreich oder die

der Menhire in der Bretagne und in Stonehenge. Dabei ist die zeitliche Distanz zwischen uns und diesen merkwürdigen Steingebilden aus Menschenhand gar nicht so groß: sie werden von Experten in das 12. bis 16. Jahrhundert datiert, liegen also, grob gerechnet, um achthundert bis vierhundert Jahre von uns entfernt. In ihrer Entrücktheit bedeuten sie für uns dennoch ein Symbol des im Strom der Zeiten wie ein Felsblock liegenden, merkwürdigen Landes Bosnien-Herzegowina.

In den meisten älteren Büchern über Jugoslawien werden die Stećci einfach als *Bogumilensteine* bezeichnet. Sie werden also auf jene religiöse Strömung zurückgeführt, die, sich von Vorderasien auf den Balkan ausbreitend, im Bosnien des Mittelalters ihren Höhepunkt gefunden hatte und von Rom wie von Byzanz als Ketzertum verdammt und bekämpft worden war. Noch vor dreißig Jahren hat ein Mann wie Miroslav Krleža, Kroatiens bedeutendster Dramatiker, Romancier und Essayist, die Stećci uneingeschränkt als künstlerischen Ausdruck der geistigen Welt dieser Häretiker und »ihres starken artistischen und moralischen Nonkonformismus« bezeichnet. Auch der Belgrader Kunsthistoriker von europäischem Format, Otto Bihalj-Merin, neigt dazu, die bogumilische Komponente dieser mysteriösen Gebilde zu betonen, wenn er schreibt: »Die Bildform einer heidnisch-fetischistischen, slawisch-christlichen plastischen Kunst erweist sich als Herausforderung gegenüber der hochzivilisierten Freskenmalerei in den serbischen und mazedonischen Klosterkirchen der gleichen Zeit. Die Ausdruckskraft der bogumilischen Plastiken ist nicht nur deshalb bedeutend, weil sich die künstlerische Tradition auf jugoslawischem Boden mehr im Bereich der Malerei niedergeschlagen hat, sondern auch deshalb, weil sonst in Europa nach den archaischen Epochen keine einzige so eigentümlich geprägte Bildhauerkunst in Erscheinung getreten ist.«

Mit den Stećci begann man sich erst ziemlich spät zu befassen, systematisch erst seit der Besetzung Bosniens und der Herzegowina durch Österreich-Ungarn im Jahre 1878. Der ursprünglichen Auffassung, daß es Bogumilensteine seien, wird aber inzwischen immer häufiger widersprochen. Die Gegner dieser Theorie weisen vor allem darauf hin, daß es in Bulgarien, von wo die Bogumilenbewegung ausgegangen ist, keine solchen Steine gibt, und die Albingenser und Katharer, die mit den Bogumilen ja geistig verwandt waren, in Südfrankreich keine Denkmäler ähnlicher Art hinterlassen haben. Sie erinnern auch daran, daß viele dieser Steine aus dem 16. Jahrhundert stammen, als das Land schon unter türkischer Herrschaft war und die Bogumilen zum Islam übergetreten waren. Eine eingehende kunsthistorische Untersuchung der Denkmäler zeige außerdem einen starken Einfluß westlicher

Stilrichtungen, vor allem italienischer und dalmatinischer Herkunft. Schließlich enthielten die wenigen Aufschriften auf den Steinen, in einer bosnischen Variante des Kyrillischen, keinen Hinweis auf bogumilisches Gedankengut. All das führe zu dem Schluß, daß Steine dieser Art auch von den Orthodoxen und von den Katholiken Bosniens und der Herzegowina aufgestellt worden seien.

Wir brauchen uns in diesen Streit der Experten nicht einzumischen und wir können es auch gar nicht. Wir dürfen uns darüber freuen, daß die Steine als balkanische und europäische Besonderheit noch erhalten sind; nicht zuletzt Dank dem Volksglauben, daß vom Blitz getroffen und von Unwettern heimgesucht wird, wer an die Stećci auch nur zu rühren wagt.

Die Bogumilen

Im Zusammenhang mit den Stećci ist immer wieder das Wort Bogumilen gefallen und ich habe bereits, wenn auch nur kurz, gesagt, wer diese Bogumilen waren. Im Mittelalter kam ihnen große Bedeutung zu und dies, wie wir gleich sehen werden, nicht nur auf dem Balkan. Wenn man es genau nimmt, geht die heutige Sonderstellung der Teilrepublik Bosnien-Herzegowina in der jugoslawischen Föderation mit ihren drei Nationen – Muselmanen, Serben und Kroaten – auf diese sonderbaren Bogumilen zurück. Auf dem Boden des heutigen Jugoslawien taucht diese religiöse Bewegung, die nach einem historisch etwas fragwürdigen Priester Bogumil benannt ist, im 11.-12. Jahrhundert auf. Sie kam aus dem byzantinischen und dem bulgarischen Reich und knüpfte ihrerseits an den im Vorderen Orient entstandenen Manichäismus an, der in der Welt einen Dualismus wirken sah, einen Kampf zwischen dem Herrscher des Lichtes und dem der Finsternis. Die materielle Welt galt den Bogumilen als das Werk Satans, und so predigten sie die Abkehr von der Materie. Sie waren gegen eine organisierte Kirche, sie bauten keine Kirchen, sie lehnten die Ehe ab, aßen kein Fleisch, tranken keinen Wein.

In Byzanz und in Bulgarien rotteten die Kaiser und die Zaren diese Bewegung relativ schnell aus, und auch im Königreich Serbien konnte sie nicht Fuß fassen. Aber im Herzen des Balkans, in Bosnien, schlug sie zwischen dem 12. und dem 15. Jahrhundert tiefe Wurzeln. Während ihr in Byzanz und in Bulgarien im wesentlichen die kleinen Leute anhingen, erfaßte sie in Bosnien und der Herzegowina alle Schichten, einschließlich der Feudalen. Für letztere war sie eine Stütze im Widerstand gegen eine allzu starke Zentralgewalt der Könige, für die Bauern war sie eine volksverbundene Kirche, die über keinen Grundbesitz verfügte und deren Priester einfache Leute waren, die sich im Gottesdienst derselben Sprache bedienten wie die Gläubigen.

Die ursprünglich strengen Lehren der Bogumilen waren hier etwas milder, andererseits bildete sich aber eine ›bosnische Kirche‹ heraus, die vom Papst in Rom nichts wissen wollte. Papst Pius II. nannte sie die »bosnische Pest« und rief gegen sie zum Kreuzzug auf. Denn von Bosnien aus hatte sich die Häresie über Italien bis nach Südfrankreich ausgedehnt und in der Bewegung der Albigenser, der Katharer und der Waldenser niedergeschlagen.

Das Bogumilentum und die ›bosnische Kirche‹ waren für Bosnien in zweierlei Hinsicht schicksalshaft. Einerseits geht die Abgeschlossenheit und, wenn man will, die ›Kulturlosigkeit‹ Bosniens auf sie zurück. Die Feindschaft gegen die äußere Welt ließ die Entwicklung einer kirchlichen Kunst nicht zu, und so findet man in Bosnien und der Herzegowina kaum eine Kirche aus dem Mittelalter, keine Fresken, keine Mosaiken, keine Ikonen.

Andererseits bildete das Bogumilentum nach der Eroberung Bosniens durch die Türken die Basis für den Übertritt eines großen Teiles der einheimischen Bevölkerung zum Islam. In ihrer Feindschaft gegenüber der orthodoxen Kirche wie gegenüber Rom sahen viele Bosnier – Adel wie Bauern – im Islam offenbar das geringere Übel. Noch 1459, als die Türken unter Sultan Mehmet dem Eroberer Bosnien bereits unmittelbar bedrohten, erklärte König Stephan Tomašević einem Abgesandten des Papstes, er könne wegen der »manichäischen« Mehrheit gegen die Türken nicht ins Feld ziehen. Denn diese Leute hätten mehr Sympathien für die Türken als für Rom.

Vier Jahre später war das Königreich Bosnien ausgelöscht, das Land dem Halbmond unterworfen; ein Teil der slawischen Bevölkerung bekannte sich zur Lehre des Propheten. Er sicherte sich damit seinen Grundbesitz und seine sonstigen sozialen Privilegien. Die Moscheen und Minarette, die heute vielen Städten und Dörfern Bosniens und der Herzegowina ihr Gepräge geben, der Fez auf den Köpfen der alten Männer und die Pluderhosen, in denen, besonders in den Dörfern, auch junge Frauen stecken, sind also kein Anzeichen dafür, daß man sich in einem türkischen Milieu befindet. Die Muselmanen sind hier slawisch-autochton. Was das für Bosnien und die Herzegowina bedeutet hat und noch heute bedeutet, politisch, geistig, kulturell und sozial, werden wir sehen, wenn wir tiefer in das Herz des Balkans vordringen.

Mostar

Wir bleiben vorläufig noch in der Herzegowina, der sanften Schwester Bosniens, wie dieses Land auch genannt wird, obwohl es in manchen Teilen gar nicht so sanft ist, sondern karstig und spröde in seinen Konturen wie in seinen Menschen. Aber davon wird später noch zu sprechen sein.

Verweilen wir noch etwas in seinem heiteren Teil, dort, wo man noch immer den Wind vom Meer zu spüren vermeint, wo der Duft noch eine Mischung aus Pinienharz und Rosmarin, aus Lavendel und Hibiskusblüten ist und wo die Menschen umgänglich, wach und kommunikativ sind. Fahren wir von Radimlje zurück auf die Straße im Neretva-Tal und dann flußaufwärts nach Mostar, der Hauptstadt der Herzegowina. Hauptstadt klingt etwas pompös, schließlich war die Herzegowina, das Herzogsland, niemals ein selbständiges Staatsgebilde, sondern war, wenn sich nicht fremde Herrscher ihrer bemächtigt hatten, mit Bosnien verbunden.

So eignet Mostar nichts von der Schwere einer Kapitale, in der Ämter und Institutionen und die Leute, die sich in ihnen wichtig machen, den Ton angeben. Mostar strahlt Gelassenheit aus in der Atmosphäre seiner Straßen, in der Stimmung um seine Moscheen, im Selbstbewußtsein seiner Einwohner.

Schließlich ist das kulturelle und literarische Erwachen der Völker Bosniens und der Herzegowina im vergangenen Jahrhundert weniger von Sarajevo oder Travnik als hier von Mostar ausgegangen. Die Menschen, die hier leben, können also durchaus stolz sein auf ihr Mostar, und sie sind es auch. Stolz sind sie auch darauf, daß sie die wohl schönste, die malerischste, die dramatischste Brücke besitzen, die die Türken im Gebiet des heutigen Jugoslawien und vielleicht auf dem ganzen Balkan hinterlassen haben. Es ist die **alte Brücke,** die sich in einem kühnen Bogen über die Neretva wölbt. Sie stammt aus dem Jahre 1566, und in der Mitte des Brückenbogens soll es einmal eine arabische Inschrift gegeben haben, die die Brücke als »Bogen der Allmacht Gottes« bezeichnete.

Nach Evliya Çelebi, dem unermüdlichen türkischen Reiseschriftsteller, dem wir auf unseren Balkanfahrten noch oft begegnen werden, wurde die Brücke von dem »größten türkischen Architekten aller Zeiten« Sinan gebaut, dem wir ja die schönsten Moscheen in Istanbul aus der Regierungszeit von Sultan Süleyman dem Prächtigen verdanken. Aber wie so oft bei dem begeisterungsfähigen Evliya stimmt dieses Detail nicht: die Brücke, die die blau-grüne Neretva in fünfundzwanzig Meter Höhe überspannt, wurde von einem Schüler Sinans namens Hajrudin geschaffen.

Die ›alte Brücke‹ wäre keine richtige Balkanbrücke, wenn mit ihr nicht auch eine Geschichte verbunden wäre. Das kühne Unternehmen, die Neretva in einem Bogen zu überspannen, so wird berichtet, sei zunächst gescheitert. Voller Zorn habe der Sultan den jungen Baumeister zu sich gerufen und ihm gesagt, wenn die Brücke noch einmal einstürze, werde er ihn um einen Kopf kürzer machen lassen. Angsterfüllt sei der Baumeister zum zweitenmal an die Arbeit gegangen und seine Furcht sei so groß gewesen, daß er es nicht wagte, dabeizusein, als man die Stützpfeiler entfernte und es sich zeigen mußte, ob die Brücke nun standhalten würde. Aber das Werk war gelungen, in makelloser Schönheit verband die Brücke die beiden Felsenufer und alle riefen nach dem Baumeister, der dieses Wunder vollbracht hatte. Aber er war nirgends zu finden. Schließlich entdeckte man ihn auf dem Friedhof, wo er weinend sein Grab aushob. Man entwand ihm Schaufel und Spaten und führte ihn im Triumph zum Sultan, der ihn reich belohnte und ihm gleich einen neuen Auftrag gab.

Ob die Geschichte nun stimmt oder nicht, Evliya Çelebi, der in der zweiten Hälfte des 17. Jahrhunderts, also ein Jahrhundert nach Errichtung der Brücke nach Mostar kam, war ganz hingerissen von diesem Bauwerk. »Betrachtet man diese Brücke aus der Entfernung«, so schrieb er, »so gleicht sie in ihrer Krümmung einem Bogen, von dem eben ein Pfeil geschossen wurde ... den architektonischen Geschmack, die Sorgfalt der Ausführung, die Eleganz, die in diese wundervolle Schöpfung aus Stein eingebracht wurden, hat keiner der älteren Meister gezeigt. Seit diese hohe Brücke gebaut wurde, kommen von überall her Wesire, Edelleute und hohe Würdenträger, um sich an ihrem Anblick zu erfreuen. Und während sie im Cardak (Brückenkiosk) sitzen, betrachten sie die vielen kühnen Kinder des Ortes, die am Rande der Brücke bereitstehen. Diese nehmen Anlauf und springen von der Brücke, tauchen unten in den Fluß, nachdem jedes von ihnen im Fluge, wie die Vögel, noch irgendein akrobatisches Kunststück vollbracht hat. Die einen springen kopfüber, die anderen lassen sich im Türkensitz nach unten fallen, andere wieder springen zu zweit und zu dritt und bald erreichen sie glücklich das Ufer unterhalb der Felsen und kommen wieder nach oben auf die Brücke, um die Geschenke der Wesire und Würdenträger entgegenzunehmen.«

Die Sprünge von der Brücke von Mostar waren also bereits vor dreihundert Jahren eine touristische Attraktion. Daß diese sich bis in unsere Tage erhalten hat, zeugt von der Kontinuität in der Hauptstadt der Herzegowina. Auch wenn es auf der Brücke keinen Cardak mit Sitzbänken mehr gibt, und die Wesire und Agas inzwischen ebenso verschwunden sind. An ihrer Stelle sammeln sich die Reisegruppen aus aller Welt auf der und um die Brücke, und die braungebrannten Jünglinge, die sich heute in die kühlen Fluten der Neretva fallen lassen, gehen vorsorglich vorher unter den Zuschauern kassieren.

Wenn wir schon bei der Gegenwart sind: Mostar hat auch in dieser Hinsicht einiges zu bieten, eine Flugzeugfabrik zum

Beispiel, die die jugoslawischen Streitkräfte hauptsächlich mit Übungsflugzeugen versorgt. Wichtiger und interessanter für den normalen Besucher ist das Agrokombinat »Nepok«, eines der wirtschaftlich potentesten im ganzen Lande. Unter vielem anderen produziert es nämlich die *Žilavka,* einen trockenen Weißwein mit mediterranem Aroma, der sich als vorzüglicher Begleiter von gegrilltem Fisch, von Scampis und Muscheln in einer Knoblauchsoße erweist. Die *Blatina,* ein dunkler Rotwein, der als dalmatinischer Wein auch exportiert wird, gehört ebenfalls zu den Errungenschaften dieses Unternehmens, das zum Ruf des heutigen Mostar auch über den Bereich der Herzegowina hinaus beiträgt.

Die Herzegowina – ich erwähnte schon, daß man sie die sanfte Schwester Bosniens nennt. In der Tat unterscheidet sie sich wesentlich von Bosnien, mit dem sie meist in einem Atemzug genannt wird, mit dem sie durch Jahrhunderte ein gemeinsames Schicksal hatte und mit dem sie heute auch die jugoslawische Teilrepublik Bosnien-Herzegowina bildet.

Ich muß noch immer auf die Landkarte schauen oder einen historischen Atlas zu Rate ziehen, wenn ich wissen will, wo die Grenze zwischen Bosnien und der Herzegowina genau verläuft. Aber so genau braucht man das auch gar nicht zu wissen, man kann sich eigentlich getrost auf seine Augen und seine Nase verlassen. Wenn ich zum Beispiel von Sarajevo nach Mostar fahre und sehe, wie der grüne Mantel der Berge immer dünner wird, das bleiche Karstgestein immer mehr zutage tritt, im Neretva-Tal die ersten Zypressen auftauchen und an den Hängen die ersten Weinberge – dann weiß ich, daß ich in der Herzegowina bin. Die endgültige Bestätigung dafür erhalte ich aber, wenn der Fahrtwind durchs geöffnete Fenster einen Duft hereinweht, der nicht mehr von feuchten Wiesen, lichten Buchenwäldern und dunklen Tannen stammen kann, der vielmehr mit Pinienharz und Rosmarin, mit Lavendel- und Oleanderblüten zu tun hat, und der einem Dalmatien und die Adria ankündigt, auch wenn diese noch einige dutzend Kilometer entfernt sind. Dann weiß ich mit absoluter Sicherheit, ich bin in der Herzegowina.

Aber so lieblich und harmlos-heiter, wie dies hier klingt, ist die Herzegowina wiederum auch nicht. Schon Mostar selbst war mir immer wie die Verkörperung der Spannungen erschienen, die in diesem Landstrich zutage treten. Da sind die üppigen Gärten im Tal der Neretva voll leuchtender Blumen und saftiger Früchte, und gleich daneben steigen die weißen Kalkwände des *Velež-Gebirges* bis an die zweitausend Meter hoch. Da sind zwischen den Bergrücken die ›Poljes‹, die ›Felder‹, in den niederen Lagen fruchtbar und bis in den letzten Winkel bebaut, in den höheren Bereichen aber nur von einer kargen Erdschicht überzogen, mit Steinen durchsetzt, zwischen denen ein rauhes Gras wächst. Hier pflügt kein Bauer mehr, hier werden nur Herden von Schafen und Ziegen über die Hochflächen getrieben, die im Sommer von der Hitze und im Winter von den eisigen Winden gepeinigt werden.

Über diese Teile der Herzegowina wissen Reisebücher nur wenig zu berichten, obwohl zwischen den Bergen so manche mittelalterliche Nekropole voller Stećci oder muslimische Gräberfelder mit Grabsteinen zu finden sind, die gewaltige steinerne Turbane tragen, oder Moscheen, deren reicher Innenschmuck sogar in diesen gottverlassenen Gegenden vom Glanz der türkischen Herrschaft im 16. Jahrhundert kündet.

So wie die Landschaft der Herzegowina nicht nur heiter und milde ist, so sind auch ihre Menschen nicht immer nur umgänglich, tolerant und friedlichen Gemüts. Hier leben die drei Nationen der Republik, Muselmanen, orthodoxe Serben und katholische Kroaten oft hautnah beieinander, und es gibt Reibungen, bei denen die religiösen und die nationalen Motive oft nicht auseinanderzuhalten sind. Zudem hat die Kriegszeit in diesem Landstrich ein besonders blutiges Erbe hinterlassen. Der Bürgerkrieg, der in Jugoslawien als Kampf gegen die Okkupatoren und ihre einheimischen Verbündeten wütete, war hier von geradezu archaischer Unerbittlichkeit. Kroatische Ustaschis mordeten orthodoxe Serben, königstreue serbische Tschetniks wiederum katholische Kroaten, Muselmanen und die kommunistischen Partisanen Titos und umgekehrt. So kam es, daß Teile der Herzegowina bereits im Frühsommer 1941 in den Strudel des Bürgerkrieges wie des Freiheitskampfes gerissen wurden, zu einem Zeitpunkt, zu dem es im übrigen Jugoslawien noch relativ ruhig war. Es ist daher kein Zufall, daß die damaligen Konflikte der Herzegowina die Beziehungen der nationalen und religiösen Gemeinschaften auch heute noch unterschwellig beeinträchtigen.

Montenegro

Vielgesichtiges Land – Seine Adriaküste

Der Abend in Belgrad verlief so, wie viele Abende in Belgrad zu verlaufen pflegen, wenn sich eine muntere Gesellschaft zusammengefunden hat. Man erzählt sich Witze, meist auf Kosten einer der vielen Völkerschaften des Landes, repräsentiert durch irgendeine populäre Figur, wie den tumben Bosnier Mujo oder den dummdreisten Lala aus der Wojwodina.

An diesem Abend waren die Montenegriner an der Reihe; unbeabsichtigt hatte ich selbst das Thema heraufbeschworen, als ich von meiner Reise nach Montenegro auf der neuen Eisenbahnstrecke von Belgrad nach der Hafenstadt Bar und den Gesprächen der Reisenden berichtete. Dabei hatte ich erwähnt, daß einer von ihnen, als sich der Zug am späten Nachmittag durch die Bergtäler schlängelte, beiläufig fragte: »Wo sind wir denn jetzt eigentlich«, worauf ein anderer nach einem kurzen Blick durchs Fenster erwiderte: »Es arbeiten Männer auf den Feldern, wir sind also noch in Serbien.« Überflüssig zu erwähnen, daß diese Worte verständnisvolles Schmunzeln bei den Mitreisenden auslösten, denn in ganz Jugoslawien herrscht Einigkeit darüber, daß ein montenegrinischer Mann nicht arbeitet. Ein Montenegriner ist ein Held, und Helden arbeiten nicht, sie vollbringen Heldentaten, die noch nach Generationen gerühmt werden.

Nun sind Montenegro und seine Menschen in Belgrad immer ein abendfüllender Gesprächsstoff, was sowohl auf die Vielfalt und Großartigkeit seiner Landschaft als auch auf seine wildbewegte Geschichte und den Charakter seiner Bewohner zurückzuführen ist. Hinzu kommt noch, daß es in den Ämtern und den Institutionen der jugoslawischen Hauptstadt von Montenegrinern nur so wimmelt; sie treten hier in einer Masse auf, die in keinem Verhältnis zur Einwohnerzahl (rund 560 000) dieser kleinsten der jugoslawischen Teilrepubliken steht. Kein Wunder also, daß man in Belgrad immer wieder von montenegrinischer Penetranz und Präpotenz hört, und von einer montenegrinischen Mafia, die im neuen Jugoslawien am Werk sei. Wobei in solchen Behauptungen auch noch eine gewisse Überheblichkeit der Städter gegenüber dieser »Invasion der Hirten aus den Bergen« mitschwingt.

In diesem Rahmen also bewegte sich die Unterhaltung an jenem Abend, auch wenn die anwesenden Montenegriner eher freundschaftlich-ironisch als ernsthaft-polemisch apostrophiert wurden. Dennoch verlor einer der Gäste, ein historisch gebildeter und sehr belesener Mann aus den Schwarzen Bergen schließlich die Geduld, und er attackierte die anwesenden Serben mit folgender Rede: »Ihr habt nicht den geringsten Grund, auf uns herabzusehen«, meinte er. »Wo bildete sich das erste Staatswesen im Siedlungsgebiet der Serben aus, das eine solche Bezeichnung überhaupt verdiente? Auf dem Boden des heutigen Montenegro, in der Landschaft Zeta. Auf welchem Wege erreichte das Christentum die Serben zum ersten Male? Auf dem Wege über Montenegro. Und was wären Eure frühen Klöster und Kirchen ohne die Einflüsse aus Dalmatien, die wiederum über Montenegro gegangen sind? Wo gab es das erste Erzbistum der Serben? Es wurde 1089 im montenegrinischen Bar geschaffen, aber das wißt Ihr natürlich alles nicht. Doch vielleicht wißt Ihr wenigstens, daß in den Jahrhunderten der türkischen Herrschaft nur in den Schwarzen Bergen der Funke der Freiheit weitergeglommen hat, wenn auch lange Zeit verborgen unter der Asche der Unterdrückung; aber schließlich ist aus ihm doch das Feuer der Befreiung aller Balkanvölker entfacht worden. Und in neuester Zeit: Wo hat sich das Volk zuerst gegen die Besatzungsmächte erhoben? Im Juli 1941 in Montenegro.«

Das war eine etwas summarische und verkürzte Darstellung der Bedeutung Montenegros für das gesamte Jugoslawien, aber so abwegig war sie wiederum auch nicht. Die Serben in der Runde brachten zwar lautstark ihre Gegenargumente vor, die in der polemischen Frage gipfelten, wo denn das kleine Montenegro geblieben wäre, wenn nicht die Serben zu Beginn des letzten Jahrhunderts ihre Selbständigkeit errungen hätten. Schließlich löste sich aber alles in einem gewaltigen Gelächter auf, als die Tochter eines montenegrinischen Partisanengenerals kühl erklärte, diese historischen Details interessierten sie wenig, sie wisse jedenfalls, daß die Montenegriner schon ihren Staat hatten, zu einer Zeit, da die Serben sich noch ausschließlich als Schweinezüchter und Schweinehändler betätigten.

Hirten hin, Schweinehändler her – dieses kleine Montenegro an der Südwestflanke des Balkan mit seinem Bergvolk beschäftigte durch die Jahrhunderte hindurch die Phantasie nicht nur der übrigen jugoslawischen Völker, sondern der Europäer ganz allgemein. Als Symbol unbändigen Freiheitswillens, den auch eine Großmacht, das Osmanische Reich, nicht auszulöschen vermochte; als Operettenstaat, dessen König einstmals seine Privatschatulle durch den Verkauf immer neuer und immer romantischerer Briefmarkenserien aufzufüllen pflegte; als ein Land, in dem der Großteil seiner Menschen oft in Armut und nackter Not lebte, das angefüllt war von Haß, Rache, Blut und Tod, und in dem sich die Sippen in sinnlosem Gemetzel gegenseitig vernichteten, beinahe bis in unsere Tage hinein.

Bekommt der Besucher von außerhalb aber gleich eine Vorstellung von diesem Montenegro, wenn er seine Grenze zum Beispiel bei Hercegnovi überschreitet, oder mit einem Charterflugzeug in Tivat landet, was ja bei den meisten der Fall sein wird, die ihren Urlaub an der südlichen Adriaküste in Jugoslawien verbringen wollen? Keineswegs, denn Montenegro hat viele Gesichter, und zunächst präsentiert es dem vom Norden kommenden Reisenden sein mediterranes oder, wenn man so will, sein venezianisches Gesicht. In Gestalt von **Hercegnovi** zum Beispiel, das geschützt vor den kalten Winden aus dem Karst eine beinahe subtropische Vegetation besitzt, üppiger noch als an ähnlichen Stellen der dalmatinischen Küste, die man bisher entlangfuhr. Hier findet man alles vor, was man sich von einer südlichen Küste erträumt: sich im sanften Wind wiegende Palmen, leuchtende Granatäpfel, silbergraue Olivenbäume, Agaven, Tamarisken und Oleander, Mimosen und die schmalen dunklen Silhouetten der Zypressen. Beinahe zweihundert Jahre lang war die Stadt von den Türken besetzt, aber die Venezianer, die sich ihrer Ende des 17. Jahrhunderts bemächtigten, ließen von den orientalischen

Bauwerken kaum etwas übrig. Sie sorgten durch militärische Bauten wie die Forts, die den Hafen zu schützen hatten, und durch zivile, wie den Renaissance-Uhrturm am Markt, dafür, daß die Stadt sich den übrigen Küstenstädten anglich, in denen der Löwe von San Marco Herrschaftssymbol war.

Hercegnovi liegt am Eingang zur **Bucht von Kotor** (Cattaro), die landschaftlich wohl zu den hinreißendsten und geschichtlich zu den merkwürdigsten im Mittelmeerbereich zählt. Tief schiebt sich das Meer in die Berge hinein, deren kahle Wände unmittelbar am Ufer hochschießen und kaum Platz für die Siedlungen der Menschen lassen. Kleine Felseninseln mit Festungen, zum Teil erst im vorigen Jahrhundert geschaffen, bewachen die schmale Einfahrt zur Bucht, die dann wieder ausschwingt, sich aber noch einmal verengt. Hier wurde die Durchfahrt einst mit Ketten versperrt; heute wird der Verkehr auf der Adria-Magistrale durch einen Fährbetrieb unterbrochen. – Dann aber kommt die eigentliche Bucht von Kotor, an deren Ende die Stadt Kotor selbst liegt.

Seltsame politische Verhältnisse herrschten hier in früheren Jahrhunderten. Einst war **Risan** sozusagen die Hauptstadt in der Bucht von Kotor, und die Sage will wissen, daß die Königin Teuta, als die Römer ihr illyrisches Reich vernichte-

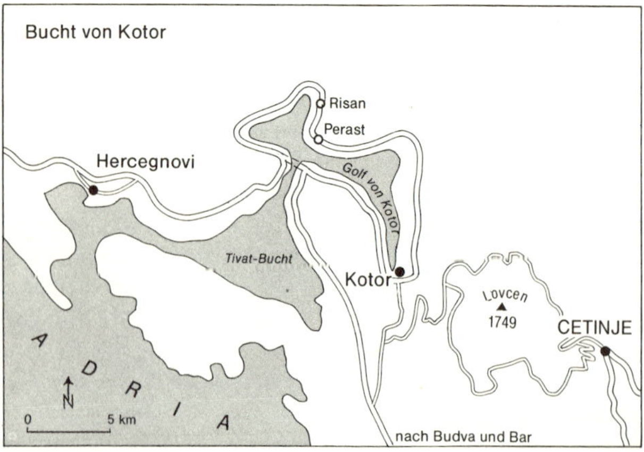

ten, hier ihrem Leben ein Ende setzte. Man hat römische Mosaiken ans Tageslicht gefördert, der Stadt entstammen namhafte Ikonenmaler, und ähnlich wie Hercegnovi war Risan zweihundert Jahre unter türkischer Herrschaft. Aber bereits in das nur acht Kilometer tiefer in der Bucht liegende **Perast** hat kein Janitschar jemals den Fuß gesetzt. Es war ebenso wie Kotor entweder autonom oder gehörte zum Herrschaftsbereich der Republik von San Marco. Ihr stellte die kleine Stadt in der Bucht unter den montenegrinischen Bergen durch Jahrhunderte Legionen von Seeleuten, Admiräle, Kapitäne und Matrosen. Ein Sohn Perasts, Matija Zmajević, brachte es sogar zum russischen Admiral und Befehlshaber der baltischen Flotte des Zarenreiches. Eine nautische Schule, die erste in einem slawischen Land, und eine Schiffswerft festigten ebenfalls den legendären Ruf von Perast noch weit über die Ufer des Mittelmeeres hinaus. Kein Wunder, daß sich hier auch Reichtum ansammelte und in Renaissance- und Barockpalästen und Kirchen seinen Ausdruck fand. Heute allerdings verfallen viele dieser Palais in den engen Straßen, und die zerbröckelnden Portale und verlassenen Balkone strömen Vergänglichkeit und Melancholie aus, ebenso wie die Sankt-Georgs-Insel (Sv. Djordje) vor dem Hafen mit ihrer von Zypressen umstandenen Kirche. Sankt Georg, so heißt es, habe Arnold Böcklin als Vorlage für seine ›Toteninsel‹ gedient. Nur gibt es solcher Vorlagen in der südlichen Adria bis hinunter nach Korfu im Ionischen Meer nicht wenige.

Über **Kotor** (Cattaro), wo sich schon Anfang des Mittelalters eine ›confraternitas nautarum‹, eine Seefahrerbruderschaft, gebildet hatte, läßt sich heute nur mit Wehmut schreiben. Die Stadt, die zweihundert Jahre lang der Hafen des serbischen Königreiches im Mittelalter war, dann dreihundertachtzig Jahre lang mit Venedig Glanz und Gefahren teilte, um schließlich bis 1918 dem Habsburgerreich als Flottenstützpunkt zu dienen, hat durch das Erdbeben zu Ostern 1979 außerordentlich gelitten. Wollte ich die Altstadt in ihrem jetzigen Zustand beschreiben, es wäre ein trauriges und auch zweifelhaftes Unterfangen. Denn als ich zum letztenmal Kotor besuchte, es war einige Jahre nach dem Erdbeben, waren die am Fuße der einstigen Festung Sveti Stefan liegenden und von Mauern umgebenen Kirchen und Paläste faktisch noch nicht zugänglich. Der Regierung von Montenegro war es darum gegangen, zunächst einmal wieder Wohnraum für die Bevölkerung zu schaffen, sei es durch Reparatur der alten oder Schaffung neuer Wohngebäude; die Wiederherstellung der historischen Bauten hatte zu warten. Ich muß daher auf die Beschreibung der zweitürmigen Sankt-Tryphonius-Kathedrale ebenso verzichten, wie auf die Erwähnung all der Kunstgegenstände ihrer Schatzkammer, und ich kann eigentlich auch nicht von der romanischen Sankt-Lukas-Kirche und ihren Fresken aus dem 12. Jahrhundert sowie den anderen kleinen mittelalterlichen Kirchen sprechen. Denn ich weiß nicht, in welcher Gestalt sie sich dem Besucher präsentieren werden, wenn die Restaurierungsarbeiten beendet und innen und außen die Gerüste weggenommen sein werden.

Das gleiche muß ich von **Budva** sagen, der zweiten größeren montenegrinischen Küstenstadt, die sich ihr mediterranvenezianisches Gesicht bewahrt hatte. Auch ihre Altstadt innerhalb der zum Schutze vor den Türken und den Korsaren errichteten gewaltigen Mauern hat durch das Erdbeben schwer gelitten; ihre Sehenswürdigkeiten werden vermutlich erst gegen Ende der achtziger Jahre wieder allgemein zugänglich sein. Bei Budva hat das Erdbeben aber auch etwas Positives bewirkt. Es hat die häßlichen Betonhotelkästen am Südostrand der Stadt zum Einsturz gebracht oder so schwer beschädigt, daß sie abgerissen werden mußten. An ihrer Stelle dehnt sich jetzt das Feriendorf »Slovenska plaža« (Slawischer Strand) aus, dessen höchstens zweigeschossige Häuser mitsamt den dazugehörenden Läden und Restaurants zwar von französischen Vorbildern beeinflußt sind, aber dennoch durchaus ihren eigenen adriatisch-montenegrinischen Charakter bewahrt haben.

Sieht man von der Hotelinsel Sveti Stefan mit ihren für Feriengäste adaptierten ehemaligen Fischerhäuschen und auch von Petrovac na moru ab, das, nach den aufgefundenen Mosaiken zu schließen, von den Römern als ›Sommerfrische‹ benutzt wurde, so sind wir hier am Ende des mediterran-venezianischen Bereiches von Montenegro angelangt. Die Städte **Bar** und **Ulcinj,** kurz vor der albanischen Grenze, sind bereits von einem orientalisch-levantinischen Flair geprägt. Sie standen ja auch dreihundert Jahre lang unter türkischer Herrschaft und kamen erst 1878 zu Montenegro. Außerdem siedelten die Türken im 16. Jahrhundert in Ulcinj vierhundert algerische Piraten, darunter viele Neger, an. Sie machten die Stadt zu einem berüchtigten Seeräubernest und Sklavenmarkt, und noch heute stößt man in ihren Straßen auf Typen, die eine Idealbesetzung für jeden Korsarenfilm wären.

Was das heutige Bar angeht, so ist es eine erst in den letzten hundert Jahren entstandene Hafenstadt ohne jeden architektonischen oder atmosphärischen Reiz. Wenn man noch einen Hauch des einstigen Bar mitbekommen will, muß man sich fünf Kilometer ins Landesinnere nach Stari Bar (Alt-Bar) am Fuße des kahlen Rumija-Gebirges begeben. Eigentlich ist es eine von zerbröckelnden Wehrmauern eingeschlossene Ruinenstadt, die mich immer an ein Skelett erinnert. Türme ohne Zinnen, Kirchen ohne Dächer, Häuserwände mit Fenstern, die wie leere Augenhöhlen sind. Das ist alles, was die Kämpfe, in denen vor mehr als hundert Jahren die Türken vertrieben worden waren, und eine gewaltige Munitionsexplosion in späterer Zeit vom alten Bar übriggelassen haben, das einst eine bedeutende Stadt gewesen sein muß, will man nach den Resten der dreischiffigen spätromanischen St. Georgs-Kathedrale, einiger kleinerer Kirchen und des Erzbischöflichen Palais urteilen. Vor einiger Zeit hat man die von grünem Gestrüpp überwucherten Ruinen unter Denkmalschutz gestellt und mit der Restaurierung der wichtigsten Gebäude begonnen. Es ist eine Sisyphusarbeit, und ob sie das alte Bar zu neuem Leben erwekken können wird, bleibt abzuwarten.

Im Herzen Montenegros

Das malerische Küstenland von Hercegnovi bis Ulcinj mit seinen alten Städten und den modernen Hotels – sicher, es gehört zu Montenegro. Zu jener Zeit, als es noch autonom war oder von Venedig regiert wurde, war es von großer Bedeutung für die montenegrinischen Stämme in den Bergen und ihren Kampf gegen die Türken, ebenso wie für die Freiheit von deren noch primitivem Gemeinwesen. Kotor und Budva, sie waren Fenster nach Europa, Verbindungsglieder zu Zivilisation und Fortschritt, und durch sie waren die ›Vladikas‹, die Fürstbischöfe, die ihr Bergland zu regieren hatten, mit der Welt verbunden. Aber zugleich waren und sind sie, auch heute noch, der Rand, die Peripherie Montenegros. Dessen Herz schlägt in Cetinje und in den Karstbergen um die ehemalige Hauptstadt des sagenhaften Balkanlandes, das sogar noch Königreich war, bevor es sich nach dem Ersten Weltkrieg Jugoslawien einverleibte.

Cetinje – ich muß gestehen, daß ich an dieses Städtchen in der Felsmulde unterhalb des Lovčen immer mit einer gewissen Rührung denke. Seit dem Zweiten Weltkrieg ist es nicht mehr die Hauptstadt Montenegros. Das verkehrsmäßig günstiger gelegene Titograd (Podgorica) – nach Cetinje führt keine Eisenbahn und über einen Flughafen verfügt es auch nicht – hat ihm den Rang abgelaufen. Aber was Montenegro einst war, was es symbolisierte und warum es die Phantasie der Europäer beschäftigte: in Cetinje und der den Ort umgebenden Bergwelt läßt es sich noch entdecken.

Heute führen mehrere Wege nach Cetinje. Will man mühelos auf breiter Straße dorthin gelangen, benützt man die neue Verbindung von Budva nach Titograd. Sie führt über Cetinje. Sucht man eher Romantik und Dramatik, dann wählt man die alte **Lovčen-Straße,** die die Österreicher vor hundert Jahren gebaut haben. Sie ist eine der hinreißendsten Bergstraßen Europas. In kühnen Kehren zieht sie sich vom Meeresufer bei Kotor hinauf in die zerklüfteten Berge und bietet immer neue und überraschende Blicke auf die Bucht von Kotor und weiter hinaus aufs offene Meer.

Aber schon vor dieser österreichischen Straße gab es eine Verbindung vom Meer zum Hinterland. Man sieht sie heute noch und sie wird stellenweise noch von Bauern mit ihren Eseln benutzt. In atemberaubendem Zickzack steigt sie in den Schründen der Felswände hinter Kotor hoch. Zur Zeit der Türkenherrschaft war sie die einzige Verbindung der Montenegriner zur westlichen Welt. Petar II. Petrović-Njegoš, Vladika (Fürstbischof) Montenegros in der ersten Hälfte des 19. Jahrhunderts und größter Dichter der Serben in dieser Zeit – wir werden ihm gleich begegnen –, ist diesen Weg oft geritten oder getragen worden. Er benutzte ihn, wenn er dem Klima seines Landes mit den peitschenden Regenfällen im Herbst, der schneidenden Kälte im Winter und der sengenden Sonne im Sommer entfliehen und sich in der milden Luft der Küste erholen wollte, oder wenn er zu seinen politischen Reisen nach Venedig, Wien und Petersburg aufbrach.

Die Lovčen-Straße ist aber auch noch aus einem anderen als dem romantischen Grunde zu empfehlen. Wenn man den Lovčen-Paß in tausend Meter Höhe überschritten hat, kommt man nach Njeguši, einer auch heute noch eher ärmlichen Ansammlung von Hütten aus grauem Stein. Aus diesem Ort stammen die Petrovićs, die zweihundertzwanzig Jahre lang die Herrscher Montenegros gestellt haben. In einem dieser Häuschen wurde *Petar II. Petrović-Njegoš* geboren, der als Petar II. sein Land von 1830 bis 1851 regiert hat. Er war wohl der bedeutendste Herrscher Montenegros in jenen Zeiten, als die geistliche und weltliche Spitze des Staates noch in einer Person vereinigt waren. Außerdem war er der größte Dichter der Südslawen im vergangenen Jahrhundert. Sein Epos ›Der Bergkranz‹, das den mörderischen Kampf zwischen den christlichen Montenegrinern und ihren zum Islam übergetretenen Brüdern schildert, ist ein klassisches Werk, von dem jeder Jugoslawe gehört hat, auch wenn nur wenige es wirklich gelesen haben.

Njeguši liegt in der Steinwüste von Katuni und nun befinden wir uns im eigentlichen Montenegro. Eine gnadenlose Landschaft, die dem weitgereisten französischen Marineoffizier und Schriftsteller Pierre Loti, der von Kotor aus den Aufstieg unternommen hatte, den Ausruf entlockt haben soll: »Mein Gott, wir sind auf dem Mond.«

Am eindringlichsten hat sie ein Montenegriner geschildert, Milovan Djilas in seiner Njegoš-Biographie. »Es ist dies ein Gebiet von extremer Kargheit und zehrender Stille«, schreibt er. »In seinen steinigen Höhen verliert sich alles Lebendige und alles, was Menschenhand erschaffen hat. Der Laut zerbröckelt an den scharfen Konturen der Steine und das Licht wird an den Felsgraten zu Sand zermalen ... Hier gibt es weder die Ruhe der Wüste noch die Weite des Meeres und doch ist auch davon etwas gegenwärtig – in der Stille der Steine und der Unendlichkeit des Himmels in der Höhe. Ebenen und kleine Täler, ummauerte kleine Felder zwischen den Felsen, alles ist enger und verlorener als im übrigen Karst. Die Bäume sind knorrig, mißgestaltet, schon als junge Triebe verstümmelt und von Menschen beschnitten, und ausgedörrt auf dem nackten Kalkgestein; es gibt keine Eiche, keine Weiß- oder Rotbuche, nur trockenes, sprödes, kaum grünes Gras – eine phantastische Traumwelt ... Alles ist Stein. Und alles Menschliche ist aus Stein. Der Mensch selbst scheint daraus geschaffen zu sein – ohne die geringste Spur von Weichheit und mit seiner scharfen Seite den Dingen zugekehrt. Jedes Übel sucht ihn heim, und mit dem Bösen schützt er sich gegen das Böse, auf einem Boden, wo nicht einmal eine Heimstatt für wilde Tiere ist.«

Aus dieser Wüstenei ragt nun der **Lovćen** heraus, kein einzelner Berg, sondern ein Bergmassiv mit sieben Gipfeln, von denen der zweithöchste etwas abgerückt das Grabmal von Petar Petrović-Njegoš trägt. Es war der Wunsch dieses großen Mannes gewesen, auf dem Berg, den er als Bub immer wieder bestiegen, in dessen Schatten er sein seltsames Gemeinwesen regiert und seine Bücher geschrieben hatte, beigesetzt zu werden. Sein Wunsch wurde respektiert und seine Nachfolger errichteten ihm eine schlichte Grabkapelle aus dem grauen Gestein des Landes. Dieses bescheidene Bauwerk wirkte einst so, als sei es ganz einfach aus der Landschaft herausgewachsen. Den neuen Machthabern Montenegros nach dem Zweiten Weltkrieg war es jedoch offenbar zu schlicht. Sie hatten sich für den großen Sohn ihres kleinen Landes etwas Prunkvolleres vorgestellt. Deshalb ließen sie in der ersten Hälfte der siebziger Jahre auf dem 1660 Meter hohen Berg über Cetinje ein großes Mausoleum aus Granit und Marmor errichten, mit Karyatiden und einer Krypta, mit einem steilen Stufenaufgang durch einen achtzig Meter langen Tunnel und natürlich mit Parkplatz, Restaurant und Aussichtsterrasse. Entworfen hatte den Monumentalbau bereits dreißig Jahre früher kein geringerer als der berühmte Ivan Meštrović aus Kroatien, der für sein Werk keinerlei Honorar wollte, »außer einer Scheibe Käse und einer Hammelschulter«. Mir war die kleine alte Kapelle lieber, zu der eine reichlich halsbrecherische Straße hinaufführte. Heute windet sich von Cetinje aus eine neue Autostraße auf den Lovčen, deren Kurven auch für die größten Autobusse kein Problem sind. Den Betrieb, der nun zur Reisezeit auf dem einst nur von Adlern umkreisten Gipfel herrscht, kann man sich leicht vorstellen.

Die Natur allerdings konnte der Mensch doch nicht ganz vergewaltigen. Sie ist grandios wie eh und je, ob der Blick nun nach Norden in die Steinberge mit den verlorenen Dörfern geht, nach Osten bis zum mächtigen Block des Durmitor, nach Westen, wo man hinter den Hügelketten das Meer ahnt, oder steil hinunter nach Cetinje, das sich von hier oben wie eine Spielzeugstadt ausnimmt, und dann darüber hinweg auf die weite Wasserfläche des Skutarisees (Skadarsee), dessen südöstlicher Teil schon zu Albanien gehört.

Nun aber muß endlich von **Cetinje** gesprochen werden, der Stadt, von der wir immer abgeschweift sind. Seit dem Ende des Zweiten Weltkrieges ist sie nicht mehr die Hauptstadt Montenegros – ich sagte es bereits. Aber dennoch hat sie sich die Aura einer kleinen Residenzstadt erhalten. Da sind die wie auf einem Reißbrett gezogenen, von Linden- und Akazienbäumen gesäumten Straßen, deren meist einstöckige Häuser aus der Zeit um die Jahrhundertwende stammen. Denn die staatliche Selbständigkeit Montenegros wurde international erst auf dem Berliner Kongreß 1878 anerkannt und erst von diesem Zeitpunkt an erhielt Cetinje nach und nach so etwas wie ein städtisches Gepräge. Noch 1860, als der spätere König Nikola die Herrschaft antrat, bestand Cetinje nur aus dem Kloster, das wie eine Festung aussah, der von Njegoš erbauten Residenz, genannt ›Biljarda‹, nach dem Billardtisch, den sich der Fürstbischof aus Frankreich hatte kommen lassen, und vierunddreißig strohgedeckten Steinhäuschen. Der ›Palac‹, das klassizistische Königspalais mit der Loggia über dem Portikus, wurde zwischen 1867 und 1871 errichtet und 1910 erweitert, als Nikola sich zum König proklamierte.

Es war die erste Residenz der montenegrinischen Herrscher, die nicht von Wehrmauern und Türmen umgeben war. Heute befindet sich in dem ›Palac‹ das Staatsmuseum, aber die offiziellen und die privaten Räume, die der erste und letzte König von Montenegro und seine große Familie benutzten, sind in ihrer ursprünglichen Form erhalten. Ebenso sind die Portraits und Photos des stattlichen Königs und seiner Gattin Milena in Nationaltracht noch zu bestaunen. Nikola, auch Nikita genannt, war ja zu seiner Zeit eine in Europa sehr populäre Figur. Sein Renommée verdankte er der Geschicklichkeit, mit der er sich einerseits immer wieder von den europäischen Mächten Geld zu verschaffen wußte, und andererseits auch noch seine vielen Töchter an den europäischen Höfen unter die Haube brachte. Eine von ihnen wurde die Frau des späteren serbischen Königs Petar, zwei heirateten russische Großfürsten; die spektakulärste Partie aber machte Prinzessin Jelena (Helene): an der Seite Viktor Emanuels III. wurde sie italienische Königin. König Nikola erhielt daraufhin den Beinamen ›der Schwiegervater Europas‹.

Sein italienischer Schwiegersohn war auf ihn allerdings nicht gut zu sprechen. Als sich Nikola Ende August 1910 selbst zum König von Montenegro ausrief und es in Cetinje tagelang große Festlichkeiten gab, fand Viktor Emanuel dies empörend. Dem österreichischen Gesandten General Giesel gegenüber äußerte er damals, er könne nicht mitansehen, wie sein Schwiegervater ohne Rücksicht auf sein hungerndes Land kostspielige Feste veranstalte; er werde vorzeitig abreisen. Was er dann auch tat.

Nikola ließ sich dadurch in seiner Prachtentfaltung nicht stören, zumal ihn der Zar aller Reussen zum russischen Feldmarschall ernannt hatte und ihm durch den Großfürsten Nikolai Nikolajevitch einen Marschallstab hatte überbringen lassen. König Nikola versammelte seine Krieger aus den Bergen, die sich immer mehr durch Tapferkeit als durch Disziplin ausgezeichnet hatten, um sich, schwang drohend den Marschallstab und rief ihnen zu: »Mit diesem Stab werde ich euch Gehorsam beibringen und zum Siege führen.«

Damit hatte er nicht zuviel versprochen. Denn in den Balkankriegen 1912/13 – den ersten Gewehrschuß feuerte König Nikola höchstpersönlich ab – konnte er das Gebiet seines Landes beträchtlich nach Norden und Osten erweitern und damit auch eine gemeinsame Grenze mit Serbien herstellen. Seinen großen Traum, auch Skutari, das Montenegro Jahrhunderte hindurch bedroht hatte, seinem Königreich einzuverleiben, konnte er allerdings nicht verwirklichen. Zwar besetzte er die Stadt am Südufer des Skutarisees, aber die europäischen Großmächte hatten sie bereits dem neuerstandenen Albanien zugeteilt. Dem österreichischen Abgesandten, der ihn im Namen der europäischen Mächte zur Aufgabe von Skutari aufforderte, erklärte der König zwar noch: »Alle Großmächte zusammen werden mich nicht aus Skutari herausbringen, ich werde ausharren bis zum letzten Mann und bis zur letzten Ziege.« Schließlich jedoch mußte der König des kleinen Montenegro doch klein beigeben und abziehen.

Im ehemaligen Königspalast und jetzigen Museum von Cetinje wird natürlich die kriegerische Vergangenheit des Landes der Schwarzen Berge ausführlich gewürdigt. Sie ersteht wieder in den zweiundvierzig Kriegsfahnen, die die Montenegriner in den Jahrhunderte währenden Kämpfen von den Türken erbeutet hatten, in den den Türken ebenfalls abgenommenen Gewehren, Säbeln und Kriegsäxten aus allen Teilen des Osmanischen Reiches und im von vielen Kugeln durchsiebten roten Banner mit dem weißen Kreuz, das die montenegrinischen Kämpfer in der Schlacht von Vućji Dol im Jahre 1876 geschwungen hatten. Die Totenmaske eines der gefährlichsten türkischen Widersacher der Montenegriner darf natürlich auch nicht fehlen: die des Wesirs von Skutari, Mahmut Pascha Bushatlija. Sie wurde dem nach einer von ihm verlorenen Schlacht abgehauenen Schädel des Wesirs abgenommen. Den gefallenen Feinden die Köpfe abzuschlagen, war alter montenegrinischer Brauch. Davon konnte sich auch König Friedrich August von Sachsen überzeugen, als er 1838 als erster ausländischer Herrscher Montenegro besuchte. Sein Gastgeber, der uns schon bekannte Njegoš, zeigte ihm voll Stolz den getrockneten Kopf des Wesirs von Bosnien, den er in einer Schachtel aus Ebenholz wie eine Reliquie aufbewahrte. Und wenn der sächsische König aus dem Fenster seines Zimmers in der ›Biljarda‹ blickte, konnte er auf der ›Tablja‹, dem runden Turm oberhalb des Klosters, die abgeschlagenen Köpfe weniger prominenter Türken betrachten.

Von Cetinjes großer Zeit als Hauptstadt eines souveränen Staates künden auch die Residenzen der ausländischen Gesandten, die nach 1878 bei dem Fürsten und späteren König Nikola akkreditiert waren. Insgesamt gab es in dem Städtchen zwölf Gesandtschaften; sie waren entweder in sehr bescheidenen Privathäusern untergebracht, oder sie bauten sich ihre eigenen, repräsentativeren Gebäude, wie etwa Österreich-Ungarn, Rußland, Italien und Frankreich.

Heute sind oder werden alle diese Gesandtschaften sorgfältig restauriert, damit vom früheren Glanz auch etwas auf das jetzige Cetinje abfällt. Zu diesem Glanz hat im Gegensatz zu den Vertretungen der übrigen europäischen Großmächte die des Deutschen Reiches nur mäßig beigetragen. Sie war im bescheidenen einstöckigen Privathaus in der Njegoševa Ulica Nr. 23 untergebracht, weit unter ihrem Niveau, könnte man sagen. Dies hatte seine Vorgeschichte: unmittelbar nach Abschluß des Berliner Kongresses, der dem Fürstentum Montenegro die staatliche Souveränität zuerkannte, traf ein Abgesandter des Deutschen Reiches in Cetinje ein, um Fürst Nikola ein Exemplar der Beschlüsse des Kongresses zu überreichen. Fürst Nikola aber schob die Audienz unter den verschiedensten Vorwänden immer wieder hinaus, bis der Mann aus Berlin wutentbrannt abreiste. Daraufhin gab es siebenundzwanzig Jahre lang keine diplomatischen Beziehungen zwischen dem Deutschen Reich und Montenegro, bis 1905 Fürst Nikola einen offiziellen Besuch bei Kaiser Wilhelm II. machte. Überflüssig zu sagen, daß das Eis zwischen den beiden Ländern vorher durch Heiraten gebrochen worden war: Prinz Danilo, der montenegrinische Thronfolger, vermählte sich mit Prinzessin Jutta von Mecklenburg-Strelitz und Prinz Franz von Battenberg erhielt Prinzessin Ana, eine der vielen Töchter Nikolas, zur Frau. So gab es dann bis zum Ausbruch des Ersten Weltkrieges 1914 auch eine Gesandtschaft des Deutschen Reiches in Cetinje.

Zwischen Skutari-See und Durmitor

Wir sind dem mediterranen Charme seines Küstenlandes erlegen, wir haben uns von der Strenge und Härte seiner steinernen Wüsten um Lovčen und Cetinje gefangennehmen lassen – es gibt aber noch ein drittes Montenegro. Dieses ›dritte Montenegro‹ ist nicht so populär wie die ersten beiden, trotzdem lohnt es sich, es zu durchstreifen. Denn man wird dabei einige Entdeckungen machen können.

Da ist zuerst der **Skutari-See,** von Cetinje aus leicht zu erreichen, wenn man halbwegs zwischen der ehemaligen und der jetzigen Hauptstadt des Landes, also zwischen Cetinje und Titograd, von der Hauptstraße abbiegt und dem Hinweisschild Rijeka Crnojevića folgt. Dieser nur mühsam auszusprechende Name bezeichnet ein Flüßchen, das sich in die nördliche Bucht des Sees ergießt, und ebenso den kleinen Ort, der nichts mehr von der Strenge der Karstberge über ihm hat, der von Weinbergen eingeschlossen ist und sich ziemlich malerisch zu beiden Seiten der schmalen Bucht ausdehnt. Über eine altersgraue Steinbrücke mit drei unregelmäßigen Bögen wikkelt sich der Verkehr zwischen den Ortsteilen ab, in denen eine sehr gute ›Lozovača‹, der montenegrinische Grappa, produziert wird.

Bevor man aber nach Rijeka Crnojevića hinunterfährt, muß man anhalten und sich von einer der zahlreichen Kurven einen Blick auf den nördlichen Teil des Skutari-Sees gönnen. Man wird sich seiner noch erinnern, wenn man schon längst wieder in mitteleuropäischen Gefilden ist: fjordartig schiebt sich der See zwischen die Hügel, die wie dunkle Kegel aussehen und dem Wasser oft nur einen schmalen Durchlaß gewähren. Außerdem dehnen sich von den Ufern Seerosenfelder zur Mitte des Wassers hin aus und lassen für die Boote nur eine schmale Fahrtrinne frei. Hierher sollte man im Herbst fahren; die Seerosen sind dann zwar längst verblüht, aber ihre Blätter liegen gelb und braun auf der Oberfläche des Sees und säumen das offene Wasser, in dem sich der tiefblaue Himmel spiegelt, wie mit altem Gold ein.

Früher gab es zwischen Rijeka Crnojevića und Virpazar, dem Hauptort am Skutari-See, nur eine enge Schotterstraße, jetzt ist sie ausgebaut und asphaltiert, und wer sie benützt, wird durch immer neue Ausblicke auf den See belohnt: Auf die Inseln mit den Ruinen der Orte und Burgen, um die sich Türken und Montenegriner ihre legendären Schlachten lieferten, auf den nach dem letzten Krieg gebauten Damm, über den die Straße von der Adriaküste nach Titograd und die Eisenbahnlinie Belgrad–Bar führt und schließlich auf das kleine Städtchen *Virpazar* selbst mit seinem schmalen Hafen, in dem früher die Boote an erbeuteten türkischen Kanonenrohren festgemacht worden waren, die man in den Seeboden gerammt hatte. Da es hier auch ein passables Hotel direkt am Wasser gibt, kann man Virpazar als Ausgangspunkt von Fahrten auf dem See nehmen, sei es, daß man fischen, jagen oder einfach die Inseln vor dem Westufer besuchen möchte.

Wenn sie vom Skutari-See sprechen, vergessen die Montenegriner nie zu sagen, daß er mit seinen 391 Quadratkilometern das größte Binnengewässer auf der Balkanhalbinsel ist (243 km^2 gehören Jugoslawien, 148 km^2 Albanien). Er ist 43 Kilometer lang und seine größte Breite beträgt 14 Kilometer. Sehr tief ist er nicht, im Durchschnitt sieben Meter. Nur die ›Okas‹, die im See von unterirdischen Zuflüssen aus dem Karst gespeist werden, haben eine Tiefe bis zu vierzig Metern und liegen damit beträchtlich unter dem Spiegel der Adria. Eine weitere Besonderheit weist der Skutari-See auf: Zur Regenzeit im Winter und im Frühling steigt sein Wasserspiegel oft bis zu drei Metern an und seine Fläche dehnt sich bis zu 550 Quadratkilometern aus. Dann ist der See größer als der Bodensee (539 km^2) und bietet zwischen Virpazar und Titograd einen phantastischen Anblick. Hügel sind plötzlich zu Inseln geworden und die Bäume, die die Straßen säumen, bilden Alleen im Wasser, durch die die Fischer in ihren Booten fahren.

Über den Fischreichtum des Sees kann ich aus eigener Erfahrung nichts sagen; ich habe aber gelesen, daß fünfunddreißig Fischarten in ihm leben sollen, darunter eine Art, die nur hier existiert. Am interessantesten für die Fischer sind die Wintermonate. Dann sammeln sich die Fische in den Okas, weil das Wasser dort wärmer ist als im übrigen See; sie sind dort leicht zu fangen und es gibt reiche Beute. Vogelliebhaber wiederum können ihr Vergnügen an Wildenten, Wildgänsen, Kormoranen und Pelikanen haben, für die der See teils Durchzugsstation, teils Winterquartier ist. Die ausgedehnten Schilffelder sind daher beliebte Jagdgebiete.

Mich haben vor allem die Inseln im Schatten des steil ansteigenden Rumija-Gebirges am Westufer interessiert, die die Einheimischen ›Gorice‹, also Hügel, nennen. Es sind Felsen-Eilande, überzogen von Efeu, Lorbeergesträuch, Granatäpfeln und Macchia. Im 14., 15. und 16. Jahrhundert, in den letzten Jahrzehnten vor der Eroberung dieses Landesteiles durch die Türken, aber auch noch während ihrer Herrschaft, wurden dort Kirchen und Klöster gebaut. Später verfielen sie, heute aber werden sie zum Teil wieder restauriert. Die Inseln zu besuchen – Starčevo, Beška, Moračnik, um nur die bedeutendsten zu nennen – ist gar nicht so einfach. Sie sind nur mit einem Boot von Virpazar aus zu erreichen, und man benötigt dazu hin und zurück einen ganzen Tag. Aber Grbožur, die erste in der Kette dieser Eilande, liegt nicht weit von Virpazar. König Nikola hielt hier seine Widersacher gefangen, falls er sie nicht schon vorher »meuchlings und heimlich beiseite geschafft hatte«, wie ein ihm nicht allzu wohlgesonnener Zeitgenosse überliefert.

Über *Titograd,* das einstige Podgorica, das im letzten Krieg zu neunzig Prozent zerstört wurde, ist wenig zu sagen. Für uns ist es aber in erster Linie als Ausgangspunkt für *Fahrten im Norden Montenegros* wichtig. Zum Beispiel in Richtung Nikšić und weiter in den Cañon des Flusses Piva zum **Kloster Piva.** Seine Geschichte klingt bemerkenswert. Es wurde zwischen 1573 und 1586 vom Metropoliten von Peć, Savatije Sokolović, errichtet, nachdem die Hohe Pforte 1556 aus politischen Gründen das Patriarchat der serbisch-orthodoxen Kirche mit Sitz in Peć im heutigen Kosovo erneuert hatte. Dabei mag keine geringe Rolle gespielt haben, daß dieser Metropolit und spätere Patriarch Savatije Sokolović in Istanbul einen einflußreichen Verwandten hatte: den Großwesir Mehmet Sokolović, eine der großen Figuren des Osmanischen Reiches.

Mehmet war im Zuge der Knabenlese an den Bosporus gekommen und hatte dort große Karriere gemacht, Savatije war zu Hause geblieben, Priester geworden und hatte es ebenfalls zu etwas gebracht. Von den Sokolovićs wird in einem anderen Zusammenhang noch ausführlich die Rede sein. In Piva jedenfalls gibt es ein Fresko, das einen Vornehmen im Kaftan und mit dem Kalpak, der pelzverbrämten Kappe, auf dem Kopf zeigt, eine Figur, die man sonst auf religiösen Wandmalereien nicht sieht. Das Volk glaubte aus diesem Grund, daß diese Gestalt das Abbild des großen Mehmet sei.

Piva ist noch aus einem anderen Grund bemerkenswert: dort, wo es sich heute befindet, im Dorfe Goransko, wurde das Kloster nämlich nicht erbaut. Tatsächlich lag es einige hundert Meter tiefer. Als man in den siebziger Jahren das Speicherkraftwerk Mratinje anlegte und die Piva zu einem See aufstaute, trug man Kloster und Kirche Stein für Stein ab, löste die Fresken von den Wänden und ließ das größte kirchliche Bauwerk Montenegros aus der Türkenzeit in der ursprünglichen Form an seinem neuen Ort wiedererstehen.

Noch ein zweites, während der Türkenzeit errichtetes Kloster sollte man in diesem Teil von Montenegro besuchen. Das **Kloster Ostrog,** zwischen Titograd und Nikšić, nur zehn Kilometer abseits der Hauptstraße gelegen, ist weniger seiner Kunstschätze als seiner Lage wegen wert, besichtigt zu werden: man baute es in zwei Etappen in die Felswand des Berges Ostrog hinein und so hat man aus einer Höhe von achthundert bis neunhundert Metern einen wunderbaren Blick auf die grünen Felder beiderseits des Zeta-Flusses.

Fährt man von Titograd durch den Cañon der Morača auf der E 27 nach Norden in Richtung Belgrad, kommt man nach etwa fünfzig Kilometern zum **Kloster Morača.** Die äußerlich schlichte einschiffige Kirche mit der ohne Tambour aus dem Dach herauswachsenden Kuppel stammt aus dem Jahre 1252. Sie ist deshalb interessant, weil sich in ihrer Architektur wie in den Fresken westliche und byzantinische Einflüsse kreuzen. Das Hauptportal und die Bifora darüber sind romanisch und lassen als Vorbilder die Kirchenbauten des 13. Jahrhunderts im dalmatinischen Küstengebiet erkennen. Die Fresken des

2 Am Skutarisee

◁ 1 Blick vom Lovčenpaß, Montenegro

3 Die Moschee von Počitelj im Neretvatal, Herzegowina ▷

◁ 4 Blick auf die Bucht von Kotor 5 Nordalbanisch

ındschaft

6 Ioánnina, Epiros, Fetiye-Moschee ▷

Baujahrs – sie sind nur zum Teil erhalten, wie die Szenen aus dem Leben des heiligen Elias – verraten die byzantinische Schule. Das gilt sogar für die Fresken aus dem 16. und 17. Jahrhundert, die Heiligen Georg und Demetrius zu Pferde beiderseits des Kirchenportals und die Austreibung der Dämonen durch Christus in der Vorhalle sowie die Ikonen in der kunstvoll geschnitzten Ikonostase. Die Wandmalereien aus dem 17. Jahrhundert stellen den geschlossensten und in künstlerischer Hinsicht wertvollsten Freskenzyklus aus dieser Zeit dar; man spricht deshalb von der ›Morača-Schule‹.

Außer Morača gibt es in Nordmontenegro noch einige Klöster und Kirchen, die aus dem 13. und 14. Jahrhundert stammen, aber fährt man nach Nordmontenegro, um Kirchen und Klöster zu suchen? Wohl kaum. In Südserbien einschließlich des Kosovo und in Makedonien kommt man in dieser Hinsicht besser auf seine Kosten.

Nach Nordmontenegro sollte man der Natur zuliebe fahren, der tiefeingeschnittenen Flußtäler und der bis zu zweitausendfünfhundert Meter hohen Bergketten wegen – oder aber um der Wälder willen mit ihrem Bestand an riesigen alten Tannen, Fichten und bizarren Schirmpinien, und um die weiten Hochflächen, über deren Wiesen gemächlich Schafherden ziehen, zu genießen. Man findet hier noch Urwälder, so am Durmitor und am Biograd-See bei Kolašin, die zu Nationalparks erklärt wurden. Die Natur ist anders als im klassischen Montenegro rund um den Lovćen, wo der Stein dominiert und alle Konturen scharf und hart sind. Hier im Norden prägt der Wald den Charakter der Landschaft, und erst in den Höhen über zweitausend Meter ragen aus ihm die Feldwände und Spitzen und Kare heraus. Montenegro, Land der Schwarzen Berge, hier, wo der Wald endlos scheint, verdient es seinen Namen mehr als im gnadenlosen Licht seiner karstigen Teile.

Die Moračaschlucht ist nicht die einzige in diesem Landesteil. Zweigt man von der E 27 bei Mojkovac ab, kommt man nach einiger Zeit in den Cañon des Flusses Tara, der wie der schon erwähnte Fluß Piva nach Nordwesten in Richtung Bosnien-Herzegowina fließt und mit diesem die Drina bildet, auf die wir später noch zu sprechen kommen werden.

Die berühmte **Tara-Schlucht** entspricht dem Hang der Montenegriner zu Superlativen aufs beste. Nach dem Grand Canyon in den USA sei sie das tiefste Flußtal der Welt, denn stellenweise stiegen die Wände zu beiden Ufern tausend Meter hoch, beim Obzor-Gebirge sogar eintausenddreihundert Meter. Auch wenn man sich auf weltweite Zahlenvergleiche nicht einlassen will – von der Tara-Schlucht ist man beeindruckt. Allein der Blick von der Brücke Djurdjevića-Tara, deren fünf Bögen sich in hundertfünfzig Meter Höhe über den Fluß wölben, lohnt die Fahrt in diese abgelegene Gegend. Wer nun noch weiter flußabwärts will, muß sich Flößen anvertrauen, die unter der Brücke zusammengebunden und mit Vorräten für eine zwei- bis dreitägige Fahrt versehen, ihrer Aufgabe harren. An diesem Punkt teilt sich die Straße; links führt sie hinauf zum Durmitor-Massiv, rechts über die Brücke in Richtung Pljevlja, der nördlichsten Stadt Montenegros.

Der **Durmitor** ist ein Gebirgsstock, der sich außerordentlich dekorativ aus einer weiten Hochebene erhebt. Mit dem Babotov Kuk, seiner höchsten Spitze (2522 m) befriedigt auch er die schon mehrfach festgestellte Neigung der Bewohner des Landes zu Superlativen: der Durmitor, so können sie stolz sagen, ist die höchste Erhebung der Dinarischen Berge. Hierin erschöpft sich seine Attraktivität jedoch keineswegs. Die gesamte Landschaft um das Bergmassiv ist in höchstem Maße reizvoll. Žabljak, der Hauptort am Fuß des Durmitor, liegt in tausendfünfhundert Meter Seehöhe. Die Zacken, Grate und Wände des Durmitor steigen unmittelbar hinter dem Städtchen rund tausend Meter hoch, und von welcher Seite man sich dem Massiv auch nähert, sein Anblick ist immer von gewaltiger Dramatik.

Am schönsten ist die Perspektive über den Schwarzen See und die dunkle Mauer der ihn einschließenden Tannen hinauf in die Schründe, Kare und Zinnen, zwischen denen auch im Sommer noch Schnee liegt. Der Schwarze See ist übrigens nicht der einzige, wiewohl der malerischste See in dieser Bergwelt. Die Gletscher, die das Massiv einst überzogen, haben noch an die zwanzig andere Seen hinterlassen.

Alles in allem eine großartige, weitgehend unberührte Natur. Die Republik Montenegro hat daher das ganze Gebiet um den Durmitor unter Naturschutz gestellt. Glücklicherweise ist auch kaum anzunehmen, daß der moderne Massentourismus demnächst hier einbrechen und seine zweifelhaften Auswirkungen hinterlassen wird. Zwar ist dieser entlegene Winkel des Landes seit einigen Jahren leichter zu erreichen – nach Žabljak führen jetzt asphaltierte Straßen sowohl aus dem Tara-Tal wie über Nikšić – und es gibt bereits drei Hotels im Ort. Aber deren Aufnahmefähigkeit ist begrenzt, und der Reisende, der gezielt oder zufällig hierher kommt, kann immer noch sicher sein, eine Gegend vorzufinden, die weder im Sommer noch im Winter überlaufen ist.

Nachdem wir nun schon einmal in diesem Nordostwinkel Montenegros sind, muß ich den Leser auch nach **Pljevlja** führen, der nördlichsten Stadt der montenegrinischen Teilrepublik mit ihrem Prunkstück, der *Hussein-Pascha-Moschee,* der schönsten Moschee, die die Türken auf montenegrinischem Boden hinterlassen haben. Sie wurde 1569 in klassischem Stil im Auftrag Hussein Pascha Boljanićs erbaut, dem Beglerbeg (Gouverneur) des Sandschaks (Regierungsbezirk) der Herzegowina, zu dem Pljevlja bis 1912 gehörte. Sie ist ein Bauwerk von vollendeter Harmonie, gekrönt von einer hohen Kuppel, die in ihrer Wölbung nach dem Vorbild persischer und arabischer Fresken in leuchtendem Blau und Grün ausgemalt ist. Die Moslems von Pljevlja, keine Türken, sondern die Nachkommen der unter türkischer Herrschaft zum Islam übergetretenen Serben, verweisen voller Stolz darauf, daß die Wandmalereien im Inneren der Kirche noch nie restauriert werden mußten. »Sie sind frisch wie vor mehr als vierhundert Jahren, als sie geschaffen wurden«, sagt der Imam, der uns auch auf das Fresko über dem Mihrab (Betnische) aufmerksam macht, ein Bild der Kaba in Mekka, dessen Feinheiten schon Evliya Çelebi aufgefallen waren. Der große Reiseschriftsteller der Türken, dem wir schon in Mostar begegnet sind und auf den wir auf unseren weiteren Fahrten noch öfters stoßen werden, meinte, diese Darstellung des größten Heiligtums der Moslems könnte den Neid von Mani und Behzad hervorrufen, zweier berühmter persischer Maler aus dem 14. Jahrhundert.

Der überwältigende Eindruck der Moschee wäre unvollständig, würde man das elegante Minarett übersehen, das links von der Vorhalle zum Himmel strebt. Mit seinen zweiundvierzig Metern ist es das höchste in Jugoslawien.

Aus der zweiten Hälfte des 16. Jahrhunderts bietet Pljevlja auch Christen etwas Besonderes: das *Kloster der Heiligen Dreifaltigkeit,* nur wenige Kilometer von der Stadt entfernt. Es ist nicht so sehr die Architektur der dreischiffigen Basilika, die unser Interesse verdient, als die Schatzkammer des Klosters voller kunstvoll gearbeiteter sakraler Gegenstände aus Gold und Silber und Aufbewahrungsort kostbarer Handschriften, deren Illuminationen in keinem montenegrinischen oder jugoslawischen Kunstbuch fehlen dürfen.

Zur Zeit der türkischen Herrschaft war Pljevlja ein bedeutendes Verwaltungszentrum, denn es lag an der wichtigen Handelsstraße von Dubrovnik nach Skopje und weiter nach Istanbul. Ein Hauch ist immer noch davon zu spüren.

Bevor wir Montenegro verlassen, muß ich den Leser in eine weitere ›tote Ecke‹ des Landes führen. Es ist der Teil des Landes, der an Nordalbanien und an das Kosovo grenzt, das Gebiet um Ivangrad, Andrijevica und Gusinje, das erst im Balkankrieg Ende 1912-13 zu Montenegro kam. Weder Kirchenschätze noch malerische Städte locken uns dorthin, sondern eine Straße. Es ist die Straße über den **Čakor-Paß,** einen kahlen Sattel in 1849 Meter Höhe zwischen zwei Gebirgsketten. Es ist die höchste Paßstraße Jugoslawiens, eine Schotterstraße, und man braucht für die sechzig Kilometer von Murino in Montenegro nach Peć im Kosovo drei ganze Stunden. Aber sie ist die spannendste der zahlreichen jugoslawischen Gebirgsstraßen. Weniger der Gefahren wegen, denen man ausgesetzt ist – für einen halbwegs geübten Fahrer sind die vielen Kurven kein Problem – als wegen der immer neuen Landschaftsbilder, die sie bietet, wegen der Ausblicke in menschenleere Gebirgstäler und weite Weideflächen mit den braunen Flecken der Schafherden und wegen des Schattenspiels der Wolken auf der *Prokletije-Gebirgskette,* die, fast so hoch wie das Durmitor-Massiv, hier die Grenze zu Albanien bildet.

Bereits im Kosovo muß man durch die Tunnels und unter den überhängenden Felsen der *Rugovo-Schlucht* hindurch, bis man kurz vor der Patriarchie von Peć, dem allen orthodoxen Serben heiligen Ort, wieder auf eine asphaltierte Straße und damit in die Zivilisation zurückkehrt.

Zu Beginn dieses Kapitels habe ich von den drei Gesichtern Montenegros gesprochen, und ich habe mich bemüht, seine so verschiedenen Landschaften zu beschreiben. Nun, da wir im Begriffe sind, das Land der Schwarzen Berge zu verlassen, muß noch Antwort auf die Frage gegeben werden, ob auch seine Menschen je nach ihrer Herkunft in ihrem Charakter sehr verschieden sind. Vielleicht kann ein intimer Kenner der Montenegriner Unterschiede feststellen, je nachdem ob sie von der Küste, aus den Bergen um Cetinje oder aus Kolašin kommen. Für mich ist der Charakter der Montenegriner zu stark ausgeprägt, als daß man in seiner Beschreibung irgendwelchen regionalen Nuancen Rechnung tragen müßte. Außerdem ist viel wichtiger, zu wissen, wodurch er sich vom Charakter der übrigen Jugoslawen unterscheidet.

In seiner Beschreibung der Gegend von Katuni unter dem Lovčen hat Milovan Djilas von dem Menschen dieser Landschaft gesagt, er sei »ohne die geringste Spur von Weichheit und mit seiner scharfen Seite den Dingen zugekehrt«.

Und in der Tat ist etwas Unerbittliches und Unbedingtes im Wesen dieser Leute oder, wenn man will, eine Einspurigkeit. Sie kennen immer nur ein Entweder-Oder, ein Ja oder Nein, ein Schwarz oder Weiß, und sie identifizieren sich immer ausschließlich mit dem einen oder dem anderen. Deshalb waren auch die Kämpfe in diesem Lande immer gnadenlos, Kämpfe gegen die Türken, die Auseinandersetzungen zwischen dem christlichen und dem muselmanischen Teil des Volkes, und die Machtkämpfe zwischen Sippen und Clans. Dies setzte sich bis in die jüngste Vergangenheit fort, verschärft durch Ideologien. Im Zweiten Weltkrieg waren die Kämpfe zwischen Kommunisten und Nicht-Kommunisten in Montenegro besonders brutal und blutig; sie machten nicht einmal vor der eigenen Familie halt, und es schlachteten sich Väter,

Söhne und Brüder gegenseitig ab. Selbst in der kommunistischen Partei endeten Meinungsverschiedenheiten für die Verlierer oft tödlich.

Mit seiner scharfen Seite den Dingen zugekehrt – das gilt auch für den Intellekt der Montenegriner. Er ist wach, behende und lebendig, oft eher von Phantasie beflügelt als dem Wunsch verbunden, in die Tiefe der Dinge einzudringen. So wurzelt die starke Präsenz der Montenegriner in den Büros, Ämtern und Institutionen der Hauptstadt Belgrad, von der wir eingangs sprachen, bereits im Wesen der Montenegriner.

Zum Schluß ist im Zusammenhang mit Wesen und Charakter der Montenegriner noch eine leidige Frage anzuschneiden: Bilden sie eine eigene Nation, so wie sich Serben, Kroaten, Slowenen oder Makedonier als eine Nation im Vielvölkerstaat Jugoslawien verstehen? Ich wage nicht, mit einem einfachen Ja oder Nein zu antworten, weil ich auf sie auch von Montenegrinern selbst die verschiedensten Antworten erhalten habe. »Wir bilden eine Nation aufgrund unserer Geschichte und unserer Existenz in einer eigenen Republik, die ein souveräner Bestandteil der jugoslawischen Föderation ist«, sagen in etwa die jetzigen Machthaber in Titograd. Womit sie aber selbst in den Reihen ihrer eigenen kommunistischen Partei auf Widerspruch stoßen, besonders wenn Übereifrige außerdem noch eine spezifische montenegrinische Literatur oder Kultur postulieren. Man kann deshalb selbst im Establishment genau entgegengesetzte Ansichten hören wie zum Beispiel: »Eine montenegrinische Nation? Nichts als eine politische Manipulation irgendwelcher Funktionäre. Wir Montenegriner sind Jugoslawen und nichts anderes sollten wir sein.« Dazwischen gibt es noch diejenigen, die sich als Serben sehen, als Serben mit einer besonderen Geschichte und einer besonderen Mentalität, aber eben als Angehörige einundderselben Nation und ihrer Kultur.

So dürfte vermutlich die Mehrzahl der Montenegriner denken, und sich dabei an dem Manne mit den nachdenklichen dunklen Augen orientieren, dessen Portraits im Lande immer wieder zu sehen sind, an Petar II. Petrović-Njegoš, der, wie schon gesagt, ein montenegrinischer Fürst und Bischof, aber auch ein serbischer Dichter war.

ALBANIEN

Wie kommt man nach Albanien?

Bevor wir uns in diesem Lande umsehen, muß die Frage beantwortet werden, wie man überhaupt nach Albanien kommt, dem ja immer noch der Ruf anhaftet, das verschlossenste Land Europas zu sein. Zu dem Zeitpunkt, da ich diese Zeilen schreibe, existiert bereits Tourismus im Land der Skipetaren, aber nur in sehr beschränktem Umfang: 1985 besuchten rund 6000 ausländische Touristen das Land, was vergleichsweise recht wenig ist. Sie kamen in Gruppen, auf dem Luftweg oder per Autobus, und die Besuche hatten Reisebüros organisiert. Als einzelner kann man Albanien nicht bereisen, weder per Flugzeug noch mit dem eigenen Wagen. Ebensowenig mit der Eisenbahn, obwohl Albanien seit 1986 durch eine neue Eisenbahnstrecke zwischen Skutari (alban. Shkodër) und Titograd im jugoslawischen Montenegro an die Nord-Süd-Strecke Belgrad–Bar und damit an das europäische Eisenbahnnetz angeschlossen ist. Allerdings gilt das nur für den Güterverkehr, Personenzüge gibt es zwischen Jugoslawien und Albanien einstweilen noch nicht.

Einen kurzen Blick in das kleine Land an der Adria mit seinen rund drei Millionen Einwohnern kann man allerdings werfen, wenn man sich einer Autobusreise nach Griechenland oder ins jugoslawische Makedonien anschließt. Manche dieser Reisen führen auf dem Hin- oder Rückweg durch Albanien, wo man zwei bis drei Tage bleibt und verschiedene, historisch und kulturell interessante Orte besichtigen kann.

Wer sich zu einem vierzehntägigen Aufenthalt in Albanien entschließt, wird in einem der drei Ausländerhotels in Durrës an der Adriaküste untergebracht. Von dort aus kann er sich Fahrten ins Landesinnere anschließen, die die albanische Touristenorganisation »Alb-Tourist« organisiert. Auf diese Weise kann er die interessantesten Teile des Landes kennenlernen. Theoretisch könnte der Ausländer zwar auch auf den Bahnhof in Durrës gehen, eine Fahrkarte zum Beispiel nach Pogradec am Ohrid-See lösen und dorthin fahren oder in einen der Autobusse steigen, die von Durrës aus in die verschiedensten Richtungen gehen. In der Praxis sieht es allerdings anders aus: als Ausländer fällt man sowieso sofort auf und als einzelner Ausländer ohne albanische Begleitung erst recht. Deshalb würde man wahrscheinlich auch gar nicht sehr weit kommen; ein Polizist, auf den sonderbaren Fremden, der sich allein im Lande bewegt, aufmerksam gemacht, würde nach woher und wohin und nach dem Paß fragen. Diesen hätte man zwar bei sich, aber im Paß wäre kein Visum eingetragen, denn in einer Gruppe ist man mit einem Sammelvisum ins Land gekommen. Damit hätte der Ausflug auf eigene Faust auch schon sein Ende gefunden. Nun könnte man sich streiten, ob eine solche Überwachung der Fremden auf eine perfekt arbeitende Staatspolizei kommunistischer Prägung oder auf althergebrachte Verhaltensweisen der Bevölkerung selbst zurückzuführen ist. Ich würde sagen, auf beides.

Im Jahre 1927, also lange bevor es ein kommunistisches Regime im Lande gab, schrieb Joseph Roth, später berühmt geworden durch seinen ›Radetzkymarsch‹, in einem Bericht über Albanien in der ›Frankfurter Zeitung‹: »Ein Fremder wird hier nicht etwa besonders beobachtet, sondern mit Leidenschaft und aus primitivem Interesse von allen beachtet.«

Man spürt dies auch heute noch, sogar in Tirana auf dem Korso, wenn der Skanderbeg-Platz und die sternförmig von ihm ausgehenden Straßen von Menschen überquellen. Sieht man zwischendurch zu den Männern hin, die im Schatten des Reiterdenkmals des albanischen Nationalhelden oder um die Hadschi Ethem Bey-Moschee herumsitzen, dann merkt man, wieviele Augenpaare einem folgen, ruhig und intensiv, so, als sei alles an dem Fremden interessant und wert, festgehalten zu werden.

Andererseits: ist der Ausländer in Begleitung eines Albaners, kann er sicher sein, als Gast mit großer Zuvorkommenheit behandelt zu werden. In früheren Zeiten, als noch Räuberbanden und Sippenfehden das Land unsicher machten, war durch eine solche Begleitung auch der Schutz des Fremden gewährleistet.

Was man von Albanien wissen sollte

Vor dem Ersten Weltkrieg haben zwei Faktoren das Land Albanien und seine Menschen in das Bewußtsein der Deutschen gerückt: die Tatsache, daß das erste Staatsoberhaupt des 1912 selbständig gewordenen Balkan-Landes ein deutscher Fürst, Prinz Wilhelm von Wied, war, auch wenn seine Herrschaft nur wenige Monate dauerte und in den kriegerischen Wirren von 1914 unterging. Schon vorher aber hatte Karl May mit seinen Romanen ›In den Schluchten des Balkan‹ und ›Im Land der Skipetaren‹ Albanien in der deutschen Öffentlichkeit populär gemacht.

Übrigens *Skipetaren:* Dieser Begriff wird oft mit der Bezeichnung Albaner gleichgesetzt, was aber nicht richtig ist. Denn als Skipetaren, etwas romantisierend mit ›Söhne des Adlers‹ übersetzt, kann man eigentlich nur die Bergstämme Nord-Albaniens und vielleicht noch die albanische Bevölkerung in der jugoslawischen Autonomen Provinz Kosovo bezeichnen. Die Bevölkerung des albanischen Flachlandes und vor allem die des südlichen Landesteiles kann man, wenn man es genau nehmen will, nicht als Skipetaren ansprechen. Aber so genau nimmt es nicht einmal die heutige »Sozialistische Volksrepublik Albanien«, die in ihrer offiziellen albanischen Bezeichnung den Begriff »Shqipërisë« für das ganze Land verwendet.

In unserer Zeit hat Albanien den Ruf eines orthodox-kommunistisch regierten und sich gegenüber der übrigen Welt beinhahe hermetisch abschließenden Landes, besonders nachdem es sich Ende der siebziger Jahre auch von den Chinesen getrennt hat, wie es vorher schon mit Tito-Jugoslawien und 1960 auch mit der großen Sowjetunion gebrochen hatte.

Daß sich das Regime als »Hort des wahren Marxismus-Leninismus« sieht, werden albanische Gesprächspartner dem Besucher gegenüber natürlich bestätigen. Was die Abschließung des Landes betrifft, werden sie erklären, daß diese nur in der Vorstellung des Auslandes besteht, und sie werden dabei auf die vielen Länder hinweisen, mit denen ihre Regierung politische und wirtschaftliche Beziehungen unterhält. Allerdings werden sie hinzufügen, daß ihrem Volke ein gewisses Mißtrauen gegenüber seiner Umgebung eigen ist, daß dieses Mißtrauen aber seine Berechtigung in den geschichtlichen Erfahrungen hat, die die Albaner mit Byzantinern und Römern, mit Griechen und Slawen, mit Türken und Italienern, Franzosen und Österreichern machen mußten, die immer wieder versucht haben, sich in Albanien festzusetzen, das, an der strategisch wichtigen Straße von Otranto gelegen, so etwas wie ein Tor zum Balkan oder eine Absprungbasis nach Italien hinüber darstellte. Daraus habe sich dann der unbändige Wille zur Selbständigkeit und Unabhängigkeit nach allen Seiten hin entwickelt, der so weit geht, daß, um jeden ausländischen Einfluß unmöglich zu machen, die Verfassung der Sozialistischen Volksrepublik Albanien sogar die Annahme ausländischer Kredite verbietet.

Tirana, beschaulich und bescheiden

Das Zentrum von Tirana (alb. Tiranë), der Hauptstadt Albaniens, ist der Skanderbeg-Platz. Er ist ein weiter, von wichtigen Gebäuden umstandener Platz. Zunächst treffen wir auf den Kulturpalast, zu dem eine Freitreppe hochführt, ein Gebäude aus neuerer Zeit, das die Nationalbibliothek beherbergt, in dessen großem Saal die Oper ihre Vorstellungen gibt und in dessen kleineren Räumen am Samstagabend Tanzveranstaltungen für die Jugend stattfinden.

Ein paar Schritte weiter steht das zwölf Stockwerke hohe Hotel Tirana, vornehmlich für ausländische Reisegesellschaften gedacht. Daneben befindet sich das Nationalmuseum, erst zu Beginn der achtziger Jahre eröffnet, dessen Eingangshalle von einer überlebensgroßen Bronzestatue Enver Hodschas (alban. Hoxha) beherrscht wird, des Mannes, der das Nachkriegs-Albanien geformt hat. Im ersten Stock hingegen dominiert Skanderbeg, der legendäre Freiheitsheld des 15. Jahrhunderts, der als erster so etwas wie ein unabhängiges albanisches Staatswesen geschaffen hat, auch wenn es nur von kurzer Dauer war. Auf unseren Fahrten durch das Land werden wir beiden Figuren in Geschichte und Gegenwart immer wieder begegnen.

Vom Skanderbeg-Platz gehen strahlenförmig die Hauptstraßen Tiranas aus, unter ihnen der breite, von Pinien gesäumte Boulevard der Gefallenen des Freiheitskampfes. Zwischen Skanderbeg-Platz und Boulevard liegt eine kleine Parkanlage mit dem Reiterstandbild des Nationalhelden aus dem Mittelalter. An diese schließt sich die Hadschi Ethem Bey-Moschee an, die der atheistische Staat als Kunstdenkmal erhalten hat, und an sie wiederum der Halbkreis der Ministerien in Neo-Renaissance-Gebäuden, die das Italien Mussolinis während seiner vier Jahre dauernden Herrschaft in Albanien hinterlassen hat.

Will man die Lebensweise in der Metropole des kleinen Balkanlandes näher kennenlernen, so soll man nicht zögern, sich auf den großen Platz zu begeben. Am besten zur Stunde des Korso, also zwischen sechs und sieben Uhr am Abend. Vorher ist er eher leer, nur an seinen Rändern, dort wo die wackeligen Autobusse abfahren, herrscht Betrieb. Die Leute, die zwischen drei und vier Uhr aus den Betrieben und Ämtern strömen und noch schnell etwas eingekauft haben, wollen nach Hause und stürmen die Autobusse, deren Zahl mit der rapiden Bevölkerungszunahme in der Hauptstadt des Landes offensichtlich nicht Schritt gehalten hat. In den Gliederfahrzeugen, die das Aussehen vielgebrauchter Ziehharmonikas haben, herrscht um diese Zeit jedenfalls ein solches Gedränge, daß die Türen kaum geschlossen werden können und der rückwärtige Teil des Gefährts fast auf dem Boden schleift. Kein Wunder also, daß viele Menschen in Tirana es vorziehen, mit dem Fahrrad an die Arbeitsstätte zu fahren, so sie eines privat besitzen oder ihre Institutionen ihnen eines zur Verfügung gestellt haben.

Private Autos gibt es in Albanien nicht, da sie nach Meinung der Machthaber kapitalistische Ungleichheit repräsentieren. So prägen zur Zeit des Korso die Massen der Fußgänger und die Radfahrer, die sie umkreisen oder sich durch sie hindurchschlängeln, das abendliche Bild auf dem großen Platz. Der Korso ist daher irgendwie von einer Stimmung der Lässigkeit geprägt, der selbst die vielen jungen Leute in der dunkelgrünen Militäruniform, Burschen wie Mädchen, keinen Abbruch tun. Das Getriebe schwappt dann auch noch in den oberen Teil des schon erwähnten Boulevards der Gefallenen hinein, dort, wo rechts und links der Prachtstraße die Statuen von Stalin und Lenin stehen und wo sich, halb verdeckt durch die schwarzen Schirme der Pinien, das Ausländerhotel ›Daiti‹ befindet, ebenfalls eine Hinterlassenschaft der Italiener. Geht man auf dem Boulevard weiter in Richtung des Universitätsgebäudes, das ihn unten abschließt, so passiert man auf der rechten Seite eine weitere Hinterlassenschaft, diesmal der Sowjets. Bis zum dramatischen Abbruch der Beziehungen zwischen dem David Albanien und dem Goliath Sowjetunion im Jahre 1960 beherbergte das für albanische Verhältnisse große, in einem stalinistisch-klassizistischen Stil erbaute Gebäude die sowjetische Botschaft. Heute befindet sich dort die Volksversammlung. An dieses schließt sich das Parteigebäude an. Daß es sich hier um wichtige Zentralen der Macht handelt, erkennt der Besucher daran, daß die Passanten von Militärposten vom Bürgersteig auf die Fahrbahn gescheucht werden, was aber für sie keinerlei Gefährdung bedeutet: der Verkehr ist hier zu allen Tageszeiten so spärlich, daß nur ein ausgesprochener Pechvogel ihm zum Opfer fallen könnte.

Hinter Parlament und Parteigebäude dehnt sich die ›verbotene Stadt‹ Tiranas aus, jener Teil, in dem die Machthaber residieren. Er ist für gewöhnliche Sterbliche unzugänglich; alle dreißig Meter stehen mit Maschinenpistolen bewaffnete Posten bereit, die einen mit keinem Widerspruch duldender Gebärde in jene Straßenzüge weisen, die das Regierungsviertel umgehen.

Vielleicht ist die Bezeichnung ›verbotene Stadt‹ etwas zu dramatisch, wenn man in Betracht zieht, daß der ganze abgesperrte Bezirk keinen Quadratkilometer groß ist. Auch sind die Wohnhäuser und Villen, die sich darin befinden, eher bescheidenen Zuschnitts, soweit man sie von außen sehen kann. Ausgehend von der Großzügigkeit des Boulevards und der ihn säumenden öffentlichen Gebäude würde man in dem Sperrgebiet dahinter jedenfalls mehr Aufwand erwarten.

Was eine weitere Beschreibung der Viertel der inneren Stadt angeht, so bin ich mir nicht sicher, ob sie in zwei, drei Jahren noch Bestand haben würde. Denn die albanische Hauptstadt, die bei Kriegsende 20000 Einwohner hatte und jetzt 270000 beherbergt, ändert immer wieder ihr Aussehen, auch in den inneren Bezirken. Als ich 1982 in Tirana war, suchte ich den Bauernmarkt, den ich dreizehn Jahre zuvor, nur einen halben Kilometer vom Skanderbeg-Platz entfernt, noch besucht hatte. Er war verschwunden, an seiner Stelle hatte man eine Art Markthalle errichtet, in der die staatlichen Firmen ihre Stände haben. 1985 wiederum kam mir die Szenerie um das von Säulen umgebene Grabdenkmal Suleiman Paschas, des Gründers von Tirana, so verändert vor, daß ich mich kaum orientieren konnte. Anhand eines alten Photos stellte ich schließlich fest, daß man in der Umgebung des Denkmals die alten Verkaufsbuden abgerissen und an ihrer Stelle eine kleine Parkfläche geschaffen hatte. Auch der Hintergrund des Hotels Tirana hatte sich innerhalb von drei Jahren verändert. Dort, wo damals noch von kleinen Gärten gesäumte, ein- bis zweistöckige Häuser standen, die weniger stabil als balkanisch-malerisch wirkten, erheben sich nun mehrere Stockwerke hohe, moderne Wohnblocks, die in ihrer Architektur origineller und in ihrem sonstigen Zuschnitt solider erscheinen als die eintönigen und oft noch unverputzten Wohnanlagen in den Außenbezirken der Hauptstadt. Hier im Zentrum kommt ihnen natürlich auch eine repräsentative Bedeutung zu.

Auch die Beschreibung des sogenannten ›alten Tirana‹ ist leider »ohne Gewähr«. Etwa zwischen dem Hotel Daiti und dem Gebäude der Akademie der Wissenschaften, das übrigens in den dreißiger Jahren König Ahmed Zogu als Amtssitz diente, und dort, wo man noch Reste der einstigen Stadtmauer sehen kann, stehen einige Häuser der Jahrhundertwende, die mit ihren Fachwerk-Loggias und den breiten Toren in den Umfassungsmauern einstigen balkanischen Wohlstand ausstrahlen, auch wenn sie inzwischen verfallen. Einige von ihnen hat man schon restauriert, im schönsten befindet sich, wie könnte es anders sein, das Amt für Denkmalschutz. Andere wird man möglicherweise abreißen. Aufgrund der unsicheren Beschreibungslage möchte ich das Portrait der Hauptstadt Albaniens hiermit beenden. Zum Schluß nur noch folgendes: Tirana liegt rund dreißig Kilometer vom Meer entfernt am Rande der mittelalbanischen Ebene, dort, wo sich bereits die Berge ankündigen. Den schönsten Blick auf die Stadt hat man von einem Hügel am Ostrande Tiranas, von der Stelle aus, an der sich die Monumentalfigur der ›Mutter Albania‹ erhebt, in deren Schatten die Gräber der im Kampf gegen die Besatzungsmächte Gefallenen und der politischen Prominenz liegen. Hier ruht unter einer einfachen Kupferplatte auch der Schöpfer des neuen Albanien, Enver Hodscha.

Durrës – Dyrrhachion, Durazzo

Sonntagmittag, Mitte November. Der breite Sandstrand vor dem Hotel Adriatico in der Nähe von Durrës ist belebt, junge Leute in Shorts oder Badehosen jagen einem Fußball nach, ältere Jahrgänge, die Hemdsärmel aufgekrempelt, spielen Boccia oder etwas ähnliches. Auf der Hotelterrasse junge Ehepaare mit oder ohne Kinder, die Damen im Bikini, die noch warme Herbstsonne genießend – unverkennbar Angehörige des diplomatischen Corps in Tirana, die an der Adriaküste das Wochenende verbringen, das für sie in der Hauptstadt selbst wenig Abwechslung bietet. Schließlich noch eine Delegation aus einem Land der Dritten Welt; die Herren in makellosen dunklen Anzügen sind offenbar von der beinahe spätsommerlichen Wärme wenig beeindruckt; sie ziehen die Fauteuils in der Bar den Korbstühlen auf der Terrasse vor und sind offenbar auch nicht zu bewegen, Sakkos und Krawatten abzulegen. Ob nun mehr oder weniger angezogen, alle scheinen diesen Sonntag zu genießen. In der Bucht von Durrës, die rechts von der Silhouette von Stadt und Hafenkränen begrenzt wird und links in einen bewaldeten Hügelzug ausschwingt, ist man also an diesem Sonntag mit sich und seiner Umwelt zufrieden.

Durrës, das ist aber nicht nur der Strand. Die Stadt ist mit rund 120000 Einwohnern die zweitgrößte Albaniens, sie verfügt über den größten Hafen des Landes und ist sein wichtigster Eisenbahnknotenpunkt. Von hier führen Strecken nach Norden über Skutari (Shkodër) nach Jugoslawien, ferner nach Tirana und schließlich über Elbasan nach Pogradec am Ohridsee.

Als Hafen besitzt Durrës Werften und, weil sich dem Landesinneren zu sanfte Hügel mit Weingärten erstrecken, auch die größte Weinkellerei des Landes. Vor allem aber hat Durrës eine turbulente Geschichte. Zuerst waren die Griechen hier, trieben lebhaften Handel mit den illyrischen Stämmen im Hinterland und machten aus ihrer Niederlassung unter dem Namen Dyrrhachion (auch Epis damnos) eine bedeutende Stadt. Dann kamen die Römer, und für sie wurde Dyrrhachium aus militärischen Gründen wichtig: es war ihr Einfallstor zum Balkan. Von hier nahm die Via Egnatia ihren Ausgang, auf der die römischen Legionen über den Ohridsee in Richtung Makedonien und Thrakien marschierten; wir werden noch Gelegenheit haben, ihr zu folgen. Bei der Teilung des römischen Reiches kam Dyrrhachium zur östlichen Reichshälfte, und für die byzantinischen Kaiser wurde es jetzt in umgekehrter Richtung bedeutungsvoll: als Absprungbasis für ihre Unternehmungen in Mittel- und Unteritalien.

Die weiteren Schicksale der Stadt, etwa ab dem 7./8. Jahrhundert, also seit dem Vordringen der Slawen auf dem Balkan, lassen sich, will man sich nicht in Einzelheiten verlieren, nur sehr summarisch darstellen. Es kamen die Serben und es kamen die Normannen, Kreuzfahrer gingen hier an Land und die Könige von Neapel nahmen Besitz von Durazzo und umgekehrt: Ein Herzog von Durazzo bemächtigte sich Ende des 14. Jahrhunderts des Königspalastes Castel Nuovo an der Bucht von Neapel. Es war Karl von Anjou, den Papst Urban als rechtmäßigen König von Neapel anerkannte. Wie wichtig Durazzo als Schlüssel zur Adria war, zeigt sich darin, daß es in den vier Jahrhunderten des Mittelalters zweiunddreißig Mal den Besitzer wechselte. 1501 schließlich eroberten die Türken die Stadt und gaben sie erst 1912 nach den Balkankriegen und der Bildung eines selbständigen Albanien wieder aus der Hand.

Übrigens taucht im Zusammenhang mit Durazzo zum erstenmal in der Geschichte die Bezeichnung Albaner auf. Sie findet sich in der berühmten ›Alexias‹ der Anna Komnena, der Geschichte der Regierungszeit ihres Vaters Alexios I., der von 1081 bis 1118 Kaiser von Byzanz war. Alexios war 1081 in einen bedrohlichen Kampf mit Robert Guiscard, dem Normannenherzog verwickelt, der aus Apulien auf den Balkan übergesetzt war, sich Durazzos bemächtigt hatte und auf Konstantinopel zumarschiert war. Anna Komnena bezeichnet nun die Bevölkerung von Durazzo und Umgebung als Albaner, wobei sie den Namen eines kleinen illyrischen Stammes auf die Illyrer insgesamt ausdehnte. Er sollte aus der Geschichte nicht mehr verschwinden.

Spürt man heute noch etwas von den wechselvollen Schicksalen der Stadt? – Von den Türken, die hier am längsten herrschten, volle vierhundert Jahre, ist am wenigsten übriggeblieben. Die Bazarstraßen von einst haben breiten Avenuen Platz gemacht, die Moscheen sind spätestens nach dem Religionsverbot 1967 verschwunden oder sie wurden, wie die ›Große Moschee‹, ihrer Minarette beraubt und in ein Kino oder in Lagerhäuser verwandelt.

Wenn in dieser modernen Stadt Geschichte doch noch präsent ist, dann in den Spuren ihrer römischen, byzantinischen und venezianischen Vergangenheit, die man heute liebevoll ans Tageslicht fördert und sorgfältig pflegt. So atmet der Garten um das *Museum*, in dem unter Palmen und zwischen Lorbeerbüschen Stelen, Säulenreste, Sarkophage, Amphoren und Statuen neu aufgestellt wurden, einen Hauch der Antike, ebenso wie die breiten Uferpromenaden, wo man ebenfalls Bruchstücken von Funden aus griechischer und römischer Zeit begegnet. Durrës hat damit das Flair einer mediterranen Stadt bewahrt.

Verstärkt wird dieser Eindruck noch durch die Reste der byzantinisch-venezianischen Zitadelle auf dem Hügel über der

Stadt und durch das *römische Amphitheater* an seinem Fuße. Es ist kaum zur Hälfte freigelegt, aber was zu sehen ist, die Sektoren der Sitzreihen und die Gänge, über die die Zuschauer zu ihren Plätzen gelangten, durch die die Gladiatoren die Arena betraten und die wilden Tiere hineingetrieben wurden, läßt die Größe der Anlage ahnen. Ein Teil von ihr liegt noch immer unter dem Stadtteil, der in späteren Jahrhunderten das Amphitheater überdeckt hat. Bevor auch dieser freigelegt werden kann, müssen erst die Häuser abgetragen werden, auf deren Balkonen ihre Bewohner heute noch die Wäsche trocknen.

In byzantinischer Zeit wurden die Gänge des Amphitheaters als Begräbnisstätten benutzt und man baute außerdem eine kleine Kirche in das Mauerwerk hinein. Ihre Fresken und Mosaiken, über deren Datierung sich die Archäologen nicht einig sind, werden jetzt von einem Dach aus grünem Plexiglas geschützt. Übrigens muß Dyrrhachium schon frühzeitig ein wichtiger Ausgangspunkt für die Ausbreitung des Christentums auf dem Balkan, und zwar von Rom aus, gewesen sein. Jedenfalls war es schon 449 Bischofssitz.

Aber genug der Geschichte, kehren wir in unser Jahrhundert zurück, zum *Theater von Durrës,* das den Namen eines deutschen Mimen trägt: Alexander Moissi. »Dem Mimen flicht die Nachwelt keine Kränze«, meinte Friedrich Schiller. Die deutsche Nachwelt jedenfalls hat, soweit mir bekannt ist, dem Schauspieler, dessen Hamlet und Jedermann, dessen Oswald und Fedja, dessen Tasso und Franz Mohr Theatergeschichte gemacht haben, nur wenige Kränze geflochten, geschweige denn ein Theater nach ihm benannt.

Die fernen Albaner haben in Durrës nicht nur das getan, sie haben hier auch ein kleines Museum geschaffen, das *Alexander Moissi* gewidmet ist. Moissi wurde zwar in Triest geboren (am 2. 4. 1879), doch sein Vater war Albaner und stammte aus Kavajë, unweit von Durrës. Die Mutter Alexander Moissis kam aus Italien, sie war aber ebenfalls albanischer Abstammung, denn ihre Familie gehörte zu den Nachkommen jener Albaner, die nach dem Tode Skanderbegs nach Italien ausgewandert waren.

1884 kehrte Vater Moissi aus beruflichen Gründen nach Durrës zurück und nahm die Kinder mit. Seine Frau blieb in Triest. Fünf Jahre lebte der junge Alexander in Durrës, in dem Haus zwischen der Festungsmauer und dem Meer, in dem heute das Museum untergebracht ist. Allerdings wurde das Haus umgebaut und dürfte mit dem von damals kaum noch Ähnlichkeit haben. In Durrës ging der junge Alexander vier Jahre lang zur Schule und lernte dabei albanisch. 1889 kehrte dann der Vater mit den Kindern nach Triest zurück. Moissi hat sich dieser Jahre in Albanien immer mit Rührung erinnert.

Damit waren seine Beziehungen zu Albanien aber nicht abgeschlossen. Als Moissi 1933 Hitler-Deutschland verlassen mußte, suchte er bei der albanischen Gesandtschaft in Wien um die albanische Staatsbürgerschaft an. Die Regierung in Tirana entsprach diesem Ansuchen, wobei sie in dem Akt, der von König Zogu abgezeichnet werden mußte, betonte, Moissi habe seine albanische Abstammung nie verleugnet. »In Anbetracht auch der vielen Dienste, die er unserem Lande in den größten Staaten der Welt durch seinen Beruf als berühmter Schauspieler erwiesen hat, ...« schlage man vor, ihm und seiner Gattin Johanna Tervin-Moissi die albanische Staatsbürgerschaft zu verleihen. Das heutige Albanien hat seinem berühmten Sohn noch eine besondere Ehrung zuteil werden lassen: am 6. 11. 1961 ernannte ihn die Volkskammer, das Parlament, posthum zum ›Künstler des Volkes‹. Er war der erste Künstler in Albanien, dem diese Auszeichnung zuteil wurde. Dies und manch andere Dokumente über Leben und Wirken des großen Schauspielers kann man in dem seltsamen kleinen Museum der Hafenstadt Durrës betrachten.

Skanderbegs Land – Krujë, Lezhë, Shkodër

Welcher illyrische Stamm auch immer **Krujë** gegründet haben mag – es wird ihm weniger um die malerische Lage sechshundert Meter über dem Küstenland gegangen sein als um Schutz vor den Eindringlingen aus dem Norden, ob es nun Goten, Avaren oder Slawen waren. Wir Reisende des zwanzigsten Jahrhunderts können uneingeschränkt die landschaftliche Szenerie auf uns wirken lassen, wenn wir etwa dreißig Kilometer nördlich von Tiranë von der führenden Straße nach Shkodër (Skutari) abbiegen und in Serpentinen durch Olivenwälder hinauf nach Krujë fahren. Das Städtchen zieht sich den Berghang hoch, und über einem noch etwas höher gelegenen Felsvorsprung ragt dann die Burg auf, die in der Geschichte der Albaner eine so bedeutende Rolle spielt. Denn Krujë war so etwas wie die Hauptstadt des ersten, noch rudimentären albanischen Staatswesens im ausgehenden Mittelalter. Sie verkörperte das Machtzentrum Skanderbegs, dem es gelungen war, den Großteil der albanischen Stämme im Kampf gegen die Türken zu einen, und sie wurde schließlich das Symbol des fünfundzwanzig Jahre währenden Freiheitskampfes gegen die osmanische Übermacht. Denn an ihren Mauern und an der Guerillataktik der Kämpfer Skanderbegs waren um die Mitte des 15. Jahrhunderts zwei große Sultane, Murat II. und Mehmet der Eroberer höchstpersönlich gescheitert. Von dieser großen Vergangenheit Krujës ist auf der Burg nur wenig übriggeblieben: Verfallene Ringmauern, ein Turm, der später als Uhrturm diente, eine kleine Kirche, die schon seit Jahren restauriert wird und von der ich vergessen habe, aus welcher Zeit sie stammt, und schließlich ein schönes Bürgerhaus aus dem vorigen Jahrhundert, in dem sich heute ein Café befindet. Und dann ein ganz neues, erst 1983 eröffnetes Bauwerk: mehrere Stockwerke hoch mit turmartigen Aufsätzen, ein trutziges Gebilde, das offensichtlich den Geist der widerspenstigen Burg, die die Türken Akçi Hisar, die weiße Feste, nannten, symbolisieren soll. In ihm ist das *Skanderbeg-Museum* untergebracht. Es beherbergt allerdings nur wenige Schaustücke. Skanderbegs Helm und Schwert sind Nachbildungen, die Originale, oder was dafür gehalten wird, befinden sich bekanntlich in der Waffensammlung des Kunsthistorischen Museums in Wien. Das Burgmuseum in Krujë ist eher eine Art Tempel des nationalen Widerstandes und des Freiheitswillens eines kleinen Volkes, das durch die Jahrhunderte in seiner Existenz immer wieder von mächtigeren Völkern und Staaten bedroht wurde. Als Motto des Museums gilt der hier zitierte Ausspruch Skanderbegs: »Dieses Land gehört den Albanern und die Albaner sollen es auch verteidigen.« Ein Motto, dem sich auch das heutige Albanien verpflichtet fühlt.

Steht man hoch oben auf der Terrasse des Museums, so hat man einen überwältigenden Ausblick hinunter auf die fruchtbare Ebene, die sich bis zum Meer erstreckt, auf die Hügelketten, die nach Nordwesten zu die Küste begleiten, bis hin zu den Bergen, die schon jenseits des Skutari-Sees liegen. Dreht man sich um, steigen hinter der Burg die kahlen Wände des Krujë-Gebirges auf, aus dem heraus Skanderbeg mit seinen Kämpfern die türkischen Belagerer unaufhörlich angriff, so daß sie dreimal, 1450, 1466 und 1467, die Belagerung aufheben mußten.

Hier oben, an diesem historischen und landschaftlich-dramatischen Ort, stellt sich beinahe zwangsläufig erneut die Frage, ob nicht die geschichtliche Figur und Rolle des Gjergj Kastrioti, genannt **Skanderbeg,** beträchtlich überschätzt wird, von den Albanern aus nationalen, von manchen europäischen Historikern aus abendländisch motivierten Gründen. Bevor aber darauf eine Antwort gegeben werden kann, muß noch etwas über die Herkunft dieses Skanderbeg gesagt werden, der beinahe drei Jahrzehnte lang ganz Europa in Atem gehalten hat. Wir werden uns kurz fassen, eingedenk des Satzes von Jakob Philipp Fallmerayer, des aus Südtirol stammenden Balkan- und Orientforschers: »Den Ursprung eines albanischen Stammeshäuptlings zu ergründen, ist eine ebenso vergebliche als unnütze Mühe.«

Gjergj Kastrioti also war der Sohn von Johannes Kastrioti, einem Stammesfürsten, oder, wenn man will, Häuptling in Nordalbanien. Über den Vater unseres Helden schreibt der albanische Politiker und Historiker Fan Noli in seiner Skanderbeg-Biographie: »In religiösen Dingen war Johannes Kastrioti ein typischer Albaner. Er war kein fanatischer Anhänger irgendeines Glaubens, sondern wechselte ihn entsprechend seiner sich ändernden politischen Orientierungen. Er war römisch-katholisch als Verbündeter Venedigs 1407; er war griechisch-orthodox als Parteigänger Stefan Lazarevićs von Serbien von 1419 bis 1426; er war Moslem als Alliierter Murats II. von

1430 bis 1438; römisch-katholisch war er wieder ab 1438 als Verbündeter und Ehrenbürger von Venedig und Ragusa (Dubrovnik); und er starb als guter Christ im Jahre 1443.«

In dieser politisch wie religiös recht wechselhaften Atmosphäre also wuchs Gjergj Kastrioti auf. Die Version, er sei im Zuge der »Knabenlese« im Alter von acht bis neun Jahren an den Hof des Sultans gekommen, dort frühzeitig im Geiste des Islam erzogen worden, wobei er auch den türkischen Namen »Iskander« (Alexander) erhalten habe, wird heute kaum mehr aufrechterhalten. Wahrscheinlicher ist, daß sein Vater ihn im Alter von sechzehn Jahren als Geisel dem Sultan zur Verfügung gestellt und daß er später als Anführer eines albanischen Kontingents an Kriegszügen des Sultans teilgenommen hat. Nach dem Sieg János Hunyadis über ein türkisches Heer bei Niš 1443 setzte sich Skanderbeg von den Türken ab, kehrte mit seiner Truppe in seine Heimat zurück, bemächtigte sich mit falschen Dokumenten der Festung Krujë, scharte den größten Teil der albanischen Stammeshäuptlinge um sich und begann unter der roten Fahne mit dem schwarzen doppelköpfigen Adler seinen Aufstand gegen die Türken, der sich zu einem fünfundzwanzig Jahre dauernden Freiheitskampf ausweiten sollte. Das war am 28. November 1443, und dieser 28. November sollte später zum albanischen Nationalfeiertag werden, so wie Skanderbegs Fahne auch heute noch die Staatsflagge Albaniens ist. Der kommunistisch regierte Staat hat ihr nur über den Häuptern des Adlers einen goldfarben eingefaßten, kleinen fünfzackigen Stern hinzugefügt.

Skanderbegs Widerstand gegen die Türken um die Mitte des 15. Jahrhunderts fand im christlichen Europa um so größeren Widerhall, als das kleine, damals zum größten Teil katholische Albanien die letzte abendländische Enklave auf dem Balkan war. Mitte des 15. Jahrhunderts hatten die Türken bereits das bulgarische Zarenreich ausgelöscht, den serbischen Feudalstaat zu einem unbedeutenden Satelliten reduziert, sie standen tief in Bosnien, und an der Donau konnten sich die Ungarn unter János Hunyadi nur mühsam des türkischen Ansturms erwehren. Als Mehmet II. 1453 dann noch mit der Eroberung von Konstantinopel dem tausendjährigen byzantinischen

Reich den Garaus machte und 1456 János Hunyadi vor Belgrad an der Pest starb, blieb Skanderbeg der einzige ›Athleta Christi‹ (Vorkämpfer des Christentums) in Südosteuropa – ein Ehrentitel, den ihm Papst Nikolaus V. verliehen hatte, den aber auch die folgenden Päpste bestätigten. Der Kreuzzug gegen die Türken allerdings, an dessen Spitze sich Papst Pius II. 1464 persönlich stellen wollte und den Skanderbeg und Ungarns König Matthias Corvinus militärisch führen sollten, sank mit dem Papst ins Grab. Skanderbeg wurde zwar weiter vom Heiligen Stuhl, von Venedig und den Königen von Neapel finanziell unterstützt, aber seine Streitkraft war zu keiner Zeit größer als achttausend bis zehntausend Mann. Mit ihnen besiegte er die oft zehnmal stärkere Streitmacht der Türken.

Als der »Herr von Epirus und Albanien«, wie sich Skanderbeg auch nannte, im Januar 1468 starb, war er unbesiegt. Ein halbes Jahr vorher, im Sommer 1467, hatte er noch einen Versuch Sultan Mehmets des Eroberers, sich der Feste Krujë zu bemächtigen, zurückgeschlagen. Erst zehn Jahre nach Skanderbegs Tod 1478 gelang es den Türken, Krujë auszuhungern. 1479 trat Venedig Albanien bis auf wenige Küstenstädte dem Sultan ab.

Mit seinem fünfundzwanzig Jahre währenden Kampf hat Skanderbeg also die Freiheit seines Landes auf Dauer nicht sichern können. Die Albaner blieben bis 1912 unter der Herrschaft der Türken. Aber war dieser Kampf wenigstens für Europa von Bedeutung? Sein Buch über das Leben des albanischen Nationalhelden schließt Fan Noli mit den Worten: »Skanderbegs hinhaltender Widerstand hat in einem kritischen Zeitpunkt Rom und Europa vor der größten Katastrophe bewahrt, die sie hätte treffen können: vor der Eroberung durch die Türken, die für das wirtschaftliche Leben und die Zivilisation Europas den Ruin bedeutet hätte. Skanderbegs Anteil an diesem höchst bedeutsamen Dienst kann schwerlich überschätzt werden.« Und Fallmerayer würdigt den Widerstand der Albaner gegen das Vordringen der Türken mit dem Satz: »So haben die Shkypetaren zu nicht geringer Beschämung mächtigerer aber zaghafterer Nachbarn die Unabhängigkeit und Waffenehre des Vaterlandes über ein halbes Jahrhundert lang mit einem Heldenmuth und mit einer Hartnäkkigkeit vertheidigt, die nur im Widerstande Numantias und Jerusalems gegen das weltbeherrschende Rom eine würdige Parallele findet.«

Das Grab dieses großen Mannes, wo befindet es sich? Skanderbeg starb in Alessio, dem heutigen **Lezhë,** etwa dreißig Kilometer nördlich von Krujë, wo er 1444 die albanische Liga ins Leben gerufen hatte, die ihn dann zum Generalkapitän im Kampf gegen die Türken wählte. In der dortigen *Kirche des hl. Nikolaus* wurde er auch beigesetzt.

Von der Kirche stehen heute nur noch Außenwände und Apsis. Man hat sie mit Marmorsäulen umgeben, die ein Kunststoffdach tragen, kein sehr geglücktes nationales Denkmal. Es gibt zwar eine Grabplatte mit Schwert und Helm des großen Mannes, diese sind aber gleichfalls Nachbildungen wie jene in Krujë. Wo sich das Grab befand, weiß man nicht. Denn als die Türken auch Alessio in Besitz nahmen, brachen sie das Grab auf, berührten die Gebeine und trugen sie zum Teil sogar fort – als Amulett, in der Hoffnung, Mut und Kraft des unbesiegbaren Feindes würden so auf sie selbst übergehen.

So ist von Skanderbeg nichts übriggeblieben als der Ruhm seiner Taten; der aber genügt, ihn dem Gedächtnis seines Volkes unauslöschlich einzuprägen.

Für Reisende aus dem Norden, die per Autobus in das Land der Skipetaren kommen, ist **Shkodër** (Skutari) die erste albanische Stadt, mit der sie Bekanntschaft machen. Der albanische Name Shkodër wird ihnen nicht viel sagen, eher schon die Bezeichnung Skutari oder Scutari, unter der die Stadt – heute mit rund siebzigtausend Einwohnern die drittgrößte des Landes – in den westlichen historischen Dokumenten, Geschichtsbüchern und Reisebeschreibungen erscheint. Vielleicht wird sich der eine oder andere auch eines Deckengemäldes von Paolo Veronese in der Sala di Maggior Consiglio im Dogenpalast von Venedig erinnern. Es trägt den Titel ›Die Belagerung von Scutari‹ und veranschaulicht nach Art der allegorischen Malerei der Renaissance die Verteidigung eines der letzten

Bollwerke der Christenheit auf albanischem Boden gegen den Ansturm des Islam. Die einjährige Belagerung und schließliche Übergabe der Stadt an die Türken 1479 hatten im damaligen Europa größtes Aufsehen erregt; nach dem Tode Skanderbegs elf Jahre zuvor war Skutari zum Symbol des äußersten, wenn auch vergeblichen Widerstandes des Kreuzes gegen den vordringenden Halbmond geworden.

Rund dreißig Kilometer hinter der jugoslawisch-albanischen Grenze betritt der Reisende in Shkodër-Skutari also historisch interessanten Boden. In der Stadt selbst wird er davon kaum etwas bemerken; es ist eine im wesentlichen moderne Stadt, die sich in der Ebene zwischen Skutari-See und den Flüssen Drin und Bunë ausbreitet. Nur die gedrungenen Türme und die dicken Mauern der Festung Rozafat auf dem kahlen Burgberg westlich der Stadt werden ihn vielleicht an die Rolle und die Bedeutung Skutaris in vergangenen Zeiten erinnern.

Als ich vor etwa zwanzig Jahren zum erstenmal in Shkodër war, gab es noch einen weiteren Hinweis auf die Stellung der Stadt als Handwerks- und Handelszentrum. Es existierten damals noch Reste des Bazars, mit Läden und Werkstätten der Kupfer-, Waffen- und Silberschmiede, der Kürschner, Schneider und Schuster und der Händler mit allem und jedem. In der Zwischenzeit sind die Händler und Handwerker ebenso verschwunden wie ihre Arbeitsstätten und Verkaufslokale. Die windschiefen Holzhäuser und die winkeligen Gassen haben nüchternen Wohn- und Geschäftshäusern in breiten luftigen Straßen Platz gemacht, und die Handwerker und Gewerbetreibenden von einst sind, wenn nicht gestorben, längst in staatliche Unternehmen eingegliedert worden.

Aber in der Mentalität der Bewohner von Skutari hat sich etwas von der besonderen Stellung der Stadt im Gefüge Albaniens erhalten. Nur bemerkt man es erst, wenn man öfters dort gewesen ist und auch Kontakte zu den Menschen gefunden hat, zu den sogenannten einfachen Leuten genauso wie zu Künstlern und Intellektuellen. Alle haben ein ausgeprägtes Selbstbewußtsein, als wären sie sich ihres Ranges im kulturellen Leben ihres Landes bewußt, was sich nach außen wiederum in den Dimensionen ihres Theaters, im Programm ihrer Rundfunkanstalt und im Anspruch ihres Orchesters ausdrückt.

Skutari konnte ja auch jahrhundertelang seine Eigenart bewahren. Im Mittelalter war es Zentrum des Herrschaftsgebietes der Balshas, einer Adelsfamilie mit serbischen Wurzeln, die ihren ›Staat‹ Ende des 14. Jahrhunderts an Venedig verkaufte. Für die Republik von San Marco wiederum war Skutari ein wichtiger militärischer Stützpunkt und Umschlagplatz des Handels in der südlichen Adria. Für Skanderbeg waren Stadt und Festung von etwas zweischneidiger Bedeutung: War er mit Venedig im Streit, waren sie ein Pfahl in seinem Fleisch, war er mit dem Dogen verbündet, bedeutete Skutari für ihn eine wichtige Rückendeckung im Kampf gegen die Türken und für die Selbständigkeit eines Gemeinwesens der albanischen Stämme. In diesem weiteren Sinne gehört also auch Skutari zu ›Skanderbegs Land‹.

Von 1479 bis zu den Balkankriegen 1912/13 und zum Wiedererstehen eines selbständigen Albanien, also beinahe viereinhalb Jahrhunderte lang, befand sich Skutari unter türkischer Herrschaft. Auch in dieser Zeit behielt es seine Bedeutung: Als Hauptstadt eines Paschaliks, einer türkischen Verwaltungsprovinz, und als Handelszentrum mit wichtigen Verbindungen nach Montenegro, in die südliche Herzegowina und zu den venezianischen, später österreichischen Städten Dalmatiens. Zeitweise, im 18. und zu Beginn des 19. Jahrhunderts konnten die Wesire aus der Familie Busatli sich von der Hohen Pforte am Bosporus weitgehend selbständig machen, ähnlich wie der berüchtigte Ali Pascha in Nordgriechenland und Südalbanien. Das Amt des Provinzgouverneurs von Skutari vererbte sich sogar innerhalb der Familie, was im osmanischen Reich ungewöhnlich war. Die Busatlis waren auch die gefürchtetsten Gegner der montenegrinischen Fürstbischöfe; dem Kopf eines von ihnen, des Mahmut Busatli, sind wir schon begegnet und zwar in Cetinje. Er wurde dem Wesir in einem der vielen Kämpfe zwischen Türken und Montenegrinern an den Ufern des Skutari-Sees abgeschlagen, als zur Abwechslung einmal die Montenegriner die Oberhand behielten.

Es war daher auch verständlich, daß sich König Nikola von

Montenegro im Balkankrieg, koste es was es wolle, in den Besitz von Skutari setzen und es Montenegro eingliedern wollte. Ersteres gelang ihm mit Hilfe der Serben, letzteres blieb ihm versagt, trotz seiner legendären Drohung, er werde Skutari bis zum letzten Mann und zur letzten Ziege verteidigen. Die europäischen Großmächte hatten sich bereits für die Schaffung eines selbständigen Albaniens entschieden, dem aus historischen wie ethnographischen Gründen auch Skutari zufallen sollte. Woran auch zwei Weltkriege nichts mehr änderten.

Etwas anderes aber hat sich in Skutari geändert, und zwar erst im Jahre 1967. Bis dahin war die Stadt Zentrum des Katholizismus in Albanien, hier hatte der Erzbischof seinen Sitz, es gab ein erzbischöfliches Palais und eine Kathedrale und natürlich weitere katholische Kirchen. Vor dem Zweiten Weltkrieg waren vierundfünfzig Prozent der Einwohner Skutaris Katholiken, achtunddreißig Moslems und acht Prozent Griechisch-Orthodoxe. (In ganz Albanien gab es damals siebzig Prozent Moslems, zwanzig Prozent Griechisch-Orthodoxe und zehn Prozent Katholiken.) 1967 aber beschloß das kommunistische Regime, alle Religionsgemeinschaften zu verbieten und Albanien zum »ersten atheistischen Staat der Erde« zu erklären.

Für Skutari bedeutete das die Umwandlung des erzbischöflichen Palais in ein Hotel, und der Kathedrale in eine Sporthalle. Aus den übrigen Kirchen und auch aus den Moscheen – vor dem Ersten Weltkrieg gab es deren noch sechsundzwanzig in der Stadt – sind, soweit sie nicht überhaupt abgerissen wurden, Jugendhäuser und Kinos, Malerateliers und Kunstgalerien geworden. Nur die *Moschee* mit dem Bleidach am Fuße des Burgberges blieb als kulturell wertvoller Bau erhalten.

Die *Burg Rozafat* sollte man unbedingt besuchen. Sie ist die gewaltigste Festungsanlage des Landes, und wenn man den steilen Aufstieg geschafft, die drei Tore passiert hat und innerhalb der Wehrmauern mit den sieben Türmen steht, dann hat man eine Vorstellung davon, warum diese Burg durch Jahrhunderte hindurch immer wieder umkämpft war. Heute ist sie verlassen, die christliche Kirche ist eine Ruine wie auch die Moschee, die später auf ihrem Gemäuer errichtet wurde, und die Verwaltungs- und Wohngebäude und die Kasernen der Türken sind nur noch leere Gehäuse. Aber der Blick von den Basteien ist hinreißend wie eh und je. Nach Norden zu die Schilffelder am Ufer des Skutari-Sees und dahinter sein blau-grünes Wasser. Nach Osten die Bergketten des Maranaj und des Cukali und dahinter die weißen Gipfel der albanischen Alpen. In südlicher Richtung zu Füßen ein weites Schwemmland, durchschnitten von den Flüssen Kiri und Drin und dann nach Westen zu die Bunë, die den See mit der Adria verbindet und für kleine Schiffe bis vor Skutari befahrbar ist. Eine landschaftliche Szenerie, die die Mühe des Aufstieges lohnt, denn sie ist eine der eindrucksvollsten in diesem an beeindruckenden Landschaften wahrlich nicht armen Lande.

Elbasan – Entlang der Via Egnatia

Am Südostrand von Tirana, ich erwähnte es schon, erhebt sich *Mutter Albania,* eine Monumentalfigur, die Sieg und Triumph der befreiten albanischen Nation symbolisieren soll. In ihrem Schatten, eingefriedet von Palmen, befinden sich Partisanengräber und die letzten Ruhestätten der politischen Prominenz, darunter auch die des im Frühjahr 1985 verstorbenen Enver Hodscha, der vierzig Jahre lang sein Land mit fester Hand regiert hat, aus allen inneren Machtkämpfen als Sieger hervorging und Albanien nach Phasen engster Beziehungen zuerst zu Jugoslawien, dann zur Sowjetunion und schließlich zu China auf einen Kurs der Unabhängigkeit nach allen Seiten hin gesteuert hat.

Das Grab des Mannes, den seine Gefolgsleute schon heute auf eine Stufe mit Skanderbeg stellen, unterscheidet sich nur unwesentlich von den Gräbern der anderen, einst führenden Politiker, die hier beigesetzt sind, so, als sei sein Platz in der Geschichte seines Volkes ohnehin für Zeit und Ewigkeit gesichert. Es ist etwas größer als die übrigen Gräber und etwas abgerückt von ihnen und an seinen vier Ecken ist eine Ehrenwache postiert. Es besteht aber auch kaum Gefahr, sein Grab unter jenen der übrigen einst führenden Partei- und Staatsfunktionäre zu übersehen. Als ich zuletzt im Herbst 1985 die Gedenkstätte besuchte, gab es außer dem Grab des »weisen Lehrers und Führers der Nation« nur noch die Gräber von drei weiteren einstigen Politbüromitgliedern. Die meisten anderen Funktionäre, die seit 1945 dem Führungsgremium der Partei angehört hatten, sind Opfer der inneren Machtkämpfe geworden, ihr Abweichen von der Linie Enver Hodschas mußten sie mit dem Leben bezahlen, und wo sie begraben sind, ist unbekannt.

In der Nähe von ›Mutter Albania‹ liegt in einem Park ein *Landschloß,* das einem früheren Herrscher Albaniens als Residenz diente: Ahmet Zogu, der das Land zwischen 1924 und 1939 zuerst als Präsident, dann als König regierte. Heute ist das Schlößchen ein Gästehaus der Regierung, und von dem Mann, der es einst erbauen ließ, gibt es in seinem Lande keine Spur. Nachdem er zu Ostern 1939 vor Mussolinis Truppen ins Ausland geflohen war, kehrte er auch nach dem Krieg nicht mehr in seine Heimat zurück, in der inzwischen die Kommunisten die Macht ergriffen hatten. Er starb 1961 in der Emigration und ist in Paris begraben. Sein Sohn Leka erhebt noch von Zeit zu Zeit Anspruch auf den albanischen Thron, ohne daß die Welt Notiz davon nehmen würde.

An beiden Stätten, dem Ehrenfriedhof und dem Landschlößchen, kommt man vorbei, wenn man Tirana in Richtung Elbasan verläßt; die politischen und historischen Reminiszenzen, die sie wecken, sind schon deshalb angebracht, weil man nun in Teile Albaniens gelangt, die sich beträchtlich von den bisher besuchten unterscheiden.

Zunächst jedoch wollen wir die etwas mehr als einstündige Autofahrt von der Hauptstadt nach Elbasan genießen, denn sie ist von großem Reiz. Die von den Österreichern während ihrer Besetzung Albaniens im Ersten Weltkrieg gebaute Straße führt nämlich entlang der Flanken und auf dem Kamm eines Bergrückens, und es öffnen sich von ihr immer neue Blicke in die Berglandschaft Mittelalbaniens, in das Gewirr ihrer Gipfel, in ihre kargen Felder auf steilen Abhängen, in ihre Täler und Wälder. Schließlich erreicht man einen Sattel in tausend Meter Höhe, von wo ab die Straße in vielen Kehren steil ins *Tal des Shkumbin* abfällt, jenes Flusses, der Albanien in eine nördliche und eine südliche Hälfte teilt und der in der Geschichte als Demarkationslinie zwischen Herrschaftsgebieten der verschiedensten Mächte eine Rolle gespielt hat.

Zu unseren Füßen breitet sich jetzt das Eisen- und Stahlwerk von **Elbasan** aus und etwas weiter östlich die Stadt selbst. Über dem Dunst des Tales und seiner Industrien erheben sich aber jenseits des Shkumbin die Ketten der Berge Mittel- und Südalbaniens, hinter deren Zweitausendern schon Griechenland liegt. Elbasan ist ein türkischer Name und heißt soviel wie Zwingburg. Geschaffen hat sie im Jahre 1466 Mehmet II., der Eroberer, »der Sultan der Sultane ... der da ausbreitet Schutz und Sicherheit, der da ausströmen läßt die Regengüsse der Milde über die Gesamtheit der Menschen und Geister ...«, wie es in Arabisch auf einer Steintafel heißt, die früher über dem Markttor angebracht war und die sich jetzt im Stadtmuseum von Elbasan befindet. Nur waren die Motive des Padischah bei der Gründung von Stadt und Festung Elbasan weniger menschenfreundlicher als kriegerischer Natur: er war wütend darüber, daß es ihm nicht gelungen war, Krujë zu erobern und Skanderbeg zu unterwerfen, und so schuf er diese Festung als Stützpunkt, von der aus er das Land endgültig bezwingen wollte. Was ihm und seinen Nachfolgern später auch gelang.

Von der im Rechteck angelegten *Festung* sind heute noch Teile der Mauern und auch ein Tor erhalten, durch das man von der breiten Hauptstraße der modernen Stadt in die engen Gassen der Altstadt gelangt. Deren Häuschen in kleinen von Efeu überwucherten Gärten, voller grüner Lorbeersträucher und wildem Wein, sind zwar einigermaßen romantisch, doch liegt ein Hauch von Vergänglichkeit und Verfall über dem Elbasan von einst. Er wird noch dadurch verstärkt, daß man hier offensichtlich kaum etwas für die Erhaltung historischer Gebäude tut, gleich, ob es sich um eine griechisch-orthodoxe Kirche mit einem romanischen Kreuzgang oder um die Reste einer der sechsundvierzig Moscheen handelt, die der unermüdliche Evliya Çelebi in der zweiten Hälfte des 17. Jahrhunderts in Elbasan gezählt haben will. Er war überhaupt beeindruckt vom Ensemble der Stadt, wie wir heute sagen würden. Er spricht von den vielen Villen der Vornehmen im Umkreis der Festung, die immer für Gäste geöffnet waren, und meint, einen ganzen Monat könne sich jemand von der Gastfreundschaft der Elbasaner ernähren. Was den großen deutschen Albanienkenner Franz Babinger und Herausgeber der Reisebeschreibung Çelebis zur Fußnote veranlaßte: »Jeder Besucher Elbasans wird die ausnehmende Gastfreundschaft der vornehmen Häuser Elbasans auch heute noch bestätigen können.«

›Vornehme Häuser‹ im früheren Sinne gibt es im heutigen Elbasan nicht mehr. Wie es jetzt mit der Gastfreundschaft in dieser von Industrie umgebenen Stadt bestellt ist, kann ich nicht beurteilen, denn ich war immer nur kurz dort. Ich habe aber die Erfahrung gemacht, daß man die Nachfahren dieser vornehmen Familien Elbasans auch im heutigen Albanien, wo immer man ihnen begegnet, unschwer an ihrer Großzügigkeit und ihrem urbanen Stil erkennen kann.

In Elbasan stoßen wir auch auf die alte **Via Egnatia,** die die Römer zuerst als Militärstraße durch den Balkan gebaut haben, und die sich in späteren Jahrhunderten zu einer bedeutenden Handelsstraße entwickelte. Unter der Bezeichnung Scampis war Elbasan in den Zeiten von Rom und Byzanz eine Relaisstation auf diesem bedeutenden Verbindungswege von der Adriaküste nach Saloniki und weiter an den Bosporus. Hier marschierten die Legionen nach Makedonien und Thrakien, später kamen aus der umgekehrten Richtung die Armeen des oströmischen Reiches, die Goten und die Bulgaren. Ein Teil der Kreuzritter wählte diesen Weg auf dem Zuge nach Jerusalem und in gleicher Richtung bewegten sich auch die normannischen Eroberer, die von Apulien aus ihr Herrschaftsgebiet in den Balkan ausdehnen wollten. Schließlich waren es die osmanischen Heerscharen, die, vom Osten kommend, auf der Via Egnatia in Albanien eindrangen; die Via Egnatia hörte nun auf, eine Heeresstraße zu sein und wurde zu einer Handelsstraße, auf der die Kaufleute ihre Karawanen zwischen Orient und Okzident ziehen ließen.

Noch im vergangenen Jahrhundert spielte man mit dem Gedanken, die geplante Bagdad-Bahn, also die Eisenbahnverbindung von Westeuropa durch den Balkan und die Türkei in den Mittleren Osten, in Durazzo-Durrës beginnen zu lassen und sie, der alten Via Egnatia folgend, über den Ohrid-See in Richtung Saloniki zu bauen. Diesen Plan aber gab man zugunsten der Linien über Niš–Sofia–Istanbul beziehungsweise Niš–Saloniki–Istanbul auf. Nach dem Zweiten Weltkrieg erinnerten sich die Albaner dieses alten Planes und bauten im Laufe der Jahre etappenweise auf ihrem Gebiet eine Eisenbahnlinie, die heute Durrës über Elbasan mit Pogradec am Ohrid-See verbindet. Das Land, das bei Kriegsende nur über eine einzige, nur zweiundvierzig Kilometer lange Strecke von Durrës nach Tirana verfügt hatte, besitzt jetzt ein Eisenbahnnetz von rund vierhundertdreißig Kilometern. Seit 1986 ist dieses an die Strecke Belgrad–Titograd-Bar und damit an das europäische Eisenbahnsystem angeschlossen.

Pogradec, Korçë

Hinter Elbasan folgen in östlicher Richtung die Via Egnatia – stellenweise sieht man noch ihre Pflasterung –, die neue Straße und die Eisenbahnlinie einträchtig dem Lauf des *Shkumbin-Flusses*. Manchmal verengt sich das Tal zu einer Schlucht, manchmal weitet es sich zu einem fruchtbaren Bekken aus, bis dann hinter dem Städtchen Prrenjas, in dessen Nähe die bedeutendsten Eisen- und Nickelvorkommen des Landes liegen, sich die Straße in Kehren zum *Qaf'e-Thanës-Paß* hinaufzieht, mit seinen eintausendvierhundert Metern einer der höchsten in Albanien. Hier teilt sich die Straße: der eine Zweig führt hinab zum Grenzübergang nach Jugoslawien bei Struga, der andere geht in Richtung Pogradec und Korçë, dem Zentrum von Südostalbanien. Was den Reisenden hier aber am stärksten beeindruckt, ist der Blick hinunter auf den achthundert Meter tiefer liegenden *Ohrid-See,* der zu einem Drittel Albanien und zu zwei Drittel Jugoslawien gehört. Dahinter ragen die mazedonischen Berge auf, die den Ohrid-See vom Prespa-See trennen.

Von diesen beiden Seen wird noch in einem eigenen Kapitel ausführlich die Rede sein; hier sei nur vermerkt, daß das albanische Ufer des Ohrid-Sees einschließlich der Stadt Pogradec landschaftlich und kulturell weniger bietet als die jugoslawischen Ufer von Struga bis Sveti Naum. Mit zwei Ausnahmen vielleicht: der illyrischen *Nekropole von Gradishta* bei Unterselce, die auf dem ganzen Balkan keine Parallele hat, und der Ausgrabungen auf der *Halbinsel von Lin*, die die Grundmauern frühchristlicher Basiliken und acht schöne spätantike Mosaiken mit Vögeln, Fischen und Blumen freilegten. Erstere stammt aus dem dritten vorchristlichen Jahrhundert und besteht aus vier Grabkammern, die in mehreren Etagen in den Felsen hineingehauen wurden. Ihre architektonischen Elemente – der dorische Säulenschmuck zum Beispiel – sind griechisch, es dürfte sich aber um die Gräber illyrischer Fürsten gehandelt haben.

Pogradec selbst, der Hauptort im albanischen Teil des Ohrid-Sees, ist ein touristisches Zentrum mit einem Hotel unmittelbar am etwas kieseligen Strand, der zum Bad im klaren Wasser des Sees einlädt.

Unweit von Pogradec befindet sich auf einem Felsplateau das Kloster von Sveti Naum, wo der Heilige dieses Namens, ein Schüler der Slawenapostel Kyrill und Method, wirkte. Das Kloster liegt aber bereits in Jugoslawien und ist von albanischer Seite aus nicht zugänglich, obwohl es bis in die Zwischenkriegszeit zu Albanien gehörte. König Zogu hat es damals an Jugoslawien abgetreten, offenbar weil ihm die Jugoslawen dazu verholfen haben, in Albanien wieder an die Macht zu gelangen. Wenn im heutigen Albanien die Rede auf Sveti Naum kommt, wird keiner der einheimischen Gesprächspartner vergessen, diesen »Verrat« König Zogus anzuprangern.

Korçë liegt vierzig Kilometer südlich von Pogradec und ist Mittelpunkt einer fruchtbaren, 850 Meter über dem Meeresspiegel gelegenen Hochebene. Die Stadt, die 60000 Einwohner zählt, ist in mehrfacher Hinsicht bemerkenswert. Einmal als Industriezentrum, denn es gibt hier Textil-, Schuh- und Konservenfabriken, Teppichwebereien und Leder verarbeitende Betriebe und eine im ganzen Lande bekannte Brauerei. Dann in kulturpolitischer Hinsicht, weil hier Ende des vorigen Jahrhunderts die erste Schule mit albanischer Unterrichtssprache und 1917 das erste albanische Gymnasium gegründet wurden, an dem übrigens vor dem Zweiten Weltkrieg einige Zeit kein Geringerer als der spätere Parteichef Enver Hodscha unterrichtet hat.

Schließlich besitzt Korçë ein *Museum der mittelalterlichen Kunst,* untergebracht in der ehemaligen griechisch-orthodoxen Hauptkirche. Da mittelalterliche Kunst im wesentlichen kirchliche Kunst ist, in Albanien aber alle religiösen Bekenntnisse verboten sind, kann man dieses Museum in einem ansonsten atheistischen Lande ruhig einmalig nennen. Hier findet der Besucher vor allem Ikonen, Meßgeräte und -gewänder, Taufbecken und abgenommene Fresken aus Kirchen und Klöstern der Umgebung, die im Zuge des Religionsverbotes aufgelassen oder geschlossen worden sind. Es sind wertvolle Stücke, und mangels eines modernen Sicherungssystems drehen Wachleute mit geschulterten Karabinern ihre Runden um den Bau.

Da das Museum aber nicht nur für Touristen, sondern auch für die Albaner selbst und vor allem für die Jugend gedacht ist, liegt die Frage nahe, wie man dieser Jugend, die nichts von Religion und Kirche wissen soll und wahrscheinlich auch nichts weiß, Ursprung, Sinn und Bedeutung dieser kirchlichen Kunst vermittelt. Der Museumsleiter meinte, das könne man schon, und zwar an Hand ästhetischer und kunsthistorischer Kriterien. Aber das sei auch nicht so wichtig. Wichtiger sei, daß die Besucher einen Begriff vom Kulturgut ihres Volkes bekämen, zu dem auch die kirchliche Kunst vergangener Zeiten gehöre.

Da wir nun einmal in Korçë und bei der kirchlichen Kunst sind, müssen wir die Gelegenheit wahrnehmen, von hier aus zwei Orte aufzusuchen, die für die Kunst der Fresken auf dem Boden Albaniens von großer Bedeutung sind. Der eine ist eine Insel in der zu Albanien gehörenden Westbucht des Prespa-Sees, den sich Albanien mit Jugoslawien und Griechenland teilt. Sie heißt *Mali Grad,* was soviel wie kleine Stadt bedeutet, im Gegensatz zur Insel Golem Grad, der großen Stadt, die jugoslawisch ist und von der noch die Rede sein wird.

Mali Grad ist mit einem Boot von Liqenas aus zu erreichen,

einem der neun Dörfer um den albanischen Teil des Prespa-Sees, dessen Bevölkerung makedonischer Volkszugehörigkeit ist. Da die Beziehungen zwischen Albanien und Jugoslawien im allgemeinen und den Albanern und Makedoniern im besonderen meist getrübt sind, ist es nicht immer einfach, nach Mali Grad zu gelangen, aber man sollte doch einen Versuch machen. Denn die Fresken der Außenwand und im Innern der Marienkirche – sie stammen von 1369 – sind relativ gut erhalten; nach Auffassung von Kennern der byzantinischen Wandmalerei zeichnen sie sich durch den persönlichen Stil ihres unbekannten Schöpfers aus, der über die akademische Starrheit der Malerschulen von Konstantinopel in der zweiten Hälfte des 14. Jahrhunderts hinausgegangen ist. Dies sei an dem Portrait des Kirchenstifters und seiner Familie zu sehen und an der bewegten Szene des Judaskusses. Die Experten sind auch der Ansicht, daß der Maler von Mali Grad identisch sei mit dem Künstler, der einige Kirchen in Kastoria in Griechenland ausgeschmückt hat.

Der zweite Ort, den man der Fresken halber von Korçë aus besuchen sollte, ist *Voskopojë,* heute ein Dorf, vierundzwanzig Kilometer von Korçë entfernt. Im 17. und 18. Jahrhundert, als Korçë noch unbedeutend war, war es eine blühende Stadt von 60 000 Einwohnern, mit Handelsbeziehungen nach Leipzig und Wien, etwa zwanzig Kirchen und der ersten Druckerei im Osmanischen Reich. Um die Wende vom 18. zum 19. Jahrhundert wurde die Stadt ein Opfer der kriegerischen Auseinandersetzungen zwischen dem Sultan und Feudalherren wie Ali Pascha Tepeleni oder auch den Feudalherren untereinander. Von den reichen Kirchen sind nur wenige übriggeblieben, darunter die Kirche des hl. Nikolaus mit ihrem großen Freskenzyklus. Dieser stammt aus der ersten Hälfte des 18. Jahrhunderts und ist ein Werk von David Selenicasi, dem letzten bedeutenden Freskenmaler auf albanischem Boden. Der Fülle der biblischen Szenen und der Heiligenlegenden nach zu urteilen, mit denen er die Wände und Kuppeln bedeckte, muß Selenicasi ein Künstler von überquellendem Erfindungsreichtum gewesen sein. Er dürfte überdies die Renaissancemalerei Italiens studiert haben. Das Bild des Stifters der Kirche, des

Haxhi Jorgji, ist jedenfalls ein realistisches Portrait ganz ohne schematisch-hieratische Züge. Auch die Transparenz der Farben läßt nach Aussagen albanischer Kunsthistoriker in die gleiche Richtung schließen.

Berat, Tepelenë, Gjirokastër

Würde man mich fragen, welches die schönste Stadt Albaniens ist, ich würde ohne zu zögern sagen: Berat. Dabei bin ich mir darüber im klaren, wie fragwürdig solche Wertungen sind. Aber wenn ich alles zusammennehme, Landschaft, Architektur, Ambiente, dann fällt meine Wahl eindeutig auf die Stadt im Tal des Osum-Flusses mit den kahlen Zweitausendern des Tomori-Gebirges als Kulisse im Hintergrund.

Berat, das sind zu beiden Seiten des Flusses die Bürgerhäuser mit den roten Ziegeldächern, die vom einstigen Wohlstand der Handwerks- und Kaufmannsstadt künden. Das sind die gut erhaltenen oder sorgfältig restaurierten Moscheen, die heute natürlich keine Gotteshäuser mehr sind, sondern Kulturdenkmäler und Museen, einschließlich des ehemaligen Klosters der Bektashi-Derwische, einer schiitischen Sekte, die seinerzeit in Albanien und auch in den von Albanern bewohnten Teilen des heutigen Jugoslawien stark verbreitet war. Berat, das ist schließlich die steil über der Stadt aufragende *Burganlage,* die einzige in Albanien, die in ihren Mauern noch Wohnhäuser einschließt, in denen Menschen leben, lieben und sterben wie eh und je. Deshalb hat die Burg nichts Museales, auch wenn der Staat für die architektonische Erhaltung dieser Wohnhäuser und einiger orthodoxer Kirchen viel tut. Drei von diesen Kirchen stammen aus dem 14. und dem 15. Jahrhundert, darunter die Metropolitankirche der heiligen Dreifaltigkeit, die übrigen sind späteren Datums. Der konservatorische Aufwand erfolgt vor allem wegen der Fresken, die ihre Wände bedecken. Sie sind das Werk der zwei bedeutendsten Künstler der Wandmalerei des 16. Jahrhunderts auf dem Boden Albaniens, des *Onuphri* und seines Sohnes und Schülers *Nikolas.* Diese beiden haben eine Art Schule von Berat geschaffen, die sich durch Realismus der Figuren und Lebhaftigkeit der

Farben auszeichnet, und sie haben auch außerhalb des heutigen Albanien gearbeitet. So hat Onuphri die Wände der Apostelkirche in Kastoria (Nordgriechenland) mit seinen lebendigen Figuren und Szenen der Heiligen Schrift bedeckt. In Kastoria findet man auch einen Hinweis auf den Künstler und seine Herkunft, denn neben der Jahreszahl 1540 steht der Vermerk: »... Onuphre, gekommen aus der strahlenden Stadt Berat.« Von Nikolas stammen die Fresken in der Kirche des heiligen Georg in Arbanassi bei Tirnowo in Bulgarien. Die beiden Künstler sind also auf dem Balkan weit herumgekommen.

In Berat können wir die Arbeiten von Nikolas ›Das Abendmahl der Apostel‹ oder ›die Heilung des Blinden‹ sowie verschiedene Heiligenportraits in der Kirche der heiligen Maria von Vllaherne sehen. Onuphri selbst hat die Kirche des heiligen Theodosius und die Metropolitankirche ausgemalt. Letztere lohnt eine Besichtigung, aber nicht allein der Fresken wegen: man hat aus ihr ein Kirchenmuseum mit Ikonen, Meßgewändern und alten Handschriften gemacht. In der Apsis der Kirche wird jene Vertiefung gezeigt, wo unter den Steinplatten mehrere Jahrzehnte lang eine der kostbarsten frühchristlichen Handschriften versteckt worden war: der Codex Aureus von Berat, eine Abschrift des Neuen Testamentes, vermutlich aus dem 6. Jahrhundert. Erst 1967 rückten es die Nachkommen jenes Mannes, der dieses wertvolle Stück vor den Italienern und den Deutschen verborgen hatte, heraus. Jetzt befindet es sich wohlverwahrt im Staatsarchiv von Tirana.

Die Tore, die Mauern, die Türme der Burg sind im Vergleich zu den anderen Festungsanlagen im Lande noch gut erhalten. Viele Völker und Herrscher haben an ihnen gebaut, die Römer, die Kaiser von Byzanz, die Bulgaren, die Türken. Auf die Bulgaren geht auch der Name der Stadt zurück; sie nannten sie Belgrad, weiße Stadt. Daraus wurde Berat.

Es ist schwer zu sagen, was reizvoller ist, der Blick von der Burg hinunter auf die Stadt, deren Quartiere sich die Hänge zu beiden Seiten des Flusses hochziehen, oder der über sie hinweg auf das umliegende Land und seine Hügel, deren Terrassen an den Flanken die grau-grünen Ölbäume tragen.

Aber vielleicht streift man lieber durch die alten Stadtviertel und genießt das Auf und Ab der Gäßchen mit dem unvermeidlichen Kopfsteinpflaster. Ob im Quartier Mangalem hinter der ›Junggesellen-Moschee‹ unmittelbar am Fuße der Burg oder auf der anderen Seite des Flusses in den Stadtteilen Goricë und Kala – die Häuser mit den breiten Fronten sind stufenartig so neben- und übereinander gebaut und verschachtelt, daß keines dem anderen Luft und Licht weggnimmt. Und alle Fronten bestehen praktisch nur aus Fenstern; an einem recht nobel aussehenden Hause habe ich einschließlich der Fenster der Loggia deren achtzehn gezählt. Deshalb heißt ja Berat auch ›Stadt der tausend Fenster‹.

Wer sich jemals mit *Ali Pascha* befaßt hat, jener gewalttätigen Randfigur der europäischen Geschichte um die Wende vom 18. zum 19. Jahrhundert, der wird sich auch für **Tepelenë** interessieren. Denn dort wurde der Mann, der ein Vierteljahrhundert weite Teile Nordgriechenlands und des heutigen Albanien fast unabhängig vom Sultan in Istanbul beherrschte, geboren und dort hat er zeitweise auch residiert.

Durch Tepelenë kommt man zwangsläufig, wenn man von Fier in Richtung Gjirokastër und die griechische Grenze fährt. Nur wird man vom heutigen Tepelenë enttäuscht sein: Von Ali Paschas Burg sind nur die Außenmauer und ein Torbogen erhalten, und an den Besuch Lord Byrons bei dem gefürchteten Wesir erinnert nur eine Tafel am Eingang zur Festung. Dort, wo sich nach Schilderungen des jungen Lords einst der marmorgepflasterte Hof mit dem Springbrunnen in der Mitte befunden hatte, liegt jetzt der Fußballplatz der Jugend von Tepelenë, und an der Stelle des Serails ducken sich im Schutze der Mauern baufällige Häuschen, denen man keine lange Lebensdauer mehr gibt. Statt eines Palastes voller Leben und Geschäftigkeit also ein Bild der Dürftigkeit und des Verfalls. Daß der Ort aber eine Schlüsselposition bei der Beherrschung des südlichen Albaniens hatte, wird einem auch heute noch klar. Hoch über dem Zusammenfluß von Vjosë und Drin gelegen, kontrolliert er beide Flußtäler und damit den Zugang zum nordwestlichen Griechenland und seinem Zentrum Ioannina, das seinerzeit auch das Zentrum von Ali Paschas seltsamem Reich war. Deshalb soll von diesem, von seinem Glanz und seinem blutigen Ende und von dem Gast aus dem fernen England, dessen Weltruhm von hier aus seinen Ausgang nehmen sollte, erst in Ioánnina die Rede sein.

Gjirokastër, nur noch dreißig Kilometer von der Grenze zu Griechenland entfernt, weist gewisse Parallelen zu Berat auf. Beide Städte wurden zu Museumsstädten erklärt, was bedeutet, daß ihr architektonisches Bild möglichst erhalten bleiben soll. Beide haben schmückende Beinamen erhalten: von Berat spricht man als der Stadt der tausend Fenster, Gjirokastër gilt als die Stadt der tausend Treppen, eine Anspielung darauf, daß sich die Stadt an Steilhängen ausbreitet und die Besichtigung ihrer einzelnen Teile damit verbunden ist, daß man sich dauernd auf und ab bewegt, weil es kaum Querverbindungen zwischen ihren Quartieren gibt. In ihrem Charakter unterscheiden sich die Bauten beider Städte jedoch ganz wesentlich. In Berat spiegeln sie den Wohlstand und die gesicherte Existenz einer Schicht wider, die wir als urban-bürgerlich bezeichnen würden, Gjirokastër hingegen macht den Eindruck, als hätten sich hier Landeigentümer aus Sicherheitsgründen zu einem Gemeinwesen mit städtischem Charakter zusammengeschlossen, jedes Haus ist für sich eine kleine Festung.

Meist sind die Häuser zwei bis drei Stockwerke hoch, die unteren beiden aus gewaltigen Steinquadern erbaut, das Erdgeschoß ohne jedes Fenster. Das Tor besteht aus massivem Holz und ist oft mit Eisenplatten beschlagen: von innen ist es leicht zu verrammeln. Das erste Stockwerk weist bereits Fenster auf, die jedoch vergleichsweise schmal sind und weit auseinanderliegen. Sie scheinen einen doppelten Zweck erfüllt zu haben, den Wirtschaftsräumen Luft und Licht zu verschaffen, gleichzeitig aber den Verteidigern die Möglichkeit zu bieten, aus ihnen das Feuer zu eröffnen, ohne daß sich die Schützen zu sehr exponieren mußten. Erst im obersten Stockwerk befinden sich die Wohn- und die Schlafräume. Erker, Balkone und Loggien sowie die Reihen der breiten Fenster weisen auf Reichtum und Stellung der Hausbesitzer hin. Wie graue Mützen sitzen auf den Häusern dann die durch schräge Holzbalken abgestützten ausladenden, mit Schieferplatten gedeckten Dächer. Manchmal sind die weiß verputzten Außenwände des obersten Stockwerkes bemalt, mit roten Ornamenten ringsum, mit Blumengirlanden und Tierbildern. Im Innern der ganz vornehmen Häuser sind die Türen, Balken und Decken kunstvolles Holzschnitzwerk.

Gjirokastër besteht aus sechs Quartieren, und wenn man alle durchwandern will im Auf und Ab der steinigen Pfade und Treppen muß man sich Zeit nehmen und darf auch einige körperliche Anstrengungen nicht scheuen. Man wird dann belohnt: Aus immer neuen Winkeln erhält man stets wechselnde, überraschende Eindrücke von der Stadt, deren Eigenheit zu bewahren der albanische Staat mit beträchtlichen Mitteln und großem Arbeitsaufwand bemüht ist. Gjirokastër ist ja die Geburtsstadt Enver Hodschas. Selbstverständlich ist sein Elternhaus – sein Vater war Apotheker – heute in eine Gedenkstätte mit Museum umgewandelt, durch das Schulklassen und ausländische Reisegesellschaften geführt werden.

In Gjirokastër begegnen wir aber auch erneut dem legendären *Ali Pascha*. Er hat die Zitadelle in ihrer heutigen Form bauen lassen, nachdem er 1811 Stadt und Burg erobert hatte. Sie ist eine beachtliche Festung, die einer Besatzung von fünftausend Mann Unterkunft bot, mit Bastionen, Wehrtürmen und Kasematten. Zur Wasserversorgung der Burg ließ der Wesir einen Aquädukt bauen, von dem vor einigen Jahren in einem Tal hinter der Burg noch einige Bögen zu sehen waren. Aus der Entfernung wirkten sie so imponierend, daß man sie für die Überreste einer Wasserleitung aus der Römerzeit hätte halten können.

In den Dörfern der Umgebung von Gjirokastër leben an die vierzigtausend Angehörige der griechischen Minderheit in Albanien. Das ist die offizielle Zahl. Sie haben dort ihre griechischen Volksschulen und in Gjirokastër eine Oberschule und eine Lehrerbildungsanstalt. Sie besitzen auch eine eigene Wochenzeitung sowie ein griechisches Volkskunstensemble, und der örtliche Rundfunksender strahlt Programme in griechischer Sprache aus. Zwar haben die Griechen in Albanien als Minderheit keine politischen Rechte, doch ist mit der Verbesserung der Beziehungen zwischen Athen und Tirana in den letzten Jahren auch diese Frage entschärft worden.

Das antike Albanien: Apollonia, Byllis, Butrint

Es mag Einbildung sein, aber über Apollonia, Albaniens bedeutendster antiker Ausgrabungsstätte, vermeine ich schon einen Hauch von Griechenland zu spüren. Es sind nicht allein die Säulen des Tempels und der Stoa, die steinernen Sitzreihen des Odeon oder die Torbögen, die diesen Eindruck verbreiten. Es ist der Zusammenklang von Landschaft und Architektur, der diese Stimmung hervorruft. Es ist das Licht über der Ebene von Fier mit den kleinen Hügeln, von deren Hängen das Geläut der Schafherden klingt, und es ist der Blick auf den Silberstreifen des Meeres im Westen. Und es ist schließlich der Eindruck eines beinahe harmonischen Übergangs von der Antike zum byzantinischen Mittelalter, wie er in der unmittelbaren Nachbarschaft der Agora der Stadt aus dem vierten vorchristlichen Jahrhundert und dem griechisch-orthodoxen Kloster an der Südflanke des Hügels zum Ausdruck kommt.

Apollonia liegt beim Dorf Pojan, zwölf Kilometer von der Stadt Fier entfernt, ist also leicht zu erreichen. Es wurde im sechsten vorchristlichen Jahrhundert von griechischen Kolonisten aus Korinth und Korfu gegründet und hat sich bald zu einem großen Handelszentrum entwickelt.

Auch in der römischen Zeit behielt Apollonia seine Bedeutung bei, Cicero sprach von einer »magna urbs et gravis«; sie soll fünfzig- bis sechzigtausend Einwohner gezählt haben und für die Söhne der römischen Patrizier eine Schul- und Bildungsstadt gewesen sein. Jedenfalls hat hier Augustus studiert. Was den Niedergang der Stadt nach dem Zerfall des römischen Imperiums bewirkte, ist nicht geklärt; wahrscheinlich war es die Verlagerung des Flußlaufes des Vjosë weiter südlich und die daraus resultierende Versumpfung der Ebene. Jedenfalls liegt Apollonia heute zehn Kilometer von der Küste entfernt.

Als erste haben hier österreichische Archäologen während des Ersten Weltkrieges gegraben. An sie, oder besser gesagt, an die österreichische Besatzung, erinnert noch eine Tafel am Eingang zum Kloster, die Kunde von der Erschießung dreier Albaner gibt, weil sie angeblich verhindern wollten, daß antike Funde außer Landes gebracht wurden.

In der Zwischenkriegszeit und besonders nach dem Zweiten Weltkrieg wurden die Ausgrabungen fortgeführt, und was freigelegt und gefunden wurde, ist heute entweder auf dem weiten Gelände selbst zu sehen, wie Säulen und Fries des Nymphäums und die Mosaiken aus den Häusern reicher Bürger, – oder aber in den Gängen und Sälen des neu eingerichteten Museums im Kloster. Die ausgestellten Funde sind ein Hinweis auch auf das künstlerische Niveau der antiken Stadt und ihrer Bewohner. Dieses ist überall augenfällig, sei es an einer bemalten archaischen Figurine aus der Frühzeit Apollonias, sei es beim liegenden Gott des Flusses Vjosë, sei es am fein gearbeiteten Marmorkopf eines vornehmen Bürgers aus dem dritten vorchristlichen Jahrhundert oder dem Torso einer Apollo-Statue aus dem römischen Kaiserreich.

Über dem antiken Apollonia sollte man aber die *Marienkirche* und das Kloster nicht vergessen. In der Kunstlandschaft Albaniens gebührt ihnen ein hervorragender Platz aufgrund ihrer Architektur und der Wandmalereien.

Das Katholikon: Eine mittelbyzantinische Kreuzkuppelkirche mit einem Pronaos, dessen Arkaden an die Kreuzgänge der Benediktinerklöster in Apulien erinnern. Es haben hier offenbar an der Wende vom 11. zum 12. Jahrhundert normannische Steinmetzen gearbeitet; die Kapitelle der Säulen des Exonarthex deuten auch in diese Richtung. So liegt das Marienkloster kunstgeschichtlich geradezu sichtbar an der Grenzlinie zwischen West und Ost.

Die Kirche muß früher reich mit Fresken ausgestattet gewesen sein; davon sind aber im Kircheninneren nur wenige Spuren erhalten. An der Ostwand des Pronaos fasziniert das Portrait des byzantinischen Kaisers Michaels VIII. (1261-82) mit seiner Familie, das zwar stark beschädigt ist, dem die Wiener Byzantologen Heide und Helmut Buschhausen jedoch hohen Rang einräumen. »Als einzig erhaltenes Familienbildnis in frühpaläologischer Monumentalmalerei«, so schreiben sie, »hat das Fresko von Apollonia für die Entstehung des Paläologenstils außerordentliche Bedeutung, denn die zahlreichen byzantinischen und serbischen Stifterbilder greifen auf diesen Typus zurück. Er steht also am Anfang einer langen Entwicklung ...« Das Fresko, das als das einzig authentische Bild Kaiser Michaels VIII. gilt, der 1261 nach der Episode des ›lateinischen Kaisertums‹ Konstantinopel zurückeroberte, wird in die Jahre 1281/82 datiert. Das Ehepaar Buschhausen bewertet seine künstlerische Qualität außerordentlich hoch: »Jedes Detail der lebensgroßen Gestalten war bis in feinste Lichthöhungen präzis ausgeführt. Soweit noch erkennbar, mutet der Pinselführung eine Eleganz an, die das Fresko in seiner Qualität über alle Wandmalereien des Mittelalters in Albanien hoch hinaushebt, so daß eine hauptstädtische Malerschule für die Ausführung verantwortlich gemacht werden darf.«

Zu einer anderen Stilrichtung gehören die ebenfalls stark in Mitleidenschaft gezogenen Wandmalereien im Refektorium (Trapeza). Hier dürften Künstler der ersten Hälfte des 14. Jahrhunderts aus der Malerschule des serbischen Königs Milutin am Werke gewesen sein, einer Schule, die, wie wir noch sehen werden, viele Fresken in makedonischen und südserbischen Klöstern hinterlassen hat. Um noch einmal die Buschhausens zu zitieren: »Der Freskenzyklus von Apollonia ist unseres Wissens die älteste Trapezaausstattung in der byzantinischen Kunst, sieht man von Randgebieten wie Georgien ab.«

So zeigt uns Apollonia nicht nur ein antikes Gesicht; sein mittelalterliches verdient gleichermaßen unser Interesse.

Nach **Byllis,** der illyrischen Ausgrabungsstätte in der Hügellandschaft von Mallakaster, rund vierzig Kilometer südöstlich von Apollonia, kommt man nicht so leicht. Es liegt abseits der Hauptstraße, und für das letzte Wegstück hinauf auf das Plateau etwa fünfhundert Meter über der Küstenebene, auf dem die Stadt lag, benötigt man eigentlich einen Jeep. Dafür wird man aber, wenn man einmal oben ist, reichlich belohnt durch einen Rundblick, der seinesgleichen sucht. Über Weinberge, Olivenwälder und Tabakfelder hinweg blickt man hinunter bis nach Apollonia und in die Bucht von Vlorë (Valona) mit der vorgelagerten Insel Sazan (Saseno), dem Stützpunkt der kleinen Flotte Albaniens. Hat man das Glück eines kundigen Begleiters, so wird man auch noch auf die anderen Orte in der näheren und weiteren Umgebung aufmerksam gemacht, wo sich im Altertum illyrische Siedlungen befanden, für deren Freilegung der albanische Staat heute viel Geld und seine Archäologen große Energien aufwenden.

Denn Byllis befand sich offensichtlich im Zentrum eines dicht bevölkerten Gebietes der Illyrer, in dem die einzelnen Siedlungen so placiert waren, daß sie untereinander Sicht- und Signalkontakt halten konnten. Byllis scheint die größte von ihnen gewesen zu sein, worauf die dominierende Lage, die rechtwinkelig angelegten Straßen, die Stoa, der Tempel, das Theater und die sie umgebenden Mauern hindeuten. Die Reste all dieser Anlagen sind zum größten Teil erst in den letzten zehn bis fünfzehn Jahren freigelegt worden, obwohl wie in Apollonia zuerst die Österreicher (Carlo Praschniker) während des ersten Weltkrieges hier gegraben haben. Verglichen mit Apollonia sind die Ausgrabungen hier nicht so spektakulär, die Gebäude und Anlagen aus dem 7. bis 4. Jahrhundert v. Chr. sind oft nur in Rudimenten erhalten. Auch gibt es kein Museum wie in Apollonia; die Funde von Byllis sind im neuen archäologischen Museum in Tirana untergebracht, das 1985 eröffnet wurde.

Für die Altertumsforschung auf dem Boden Albaniens und für die Albaner auf der Suche nach ihren Wurzeln in der Geschichte ist Byllis aber von größter Bedeutung. Denn was hier entdeckt und freigelegt wurde, soll helfen, eine unter Archäologen und Historikern viel diskutierte Frage zu beantworten, die Frage, ob die städtische Zivilisation auf dem Boden Albaniens im Altertum eine ausschließlich griechische war und die illyrischen Orte nur Siedlungen einer primitiven Stammesgesellschaft, oder ob die Illyrer nicht in manchen Gebieten bereits vor dem Erscheinen der griechischen Kolonisten oder zumindest parallel zu ihnen eine eigene städtische Kultur entwickelt hatten.

Byllis, seine Anlage, seine Einrichtungen und was dort an Hausrat, Schmuck, Werkzeugen und kultischen Gegenständen gefunden wurde, ermöglicht es nach Ansicht albanischer Fachleute, die Frage folgendermaßen zu beantworten: Die griechischen Kolonien auf dem Boden Albaniens waren keine Oasen in einer kulturellen Wüste, es hat vor allem in der Mitte des Landes politisch und sozial entwickelte illyrische Siedlungen mit ausgesprochen städtischem Charakter gegeben, die keineswegs isoliert waren, sondern in engem Kontakt mit den anderen zeitgenössischen Kulturen standen. Diese These, die für die Albaner, die ihre ethnische Herkunft auf die Illyrer zurückführen, von größter Bedeutung ist, wurde von ihnen auch auf dem zweiten Illyrerkolloquium 1985 in Tirana vertreten, und zwar ohne daß sie, soweit man das als Laie beurteilen kann, auf Ablehnung seitens der anwesenden Illyrerexperten der anderen Länder gestoßen wären. So haben die Mauern, Steine und Säulenstümpfe von Byllis hoch über den Windungen des Vjosë-Flusses eine Bedeutung, die das äußere Erscheinungsbild, das sie dem Besucher zunächst bieten, weit übersteigt.

Die dritte antike Stätte, **Butrint,** liegt im äußersten Zipfel Albaniens, südlich der Bucht von Valona, die zuvor noch eine Schilderung verdient.

Die albanische Riviera zwischen Vlorë und Sarandë

Vlorë (Valona) bedeutet in Albanien eine Zäsur, und zwar in landschaftlicher Hinsicht. Die Bucht von Vlorë liegt genau gegenüber von Otranto am Absatz des italienischen Stiefels. Die Straße von Otranto, nur siebzig Kilometer breit, trennt hier die Adria vom Ionischen Meer. Sie war zu allen Jahrhunderten von großer strategischer Bedeutung. Cäsar setzte hier über im Zuge seines Kampfes gegen Pompejus; umgekehrt bemächtigten sich die Türken schon frühzeitig, nämlich 1417 der Stadt und wagten dann 1480 von Vlorë aus den Sprung nach Otranto. Sie wollten auch Italien und das sagenhafte Rom erobern. Für Italien, das Abendland, blieb dieses Unternehmen allerdings ohne Folgen, weil Sultan Mehmet der Eroberer bald darauf starb. Nach dem Ersten Weltkrieg mußte sich Italien zwar aus Albanien zurückziehen, aber es konnte bis zum Zweiten Weltkrieg die Insel Saseno, heute Sazan genannt, als Flottenstützpunkt behalten. Nach dem Zweiten Weltkrieg setzten sich dort die Sowjets fest, bis sie 1960, als Enver Hodscha mit Chrustschow brach, von dort vertrieben wurden. Dabei bemächtigten sich die Albaner sogar eines sowjetischen U-Bootes. Heute ist der Hafen von Vlorë und vor allem Sazan ein wohlbehüteter Flottenstützpunkt des eifersüchtig auf seine Selbständigkeit und Unabhängigkeit bedachten Albanien.

Diese politischen Zielsetzungen haben in Vlorë auch Tradition. Denn vom Balkon eines Hauses in dieser Stadt proklamierte am 28.11.1912 Ismail Qemal Albanien als selbständigen Staat und gab die Bildung der ersten nationalen Regierung unter seiner Führung bekannt.

Soviel kurz zur Geschichte von Vlorë, die sich jedoch im Stadtbild nur wenig niedergeschlagen hat. Vlorë ist eine eher moderne Stadt mit breiten Straßen, einer üppigen Vegetation in seinen Parks und Gärten und schönen Stränden im Südteil der Bucht, umgeben von Palmen, Zypressen und Pinien, Weinbergen und Hängen voller Olivenbäume. Hier macht sich bereits die subtropische Vegetation der Küste des Ionischen Meeres bemerkbar, und sie verläßt uns nur dann, wenn die Straße nach dem Süden streckenweise in das sie begleitende Bergland abschwenkt.

Von Vlorë nach Sarandë, der südlichsten, schon gegenüber der Insel Korfu gelegenen Stadt Albaniens, sind es hundertfünfundzwanzig Kilometer, was in unseren mitteleuropäischen Vorstellungen eine Autofahrt von höchstens zwei Stunden bedeuten würde. Wer sich aber auf diese Fahrt entlang der ›albanischen Riviera‹ begibt, sollte tunlichst seine mitteleuropäischen Maßstäbe vergessen. Er wird es nicht bereuen, selbst wenn die Fahrt den ganzen Tag in Anspruch nimmt. Denn diese albanische Riviera gehört zum Reizvollsten, das Albanien landschaftlich zu bieten hat.

Von Vlorë geht es zunächst hinauf zum tausend Meter hoch gelegenen *Logora-Paß,* in einer Szenerie, die teils an unsere Voralpen, teils an den Schwarzwald erinnert, schon wegen der riesigen Tannen, die hier noch kein saurer Regen angekränkelt hat. Anschließend führt der Weg steil hinunter zur Küste mit immer wieder neuen kleinen Buchten mit Kiesel- oder Sandstrand und einem Wasser, wie man es sich klarer kaum vorstellen kann. Von oben gesehen spielt es zwischen allen Nuancen von Blau und Grün. Der Küstenstreifen ist oft recht schmal, denn die Bergketten steigen ziemlich jäh bis zu zweitausend Meter empor, und für die Dörfer, die es hier nur in größeren Abständen gibt, bleibt deshalb wenig Platz, entweder unmittelbar am Wasser zu beiden Seiten der Bäche, die sich von den Bergen herabstürzen, oder an den steilen Hängen der Berge selbst. Oder sogar, wie im Falle von Himara, auf der Kuppe eines dieser Berge. Der Ort thront dort, als könne er allen Eroberern und Mächtigen dieser Erde, woher immer sie auch kommen mögen, trotzen. Und in der Tat hat sich dieses Bergland auch unter den Türken eine Art von Autonomie zu erhalten vermocht. Seine Bewohner, im wesentlichen Griechisch-Orthodoxe, mußten keine Steuern zahlen und blieben vom Militärdienst frei. An ihrem Freiheitswillen scheiterte sogar ein so schlauer und brutaler Despot wie Ali Pascha Tepeleni. Von den Versuchen, diese widerspenstigen Landsleute seinem Willen zu unterwerfen, künden noch einige kleine Festungen am Rande der Berge von Himara.

Bevor man Sarandë erreicht, windet sich die Straße noch durch eine Landschaft, die ihr jetziges Gesicht erst in den letzten zwanzig Jahren erhielt. An den Hängen, die früher nur von einer im Frühjahr zwar duftenden, ansonsten aber nutzlosen Macchia überzogen waren, wurden in Arbeitsaktionen der Jugend Terrassen angelegt, die man mit Orangen-, Zitronen- und Olivenbäumen bepflanzte. Mit diesem Arbeitseinsatz hat man auch in anderen Teilen des Landes bisher brachliegende Flächen landwirtschaftlich nutzbar gemacht.

Was der albanischen Riviera aber noch fehlt, das ist eine touristische Infrastruktur, um es im heutigen Jargon zu sagen. Keine Hotels, kaum ein passables Restaurant, in einigen Orten höchstens Erholungsheime der Gewerkschaft für die einheimischen Werktätigen. Ob in absehbarer Zeit auch für die Unterbringung ausländischer Touristen etwas getan wird, ist eher fraglich. Die Entwicklung des Ausländer-Fremdenverkehrs hat in Albanien zur Zeit keine Priorität.

Ein Hotel in unserem mitteleuropäischen Sinne gibt es erst in *Sarandë* selbst, der, wie schon erwähnt, südlichsten Stadt Albaniens. Sie liegt wie ein Amphitheater um eine weit ausschwingende Bucht, schräg gegenüber der Nordspitze von Korfu. Als Hafen hat Sarandë keine große Bedeutung, eher als Touristenort, zu dem auch Fahrten ausländischer Besucher organisiert werden, um der ungewöhnlich schönen Landschaft willen, die es getrost mit den berühmtesten Szenerien Korfus aufnehmen kann, dann aber auch wegen Butrint, dessen Mauern wahrhaft einen Querschnitt durch Jahrtausende bieten.

Mit dem so nahe gelegenen Korfu – an der schmalsten Stelle der Straße von Korfu ist die griechische Insel vom albanischen Festland keine drei Kilometer entfernt – gibt es allerdings keinen Verkehr. Trotz der schon wesentlich besseren Beziehungen zu Griechenland lassen die albanischen Behörden auch die südliche Grenze des Landes noch immer mißtrauisch auf das genaueste überwachen.

Butrint liegt ausgesprochen malerisch an der Spitze der Halbinsel Ksamil, zwischen dem Meer und einem Binnensee, die ein Kanal miteinander verbindet. Man findet hier alles, was man sich historisch nur vorstellen mag: Stadtmauern aus gewaltigen Steinbrocken und Quadern, die an Tiryns und Mykene denken lassen und aus der Frühzeit unserer Geschichte zu stammen scheinen. Der steinerne Löwe über dem Löwen-Tor, der ebenfalls Vergleiche mit Mykene provoziert, stammt allerdings nicht aus dem Mittelalter der Antike. Er gehört nicht einmal ins 4. Jahrhundert v. Chr., wie es in manchen Beschreibungen heißt, sondern ist eine Skulptur unseres Mittelalters, die später in die antiken Stadtmauern eingefügt wurde.

Aus der griechischen Zeit Butrints stammen auch das *Theater* mit den guterhaltenen Sitzreihen und der kleine Tempel, der dem Gott Asklepios geweiht war. Das *Baptisterium* mit den Säulenstümpfen und dem vielfarbigen Mosaik ist ein frühchristlicher Rundbau aus der Zeit, da Butrint zum Reich der oströmischen Kaiser gehörte. Diese wurden später von

Venedig abgelöst, das vor allem Wert darauf legte, die Festung auf dem Hügel oberhalb der antiken Stadt auszubauen, von deren Terrassen man einen Rundblick hat, der die Straße von Korfu und die Insel selbst umfaßt, wie auch die Inseln vor der albanischen Küste und natürlich den See, der heute einem Staatsgut zur Fischzucht dient. In der Zitadelle befindet sich das *Museum,* in dem die in Butrint gemachten Funde untergebracht sind. Der schöne Apollonkopf, von dem es heißt, er stamme aus der Schule des Praxiteles, ist allerdings eine Kopie. Zum großen Ärger der Albaner haben die Italiener, die in den zwanziger Jahren mit den Ausgrabungen von Butrint begonnen hatten, das Original mit nach Rom genommen.

Schließlich darf in Butrint auch *Ali Pascha* nicht fehlen, dem wir im südlichen Albanien schon so oft begegnet sind. Er liebte Butrint und kam oft hierher zur Jagd. Während der napoleonischen Kriege vertrieb er die Franzosen von hier, weniger weil sie sein Jagdvergnügen störten, sondern weil er auf die Engländer gesetzt hatte. Die beiden Forts am Kanal sind jedenfalls sein Werk. Was er uns sonst noch hinterlassen hat, werden wir sehen, wenn wir nach Ioánnina kommen.

UMWEG ÜBER GRIECHENLAND

Ioánnina – Die Burg des Ungeheuers

Von Südalbanien nach Ioánnina in Nordgriechenland zu gelangen, wäre ein Kinderspiel, wenn die Grenze zwischen den beiden Ländern durchlässiger wäre. Solange ich in diesen Gegenden reiste, war sie es nicht; ich konnte also nie einen Besuch von Albanien mit einer Fahrt auch in den balkanischen Teil Griechenlands verbinden. Daher war es auch unmöglich, auf ein und derselben Reise sich Ioánnina und Tepelenë anzusehen, die beiden Orte, in denen und zwischen denen sich das gewalttätige Leben dieses seltsamen Ali Pascha abgespielt hat, der zu Beginn des vorigen Jahrhunderts die Phantasie der Europäer in so starkem Maße beschäftigt hat. So mußte ich auch darauf verzichten, den Spuren Lord Byrons zu folgen, der die mehr als hundert Kilometer von Ioánnina nach Tepelenë und zurück zu Pferd zurückgelegt hat.

Also war es nur natürlich, daß ich, von Jugoslawien kommend, über den Pindos nach Ioánnina fuhr. Dieser Weg besitzt einen großen Vorteil: wenn westlich von Métsovon die Straße nach unendlich vielen Kurven wieder aus den Bergen auftaucht, hat man plötzlich einen unvergleichlich schönen Blick auf Ioánnina und die Minarette auf seiner Burg, auf seinen See und auf die Insel darin, auf der Ali Pascha sein Schicksal ereilte.

Die Insel: das kleine Motorschiff, das mich zu ihr bringt, trägt den Namen ›Frosini‹. So, als sollte ich, kaum in Ioánnina angekommen, Hals über Kopf in die merkwürdige Geschichte des despotischen Mannes hineingestoßen werden, der hier residiert hat und von dem Furcht und Schrecken, aber auch eine seltsame Faszination ausgegangen sind.

Kyra Frosini war die Frau eines reichen griechischen Kaufmannes in Ioánnina, auf die Mouchtar, der älteste Sohn Ali Paschas sein Auge geworfen hatte. Und zwar mit Erfolg, so daß sich Mouchtars Frau bei ihrem Schwiegervater über die Seitensprünge seines Sohnes beklagte. Der Pascha von Ioánnina ließ aber nicht Mouchtar zu sich kommen, sondern die schöne Kyra. Und er war von ihr so bezaubert, daß er sie auf der Stelle für sich und seinen Harem besitzen wollte. Sie aber lehnte standhaft ab, was den Pascha schließlich so erzürnte, daß er sie zusammen mit sieben, nach einer anderen Version mit siebzehn stadtbekannten Prostituierten in einer Januarnacht im See ertränken ließ, als Zeichen dafür, daß unter seiner Herrschaft Zucht und Anstand zu herrschen hätten. In der griechischen Volkslyrik, so las ich in einem Büchlein, das ich auf der Insel erstand, gibt es seit diesem traurigen Ereignis ein Lied, in dem es heißt: »Wir werfen tausend Zentner Zucker in den See, damit die Frau Frosini süßes Wasser trinken kann.«

Das böse Schicksal der schönen Kyra Frosini ist nun keine Legende, die Geschichte hat sich tatsächlich ereignet und auch das genaue Datum, der 12. Januar 1801 ist festgehalten. Es ist also gar nicht einmal so lange her. Während ich aber an diesem Nachmittag eines sonnigen Maitages auf der Insel, die wie ein Halbmond im See schwimmt, an Land gehe, ist es mir, als wäre ich von einem zeitlosen Zauber berührt, der Vergangenheit und Gegenwart, Geschichte und Legende unauflöslich miteinander verwoben hat und noch immer verwebt.

Vor mir sind die kleinen, weiß getünchten Fischerhäuser, die zu dieser Jahreszeit unter den wilden Rosen, die sich an Zäunen, Mauern und Spalieren hochranken, beinahe verschwinden. Häuschen, Rosen und wilder Wein wiederum liegen im Schatten gewaltiger Ahornbäume und Platanen, die dem Besucher den Eindruck geben, als sei ihr Alter nicht in Jahres- sondern in Jahrhundertringen abzulesen.

Hinter mir liegt Ioánnina mit dem Lärm und der Geschäftigkeit seiner heute 40000 Einwohner, aber auch mit seiner Mauer umgürteten Altstadt oder Burg, die sich wie eine Felsenfaust in den See schiebt. An den beiden dem See zugewandten Eckfelsen erhebt sich je eine Moschee. Ihre Minarette zeigen an, wo sich zu Zeiten des berühmt-berüchtigten Ali das von Geheimnissen und Schrecken umwitterte Zentrum seiner Macht befand.

Während ich nun von der Anlegestelle durch die engen Gassen der Inselsiedlung mit ihren Souvenirläden zum Kloster des heiligen Panteleimon gehe, denke ich darüber nach, was

Ali Pascha

eigentlich die Zeitgenossen – und auch die Nachwelt, wie hier zu sehen ist – an dieser gewalttätigen Randfigur der Weltgeschichte so fasziniert hat. Zu seiner Zeit wurde er der ›Löwe von Epirus‹ genannt, und kein Geringerer als Victor Hugo sprach von ihm als dem »einzigen Koloß und dem einzigen Genie seiner Zeit, wert mit Napoleon verglichen zu werden«. Lord Byron, damals einundzwanzig Jahre alt und erst an der Schwelle seines Ruhmes, scheute nicht die Mühen eines Rittes durch die Berge des Epirus, um Ali Pascha in Ioánnina seine Aufwartung zu machen. Nur war das »romantischste Ungeheuer der Geschichte« nicht zu Hause, als Byron zusammen mit John Cam Hobhouse an einem Oktobertag 1809 dort eintraf. Ali führte gerade Krieg auf dem Gebiet des heutigen Albanien und hielt sich in Tepelenë, seinem Geburtsort auf. Die beiden jungen Engländer zögerten nicht, weitere fünf Tage im Sattel zu verbringen, um ihn dort aufzusuchen. Und der schon siebenundsechzig Jahre alte Pascha, der damals auf der Höhe seiner Macht stand und den größten Teil Nordgriechenlands und des südlichen Albanien unumschränkt beherrschte, erhob sich, als der Jüngling aus dem fernen England sein Serail betrat, ein ganz außergewöhnliches Verhalten eines Wesirs der Hohen Pforte gegenüber einem ›Ungläubigen‹.

Byron selbst schildert in einem Brief an seine Mutter vom 12. November 1809 den Empfang bei Ali Pascha. »Mein Anzug«, berichtete er, »bestand in voller Staatsuniform, mit einem kostbaren Säbel und so weiter. Der Wesir empfing mich in einem großen, mit Marmor gepflasterten Hof, in dessen Mitte ein Springbrunnen spielte; rundherum zogen sich scharlachrote Ruhesitze ... Ali fragte mich zuerst, warum ich denn in so frühem Alter mein Vaterland verlassen habe: die Türken haben keine Vorstellung davon, daß man auch zum Vergnügen reisen könnte. Er sagte mir dann, der englische Gesandte habe ihm erzählt, ich sei aus vornehmer Familie und so sende er Dir, meiner Mutter, seine Huldigungen – die ich hiermit bestelle. Er meinte, er wäre von meiner hohen Geburt überzeugt, weil ich kleine Ohren, lockiges Haar und kleine weiße Hände hätte, auch wäre er mit meinem Auftreten und Anzug zufrieden. Dann bat er mich, ihn wie einen Vater zu betrachten, solange ich in der Türkei reiste – er würde mich wie einen Sohn behandeln. In der Tat benahm er sich mit mir wie mit einem Kinde, denn er schickte mir wohl zwanzigmal des Tages Mandeln und süßes Sorbet, Früchte und Eingemachtes. Er forderte mich auf, ihn oft zu besuchen, auch in der Nacht, wenn er Zeit und Muße habe ...«

Waren es rein politische Gründe, die den Wesir für den ihm empfohlenen Besucher aus dem mächtigen England einnahmen, das mit seiner Flotte das Mittelmeer und damit auch die Küsten des Epirus beherrschte? Oder erkannte der erfahrene Ali vielleicht in dem jungen Mann mit den leidenschaftlichen und arroganten Zügen das Genie, dem bald eine ganze Welt zu Füßen liegen würde? Oder witterte der alternde orientalische Despot auch die erotische Ambivalenz des George Gordon

Noel, Lord Byron? Die Aufforderung, ihn auch des Nachts zu besuchen, könnte dies nahelegen. Offenbar neigte auch jener deutsche Philologe, der vor mehr als hundert Jahren die erste deutsche Ausgabe der Briefe Byrons besorgte, zu dieser Ansicht, denn er ließ in seiner Übersetzung des Briefes diesen Satz einfach weg ...

Wie dem auch sei, Byron jedenfalls revanchierte sich für den großartigen Empfang, der ihm zuteil wurde, auf seine Weise. Aus Tepelenë nach Ioánnina zurückgekehrt, beginnt er dort mit der Niederschrift der unsterblichen Verse des Gesanges von Childe Harolds Pilgerfahrt. Auch Ali Pascha hat darin seinen Platz als »Häuptling von Albanien«:

»Ruchloses Recht übt jener furchtbar dort,
Des blutge Hand das kühne Volk nur zwingt ...«

Byron findet aber auch menschliche Züge an ihm:

»Sein altehrwürdig Angesicht läßt nicht
die blutgen Taten der Entwürdigung sehen,
Die innen lauschten! Aus seinen Zügen spricht
Leutselige Freundlichkeit mit mildem sanften Licht ...«

In Tepelenë, das wir schon besucht haben, wurde Ali 1741 oder 1744 – genau weiß man es nicht – geboren. Er war kein Albaner, seine Vorfahren waren vielmehr Einwanderer aus Anatolien. Seine Laufbahn begann er als schlichter Räuberhauptmann, dessen Banden Albanien, den Epirus und Thessalien drangsalierten. Aufgestachelt von seiner ehrgeizigen und energischen Mutter, wurde er bald ein Meister im politischen Intrigenspiel, sowohl zwischen den Paschas der türkischen Verwaltungsbezirke in Griechenland und Albanien als auch zwischen den Paschas und dem Sultan in Konstantinopel. Mit List, Betrug, Verrat und Gewalt bereichert er sich, wo er nur kann, gleichzeitig macht er sich aber der Pforte am Bosporus unentbehrlich, die ihn mit immer wichtigeren, einflußreicheren und einträglicheren Funktionen betraut. 1788 erfüllt sich endlich sein Traum: mit Hilfe eines gefälschten Ferman (Erlaß des Sultans) bemächtigt er sich der Stadt Ioánnina und wird schließlich vom Padischah als Pascha von Ioánnina bestätigt.

Bis dahin hatte er sich noch nicht allzusehr von anderen türkischen Paschas unterschieden, die die Schwäche der Pforte für ihre persönlichen Ziele ausnutzten. Höchstens darin, daß er noch schlauer, noch skrupelloser, noch brutaler und noch grausamer war. Vom Augenblick an jedoch, da er die Hauptstadt des Epirus in seine Hand bekommt, wird er zu einer Figur, mit der sich Europa auseinanderzusetzen beginnt.

Schon seine Politik macht ihn interessant. Man erkennt bald, daß er vorzüglich mit verschiedenen Bällen zu jonglieren versteht. Im Zuge der napoleonischen Kriege und der Kämpfe der Franzosen, Briten, Russen und Türken um die Ionischen Inseln und die Häfen an der griechischen Westküste erweckt er den Anschein, die Interessen der Pforte zu vertreten. In Wirklichkeit spielt er ein persönliches Machtspiel, das ihm einen Hafen am Ionischen Meer und damit die Verbindung zur westlichen Welt sichern soll. Er ist so erfolgreich, daß er vom Sultan zum Wesir ernannt wird, und auch seine Söhne werden mit hohen Posten bedacht. Um die Zeit, da ihn Byron besucht, ist Ali der unumschränkte Herr Griechenlands von Makedonien im Norden bis hinunter zur Peloponnes, und auch ein Teil des heutigen Albanien gehört zu seinem Herrschaftsbereich.

Für Mittel- und Westeuropäer, die sich gerade anschicken, ein romantisches Interesse für den Orient und seine Geheimnisse zu entwickeln, wird Ali Pascha aber noch aus anderen Gründen zu einer Figur, mit der man sich beschäftigt. Dieser ehemalige Räuberhauptmann verbirgt seine Gier nach Gold und Macht nicht, er verschleiert auch kaum die Mittel und Wege, mit denen und auf denen er zu seinen Schätzen und seiner Macht gelangt. Als der Sultan ihn zum Pascha von Thessalien bestellt, räumt er unbarmherzig unter seinen ehemaligen Räuberkumpanen auf. Er denunziert seinen Schwiegervater Kaplan Pascha bei der Pforte und liefert ihn damit dem Henker des Sultans aus. Er leitet persönlich die Folterung reicher Kaufleute, von denen er erfahren will, wo sie ihr Geld versteckt haben. Er lockt die Bauern, die vor Jahren aus Wut über die Steuererpressungen seine Mutter und seine Schwester in aller Öffentlichkeit vergewaltigt haben, in eine Falle und läßt sie ebenso öffentlich massakrieren. Er läßt den Geliebten seiner Mutter, als dieser ihm im Wege ist, pfählen und bei lebendigem Leibe rösten. Als er sich in die Griechin Kyra Vassiliki verliebt, findet er sofort einen Vorwand, seine Frau Eminé dem Henker zu übergeben. Von dem Schicksal der schönen Kyra Frosini, die sich ihm verweigerte, haben wir schon gehört.

Gleichzeitig ist dieser gierige, skrupellose, grausame, blutrünstige Despot aber ein Mann, der ein Gefühl für die Künste, die Wissenschaften, die Literatur hat. Er selbst ist Analphabet, aber er weiß sich mit gebildeten und intelligenten Leuten zu unterhalten, die zu ihm nach Ioánnina kommen. Und es kommen immer wieder welche, denn der Geruch von Blut und Gold, von Gewalt und raffinierter Lebenskunst scheint bis weit nach Europa hinein eine geradezu makabre Anziehungskraft auszuüben. Ali Paschas Burg in Ioánnina mit ihren düsteren Geheimnissen – das ist um die Wende des 18. zum 19. Jahrhundert für die Europäer offenbar so etwas wie der Orient schlechthin. Jedenfalls so, wie sie sich ihn vorstellen: Leben und Tod geheimnisvoll ineinander verschlungen, Schönheit und Genuß belauert von Verrat und Willkür, Glück und Vernichtung ebenso eng benachbart wie Laster und Reinheit der Liebe.

Der Löwe von Epirus war also eine Figur ganz nach dem romantischen Geschmack seiner Zeit. Für die Griechen aber war er mehr, nämlich ein Mann, der einen wichtigen Beitrag zu ihrer nationalen Wiedergeburt leistete. Er ließ griechische Schulen bauen, geraume Zeit, bevor sich die Griechen von der Herrschaft des Halbmondes befreien konnten. Berühmte Pädagogen aus der Zeit vor dem Aufstand unterrichteten dort. Unter seiner Herrschaft war Ioánnina für die Griechen ein kulturelles Zentrum, weit mehr als Athen, das damals noch dahinvegetierte. Auch Byron war dieser Meinung, als er an einen Freund schrieb: »Für alle Griechen ist Ioánnina, was Zivilisation, Lebensart, Kultur und Sprache seiner Einwohner betrifft, allen anderen überlegen. In dieser Stadt spricht man das reinste Griechisch.«

Ali Paschas Ioánnina war auch der Treffpunkt vieler Persönlichkeiten, die wie Karaïskakis oder Markos Botsaris im griechischen Freiheitskampf eine bedeutende Rolle spielen sollten.

Überhaupt dürfte Ali von den Vorbereitungen zum Freiheitskampf der Griechen gewußt haben. Seine Lieblingsfrau Kyra Vassiliki, die sich bei dem unberechenbaren Pascha immer wieder ebenso mutig wie klug für ihre Landsleute einsetzte, hielt auch, wie sich später herausstellen sollte, die Verbindung zu der ›Philiki Etairia‹, der Freundlichen Gesellschaft, dem Geheimbund, der den Aufstand von 1821 organisierte.

Das alles ging mir im Kopf herum, als ich auf dem Wege zum Kloster des hl. Panteleimon war. Es ist heute kein Kloster mehr, man hat es in ein Museum verwandelt, gewidmet diesem fürchterlichen Manne Ali Pascha, dem auch die heutigen Griechen Größe nicht absprechen und den sie in ihre nationale Geschichte einbezogen haben.

Panteleimon ist ein bescheidenes Kloster, und es kann auch kein großartiger Bau gewesen sein, als sich der müde gewordene Löwe im Januar 1822 hierher zurückzog. Ein kleines Kirchlein lehnt an der Felsenwand, nicht weit entfernt vom Ostufer der Insel. Das altersgraue Klostergebäude, das im rechten Winkel an die Felswand stößt, bestand und besteht nur aus drei Räumen, einem im Erdgeschoß, und zwei im oberen Stockwerk, zu dem von außen Steintreppen führen. Die übrigen zwei Seiten sind durch hohe Mauern gesichert. In den Klosterhof, der von einem riesigen, schon zu Alis Zeiten wahrscheinlich uralten Ahorn überdeckt wird, gelangt man nur durch zwei enge Tore. Wahrscheinlich hatte Ali geglaubt, er sei hier vor Verrat sicher. Aber das Schicksal, das er anderen so oft bereitet hatte, sie durch falsche Versprechungen in eine tödliche Falle zu locken, hier wurde es ihm zuteil.

Khurschid Pascha, der die Streitkräfte des Sultans befehligte, machte nämlich seinen großen Widersacher glauben, der Sultan werde ihm Pardon gewähren, wenn er seinen Widerstand in der Burg von Ioánnina aufgäbe und sich sozusagen zum Zeichen der Unterwerfung auf die Insel zurückzöge. Ali Pascha, dessen Macht eigentlich schon gebrochen war, weil die meisten seiner Offiziere und Soldaten zur Armee des Sultans übergegangen waren, willigte ein. Er glaubte sich wohl auch dadurch gesichert, daß er in der Burg einen ihm ergebenen Offizier zurückgelassen hatte, der bereit war, die Burg, halb Ioánnina und sich selbst in die Luft zu sprengen, wenn Ali ihm das vereinbarte Zeichen geben sollte.

Khurschid Pascha gelang es zunächst durch eine List, zu der ihm Alis Frau geraten haben soll, die Burg in seine Hand zu bekommen, ohne daß der Mann mit der Lunte sie in die Luft sprengen konnte. Dann schickte er am 22. Oktober 1822 einen Trupp Soldaten zur Insel. Der Anführer verschaffte sich Zutritt zum Kloster mit der Behauptung, er bringe den Gnadenerlaß des Sultans. Zu spät erkannte der greise Pascha die Täuschung. Er setzte sich verzweifelt zur Wehr, aber die Soldaten schossen aus dem unteren Raum durch die Planken der Decke und verwundeten ihn tödlich. Nach der einen Version war der gefürchtete Ali bereits tot, als ihn die Soldaten zur Treppe schleppten und ihm dort den Kopf abschlugen, nach der anderen lebte er noch, als die Hinrichtung vollzogen wurde.

Aber noch immer nimmt das Schauerliche um diesen Mann, der Jahrzehnte hindurch den mächtigen Sultan am Bosporus herausgefordert hatte, kein Ende. Bevor die Soldaten, die Ali getötet haben, seinen Kopf Khurschid Pascha übergeben, damit er ihn an den Sultan schicken kann, wollen sie sich auch von der christlichen Bevölkerung, die vor Alis Willkür gezittert hatte, ihre Belohnung für die Befreiung von diesem Alpdruck holen. Also legen sie den Kopf auf ein Tablett und ziehen zur Residenz des griechisch-orthodoxen Erzbischofs von Ioánnina. Der sitzt gerade mit den christlichen Honoratioren der Stadt beim Abendessen. Die Soldaten stellen ungerührt das Tablett auf den Tisch und nehmen das Tuch, das den Kopf bedeckt, ab. Die ganze Gesellschaft erstarrt, der Erzbischof ist der erste, der seine Fassung wieder gewinnt und murmelt: »Der Herr gebe der Seele seines Dieners Ali ihren Frieden.« Er wirft dann der Soldatenhorde einen Beutel Dukaten hin und diese ziehen ab mit dem Kopf und der Versicherung: »Von den anderen holen wir uns die Belohnung morgen.«

Das also war das makabre Ende des von Christen wie Türken ebenso gefürchteten wie bewunderten Ali Pascha. Was aber ist von seinen Taten und Untaten übriggeblieben bis in unsere Tage hinein? Wenn man es genau nimmt, nur die Legenden um seine Person und seine Macht über Leben und Tod und das kleine Museum im Panteleimon-Kloster. Es gibt dort viele Bilder und Lithographien von Ali Pascha, seinen Frauen und seinen prominenten Besuchern. Merkwürdigerweise begegnen wir hier nur dem alten Ali Pascha, entweder als furchterregendem Herrscher oder als Liebe und Zärtlichkeit suchendem Greis, den Kopf im Schoß seiner Kyra Vassiliki.

Es wird langsam Abend, als mich das Schiffchen von der Insel zur Stadt zurückbringt. Ich will noch hinauf zum Plateau in der Altstadt, wo sich über dem See Ali Paschas Serail befand. Ich gehe durch das mittelalterliche Tor und bin auf einmal in einer anderen Welt. Nicht, weil dieses Ioánnina innerhalb der alten Mauern so malerisch wäre; 1870 ist es zum letztenmal niedergebrannt worden und es gibt hier nur noch wenige Häuser aus früherer Zeit. Auch zwängen sich immer wieder Autos durch die schmalen Gassen. Aber es herrscht hier eine eigene Atmosphäre: die Menschen sitzen vor den Türen oder in den kleinen Gärten, aus denen der Duft der Rosen, der Oleanderblüten und des Pfeifenstrauches dringt. In den Werkstätten der Silberschmiede wird noch gearbeitet und man hört im Vorbeigehen den Klang der Hämmer auf den dünnen Platten, die sich dann zu Vasen, Schalen, Armbändern und Ringen formen. In der Luft liegt etwas von der Süße des Daseins, wie sie in dem eigentlich herben Griechenland nur selten zu finden ist.

Und dann geht man durch ein weiteres Tor hinauf auf das Felsplateau, das die eigentliche Burg Ali Paschas trug. Aus seiner Zeit ist noch die Fetiye-Moschee da, neben der sein Rumpf begraben wurde. Aber sein Serail, das Kernstück der berühmt-berüchtigten Burg des Despoten, ist längst verschwunden. Die Soldaten des Sultans ließen, nachdem sie ihn ausgeplündert hatten, keinen Stein auf dem anderen. Dort, wo sich einst Alis Prunkräume, die Gemächer seiner Haremsdamen und die Schatzkammern befanden, steht jetzt ein einstöckiges Palais mit vorgezogenen Seitenflügeln, das die griechische Königsfamilie erst 1962 erbauen ließ. Aber der Wind der Geschichte hat nicht nur Ali Pascha, sondern auch das griechische Königshaus davongetragen. Das Palais ist nicht bewohnt und dient offenbar auch sonst keinem Zweck. Über die Türflügel spannt sich eine dicke Kette, die von einem starken Schloß zusammengehalten wird, die Fensterscheiben im Erdgeschoß sind eingeschlagen, und in den Räumen liegt, soweit man Einblick hat, nur allerlei Gerümpel.

Aus allem hier oben dringt Vergänglichkeit. Aus der Moschee, in der niemand mehr, das Gesicht nach Mekka gerichtet, betet; aus den Kanonenrohren, die verrostet daliegen und deren Münder kein Feuer und keinen Tod mehr ausspeien; aus dem Königspalais, das erst fünfundzwanzig Jahre alt ist und doch keine Funktion mehr zu haben scheint. Nur die uralte Platane, an deren ausgreifenden Ästen der fürchterliche Pascha seine weniger wichtigen Opfer aufhängen ließ und in deren Blättern nun der Abendwind spielt, ist von der Melancholie der Geschichte völlig unbeeindruckt. Desgleichen das Pärchen, das in dem hohen duftenden Gras kichert und schäkert. Ihm gehört ja auch die Zukunft.

Metsovon – Die versinkende Welt der Aromunen

Der Katara-Paß im Pindos-Gebirge liegt 1700 Meter hoch. In den Wintermonaten scheint ihn die griechische Straßenverwaltung nur mit Mühe offenhalten zu können. Darauf deuten jedenfalls die vielen Schneepflüge hin, die an seinem Scheitelpunkt jetzt, in der zweiten Maihälfte, so bereitstehen, als müßten sie jederzeit einsatzbereit sein können. Darauf deuten auch die Tafeln am östlichen wie westlichen Fuße der Paßstraße hin, auf denen jeweils angezeigt wird, ob die Straße passierbar ist.

Für Nordwestgriechenland ist die Straße von großer Bedeutung: sie ist praktisch die einzige direkte Verbindung zwischen Igoumenitsa, dem Festlandshafen gegenüber von Korfu, und Ioánnina einerseits und Athen und Saloniki andererseits. Entsprechend großzügig ist sie jetzt auch ausgebaut.

Wegen ihrer exponierten Lage genügt sie den heutigen Verkehrserfordernissen offenbar nicht mehr, denn man baut bereits einen Straßentunnel durch das *Pindos-Massiv,* der in Metsovon seinen westlichen Ausgang haben wird. Dann wird man, wenn man von den Meteora-Klöstern in Richtung Ioánnina fährt, den Pindos zwar sehr bequem hinter sich bringen und schnell Metsovon erreichen können, doch sehr reizvoll dürfte dann die Fahrt durch diesen Teil Griechenlands nicht mehr sein. Derzeit ist sie es noch, denn mit seinen Bergketten ist der Pindos ein imponierender Gebirgsstock, dessen Durch- und Überquerung dem Reisenden immer neue Szenerien bietet: kleine Dörfer, versteckte Täler, die schon eher als Schluchten zu bezeichnen sind, dunkle Tannenwälder, aus denen Maultier- und Eselskarawanen, beladen mit Holz, auftauchen, weite Matten, jetzt im Frühjahr voller Blumen, und die Gipfel dahinter noch mit Schnee bedeckt.

Der größte Ort in dieser Gebirgslandschaft ist **Metsovon,** eintausendzweihundert Meter hoch an einem Hang gelegen, der von der Paßstraße steil in ein Tal abfällt. Von oben ist der Blick auf den Ort besonders hübsch: Man sieht auf ein Meer von roten Ziegel- und grauen Schieferdächern, aus denen hie und da ein Kirchturm herausragt, und im Hintergrund steigen auf der anderen Seite des Tales wieder die Berge auf. Es ist also eine Art Kessel, den das Gebirge hier gebildet und damit die Möglichkeit für die Entwicklung eines größeren Ortes geschaffen hat. Das untere Ende des Ortes weitet sich zu einem Platz mit steinernen Bänken, auf denen die alten Männer sitzen: in weißen wollenen Beinkleidern und einem schwarzen Gehrock, auf dem Kopf eine schwarze Pelzkappe, in der Hand den langen Stock mit der sichelförmigen Krücke, die zum Herausholen einzelner Schafe aus der Herde diente.

Daß Metsovon kein armes Gebirgsdorf ist, zeigt sich, wenn man die Hauptstraße hinuntergeht. Man passiert mehrstöckige Häuser, die Reichtum und Ansehen ihrer Eigentümer, der einstigen und der jetzigen, schon von außen erkennen lassen. Die unteren Stockwerke sind ähnlich wie im albanischen Gjirokastër aus massivem Stein gebaut, die oberen Geschosse prunken mit ihren von Holzbalken getragenen Loggien, hinter deren Fenstern man sich ein behütetes Familienleben vorstellen mag.

In einem dieser Häuser, das einer angesehenen Familie des Ortes gehörte, befindet sich das *Heimatmuseum* von Metsovon. Was dort an Teppichen und Hausrat, an Möbeln und Kleidung zu sehen ist, bezeugt die häusliche Kultur der großen Familien des Ortes. Eine von ihnen, die Averoffs, haben vor nicht allzulanger Zeit sogar einen griechischen Außenminister gestellt.

Was im Museum an Holzschüsseln und Silberplatten, an kunstvoll geschnitztem Möbelwerk, an Leder- und Pelzjacken und kostbar bestickten Blusen, an naturfarbenen Wandteppichen und Decken aller Art gezeigt wird, findet seine Entsprechung in den vielen Läden, die die Hauptstraße und den großen Platz des Ortes säumen. Nur bleiben diese Souvenirs in Qualität und Geschmack weit hinter ihren Vorbildern zurück. Aber Metsovon ist eben auch ein Touristenort, im Sommer wie im Winter; es gibt hier einige Hotels, deren Gäste, wenn sie sich schon in das entlegene Pindos-Gebirge und in das seltsame Metsovon verirrt haben, dann wenigstens etwas Besonderes nach Hause bringen wollen.

Denn Metsovon ist insofern nicht typisch griechisch, als die Mehrheit der Bevölkerung der Volksgruppe der **Aromunen** angehört, die besser unter der Bezeichnung ›Vlachen‹, ›Walachen‹ oder wie die Griechen sagen ›Kutzovlachen‹ (hinkende Walachen) bekannt sind.

Als ich in einem Laden warten mußte, weil die Verkäuferin mit einer Einheimischen ein lebhaftes Gespräch führte, drangen Laute an mein Ohr, die gar nicht griechisch klangen. Eher erinnerten sie mich an das Italienische oder an das Rumänische. Sprachwissenschaftler bezeichnen diese Sprache als Aromunisch oder Macedo-Rumänisch; sie sei ein Dialekt des Rumänischen, der sich von dem nördlich der Donau gesprochenen Dako-Rumänisch durch seine griechischen, albanischen und slawischen Einflüsse unterscheidet.

Aber abgesehen von der Sprache: was hat es mit diesen ›Vlachen‹ oder wie man sie nun nennen will, auf sich, woher kommen sie, ist der Balkan ihre Urheimat oder sind sie hier zugewandert, was ist ihr Weg durch die Geschichte, wo leben sie außer in Metsovon noch und was sind sie für ein Volk?

Fragen, die von einem Laien, der ich ja bin, nicht leicht zu beantworten sind, weil sich sogar Fachleute nicht einigen konnten. Ich will mich daher nur an das halten, was im großen und ganzen als gesichert angesehen werden kann.

Wir sind in diesem Buche, der Leser wird sich vielleicht daran erinnern, den Vlachen schon in Albanien begegnet und zwar, als von Voskopojë in der Nähe von Korçë die Rede war. Jetzt ist dieses Voskopojë ein trübes Dorf mit verfallenden Kirchen; im 17. und 18. Jahrhundert aber war es eine blühende Stadt von 60000 Einwohnern, die stolz auf ihre Druckerei, die erste auf dem Balkan, eine Gelehrtenschule und auf ihre weitreichenden Handelsbeziehungen war. Die Kaufleute von Voskopojë aber waren Vlachen.

Wieviel von ihren verarmten Nachfahren es im Voskopojë von heute und in Albanien insgesamt gibt, darüber liegen keine verläßlichen Zahlen vor. Ob es noch 10000 sind, wie manchmal gesagt wird, ist eher fraglich, denn der Assimilierungssog von seiten der Albaner ist beträchtlich.

Auch in Griechenland, wo die Vlachen hauptsächlich zwischen Iōánnina und Kastoria anzutreffen sind, gibt es keine verläßlichen Angaben über ihre Zahl. Man spricht von fünfzigtausend; sicher ist aber, daß sie auch hier auf dem Wege sind, in der Bevölkerungsmehrheit, diesmal der griechischen, aufzugehen. Jedenfalls hatten die Vlachen um 1900, als dieser Teil Griechenlands noch zum Osmanischen Reich gehörte, sechs eigene Oberschulen und hundertdreizehn Volksschulen. Das letzte vlachische Gymnasium in Grevena ist vor einigen Jahren geschlossen worden und über die Zahl der noch existierenden Volksschulen mit aromunischer Unterrichtssprache war nichts Genaueres zu erfahren.

Auf unseren weiteren Balkanfahrten werden wir den Vlachen noch im jugoslawischen Makedonien, zum Beispiel in Kruševo, der höchstgelegenen Stadt auf dem Balkan, und in der Umgebung von Belgrad sowie in Ostserbien begegnen. In Serbien werden sie allerdings auch ›Zinzaren‹ genannt: doch gibt es Leute, die bestreiten, daß Vlachen und Zinzaren dasselbe seien. Aber Vlachen oder Zinzaren – zur slawischen Völkerfamilie gehören sie jedenfalls nicht.

Über ihren Ursprung gibt es die verschiedensten Theorien, und um diese Theorien haben die Sprachforscher, die Ethnographen und die Historiker jahrzehntelang gestritten und tun es zum Teil auch heute noch. Für Georg Stadtmüller, den großen deutschen Südosteuropa-Forscher, gehörten sie wie die Albaner zur Urbevölkerung auf dem Balkan, die in den ersten Jahrhunderten unserer Zeitrechnung zum Teil romanisiert wurde, vor den eindringenden Slawen im 6. Jahrhundert aber in die Berge zurückwich und dort als Wanderhirten mehr als ein halbes Jahrtausend ein geschichtsloses Dasein führte. Erst im 10. Jahrhundert wurden sie in byzantinischen Dokumenten zum ersten Mal als Hirten in den Bergen um das heutige Kastoria erwähnt; nördlich der Donau im heutigen Siebenbürgen tauchen sie in den Geschichtswerken erst Anfang des 13. Jahrhunderts auf.

Unter der Herrschaft der Türken auf dem Balkan waren die Vlachen zunächst einmal als Viehzüchter, Hirten, Karawanenführer, Gastwirte und Fuhrleute bekannt. Sie ließen sich aber auch in den Städten nieder, wo sie als Silber- und Goldschmiede, als Kürschner und Pelzhändler und vor allem als

Vlachenlager, Holzstich um 1880

Kaufleute zu Wohlstand und Ansehen gelangten. Dem deutschen Forscher Gustav Th. Weigand zufolge gab es aromunische Handelshäuser »an sämtlichen größeren Plätzen des Mittelmeeres, besonders in Ägypten ... selbst in Hamburg, St. Petersburg und London sind Kaufleute aus den weltverlorenen Pindusdörfern ansässig«.

Der Streit um Herkunft, Siedlungsgebiet und Ausbreitung der Aromunen oder Vlachen ist vor allem deshalb von großer Brisanz, weil er mit der Frage nach Ursprung und Werden des rumänischen Volkes zusammenhängt, also einem Problem, das auch heute noch von politischer Aktualität ist. Man braucht nur an Siebenbürgen zu denken und an die Auseinandersetzungen zwischen den Rumänen und den dort lebenden Ungarn.

Auf einen etwas vereinfachten Nenner gebracht, geht es darum, zu klären, ob die Rumänen im Karpatenbogen die Nachfahren der romanisierten Daker sind, also seit dem Altertum in diesen Gebieten und damit noch vor den Ungarn dort ansässig waren, oder ob sie erst viel später, im frühen Mittelalter, vom Balkan über die Donau kommend, eingewandert sind. Über diesen Streit zwischen Kontinuitäts- und Einwanderungstheorie, eine Auseinandersetzung homerischen Ausmaßes, werden wir noch ausführlich sprechen, wenn wir auf unserer Fahrt nach Rumänien kommen. Noch sind wir in Metsovon und sollten uns an der reichen Folklore dieses Splitters eines über den Balkan versprengten Volkes erfreuen, dessen Wurzeln tief in die Geschichte Südosteuropas reichen, dessen Sprache und eigene Art aber langsam im Meer der sie umgebenden Völker und in den nivellierenden Lebensformen unserer Zeit versinken.

WIEDER IN JUGOSLAWIEN

Makedonien

Prespa-See und die Insel des Zaren

Die Insel heißt Golem-Grad, was soviel wie mächtige Stadt bedeutet. Sie liegt im Prespa-See, dort, wo die Grenzen von Jugoslawien, Griechenland und Albanien im Wasser aufeinandertreffen und so ein nasses Dreiländereck bilden. Befindet sich schon der Prespa-See fernab aller großen Verkehrswege im Südosten, so ist es dieses Grenzgebiet von drei Staaten, die sich noch immer mit einigem Mißtrauen betrachten, um so mehr. Wir sind hier buchstäblich in einem toten Winkel Europas, nur ist die Landschaft von unvergleichlichem Zauber. Ringsum hohe, bis zu zweitausendvierhundert Meter ansteigende Gebirgsketten, in die der See seine Buchten vorschiebt. Das Wasser ist von einer erfrischenden Klarheit, die das Baden zu einem prickelnden Vergnügen macht. Allerdings nur in den Sommermonaten, denn der See liegt achthundertfünfzig Meter hoch, so daß es schon im Frühherbst an seinen Ufern kühl wird.

Wir wollen von Konjevo, dem letzten Ort am jugoslawischen Ufer, zu der Insel fahren, die mit ihrer dunklen Waldhaube über dem felsigen Steilufer aus dem Wasser ragt. Als wir verabredungsgemäß um neun Uhr in *Konjevo* eintreffen, sagt unser Bootsmann, er könne nicht fahren, der Südwind sei zu stark, gegen ihn komme er mit seinem schwachen Motor nicht an. Aber wir sollten nicht aufgeben, oft flaue der Wind ab oder er schlage um, wir sollten uns in der Zwischenzeit ein bißchen im Dorf und am Seeufer umsehen.

Was wir auch tun. Wir zählen acht Häuser, sehen kaum Leute, außer unserem Bootsmann und zwei anderen Männern, die sich am steinigen Ufer an einem Boot zu schaffen machen. An einem Holzgerüst trocknen kleine Fische, mit denen der Wind spielt. Die gelben und blauen Pflaumen in den Gärten sind saftig und süß, und die Stille ringsum wird nur durch das Gackern der Hühner unterbrochen. Die kleinen Häuser haben kein elektrisches Licht und der nächste Ort ist sechzehn Kilometer entfernt. Jetzt führt ein Sträßchen hierher, aber noch vor wenigen Jahren war der Ort nur per Boot zu erreichen.

Gegen Mittag hat sich der Wind tatsächlich gedreht, und so fahren wir los und tuckern in Richtung **Golem-Grad.** Der See scheint hier völlig verlassen, kein Boot ist zu sehen, weder das einer Grenzwache noch das eines Fischers, um uns herum nur Wasser und Wind, über uns Möven und manchmal ein Reiher.

Nach Golem-Grad wollen wir, weil wir den Spuren jenes südslawischen Reiches des frühen Mittelalters nachgehen wollen, das um den Prespa-See und den Ohrid-See sein Zentrum hatte. Ich benutze absichtlich den etwas vagen Begriff ›südslawisch‹, denn ob das Reich Samuils ein bulgarisches oder ein makedonisches war, darüber sind sich die Historiker noch immer nicht einig. Die Mehrzahl spricht von einem bulgarischen oder zumindest westbulgarischen Reich und hält sich damit an die zeitgenössischen Quellen. Für die neuere jugoslawische Geschichtsschreibung und natürlich für die Makedonier in Jugoslawien ist Samuils Reich ein makedonisches gewesen, woraus man einen Beweis für Makedoniens politische Eigenständigkeit bereits vor neunhundert Jahren ableiten will.

Wir wollen uns in diesen Streit nicht einlassen, dennoch müssen wir einige historische Hinweise geben, um verständlich zu machen, was sich hier abgespielt hat.

Im Jahre 971 hat das wiedererstarkte Byzanz dem ersten bulgarischen Reich den Garaus gemacht. Auf dem Gebiet des heutigen Makedonien erhob sich aber 976 ein Feudalherr angeblich armenischer Abstammung namens Samuil, schüttelte die griechische Oberherrschaft ab und proklamierte sich zum Zaren. Er schuf ein Reich, das zeitweise von der Donau im Norden bis nach Thessalien im Süden und von der Adria im Westen bis tief in das heutige Bulgarien reichte.

Samuils Herrlichkeit dauerte an die vierzig Jahre, dann gelang es Basileios II., den Zaren 1014 vernichtend zu schlagen. Dieser byzantinische Kaiser Basileios ging in die Geschichte als ›Bulgaroktonos‹, als Bulgarentöter ein. Denn er ließ die vierzehntausend Gefangenen, die er in der Entscheidungsschlacht gegen Samuil machte, blenden. Nur jedem Hundertsten ließ er ein Auge, damit diese die Geblendeten zum Herrscher zurückführen konnten. Als der Zar, der sich nach Prilep im heutigen Makedonien gerettet hatte, den Elendszug seiner ehemaligen Streiter sah, traf ihn der Schlag. Vier Jahre später zerfiel sein Reich und Byzanz war wieder beherrschende Macht auf der Balkanhalbinsel. Erst eineinhalb Jahrhunderte später gab es wieder einen unabhängigen bulgarischen Staat.

Soweit der geschichtliche Hintergrund für unsere Fahrt zu dieser Insel im Prespa-See, die eine der Residenzen des Zaren Samuil war. Nicht die einzige, denn der Zar hatte auch andere, Ohrid zum Beispiel und Prilep und die Insel Agios Achileios im kleinen Prespa-See, der heute zu Griechenland gehört. Wir werden auch dorthin seinen Spuren folgen.

Auf Golem-Grad ist von der Zarenresidenz nur noch wenig zu erkennen. Wenn man in der kleinen Bucht an Land gegangen ist und weiter nach oben steigt, findet man von der »mächtigen Stadt« nur noch Gemäuer und Steinhaufen, kümmerliche Überreste der Paläste und Gebäude, die einst voller Pracht gewesen sein müssen. Die Kirche allerdings, die man wieder überdacht hat, um ihre sowieso stark beschädigten Fresken nicht gänzlich dem Verfall preiszugeben, stammt nicht aus Samuils Zeiten, sie wurde erst im 14. Jahrhundert gebaut. Das baufällige Haus daneben scheint ebenfalls keinen Bezug zur Glanzzeit der Insel zu haben. Es dient heute unserem Bootsmann, der auch ein wenig als Kustos tätig ist, auf der Insel als Unterschlupf, wenn er hier, von einem Unwetter überrascht, sich mit seinem schwachen Motor nicht mehr nach Hause traut.

Wir hatten uns vorgestellt, auf der Insel umherzustreifen, das erwies sich aber als Illusion. Denn der Wald, der Golem-

Grad bedeckt, ist ein Urwald im wahrsten Sinne des Wortes, das Unterholz ein undurchdringliches Dickicht voller Schlingpflanzen und vermoderter Baumstämme, denn hier wird alles dem Walten der Natur überlassen, kein Baum wird gesetzt und keiner wird geschlagen. Nur für gelegentliche Besucher hat man einige Wege freigemacht.

Sonst aber gehört die Insel uneingeschränkt den Schildkröten, den Giftschlangen und den Mungos, die eigentlich mit den Schlangen hätten fertig werden sollen, es aber offensichtlich nicht schaffen. Und sie gehört außerdem den Möwen, Reihern, Pelikanen und Kormoranen, die in den Bäumen oberhalb der Uferfelsen oder in den Felsen selbst nisten und um die Insel herum reiche Nahrung finden. Denn hier, so heißt es, sei der See am tiefsten und der Fischfang am ergiebigsten. Das scheinen aber nur die großen Vögel zu nutzen, die Leute in den Siedlungen am See meiden diese Grenzgewässer; wahrscheinlich sind sie für sie verboten.

Aber der ganze See hat ja etwas Entrücktes, von den Menschen und ihrer Zivilisation Entferntes. Die Ufer des Ohrid-Sees jenseits der Galičica mit ihren Städten, Dörfern, Klöstern, Kirchen und Burgen sind eine Kulturlandschaft, auf jugoslawischer wie auf albanischer Seite. Der Prespa-See, mit seinen 285 Quadratkilometern, nach dem Skutari- und dem Ohrid-See der drittgrößte der jugoslawischen Seen, ist sozusagen naturbelassen. An den Ufern mit Ausnahme von Oteševo kein größerer Ort, nur wenige Dörfer, die Leute dort eigentlich Bauern und keine Fischer, auch wenn sie zu ihrer Ernährung gelegentlich Fische fangen. Keine bemerkenswerten Klöster oder Kirchen ringsum, abgesehen von **Kurbinovo** am Ostufer des Sees, hoch über dem Wasser am Hang des Pelister-Gebirges gelegen. Die bescheidene, dem heiligen Georg geweihte Kirche lohnt den etwas mühsamen Aufstieg wegen ihrer Fresken. Sie stammen von 1191, das Datum ist auf einer der Wände festgehalten. Sie gehören damit zu den byzantinischen Wandmalereien aus der Komnenen-Zeit, die auf makedonischem Boden in Nerezi um 1150 ihren Höhepunkt erreicht hatten. Nach Nerezi bei Skopje kommen wir noch. Die Kompositionen an den Wänden der Kirche von Kurbinovo mit den schlanken und strengen Heiligenfiguren geben uns aber schon einen Vorgeschmack auf die byzantinische Freskenkunst, die zwischen dem 11. und 14. Jahrhundert in Makedonien so viele und so großartige Zeugnisse hinterlassen hat.

Kurbinovo, Georgskirche, Apsisfresko

Schön wäre es, könnte man vom jugoslawischen Teil des Sees zum griechischen hinüberwechseln, über das Wasser oder am Ostufer entlang. So durchlässig sind aber die Grenzen hier noch nicht. Um an das griechische Ufer des großen und zum kleinen Prespa-See zu gelangen, die von Jugoslawien aus zum Greifen nahe scheinen, muß man einen Umweg von hundertfünfzig Kilometern machen. Die Grenze passiert man zwischen Bitolj (Monastir) und Florina, dann geht es über einen 1450 Meter hohen Paß im Vermion-Gebirge, und erst dann steht man auf dem Damm, der den großen vom kleinen

Prespa-See trennt. Auf direktem Wege wären es nur etwas mehr als zehn Kilometer gewesen. Aber die Beziehungen zwischen Jugoslawien und Griechenland sind noch nicht so problemlos, als daß man in dieser entlegenen Gegend, die auf griechischer Seite militärisches Sperrgebiet ist, einen Grenzübergang öffnen würde. Ob bei den Griechen die Erinnerungen an den Bürgerkrieg der späten vierziger Jahre mitspielen – dieses Dreiländereck war die letzte Bastion der kommunistischen Partisanen – oder ob sie der jugoslawischen Makedonien-Politik mißtrauen, sicher ist, daß man sich in dieser Gegend nicht beliebig bewegen kann.

Schon lange bevor man vom großen wie dem kleinen See etwas zu sehen bekommt, kündigen an der Straße Schilder an, daß man eine »restricted area« betrete, in der das Photographieren verboten ist. Man nimmt dies mit Bedauern zur Kenntnis, denn der Blick, den man nach der langen Fahrt von der zum See hinunterführenden Straße endlich auf die beiden Seen, die Insel **Agios Achilleios** und die Bergketten hat, wäre wert, festgehalten zu werden. Dies geschieht wohl meistens auch, denn von Patrouillen ist weit und breit nichts zu sehen. Hat man aber dann den Damm überquert, steht man doch vor dem Schlagbaum eines Militärpostens, wo ein Uniformierter von dem Fremden den von der Präfektur (Nomarchia) in Florina ausgestellten Passierschein für das unmittelbare Grenzgebiet verlangt. Denn auf die Insel Agios Achilleios kommt man nur aus einem Zipfel Griechenlands zwischen dem großen und dem kleinen Prespa-See, der unmittelbar an Albanien angrenzt.

Als ich an einem sonnigen Maitag die Militärsperre passiert hatte, war ich aber noch lange nicht auf der Insel. An der Anlegestelle, wo Agios Achilleios dem Festland am nächsten liegt, waren zwar zwei Kähne vertäut, aber niemand weit und breit zu sehen, der mich übergesetzt hätte. Mir blieb nichts anderes übrig, als zu warten; in der Stille des Mittags hörte man von der Insel das Gackern der Hühner und die Stimmen der Frauen, im Schilf schwätzten die Frösche und die Wasservögel und über dem Wasser spielten die Libellen. Unsere geschäftige Welt war unendlich fern. Bevor ein Mann auftauchte, der mich dann doch übersetzte, verging geraume Zeit; man darf es also nicht eilig haben, wenn man sich Agios Achilleios in den Kopf gesetzt hat. Mich zog es dorthin, weil diese Insel im kleinen Prespa-See mehr noch als Golem-Grad das Zentrum jenes westbulgarischen Reiches Samuils war, das ich schon erwähnt habe.

Die griechische Insel ist viel größer als Golem-Grad und sie ist auch bewohnt. Sie liegt quer im Nordteil des kleinen Prespa-Sees, und sie erinnert an eine Sphinx: das erhobene Haupt in Form eines bewaldeten Hügels mit einem weithin sichtbaren Kreuz darauf nach Osten gerichtet, das flache Hinterteil, das auch das Dörfchen trägt, dem Westen zugewandt. Den Rücken bilden Buschwerk und Wiesen, auf denen Schafe weiden.

Agios Achilleios ist also wohnlicher als Golem-Grad, und man kann sich schon vorstellen, daß hier jenes »Prespa« war, das in zeitgenössischen Berichten als Zentrum des Reiches Samuils bezeichnet wird. Nur muß ich vor allzu großen Erwartungen warnen, denn von den mehr als einem Dutzend Kirchen, die es in der byzantinischen, bulgarischen, oder meinetwegen auch makedonischen Zeit hier gegeben haben soll, oder von den Palästen der Kaiserpfalz ist kaum etwas übriggeblieben. Die normannischen Söldner, die der Kaiser von Byzanz 1071 zur Niederschlagung eines der zahlreichen Aufstände in den slawisch besiedelten Gebieten des oströmischen Reiches einsetzte, haben hier ganze Arbeit geleistet. Sie machten dem Erdboden gleich, was damals von der Herrlichkeit aus den Zeiten Samuils übriggeblieben war. Die noch vorhandenen Überreste von Kirchen stammen aus späteren Zeiten, in denen die Insel jedoch nie mehr die Bedeutung erlangte, die sie zwischen dem 10. und dem 11. Jahrhundert einmal innegehabt hatte.

Griechische Archäologen haben sich in den letzten Jahren intensiv mit Agios Achilleios beschäftigt, und sie glauben, bei der Freilegung der Kirche, die der ganzen Insel den Namen gegeben hat, auf das Grab Samuils gestoßen zu sein. Jedenfalls hat Professor Moutzopoulos aus Saloniki in dem Grundgemäuer des rechten Seitenschiffes der Zaren- und Patriarchen-kirche des hl. Achilleios drei Gräber entdeckt. In einem davon lag ein unversehrtes Skelett, bei dessen Untersuchung sich herausstellte, daß der linke Ellenbogenknochen des Mannes gebrochen und schief zusammengewachsen war. Nun wissen Historiker, die sich mit der byzantinischen Geschichte dieser Zeit beschäftigen, daß Samuil in einer Schlacht in Griechenland am linken Arm verletzt worden war und mit dieser Wunde einen mühsamen Rückzug über beinahe vierhundert Kilometer bewältigen mußte. Also lag der Schluß nahe, das Skelett als das jenes Zaren zu identifizieren, der im Geschichtsbewußtsein der Bulgaren wie der Makedonier eine so große Rolle spielt.

Gelangt man von Jugoslawien an das griechische Ufer des Prespa-Sees nur auf Umwegen, so ist der albanische Teil des großen wie des kleinen Sees von Jugoslawien wie von Griechenland aus völlig unerreichbar. Noch verlassener und einsamer als der Prespa-See insgesamt sind die Buchten, die zu dem auch sonst recht verschlossenen kleinen Balkanstaat gehören. Nichts rührt sich dort, kein Mensch ist an den Ufern zu sehen, nur die großen Wasservögel ziehen ihre Kreise über dem Spiegel des Sees. Auch wenn man als Tourist Albanien bereist, kommt man zur Zeit noch nicht an den dortigen Teil des Prespa-Sees. Ob das wegen der makedonischen Bevölkerung in den Dörfern am Ufer oder in der Nähe des Sees ist, weiß ich nicht. Auf alle Fälle divergieren die Angaben von albanischer und die von jugoslawischer Seite über die Stärke dieser makedonischen Minderheit in Albanien sehr stark. Die Albaner sprechen von rund 9000 Makedoniern auf ihrem Territorium, die Jugoslawen wollen von 40 000 wissen.

Vor Jahren war ich als Journalist in Liqenas, dem größten makedonischen Dorf am Prespa-See, natürlich in albanischer Begleitung. Ich konnte ungehindert mit den Leuten sprechen, die dort ein sehr bescheidenes Leben führen, denn im wirtschaftlich zurückgebliebenen Albanien ist dieser Teil des Landes noch rückständiger als die übrigen Teile. Industrie gibt es hier nicht und der Boden wirft landwirtschaftlich auch nicht viel ab. Kulturell aber genießt die makedonische Bevölkerung eine gewisse Autonomie. Bis zur vierten Klasse Grundschule wird der Unterricht in makedonischer Sprache erteilt, und es gibt auch die notwendigen Lehrbücher auf makedonisch. Sonst aber herrscht im Kulturhaus von Liqenas eindeutig das Albanische vor.

Daß es unweit von Liqenas in der großen albanischen Bucht des Prespa-Sees sozusagen als Pendant zu Golem-Grad die Insel Mali-Grad gibt, habe ich schon in meinem albanischen Kapitel erwähnt, als von den Sehenswürdigkeiten in der Umgebung von Korçë die Rede war. Vielleicht wird sie, wie Golem-Grad auf jugoslawischer Seite, auch einmal für Touristen zugänglich sein, denn, wie wir gesehen haben, sie hat ja einiges zu bieten.

Ohrid, die heilige Stadt

Wie kommt man an den Ohrid-See, wie in die Stadt Ohrid, die für Bulgaren wie Makedonier eine heilige Stadt ist? Man hat, nimmt man Skopje als Ausgangspunkt, zwei Möglichkeiten: entweder hält man sich zuerst an das *Vardar-Tal* und fährt dann über Prilep und Bitolj nach Ohrid. Oder man wählt die Route über Tetovo, den Stausee von Mavrovo und weiter über Kičevo oder über Debar und dann flußaufwärts im Tal des *Schwarzen Drim* (crni Drim). Welche die schönere ist? Schwer zu entscheiden. Und weil das schwer zu entscheiden ist, bin ich für eine Variante der Route über Prilep, indem man nämlich nicht direkt zum Ohrid-See, sondern zuerst zum Prespa-See fährt, wie ich das – in etwa – beschrieben habe. Und dann vom Prespa-See auf der seit einigen Jahren asphaltierten Bergstraße hinauf zum 1600 Meter hohen Galičica-Sattel, von dem man einen Blick auf beide Seen hat, ein Landschaftserlebnis, das im Gedächtnis haften bleibt und das gleichzeitig hilft, sich vom Prespa-See zu lösen, wenn man ihm so verfallen ist, wie ich es bin. Denn man hat von da oben gleichzeitig den ganzen Ohrid-See im Blick, die Dörfer, die Weinberge und Gärten an seinen Ufern, die albanischen Berge auf der anderen Seite und das Spiel von Sonne und Wolken auf der weiten Fläche seines Wassers. Man ahnt es schon am Rande der Bergwiesen auf der Galičica: der Ohrid-See ist eine Verheißung des Südens, des Mittelmeeres, das ja in der Luftlinie nur hundert Kilometer entfernt ist. Wenn man dann hinunterkommt und den Biegungen seines Ostufers folgt, durch die Dörfer mit den Platanen, Edelkastanien, Pappelalleen und den Zypressen um die Kirchen wandert oder besser: lustwandelt, dann ist man ganz und gar davon überzeugt, daß dieses Ohrid »eine Blume« ist, die ein gutmütiger Riese über die Mauer der albanischen Berge geworfen hat, damit man auch hier im Innern des Balkans weiß, was Schönheit ist.

Verglichen mit der urweltlichen Einsamkeit um den Prespa-See ist die Landschaft hier besiedelt, milde, harmonisch. Die Berge sind in ihren Konturen leicht und fein gezogen, sie haben nichts Erdrückendes, sie lassen dem See seine Sonne und Heiterkeit. Und dann sind, ich sagte es schon, die Ufer des Ohrid-Sees eben eine Kulturlandschaft, das jugoslawische gleichermaßen wie das albanische Ufer. Im Zentrum liegt die Stadt Ohrid, sind die Kirchen, Bürgerhäuser, Museen, gekrönt von der Burg des uns schon bekannten Zaren Samuil mit ihren mächtigen Mauern. Aber nicht dieser Zar hat Ohrid seine Bedeutung gegeben, sie ist wesentlich älter.

Ohrid – das ist die Keimzelle der nationalen orthodoxen Kirchen der slawischen Völker und es ist in einem gewissen Sinne auch die Keimzelle ihrer Literatur, und das kam so:

Als in der zweiten Hälfte des 9. Jahrhunderts im großmährischen Reich, das auch einen Teil des heutigen Ungarn umfaßte, der lateinisch-deutsche Klerus die Schüler der Slawenapostel Kyrill und Method, die das Evangelium in slawischer Sprache verkündeten, verdrängte und verfolgte, wurden diese von dem bulgarischen Fürsten Boris I. mit offenen Armen aufgenommen. Das heutige Makedonien gehörte damals zum Reich des Fürsten Boris I., das in der Geschichte als erstes bulgarisches Reich bezeichnet wird und unter seinem Nachfolger Simeon seine Blüte erlebte. Eingedenk der Lehren ihrer Meister machten der *hl. Klement* und der *hl. Naum* Ohrid zu einem kirchlichen und kulturellen Mittelpunkt. Von hier aus verbreiteten sie die Lehre Christi nicht in Griechisch oder Latein, sondern in Altslawisch. Kyrill und Method, Söhne reicher Eltern in Saloniki, hatten auf der Basis des makedonisch-slawischen

Dialektes ihrer unmittelbaren Umgebung die Kirchentexte aus dem Griechischen ins Slawische übersetzt und sie hatten dabei das sogenannte glagolitische Alphabet geschaffen. In Ohrid vereinfachte nun der hl. Klement dieses Alphabet und nannte es nach seinem Lehrmeister das Kyrillische, das seither die Schrift der Russen, Bulgaren, Serben und Makedonier ist.

Noch in einer anderen Hinsicht war das Wirken des hl. Klement in Ohrid für die Ost- und Südostslawen von größter Bedeutung: so wie Kyrill und Method im großmährischen Reich dem lateinisch-deutschen Einfluß entgegenwirkten, so wandten sich ihre Schüler im ersten bulgarischen Reich gegen den griechischen Klerus. Sie bemühten sich, einen Klerus und eine kirchliche Hierarchie slawischen Ursprungs unabhängig vom griechischen Patriarchat in Konstantinopel zu schaffen. Was ihnen auch gelang: Klement wurde der erste slawische Bischof der Ostkirche und das Bistum von Ohrid wurde vom Kaiser in Byzanz in den Rang eines Patriarchates erhoben.

Abgesehen von der Bedeutung Ohrids für die Entwicklung der slawischen Sprachen war es für die Bulgaren also auch der Sitz ihres von Konstantinopel unabhängigen Patriarchats. Nimmt es da Wunder, daß sie von ihrem ›heiligen Ohrid‹ sprechen? Und kann man nicht auch die Makedonier, die im heutigen Jugoslawien ihre eigene Teilrepublik haben, verstehen, wenn dieses Ohrid für sie Ursprung und Quelle ihrer nationalen Existenz bedeutet?

Lassen wir aber die Geschichte, sehen wir uns im heutigen Ohrid um. Den hl. Klement finden wir als große geschnitzte Ikone vom Anfang des 14. Jahrhunderts in der **Kirche der Muttergottes Peribleptos** im oberen Teil der Stadt, nicht weit von der Burg entfernt. Die Gestalt mit dem edlen schmalen Kopf, der hohen Stirn und den nachdenklichen Augen hält in der linken Hand ein geschlossenes Buch.

Auch den hl. Naum finden wir auf einer dunklen Ikone, er ist als jüngerer Mann mit energischen Gesichtszügen dargestellt, der eine Schriftrolle in der linken Hand trägt. Die Peribleptos-Kirche wurde als Stiftung eines Verwandten des byzantinischen Kaisers Andronikos II. am Ende des 13. Jahrhunderts als Kreuzkuppelkirche errichtet und erfuhr in der Folge An- und Umbauten. Als die Türken Ohrid besetzten, verwandelten sie die älteren Kirchen in Moscheen, der Muttergotteskirche aber blieb dieses Schicksal erspart. In den Jahrhunderten der Türkenherrschaft war sie die Hauptkirche Ohrids,

Ohrid, Muttergotteskirche, Ikone

hierher wurden die Gebeine des hl. Klement, auch Schätze aus anderen Kirchen, Ikonen, Meßgewänder, Meßgeräte, Kirchenbücher gebracht. So wurde die später dann nach dem **hl. Klement** benannte Kirche zu einem Kirchenmuseum, und das blieb sie bis heute. Ihre Ikonensammlung zählt zusammen mit jenen in den Museen von Ohrid und Skopje zu den wichtigsten der Ostkirche, in ihrer kunsthistorischen Bedeutung kaum hinter den großartigen Sammlungen im Katharinen-Kloster auf dem Berge Sinai oder in den Klöstern auf dem Berge Athos oder in Moskau zurückstehend. Ob die Ohrider Ikonen nun aus den kaiserlichen Werkstätten in Konstantinopel stammen oder ob sie in ihrer Mehrzahl in und um Ohrid selbst hergestellt wurden – darüber gehen die Meinungen der Fachleute auseinander. Einig sind sie sich aber darin, daß diese Ikonen die serbische Ikonenmalerei der späteren Zeit maßgebend beeinflußt haben.

Die **Kathedrale Hagia Sophia,** ursprünglich zur Zeit des Zaren Samuil als Kreuzkuppelkirche erbaut, entstand in ihrer heutigen Form als dreischiffige Basilika durch Umbau in der Mitte des 11. Jahrhunderts und spätere Anbauten. Auch wenn sie sich mit ihrer Namensschwester in Konstantinopel natürlich nicht messen kann, ist sie durch ihre Größe, die monumentale Westfassade und den reichen Freskenschmuck ein bemerkenswertes Zeugnis für das Eindringen der byzantinischen Kunst in den Balkan während der Epoche der makedonischen Dynastie auf dem Thron von Byzanz.

Ein Teil der Fresken ist um die Mitte des 11. Jahrhunderts entstanden, sie sind also die ältesten Wandmalereien im Gebiete des heutigen Jugoslawien. Da sie bis 1955 von einer aus der Türkenzeit stammenden Kalkübermalung verdeckt waren, sind sie recht gut erhalten. Sie zeigen einen ruhigen, klaren und strengen Stil, der im makedonischen Bereich noch das ganze 12. Jahrhundert über verbreitet war. Da aus dem 11. Jahrhundert in der Ostkirche nur wenige Freskenfragmente bekannt sind, kommt dem Zyklus große kunsthistori-

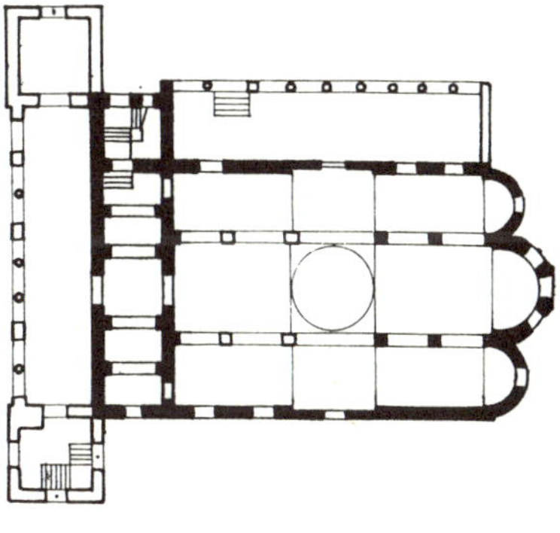

Ohrid
Sophienkirche
Grundriß

sche Bedeutung zu. David Talbot Rice bezeichnet ihn in seinem Buch ›Byzantinische Kunst‹ als »ausgezeichnetes Beispiel des grandiosen Stils mittelbyzantinischer Monumentalmalerei« und rühmt den hohen künstlerischen Rang der Fresken, die in gelungener Form widerspiegeln, was in Konstantinopel während des sogenannten ›Zweiten goldenen Zeitalters‹ vor sich ging: »Unter den vielen Szenen des Neuen und Alten Testaments ist eine große Darstellung der Koimesis (Marientod) und der Himmelfahrt Mariens an der Westwand der Kirche die schönste. Die Farben sind dunkel, doch die Zeichnung der Figuren ist trefflich, die Komposition ausgewogen, fein durchgebildet und voller Würde. Als Ganzes hat dies Werk eine ungewöhnliche Qualität, hier offenbart sich echtes künstlerisches Genie.«

Heute dient die Sophienkirche nicht mehr dem Gottesdienst, wenn aber im Rahmen des ›Ohrider Sommers‹, der makedonischen Festwochen, unter dem dunklen Marienfresko in der Apsis oder unter dem der Himmelfahrt Christi, bei dem vier Engel den auferstandenen Sohn Gottes zu seinem Vater tragen, Mozarts Requiem aufgeführt wird oder Bach-Kantaten erklingen, dann erfüllt die Hagia Sophia eine Stimmung, die nicht allzu fern ist von der religiöser Ergriffenheit früherer Zeiten.

Ohrid, Sophienkirche, Wanddetail

Wer zum Ohrider-Sommer oder auch unabhängig davon in diesen Winkel Makedoniens fährt, bekommt an den Ufern des 349 Quadratkilometer großen *Ohrid-Sees* noch andere Dinge geboten als Ikonen und Fresken; sie mögen zwar prosaischer sein, haben aber auch ihren Reiz. In den vielen kleinen und größeren Buchten hat man zum Beispiel Badegelegenheit, ebenso bei den Hotels. Anders als am Prespa-See gibt es sie hier in größerer Zahl, sowohl in der Stadt Ohrid selbst als auch entlang der Uferstraße, versteckt in Kiefernwäldern oder angelehnt an das felsige Steilufer. Eine andere Attraktion sind die Fische des Sees, die beiden Lachsforellen ›Letnica‹ und ›Belvica‹, die ein rötliches Fleisch haben, und die es als Überreste prähistorischer Fischsorten nur noch im Ohrid-See geben soll. Es heißt, daß die serbischen Zaren, als sie in Skopje residierten, sich täglich durch schnelle Stafetten Forellen aus dem Ohrid-See für ihre Tafel bringen ließen. Die Sultane in Istanbul sollen später diesen Brauch übernommen haben. Jeden Tag preschten, so wird erzählt, tatarische Reiter an den Bosporus, um die Küche des Padischah mit den begehrten Leckerbissen zu versorgen.

Die Aale, die den Ohrid-See auszeichneten, gibt es jedoch nicht mehr. Sie schwammen alljährlich zum Laichen in das Sargassomeer. Von hier aus kehrten dann die jungen Tiere rund zehntausend Kilometer durch Atlantik und Mittelmeer zum Ohrid-See zurück; zum Schluß machten sie noch den Schwarzen Drim hinauf eine Kletterpartie von siebenhundert Metern, die der See über dem Meeresspiegel liegt. Seit den sechziger Jahren, als die Albaner am Schwarzen Drim Flußkraftwerke errichteten, wurde den Aalen ihre Wanderung unmöglich gemacht. Dem Fischliebhaber bleibt also nur übrig, sich an Letnica und Belvica zu halten.

Aber das *Stadtbild von Ohrid?* Die Bürgerhäuser der Altstadt ziehen sich amphitheatralisch vom Seeufer zur Burg hinauf. Wenn ich die Bezeichnung Altstadt gebrauche, so nicht in dem für unsere mittelalterlichen Städte gebräuchlichen Sinn mit ihren Patrizierhäusern aus den verschiedensten Jahrhunderten, einem Marktplatz und einem stilvollen Rathaus. Hier in Ohrid, wie in manchen anderen Balkanstädten, stammen die Wohnhäuser auch einst reicher Familien, wenn sie ›alt‹ sind, höchstens aus dem vorigen Jahrhundert. Auf dem Balkan baute man nicht für Zeit und Ewigkeit. Meist ist nur der Sockel oder der Unterbau aus solidem Mauerwerk, die Stockwerke darüber sind Fachwerk, ausgefüllt mit Lehmziegeln. Diese oberen Stockwerke springen meist vor und tragen außerdem noch Erker, so daß sich die sowieso schon schmalen Gassen nach oben noch weiter verengen. Dieser Baustil, der sich in Ohrid in ziemlicher Reinheit erhalten hat, wird meist als bulgarisch bezeichnet. Der Leser wird sich aber erinnern, daß wir ihm auch schon in Berat in Albanien begegnet sind, und wir werden ihn, leicht verändert, auch im heutigen Bulgarien antreffen. Denn entwickelt hat er sich fast im ganzen balkanischen Herrschaftsbereich der Türken.

Um ein vollständiges Bild von Ohrid zu geben, müßte ich nach der Sophien- und der Klementkirche auch die anderen sehenswerten Gotteshäuser der Stadt beschreiben. Es sind ihrer nicht weniger als zehn, das aber würde den Umfang des Kapitels sprengen. Ich müßte auch von den vielen kleinen Klöstern, Höhlenkirchen und Einsiedeleien sprechen, die am Ufer oder in die Felsen oberhalb des Sees eingebettet liegen, und zwar sowohl zwischen Ohrid und Sveti Naum als auch zwischen Struga und der Grenze zu Albanien. Manche erreicht man nur mit einem Boot, zu anderen gelangt man, wenn man über die im Wasser liegenden Felsblöcke hinwegturnt, einige sind nur über Ziegenpfade zu betreten. Wollte man sie alle besuchen, man müßte nicht Tage, sondern Wochen am Ohrid-See verbringen.

Von zwei Kirchen muß aber doch die Rede sein, weil sie der Szenerie des Ohrid-Sees unverwechselbare Akzente aufsetzten. Die eine ist die **Kirche Johannes des Theologen von Kaneo** (Sveti Jovan Kaneo), etwas außerhalb der Stadt Ohrid. Wer jemals ein Prospekt von oder ein Buch über Ohrid in die Hand genommen hat, der hat auch die Johanniskirche gesehen. Es ist die kleine Kirche auf einem in den See hineinragenden Felsenvorsprung, um die herum wie Wächter schwarze Zypressen stehen – ein Bild, wie man es sich malerischer kaum denken kann. Hierher sollte man am späten Nach-

1 Neretvabrücke in Mostar

2 Počitelj am Unterlauf der Neretva ▷

Herzegowina

3 Stolac, Bogumilensteine

4 Budva an der Adriaküste

5 Kotor, St. Tryphonius-Kathedrale

6 Peć im Kosovo, Patriarchie

7 Rugovaschlucht zwischen Čakorpaß und Peć

8 Tirana, Grabmal der Familie Toptani 9 Krujë, Basarstraße

◁ 10 Ohrid, Sophienkirche

11 Ohrid, Sophienkirche, Fassadengliederung

12 und 13

Ohrid, Sophienkirche
Ausschnitte aus dem Fresko
der Himmelfahrt Christi

14 Kloster Nerezi, Kirche des hl. Panteleimon, Altarraum

15 Kloster Dečani, Kirche Christus Pantokrator, Portal

16 Kloster Dečani, Kirche Christus Pantokrator

Kosovo

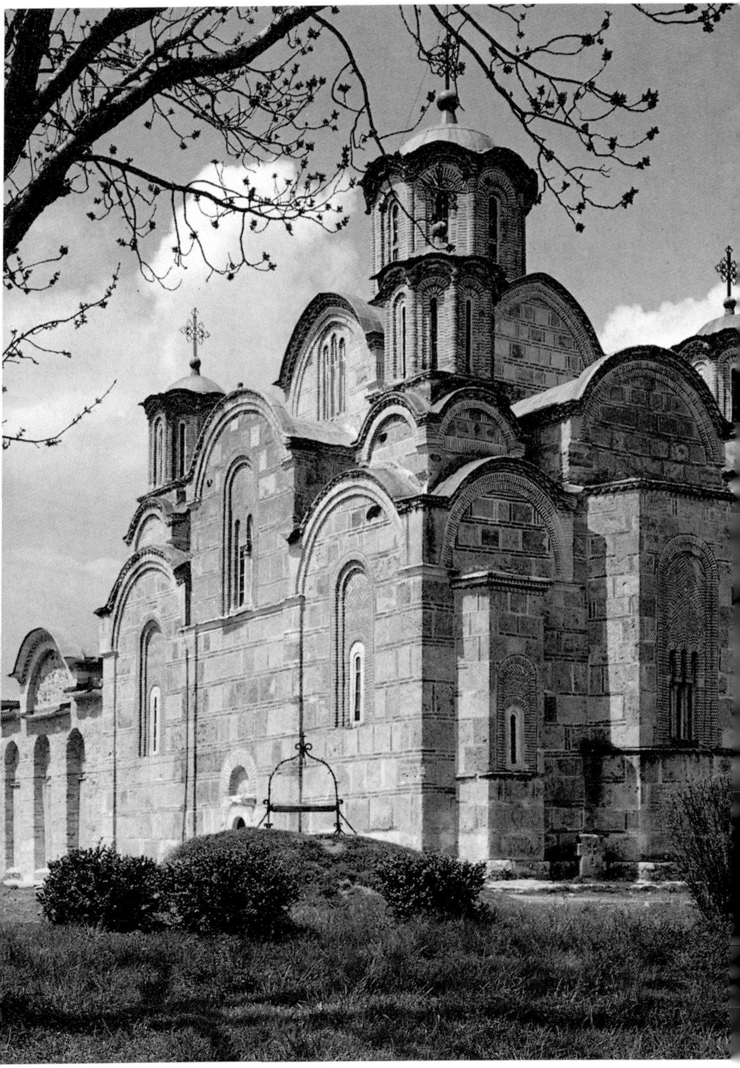

17 Kloster Gračanica, Mariä Verkündigungskirche

18 Prizren, Nach der Tabakernte ▷

19 und

Sarajevo, der Hauptstadt der Teilrepublik Bosnien-Herzegowina

Im Herzland Altserbiens

21 Tal der Raška

23 König Milutin mit dem Modell der Muttergotteskirche, Fresko in Studenica

22 Kloster Studenica, Muttergotteskirche

24 und 25

Kloster Sopočani, Dreifaltigkeitskirche
Fresko des Marientodes, Ausschnitte

27 Vrbas-Schlucht bei Jajce in Bosnien

26 Kloster Sopočani bei Novi Pazar

28 Belgrad ▷
Blick von der
Festung Kalemegdan
auf die Save

mittag kommen, wenn die Sonne über den albanischen Bergen schon tief steht. Dann leuchten Stein und Mauerwerk goldgelb und dunkelrot auf, während die erste Abendbrise den Spiegel des Sees trifft. Es ist die Zeit, da die Fischer in den Buchten des Vorortes Kaneo ihre massiven Boote mit den breiten flachen Schnäbeln zum Fang fertigmachen und über den knirschenden Kies ins Wasser schieben.

Die zweite ist das **Kloster Sveti Naum,** sozusagen der südliche Pol in der Kirchenlandschaft des Ohrid-Sees. Ich habe es schon erwähnt, als ich von Pogradec, der Stadt auf der albanischen Seite des Sees sprach. Es wurde vom hl. Naum, dem Schüler und Gefährten des hl. Klement errichtet, auf einer Terrasse, von der aus man den See in seiner ganzen Länge von mehr als dreißig Kilometern überblickt. Unterhalb des Klosters gibt es eine Reihe kleiner Teiche, in deren grünem Wasser sich Pappeln und Weiden spiegeln: Sie sind die Quellen des Schwarzen Drim, der durch den Ohrid-See fließt, sich durch Albanien windet und schließlich südlich von Skutari in die Adria mündet. Der Fluß also, in dem in früheren Zeiten die Aale hinauf in den Ohrid-See kamen.

Was heute vom Naumkloster zu sehen ist, stammt allerdings nicht aus der Zeit des Schülers der Slawenapostel. Der ursprüngliche Bau wurde völlig zerstört, der heutige stammt aus dem 16. Jahrhundert, die Fresken an den von Kerzenruß geschwärzten Wänden sind noch jünger. Aber nach Sveti Naum fährt man ja nicht wegen der Fresken und Ikonen, sondern wegen der unvergleichlichen Lage des Klosters. Daher versteht man auch den Ärger der Albaner, daß ihr König Zogu in den zwanziger Jahren Sveti Naum an Jugoslawien abgetreten hat. Da aber der heilige Naum durch seine kirchliche Tätigkeit unbestritten dem slawischen Bereich angehört, ist das Kloster, das er gegründet hat und in dem er auch begraben ist, besser in Jugoslawien aufgehoben als im nichtslawischen Albanien.

Ich kann das Kapitel Ohrid nicht abschließen ohne **Struga** zu erwähnen, das Städtchen vierzehn Kilometer nordwestlich von Ohrid, dort, wo der Schwarze Drim, den man wegen der Farbe seines Wassers eher als grünen Drim bezeichnen sollte, den See verläßt. Struga ist durch zwei Dinge bemerkenswert: durch die ›poetischen Abende‹, die dort jedes Jahr Ende August stattfinden, und durch seinen Markt.

Die *Poetischen Abende* sind ein Festival besonderer Art, ein Treffen von Lyrikern aus aller Welt zu Vorträgen, Diskussionen und Lesungen. Das Schönste an dem Festival ist wohl der letzte Abend. Man baut dann auf der Brücke über dem Drim eine Tribüne und rundherum Lautsprecher auf, und danach lesen Gäste aus dem Ausland und Dichter der Völkerschaften Jugoslawiens aus ihren Neuschöpfungen vor. Wer nichts Neues aufzuweisen hat, greift auch schon einmal auf ältere Werke zurück, so genau nimmt man das hier nicht.

An diesem letzten Abend ist ganz Struga auf den Beinen und auch aus Ohrid sind die Leute gekommen, um sich die fremden und die einheimischen Dichter anzuhören und anzusehen. Sitze auf der kleinen Tribüne gibt es nur wenige und nur für die Prominenz, das Volk steht herum oder wandelt hin und her auf den Promenaden beiderseits des Flusses, wohin die Lautsprecher die Verse aus dem Munde der Dichter übertragen. Von den Gedichten in fremder Sprache gibt es manchmal eine Übersetzung, manchmal auch nicht, aber das macht nichts, es kommt ja weniger auf die Aussage des Gedichtes als auf die Melodie und den Rhythmus der Sprache an. Außerdem hört man nicht unbedingt ständig zu, da man ja Freunde und Bekannte trifft und Neuigkeiten und Tratsch austauscht. Bis man dann weitergeht und erneut den Versen lauscht, die von der Brücke klingen, mögen sie nun unsterblich sein oder schon mit dem nächsten Windstoß vom See verweht.

Der *Markt von Struga* findet einmal in der Woche statt. Hier kann man die in Naturfarben leuchtenden, langhaarigen makedonischen Teppiche finden, in Form und Farbe originelle Bauernkeramiken, lustig bemaltes Pferdegeschirr, Holzschnitzereien, bestickte Pantoffeln, handgewebte Wollumhänge, wie sie die Hirten tragen, kunstvoll ornamentierte Tischdecken und zu Wandbehängen umgearbeitete Teile alter Trachten.

Viele dieser Dinge, die hier angeboten werden, sind nicht eigentlich makedonisch, sondern albanisch, denn entlang der Westgrenze Mazedoniens leben viele Albaner, auch stammen viele Verkäufer aus dem benachbarten Kosovo, wo die Albaner siebenundsiebzig Prozent der Bevölkerung stellen. Sollte der Leser bei einem Besuch des Marktes von Struga nicht das vorfinden, was ich hier beschrieben habe, so bitte ich um Nachsicht. Denn die Märkte in den südlichen Teilen Jugoslawiens können schnell ihren Charakter ändern. Auf vielen von ihnen verdrängen heute Artikel der industriellen Massenproduktion die traditionellen Erzeugnisse der Bauern und Handwerker, die auch, noch bevor sie auf den Markt kommen, von Aufkäufern gesucht werden, die sie dann in den nördlichen Landesteilen zu wesentlich höheren Preisen anbieten. Vor zwanzig Jahren war zum Beispiel der Markt von Ćuprija nahe der Autostraße von Belgrad nach Niš wegen der Bauernkeramiken berühmt. Heute ist dort von diesen Dingen kaum mehr etwas zu finden. Sie sind dem ›Fortschritt‹ zum Opfer gefallen.

Aber erkundigen sollte man sich bei Fahrten durch Serbien, das Kosovo und Makedonien schon, wo und wann noch größere Märkte abgehalten werden. Vielleicht findet man doch etwas, das wert ist, erstanden zu werden.

Kruševo – Die erste Volksrepublik

An einem sonnigen Sonntag Ende März: In Kruševo, 1250 Meter hoch gelegen, gibt es noch Schneeflecken, aber am Fuße des Baba-Gebirges, in der Pelagonischen Ebene, sind die Felder schon grün und die Mandelbäume stehen in voller Blüte. In der höchstgelegenen Stadt auf dem Balkan, wie Kruševo sich auf seinen touristischen Prospekten nennt, herrscht auch schon einiger Betrieb. Griechische Reisegesellschaften und jugoslawische Ausflügler bevölkern die steilen Straßen am Berghang, von denen der Blick hinunter auf die fruchtbaren Fluren zwischen Prilep und Bitolj (türk. Monastir) geht.

Kruševos Bedeutung erschöpft sich aber nicht in seiner malerischen Lage und damit in seiner touristischen Attraktivität. Kruševo ist so etwas wie ein makedonischer Weiheort, weil hier am dritten August 1903 die vier Glocken der orthodoxen Kirche das Signal zum Aufstand gegen die türkische Herrschaft gaben. Diese Revolte ging in die jugoslawische wie in die bulgarische Geschichte als ›Ilinden-Aufstand‹ ein, benannt nach dem Sankt Elias-Tag, an dem er ausbrach. Die ›Republik von Kruševo‹, die die Aufständischen gleichzeitig ausriefen, hielt sich zehn Tage lang. Dann erstickten die Türken die »erste Volksrepublik auf dem Balkan«, wie die jugoslawische Geschichtsschreibung behauptet, in Blut und Feuer. Von den alten schönen, meist blau gestrichenen Bürgerhäusern von Kruševo überlebten nur wenige die Rückeroberung der Stadt durch die türkischen Truppen. Die Bevölkerung – zu Beginn dieses Jahrhunderts waren es übrigens noch in der Mehrzahl aus Nordgriechenland zugewanderte Aromunen oder Vlachen – bauten aber ihre Stadt im früheren Stil rasch wieder auf. Kruševo war nämlich eine reiche Stadt. Ihre Einwohner, ob Vlachen, Makedonier oder orthodoxe Albaner, waren als Viehzüchter, Kaufleute und Silber- und Waffenschmiede zu Wohlstand gekommen. Man sieht es noch heute an den Häusern im alten Balkanstil, mit den von Holzsäulen getragenen geräumigen Loggien und den kunstvoll geschnitzten Holzdecken im Inneren.

In einem dieser Häuser saßen wir, eine bunte Gesellschaft aus verschiedenen Ländern, und redeten über den Aufstand und den Freiheitsdrang der nichttürkischen Völker auf dem Balkan in den letzten Jahrzehnten der osmanischen Herrschaft, die in Makedonien ja bis 1912 dauerte.

Unsere makedonischen Begleiter meinten, die Minirepublik von Kruševo verdiene die Bezeichnung »erste Volksrepublik auf dem Balkan« zu Recht, schließlich sei ihr Oberhaupt, der damals fünfundzwanzig Jahre alte Nikola Karev, ein Sozialist gewesen, der die rote Fahne zu ihrem Symbol erkoren hatte und nicht die schwarzweiße mit dem Totenkopf und den gekreuzten Beinen, unter der sich die Aufständischen sonst scharten. Denn der ›Ilinden-Aufstand‹ hatte sich nicht auf

Kruševo beschränkt, sondern die ganze Region und Bitolj ergriffen. Zeitweise betrug die Stärke der Rebellen sechsundzwanzigtausend Mann, deren die Türken erst Herr wurden, als sie beinahe das Zehnfache an regulären und irregulären Truppen in die Kämpfe warfen und rücksichtslos die Taktik der verbrannten Erde anwandten. In einer Denkschrift an die europäischen Großmächte behauptete die IMRO, die Innere makedonische revolutionäre Organisation, die das Zeichen zum Aufstand gegeben hatte, die Türken hätten bei der Niederschlagung des Aufstandes achtzehn Städte und zweihundert Dörfer mit zehntausend Häusern niedergebrannt, siebzigtausend Menschen obdachlos gemacht und viertausend massakriert. Dreißigtausend seien in die Nachbarländer geflohen.

Über die Frage, ob der Aufstand zu diesem Zeitpunkt sinnvoll gewesen sei, wurden später in Makedonien und zwischen den damals schon befreiten Balkanländern heftigste Auseinandersetzungen geführt, die oft in Mord und Totschlag endeten. Daß man darüber auch heute noch verschiedener Meinung sein kann, zeigte das Gespräch unserer kleinen Runde.

Ein Makedonier meinte nämlich fast nebenbei, die Haltung der bulgarischen Regierung in Sofia zum Aufstand sei perfide gewesen. Gegen die Meinung der Autonomisten innerhalb der IMRO, die die Volkserhebung für verfrüht hielten, habe sie den Aufstand geschürt. Sie habe sich damit jener Politiker entledigen wollen, die für ein autonomes Makedonien eintraten und damit den großbulgarischen Zielen Sofias im Wege waren.

Das brachte sofort die Bulgaren in unserer Gesellschaft auf die Barrikaden, und ließ sie höflich, doch vehement dieser Geschichtsauffassung widersprechen. Für sie war der Ilinden-Aufstand eine Erhebung der Bevölkerung Makedoniens gegen die türkische Fremdherrschaft und für eine Einbeziehung in das damals schon freie und selbständige Bulgarien. Daß es für sie außerdem auch heute noch keine Makedonier als Volk, sondern nur in Makedonien lebende Bulgaren gibt, ließen sie mit Rücksicht auf die Gastgeber diesmal unerwähnt.

Die Diskussion würde kein Ende genommen haben, hätte nicht einer der ›Neutralen‹ die Ansicht vertreten, trotz eines

Fehlschlages und der großen Opfer sei der Aufstand doch nicht vergeblich gewesen. Denn er habe schließlich dazu geführt, daß Zar Nikolaus II. und Kaiser Franz Joseph I. bei ihrem Treffen im steirischen Mürzsteg Ende September 1903 ein Reformprogramm zum Schutze der christlichen Bevölkerung für Makedonien beschlossen hätten, dem sich später auch das Deutsche Reich anschloß und das auch die Türkei im Prinzip akzeptierte. Es sah ausländische Berater des türkischen Gouverneurs von Makedonien vor, die Unterstellung der türkischen Gendarmerie unter das Kommando ausländischer Offiziere, Ersatz der den Christen zugefügten Schäden und Auflösung der irregulären Truppen, der durch ihre Brutalitäten berüchtigten Baschi-Bazuks.

Den Makedoniern war das damals zu wenig, die Bulgaren verwarfen das Reformprogramm sogar mit der etwas merkwürdigen Begründung, indem es die türkische Herrschaft erträglicher zu machen trachte, konsolidiere es sie nur.

Damit war aber die Kontroverse aufs historische Geleise geschoben und entschärft. Unsere Gruppe konnte nun in wiedergewonnener Eintracht zum Denkmal des Ilinden-Aufstandes pilgern, das auf dem Plateau über Kruševo errichtet worden war, dort, wo vor fünfundsiebzig Jahren die Aufständischen ihren letzten Kampf ausgefochten hatten. Es ist die Arbeit zweier makedonischer Bildhauer und Architekten, ein symbolträchtiges, aber wunderliches Gebilde aus Beton und Glas.

Skopje, Metropole am Vardar
Reflexionen am Grabe eines Freiheitskämpfers

»Üsküb ist fast so groß wie Prag. Es hat mir leid getan um die Stadt, an die keine heranreichte, die ich in diesem Kriege gesehen habe. Moscheen aus herrlichem Marmor oder Porphyr, mit Tausenden von Lampen, mit vergoldeten Schriftzeichen verziert, denen man sogar in Rom Beachtung schenken würde, schöne alte Bauten, Gärten und Lustplätze. All dies mußte ich den Flammen überlassen, um den Barbarenvölkern Schrecken und Zittern einzujagen.«

So berichtete der österreichische Heerführer Enea Silvio

Piccolomini im Jahre 1689 an Kaiser Leopold I. in Wien, nachdem er die Stadt, die jetzt Skopje heißt, niedergebrannt hatte. Nach der ersten Eroberung von Belgrad durch die Kaiserlichen im gleichen Jahr war er bis ins heutige Makedonien vorgestoßen. Sein Kaiser hatte die christlichen Völker des Balkans aufgerufen, sich gegen die osmanische Herrschaft zu erheben, was in manchen Gebieten auch tatsächlich geschehen war. Den meisten Aufständischen ist das allerdings nicht gut bekommen. Denn der Kaiser im fernen Wien, im Westen seines Reiches von Ludwig XIV. von Frankreich, dem ›Sonnenkönig‹, bedroht, mußte seine Heerscharen vom Balkan abziehen und sogar Belgrad wieder aufgeben. Die christlichen Untertanen im Reich des Sultans aber, die dem Ruf des Kaisers gefolgt waren, waren nun der Rache der Türken ausgesetzt, der sie sich oft nur durch die Flucht nach dem Norden entziehen konnten. Das aber ist eine eigene Geschichte, auf die wir noch zurückkommen werden.

Bleiben wir in Skopje, der Hauptstadt der jugoslawischen Teilrepublik Makedonien. Die Niederbrennung durch den General Piccolomini war nicht die einzige Katastrophe, die in ihrer zweitausendjährigen Geschichte über sie hereinbrach. 518, als die Stadt am Vardar noch Scupi hieß, wurde sie zum erstenmal von einem verheerenden Erdbeben heimgesucht. 1515, als sie sich schon mehr als ein Jahrhundert unter türkischer Herrschaft befand und unter dem Namen Üsküb nach Istanbul, Adrianopel (Edirne) und Saloniki zu den wichtigsten Städten im europäischen Teil des Osmanischen Reiches zählte, erschütterte erneut ein gewaltiges Erdbeben ihre Mauern. Die Türken bauten sie dann wieder auf, ihre Moscheen, Herbergen, Bäder und Basare. Die zerstörten christlichen Kirchen sind aber offenbar nicht wieder hergestellt worden oder nicht in einer architektonisch bemerkenswerten Art. Vor der Eroberung durch die Türken muß es hier jedoch bedeutende christliche Kirchen gegeben haben, denn schon im 4. und 5. Jahrhundert ist in kirchlichen Dokumenten von Bischöfen von Scupi die Rede und der große serbische Zar Dušan machte Skopje zum Zentrum seines Reiches, das sich fast über die ganze Balkanhalbinsel erstreckte.

Heute gibt es in Skopje nur eine etwas ältere Kirche, *Sveti Spas,* die dreischiffige Erlöserkirche. Sie hat nicht die von Piccolomini entfachte Feuersbrunst überstanden, sie wurde erst später, an der Wende vom 17. zum 18. Jahrhundert erbaut. Außer der großen Ikonostase, einem schönen Beispiel makedonischer Holzschnitzkunst, bietet sie kunsthistorisch nichts Besonderes. Aber die Atmosphäre ihrer Lage ist sehr stimmungsvoll: Die Kirche versteckt sich geradezu am Fuße der die Stadt beherrschenden Festung Kale, der Glockenturm überragt kaum die hohen Mauern, die den Vorhof mit seinen Bäumen und Blumen umgeben, und zum Kircheninneren muß man einige Stufen hinabsteigen. Inmitten des Vorhofes befindet sich ein Granit-Sarkophag; er enthält aber nicht die Gebeine eines Heiligen oder eines Kirchenfürsten, sondern die des makedonischen Revolutionärs und Freiheitskämpfers *Goče Delčev.* Keine schlechte Ruhestätte für einen Nationalhelden, auch wenn nur sein Rumpf hier beigesetzt wurde. Seinen Kopf hatten die türkischen Soldaten nämlich, nachdem sie Goče Delčev bei einer Schießerei getötet hatten, abgeschnitten und an ihre Vorgesetzten in Saloniki geschickt, wo er dann verlorenging.

Goče Delčev, ein Nationalheld, sagte ich. Aber was für ein Nationalheld, ein makedonischer oder ein bulgarischer? Damit sind wir wieder bei der Frage angelangt, die ich schon im vorigen Kapitel beim Besuch in Kruševo anschneiden mußte und die auf Folgendes hinausläuft: sind die Makedonier einfach die Einwohner einer bestimmten Region, die sich geographisch über drei Staaten erstreckt, nämlich Jugoslawien, Bulgarien und Griechenland? Oder sind sie ethnisch gesehen Bulgaren, die einen Dialekt des Bulgarischen sprechen, wie in Sofia behauptet wird? Oder sind sie eine eigene Nation, zur Familie der südslawischen Völker gehörend, wie heute die offizielle Version in Skopje und in Belgrad lautet? Oder sind sie nichts anderes als slawisierte Griechen – eine Auffassung, die in Griechenland vertreten wird?

Bevor wir uns mit diesen wegen ihrer politischen und kulturellen Konsequenzen heiklen Frage auseinandersetzen, muß ich zunächst berichten, wer dieser Goče Delčev war, zu dessen

Sarkophag die Makedonier pilgern. Er gehörte zu den jungen Leuten slawischer Herkunft, die um die Jahrhundertwende ihre ganze geistige und physische Existenz für die Befreiung ihres Volkes von der türkischen Herrschaft einsetzten. Zentrum dieser Befreiungsbewegung war damals, was die makedonischen Gebiete betrifft, Saloniki. Dort gründeten einige Jünglinge, die alle kaum älter als zwanzig Jahre waren, unter ihnen Goče Delčev, 1893 die IMRO, die ›Innere makedonische revolutionäre Organisation‹, die ich schon im Kapitel Kruševo erwähnt habe. Unter der Devise »Makedonien den Makedoniern« zogen sie in den Kampf für die Befreiung ihrer Heimat vom ›türkischen Joch‹. Das geschah zu einer Zeit, als die Serben und die Bulgaren bereits ihre nationale Freiheit und ihre staatliche Selbständigkeit hatten und Bosnien und die Herzegowina unter österreichisch-ungarischer Verwaltung standen. Nun ging es darum, in Europa auch die letzten Gebiete mit slawischer und griechischer Bevölkerung von der osmanischen Herrschaft zu befreien.

Für die Makedonier im heutigen Jugoslawien ist die Devise der jungen Revolutionäre von Saloniki »Makedonien den Makedoniern« der Beweis dafür, daß sich ihre Großväter und Väter schon damals als Makedonier fühlten und bekannten und für einen eigenen makedonischen Staat eintraten.

Nicht so für die Bulgaren. »Delčev und seine Mitstreiter«, so sagte einer der Bulgaren in unserer Gesellschaft, der sich schon in Kruševo gegen die jugoslawisch-makedonischen Thesen gewandt hatte, nun vor dem Grabe im Hofe der Erlöser-Kirche, »Delčev und seine Genossen dachten zunächst einmal an die Befreiung der makedonischen Gebiete von den Türken. Sie hätten als ersten Schritt dazu auch eine Autonomie dieser Gebiete im Rahmen des Osmanischen Reiches akzeptiert. Sie fühlten sich als Bulgaren, aber nach dem Berliner Kongreß von 1878, der ein Großbulgarien einschließlich Makedoniens, wie es der russisch-türkische Friedensvertrag von San Stefano vorsah, verhindert hatte, wäre es unrealistisch gewesen, sich für einen Anschluß eines befreiten Makedoniens an Bulgarien einzusetzen. Delčev, Gruev und die anderen IMRO-Leute waren aber Bulgaren.«

Soweit unser Bulgare. Ganz so einfach scheinen die Dinge innerhalb der IMRO aber doch nicht gewesen zu sein. Schließlich war diese Untergrundorganisation in zwei Flügel gespalten, die sich gegenseitig oft noch bitterer bekämpften als ihren gemeinsamen Feind, die Türken. Einzelheiten dieser Kämpfe möchte ich dem Leser ersparen. Denn was sich bis zu den Balkan-Kriegen 1912/1913 und nach der Aufteilung Makedoniens zwischen den Siegern Serbien, Bulgarien und Griechenland abspielte, würde ein eigenes Buch füllen. Es herrschten dort Mord, Totschlag und Terror. Die IMRO hatte ihre Kampftruppen, Sofia schickte seine Komitadschis, Serbien seine Tschetniks und die Griechen ihre Andartei nach Makedonien. Es war der reinste Hexensabbat, in dem politische Täuschung, Betrug und Verrat eine große Rolle spielten.

Für unseren Führer im Vorhof der Sveti Spas-Kirche ist auch sein Freiheitsheld Delčev einem solchen Verrat zum Opfer gefallen. In der Schilderung des Hinterhaltes der Türken, in den Delčev 1892 bei dem Dorf Banjica im heute griechischen Makedonien geriet und dabei getötet wurde, schwingt kaum verhüllt die Vermutung mit, daß Verräter in Sofia mit am Werke waren, denen Delčev wegen seiner makedonischen Zielsetzungen im Wege war.

Meinen Bulgaren ringt diese Darstellung nur ein verächtliches Lächeln ab. Wenn es nach ihnen ginge, müßte Delčev seine letzte Ruhestätte in Bulgarien haben. Tatsächlich ruhte er auch vierzig Jahre lang in bulgarischer Erde. Erst 1946 rang sich Bulgariens kommunistischer Partei- und Regierungschef Georgi Dimitroff zu einer großen Geste durch und ließ die Gebeine Delčevs in das jugoslawische Makedonien überführen. Das war zu einer Zeit, als er und sein Freund Tito mit dem Gedanken einer südslawischen Föderation spielten, in der ein Groß-Makedonien unter kommunistischer Führung auch das ägäische, also griechische Makedonien miteingeschlossen hätte. Väterchen Stalin aber waren diese hochfliegenden Pläne seiner südosteuropäischen Gefolgsleute ebenso suspekt wie gefährlich. Und auch die griechischen Kommunisten wollten von ihnen nichts wissen. So war die jugoslawisch-bulgarische Eintracht über Makedonien nur von kurzer Dauer. Für Dimitroffs Nachfolger gibt es in Bulgarien zwar ein Pirin-Makedonien als geographischen Begriff, aber schon längst keine Makedonier mehr. Wenn sich, so meinen sie, die im jugoslawischen Vardar-Makedonien lebenden Menschen der Nationalität nach als Makedonier bezeichnen wollen, dann sollen sie es um des lieben Friedens willen tun. Für uns sind sie in Jugoslawien lebende Bulgaren, die einen westbulgarischen Dialekt sprechen – und damit basta.

Auch den nun folgenden Gang durch die alte und neue Stadt muß ich mit dem Hinweis auf eine Katastrophe beginnen, die Skopje getroffen hat. Auf der Uhr an der Fassade der Ruine des alten Bahnhofs stehen die Zeiger auf siebzehn Minuten nach fünf. Wann immer man vorbeikommt, zeigen sie dieselbe Zeit. Sie erinnern damit für alle Zeiten an den Augenblick, als am 26. Juli 1963 das Unheil über die Hauptstadt Makedoniens hereinbrach. Ein furchtbares Erdbeben erschütterte die Stadt, alte und neue Wohnhäuser fielen in sich zusammen, Hotels, Büro- und Geschäftshäuser, Schulen und Ämter stürzten ein, eintausendsiebzig Menschen verloren ihr Leben, fast die Hälfte der Wohnungen war vernichtet oder beschädigt. Das Zentrum Skopjes, der schon so oft vom Schicksal bedrohten Stadt, lag in Trümmern.

Ich kannte das alte Skopje nicht, nach allem jedoch, was ich von ihm gelesen und gehört habe, muß es noch recht orientalisch ausgesehen haben. Vor allem der Stadtteil rechts des Vardar, den man über die steinerne Brücke betritt, von der es heißt, Zar Dušan habe sie im Jahre 1348 erbaut. Sie wäre also so alt wie die Karlsbrücke in Prag. Was den Vergleich Enea Silvio Piccolominis um so plausibler erscheinen läßt. Nach einer anderen Version wurde sie erst ein Jahrhundert später, bereits unter türkischer Herrschaft, errichtet, in der Regierungszeit Sultan Murat II. Skopje war ja schon 1392, also nur drei Jahre nach der Schicksalschlacht auf dem Amselfeld, von den Türken besetzt worden, die erst fünfhundertzwanzig Jahre später wieder abzogen.

Rechts vom Vardar erstreckt sich also der *alte Stadtteil* von Skopje, und hier befand sich auch und befindet sich heute noch die Čaršija, **der Basar,** von dem es einst hieß, er sei größer als der von Sarajevo. Heute ist er es bestimmt nicht mehr, obwohl er noch immer wert ist, besucht zu werden, auch wenn manche sehr kleinen Geschäfte eher Touristen als die einheimische Kundschaft im Auge haben. Wer aber vor 1963 in Skopje war, der schwärmt noch heute von dem Gewühl in den Gassen, in denen jeweils eine Handwerksgilde ihre Werkstätten oder Geschäftslokale hatte. Es gab also Gassen der Schneider, der Schuster, der Teppichknüpfer, der Silber- und der Kupferschmiede, der Uhrmacher und der Kürschner. Wenn man genau hinsieht, dann ist das auch heute noch erhalten, aber nur in Rudimenten und in Läden und Werkstätten, die nach 1963 neu errichtet worden sind. Auch scheint es jetzt weniger Cafés zu geben als früher, dafür sind die heutigen moderner und hygienischer, was ihrem Charme aber eher abträglich ist.

Das schreckliche Erdbeben hat aber nicht nur unter gebrechlichen Häuschen der Čaršija Verheerungen angerichtet, auch die großen Bauten aus der Türkenzeit an ihrem Rande wurden stark in Mitleidenschaft gezogen. Heute sind diese Schäden beseitigt und die betroffenen Gebäude, die weltlichen wie die sakralen, restauriert. Im **Daut Paša Hamâm,** dem größten Badehaus, das die Türken auf dem Boden des heutigen Jugoslawien errichtet haben, befindet sich jetzt eine Kunstgalerie. Kenner der islamischen Architektur zählen das Badehaus wegen seiner dekorativen byzantinischen Bauweise, den monumentalen Innenräumen, die von zwei großen und sechs kleinen Kuppeln gekrönt sind, zu den schönsten öffentlichen Bauwerken im frühen Stambuler Stil des 15. Jahrhunderts.

Sehr gelitten durch das Erdbeben hatte auch der **Kuršumli Han,** die zweigeschossige Karawanserei, deren ›Gästezimmer‹ von den Bogengängen im quadratischen Innenhof zugänglich waren. Ihre Größe weist auf die Bedeutung Skopjes als Schnittpunkt der Handelsstraßen hin. Auch diese Karawanserei wurde wieder hergestellt und beherbergt jetzt ein archäologisches Museum. Von den Moscheen, die das Erdbeben überstanden haben, auch wenn ihre Minarette oft in der Mitte abbrachen, muß ich zwei erwähnen, weil sie – ich stütze mich erneut auf Kenner der Materie – in Jugoslawien ohne Vergleich sind. Die **Moschee Sultan Murat II.** (1436) und die **Isa Beg-Moschee** (1438) sind eindrucksvolle Bauten im sogenannten Bursa-Stil und die ältesten in Jugoslawien. Die eine ist eine zweifach überkuppelte dreischiffige Basilika unter einem Vierkantdach, die andere eine mehrräumige Moschee mit Kuppel und Gewölben.

Der Bursa-Stil leitet seinen Namen von der ersten osmanischen Hauptstadt in Kleinasien ab. Dieser frühe osmanische Kunststil hat die türkisch-islamischen Bauten zwischen 1300 und 1453 geprägt. Hursef Redžić, ein jugoslawischer Experte auf dem Gebiet der islamischen Kunst, schreibt über die Raumwirkung in den beiden Moscheen: »Der Raum wirkt wie in einen Felsen gehauen und vollkommen ruhig. Nirgends werden hier Kräfte fühlbar, welche die Konstruktion beherrschen. Der Raum erweckt im Menschen das Gefühl vollkommener Ruhe und Isolation von der Außenwelt, das durch das fast völlige Fehlen von Verzierungen noch betont wird. Diese Sparsamkeit in der Dekoration und das Bestreben zur Verwirklichung des Raumes, in dem alles stillsteht, ist die Haupteigenschaft des Bursa-Stils, der seinen vollkommensten künstlerischen Ausdruck in der Juschil-Moschee in Bursa erhielt. Die beiden angeführten Moscheen in Skopje gehören geistig vollkommen diesem Stil an, obwohl sie sich räumlich gänzlich von der Juschil-Moschee unterscheiden.«

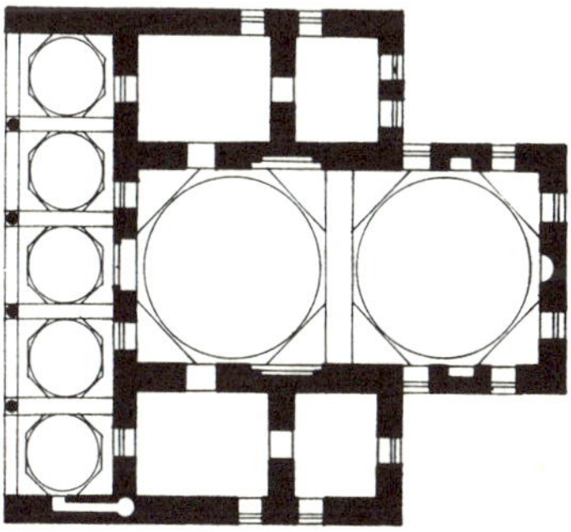

Skopje, Sultan Murat-Moschee, Grundriß

Aber genug vom alten Skopje, kehren wir über den Vardar zurück in die auf dem linken Ufer des Flusses gelegene *neue Stadt*. Ein Vierteljahrhundert nach dem Erdbeben hat dieses Skopje sein Gesicht völlig verändert. Wo früher meist niedrige, ziegelgedeckte Häuser aus der Zeit um den Ersten Weltkrieg und schon nach außen hin verstaubt wirkende öffentliche Gebäude standen, erheben sich jetzt vielstöckige Bauten in Beton, Stahl und Glas, Banken, Hotels, Einkaufszentren und Regierungsgebäude. Anstelle schlecht gepflasterter Straßen durchziehen breite Avenuen die Stadt, gesäumt von oft originellen architektonischen Schöpfungen, die Skopje fast das Flair einer Metropole verleihen. Immerhin hat die Stadt jetzt beinahe eine halbe Million Einwohner und steht damit nach Belgrad und Zagreb an dritter Stelle in Jugoslawien. Allerdings fügt sich nicht alles, was nach dem Erdbeben unter dem Zwang und auch im Rausch des Neuaufbaues geschaffen wurde, harmonisch in das Landschaftsbild ein. Aber wo werden in Europa keine architektonischen Sünden begangen? In Skopje, das muß man einräumen, ist Großes geleistet worden, die Energien der Nation haben die Hilfe aus dem In- und Ausland, die materielle wie die geistige, in größtmöglicher Weise nutzbar gemacht. In der Überwindung der Folgen der Erdbebenkatastrophe hat sich hier ein nationaler Elan manifestiert, dem Respekt und Anerkennung gebührt.

Ein nationaler Elan: Sind wir damit schon wieder bei der leidigen Frage angelangt, ob es eine makedonische Nation überhaupt gibt? Und weil wir auf diesen Punkt schon mehrfach gestoßen sind, muß ich nun doch versuchen, darauf eine Antwort zu geben. Dabei möchte ich weder die Frage beantworten, ob das Reich Samuils ein makedonisches oder ein bulgarisches war. Jeder weiß, wie mißlich es ist, Maßstäbe des zwanzigsten Jahrhunderts an die politischen Verhältnisse des Mittelalters anzulegen oder politische Entwicklungen in die Vergangenheit zu projizieren, zumal in Südosteuropa. Noch möchte ich mich darauf einlassen, zu entscheiden, ob es eine makedonische Sprache gibt. Damit sollen sich die Linguisten herumschlagen. Meiner Beobachtung nach sind die Makedonier bereit und auch im Begriff, die Chance, die ihnen der

Vielvölkerstaat Jugoslawien bietet, voll zu nutzen, nämlich die Chance, sich als Nation nicht nur fühlen, sondern auch manifestieren zu können, noch dazu in einer eigenen Republik. Denn es ist eine in der Geschichte dieses Teiles des Balkans einmalige Chance. So können wir dieses Kapitel wohl mit dem schlichten Satz Golo Manns abschließen: »Eine Nation wird dadurch eine, daß sie sich als solche fühlt.«

Nerezi, das Juwel

Wir sagten, Skopje habe außer Sveti Spas nichts an älteren christlichen Kirchen zu bieten. Dafür findet man aber am südwestlichen Rande der Stadt, am Hang des Vodno-Gebirges ein Kloster, das nicht zu besuchen ein großes Versäumnis bedeuten würde. Das Kloster heißt Nerezi, und bevor wir die schmale Straße fanden, die in Serpentinen zu seinen Resten hinaufführt, mußten wir einige Male fragen, so wenig Wegweiser gab es, jedenfalls zur Zeit, als wir es besuchten.

Die Kirche: man muß einige Male um sie herumgehen und sie aus allen Winkeln betrachten. Wenn es erlaubt ist, von einer Kirche zu sagen, es gehe ein unendlicher Charme von ihr aus, dann von der *Kirche des hl. Panteleimon* in Nerezi. Nicht nur wegen der Lage am Berghang über der makedonischen Hauptstadt und dem Vardartal. Der Bau – die vier kleinen Eckkuppeln scharen sich um die Mittelkuppel auf dem achteckigen Tambour wie Küken um die Glucke – hat etwas Leichtes, Schwebendes, Heiteres, so als hätte der Architekt die Atmosphäre eines sonnendurchfluteten Herbsttages, wie er uns zuteil wurde, in seine Schöpfung einfangen wollen.

Dann die *Fresken:* sie gehören nach denen der Sophienkirche in Ohrid zu den ältesten byzantinischen Wandmalereien im heutigen Jugoslawien. Als der russische Kunsthistoriker Nicola Ogunjew sie in den zwanziger Jahren freilegte, galt dies in Fachkreisen als europäische Sensation. Denn Freskenzyklen in dieser Vollendung und aus dieser frühen Zeit waren auf dem Balkan bisher noch nicht entdeckt worden.

Die Wandmalereien von Panteleimon sind unter dem Patronat des Prinzen Alexios, eines Angehörigen des byzantinischen

Kaiserhauses der Komnenen, im Jahre 1164 entstanden. Wir wissen das aus einer Inschrift in der Kirche. Man nimmt daher an, daß sie auch von Künstlern aus Konstantinopel geschaffen wurden, so wie in der Kirche der heiligen Sofia in Ohrid. Wenn aber die Fresken in Ohrid, so der schon einmal genannte David Talbot Rice, den großen Stil der makedonischen Epoche, der ersten byzantinischen Renaissance, vertreten, dann kündigen die in Nerezi aufgrund ihrer stilistischen Besonderheit bereits die Kunst einer späteren Epoche an, die gemeinhin als zweite byzantinische Renaissance bezeichnet wird; die Bilder in der Sophienkirche waren großartig und eindrucksvoll, die in Nerezi dagegen sind intim und zart.

Nerezi, Panteleimonkirche, Beweinung Christi, Fresko

Man braucht nur die Kreuzabnahme und die Beweinung Christi zu betrachten, um David Talbot Rice zuzustimmen. Welche Trauer und Zärtlichkeit liegt in den Zügen Marias, wenn sie die Wange ihres toten Sohnes küßt, welche Demut und Hingabe in der Geste, mit der Johannes die Hand des Meisters in seine Hände nimmt. Und wie spiegelt sich auf den anderen Kompositionen in den Gesichtern der Apostel ihre Individualität und ihr Schicksal wider. Oder der Einzug Christi in Jerusalem: Welcher Realismus in den Gesichtern der Menge, welche Bewegung in der Komposition, welche Differenziertheit der Farben. »Diese Fresken aus der zweiten Hälfte des 12. Jahrhunderts, voller Leben und stellenweise voller Pathos, sind allen europäischen Malereien ihrer Zeit weit voraus«, sagt ein französischer Kunsthistoriker. Ich habe noch niemanden gefunden, der ihm widersprochen hätte.

Klöster im Treskatal und in den Schwarzen Bergen

Wenn ich den Entwicklungslinien der byzantinisch-makedonisch-serbischen Freskenmalerei besonders in ihrer zeitlichen Folge nachgehen wollte, müßte ich jetzt einen großen Sprung tun und zwar nach Südserbien. Denn dort wurden im 13. Jahrhundert eine Reihe von Klöstern gebaut und mit Freskenzyklen ausgemalt, die einen neuen Höhepunkt der Wandmalerei auf dem Balkan bedeuteten. Ich denke an Mileševo, an Studenica, an Sopoćani, um nur einige zu nennen. Es war die Zeit nach der Eroberung Konstantinopels durch die Kreuzritter 1204 und während des Bestehens des sogenannten lateinischen Kaiserreiches am Bosporus. Byzanz-Konstantinopel war als kulturelles Zentrum des Ostreiches ausgefallen, die Meister der Freskenmalerei hatten sich in alle Windrichtungen zerstreut, wobei sie auch in den von den Nemanjiden beherrschten serbischen Feudalstaat gelangt sein dürften, der seinen Schwerpunkt damals um die heutigen Städte Novi Pazar und Raška hatte. Von dieser neuen Blüte der Wandmalerei aus dem Balkan soll aber erst später die Rede sein. Makedonien können wir noch nicht verlassen, und zwar aus mehreren Gründen: ich darf das 14. Jahrhundert nicht übergehen, die Zeit, in der Makedonien das Zentrum des Groß-Serbischen Reiches und Skopje die Residenz seiner Zaren war. Diese Epoche hat ihre Spuren in einer Fülle von Klöstern hinterlassen, die zumindest erwähnt zu werden verdienen. Schließlich müssen wir auch noch einen Blick nach Ost-Mazedonien werfen, das vom Reisepublikum gewöhnlich vernachlässigt wird. Zu Unrecht, wie ich meine.

Aber bleiben wir zunächst in der Umgebung von Skopje. Kehrt man von Nerezi zurück ins Vardartal und fährt man weiter nach dem Westen in Richtung Tetovo, dann zweigt bald eine Straße im **Treskatal** zu einigen Klöstern ab, die kunstgeschichtlich vielleicht nicht sehr bedeutend sind, dafür aber sehr romantisch in der Landschaft liegen. Zum Beispiel das *Kloster des heiligen Andreas* (Sveti Andrija) auf einer Terrasse über dem Treska-Stausee zwischen achthundert Meter hohen Felswänden. Es wurde 1389 vollendet, im Jahr der Schicksalsschlacht auf dem Amselfeld, zu einem Zeitpunkt, als das Groß-Serbische Reich bereits in kleine Herrschaften zerfallen war. Das Charakteristikum dieser Kirche ist ihr kleeblattförmiger Grundriß und die Zentralkuppel auf einem außergewöhnlich hohen Tambour. Die Fresken sind weniger durch ihren Stil als durch ihre Themen interessant, Themen, die auf den Wandmalereien dieser Zeit eher selten sind, wie das ›Gebet Christi auf dem Ölberg‹ oder die ›Fußwaschung‹.

Hoch über dem Treska-Fluß liegt die *Klosterkirche des hl. Nikolaus von Šiševo* (Sveti Nikola), die Fresken aus dem 14. Jahrhundert aufweist, die aber nur zum Teil freigelegt sind. Schließlich gehört zu den Klöstern im Bereich der Treska auch noch Matka, aber dieses kann man sich eigentlich schenken.

Wohin man dagegen doch fahren sollte, falls man Zeit und Lust zu Entdeckungen hat, das sind die Klöster in der Skopska Crna Gora, in den **Schwarzen Bergen von Skopje,** zwölf bis zwanzig Kilometer nördlich der Hauptstadt. Früher waren sie kaum zugänglich, weil die Wege dorthin miserabel und die Klöster und Kirchen in sehr schlechtem Zustand waren. Beides hat sich aber inzwischen geändert. Bemerkenswert ist vor allem das *Kloster des hl. Nikitas* bei dem Dorfe Čučer, 17 Kilometer von Skopje. Es gehört zu jenen Klöstern, die während der Regierungszeit des Königs Milutin zu Beginn des 14. Jahrhunderts errichtet wurden, in einer Epoche, die durch einen neuen Aufschwung der byzantinischen Malerei gekennzeichnet war. Die Fresken stammen außerdem von zwei angesehenen Meistern, die als Mihailo und Eutihije (Eutychios) signierten. Vorher hatten diese in Ohrid die Klementkirche ausgemalt, nachher die des hl. Georg von Staro Nagoričino in Ostmakedonien, die wir noch besuchen werden. Das, was sie an den Wänden dieser Kirchen hinterlassen haben, weist sie als wahre Meister ihres Faches aus.

Ich will nicht alle Klöster in den Schwarzen Bergen von

Skopje aufzählen, ich habe sie auch nicht alle besucht. Aber die Kirche der Geburt der Muttergottes in *Matejče* soll doch genannt werden; sie liegt am Nordostabhang dieser Bergkette näher zu Kumanovo als zu Skopje. Baulich erinnert Matejče an Nerezi, obwohl es zwei Jahrhunderte jünger ist. Sein Bau wurde zur Regierungszeit des Zaren Dušan um die Mitte des 14. Jahrhunderts begonnen, als das serbische Reich auf seinem Höhepunkt und Skopje sein Zentrum war. Stephan Dušan ließ sich zu Ostern 1346 hier als Zar der »Serben, Griechen und Bulgaren« krönen. Es ist daher wohl auch kein Zufall, daß sich unter den Fresken in Matejče auch eine Ahnentafel der Kaiser von Byzanz befindet. Dušans Ziel war es offensichtlich, anstelle des nach der Episode des lateinischen Kaiserreiches zwar wiedererstandenen, aber schwachen Reiches von Byzanz ein neues slawisch-griechisches Großreich zu schaffen, das auch die Bulgaren eingeschlossen und vielleicht sogar dem Ansturm der Türken stattgehalten hätte. Aber die Rechnung des großen Zaren, dessen Name auch mit einem der bedeutendsten Gesetzeswerke des Mittelalters verbunden ist, dem ›Zakonik Cara Dušana‹, ging nicht auf. Seine Nachfolger waren schwache Herrscher, sein Reich zerfiel in eine Reihe von Fürstentümern, die von den Türken zuerst zu Satellitenstaaten gemacht und schließlich ganz beseitigt wurden.

Auch aus dieser makedonisch-serbischen Niedergangszeit gibt es Klöster, vor allem in der Nähe der einstigen Königs- und jetzigen Tabakstadt **Prilep.** Sie liegen sehr dramatisch, von Felswänden umgeben wie das *Erzengel-Kloster* bei der Vorstadt Varoš oder das *Kloster Treskavac* hoch über der Stadt in den Bergen am Rande der Pelagonischen Ebene. In irgend einer Weise sind sie alle mit dem Kraljević Marko, dem *Königssohn Marko,* verbunden, jener Heldenfigur aus den serbischen Volksepen, die sich aber mit dem historischen Marko, der in Prilep seine Residenz hatte und ein Vasall der Türken war, in keiner Weise deckt. Ein Portrait dieses Marko finden wir an der Südfassade in dem seinen Namen tragenden Kloster im Tal der Markova Reka (des Marko-Flusses) nicht ganz zwanzig Kilometer südlich von Skopje. Es ist noch gut erhalten und soll aus dem Jahre 1375 stammen; es zeigt einen bärtigen Mann im königlichen Ornat, die dunklen Augen fest auf den Betrachter gerichtet.

Dieser Kraljević Marko ist eine eigenartige Figur. Historisch ist er völlig unbedeutend, in der Volkspoesie, im Heldenlied ist er der ungekrönte König, keiner kommt ihm an Beliebtheit gleich. Er ist das Urbild des »gewaltigen Helden«, unbesiegbar, gefürchtet von seinen Feinden, geliebt von der christlichen Bevölkerung, die er beschützt, respektiert sogar vom Sultan.

Typisch ist das Lied, das von Markos Kampf mit dem ›schwarzen Araber‹ berichtet, der auf dem Kosovo Polje, dem Amselfeld, von den serbischen Mädchen das ›jus primae noctis‹ beansprucht und von Marko deswegen zum Zweikampf herausgefordert wird.

Er [der Tyrann] ergriff seine schwere Streitkeule
Und schlug damit den Königssohn Marko:
Drei–viermal schlug er ihn.
Da lachte der Königssohn Marko:
»O du Held, schwarzer Araber!
Treibst du Scherz oder schlägst Du im Ernst?«
Da zischte der Araber wie eine grimmige Schlange:
»Ich treibe keinen Scherz, ich schlage im Ernst.«
Da sprach Marko zu ihm:
»Und ich dachte, daß du Armer nur Scherz treibst!
Nun, auch ich habe eine Streitkeule bei mir,
Laß dich drei–viermal damit schlagen:
So oft du mich geschlagen hast,
So oft will ich dich nun schlagen.
Und dann laß uns hinausgehen ins freie Feld
Und den Zweikampf von vorne beginnen.«
Da griff Marko nach seiner Keule
Und schlug damit den schwarzen Araber.
Und so leicht er ihn auch geschlagen hatte,
Schlug er ihm den Kopf von den Schultern hinunter!
Da lachte der Königssohn Marko:
»Lieber Gott, für alles sei Dank dir!
Wie schnell war doch der Kopf des Helden herunter,
Als sei er niemals auf ihm gewesen!«

Der historische Marko hatte sich schon vor der Schlacht auf dem Amselfeld der Oberhoheit des Sultans unterstellt und an zahlreichen Feldzügen auf türkischer Seite teilgenommen. So auch 1394 an der Schlacht in den Donauauen bei Rovine in der Walachei, wo der Fürst der Walachei, Mircea der Alte, mit Hilfe der Ungarn das türkische Heer schlug. Dabei fiel auch der Königssohn Marko auf dem Schlachtfeld.

Die orthodoxe Kirche Makedoniens

Aber lassen wir die Vergangenheit, sei sie nun Geschichte oder Mythos. Kehren wir in die Gegenwart zurück und wenden wir uns jener kirchenpolitischen Besonderheit Makedoniens zu, die in der christlichen Welt einmalig sein dürfte. Ich habe sie schon erwähnt: die vom kommunistischen Regime geförderte, wenn nicht sogar initiierte Schaffung einer autokephalen, makedonischen, orthodoxen Kirche.

Der Leser wird sich erinnern, daß schon während des ersten bulgarischen Reiches von Zar Simeon Ende des 10. Jahrhunderts ein slawisches Patriarchat in Ohrid begründet worden war, das vom griechischen Patriarchen in Konstantinopel unabhängig war. Dieses Patriarchat hatte bis zu seiner Aufhebung 1777 eine sehr wechselvolle Geschichte, die uns im einzelnen nicht zu interessieren braucht. Nach seiner Abschaffung jedenfalls unterstanden die orthodoxen Priester und Bischöfe erneut dem Patriarchen in Istanbul, bis dann ein Jahrhundert später die Kirche in dem wiedererstandenen Bulgarien selbständig wurde und mit Zustimmung der türkischen Behörden ihre Jurisdiktion auch auf die damals noch türkisch beherrschten makedonischen Gebiete ausdehnen konnte. Nach dem Ersten Weltkrieg und der Bildung eines jugoslawischen Königreiches wurde die Kirche in Makedonien dann dem serbischen Patriarchat in Belgrad unterstellt, ein Zustand, der zunächst auch nach dem Zweiten Weltkrieg und der Schaffung einer Teilrepublik Makedonien in der jugoslawischen Föderation beibehalten wurde. 1966 aber etablierte sich mit aktiver Unterstützung der politischen Instanzen in Skopje wie auch derer in Belgrad eine selbständige makedonische Kirche und trennte sich vom Patriarchat in Belgrad. An ihrer Spitze steht zwar kein Patriarch, sondern ein Metropolit (Erzbischof), aber sie beansprucht die gleiche Stellung wie die anderen nationalen autokephalen orthodoxen Kirchen in Serbien, in Bulgarien, Rumänien, der Sowjetunion.

Bis jetzt haben allerdings weder diese Kirchen noch der Patriarch von Konstantinopel-Istanbul diese makedonische Kirche anerkannt. »Das ist in der Geschichte der orthodoxen Kirchen nichts Außergewöhnliches«, sagen die mazedonischen Bischöfe. »Es hat auch lange gedauert, bis die Bulgaren ihre von Stambul unabhängige Kirche und ein eigenes Patriarchat bekommen haben. Wir haben Geduld, wir können warten.«

Dafür ist es der neuen Kirche aber gelungen, enge Beziehungen zu den makedonischen Gemeinden in Übersee, in Australien, den USA und Kanada herzustellen, wohin es vor allem in der Zwischenkriegszeit eine starke Auswanderungsbewegung von Makedoniern sowohl aus Jugoslawien als auch aus Bulgarien und Griechenland gegeben hat. Und dies stärkt ohne Zweifel die Position der makedonischen Kirche in Jugoslawien.

Die Kirchenpolitik Skopjes zeigt aber, daß die makedonische Problematik außer der bulgarischen und der griechischen auch eine serbische Komponente hat. Man darf nicht vergessen: im königlichen Jugoslawien der Zwischenkriegszeit war Makedonien ein serbischer Verwaltungsbezirk, und die Regierung in Belgrad wollte weder etwas davon wissen, daß in Mazedonien Bulgaren lebten, noch davon, daß es dort eine eigenständige mazedonische Nation gab. Für sie waren die Mazedonier höchstens bulgarisierte Serben. Eine Einstellung, die man in serbisch-nationalen Kreisen Belgrads auch heute noch antreffen kann.

Ostmakedonien, vergessenes Land

An Ostmakedonien fließt der Strom der Touristen, der Griechenland zum Ziel hat oder nach Skopje und Ohrid strebt, gewöhnlich vorbei. Auch in den Reisebüchern wird dieser Landesteil eher stiefmütterlich behandelt. Gewiß: An landschaftlichen Schönheiten hat er nichts aufzuweisen, was sich mit dem Prespasee vergleichen ließe, und man findet hier auch keinen Ort von der kulturhistorischen Bedeutung etwa von Ohrid. Trotzdem entbehrt er für mich nicht eines gewissen Reizes, der vielleicht von seiner Lage abseits der großen Straßen, vom gemächlichen Lebensrhythmus seiner Kleinstädte und von so unerwarteten und ungewöhnlichen Eindrücken herrührt, wie sie zum Beispiel die Reisfelder in der Ebene von Kočani und der Fischfang im Dojransee hervorrufen. Und damit man nicht aus der Übung kommt, gibt es auch in diesem Teil Makedoniens einige Klöster, die durchaus sehenswert sind.

Kommt man vom Norden und will man in Ostmakedonien auf Entdeckungen gehen, dann sollte man in *Kumanovo* die Nord-Südmagistrale verlassen. Die Stadt soll ihren Namen von dem Turkvolk der Kumanen herleiten, das die bulgarischen Zaren einst hier angesiedelt haben. Ihre heutigen Einwohner unterscheiden sich aber kaum von der übrigen Bevölkerung von Makedonien. An Sehenswürdigkeiten bietet die Stadt, bei der die Serben im ersten Balkankrieg 1912 den Türken die entscheidende Niederlage zufügten, nichts Besonderes. Aber ihr Markt ist weit und breit bekannt, vor allem wegen der Keramiken und der Teppiche.

Nicht weit von Kumanovo – sechzehn Kilometer in nördlicher Richtung liegt *Staro Nagoričino,* ein Dorf, dessen Kirche des hl. Georg in kaum einem Buch über die byzantinisch-makedonischen Wandmalereien unerwähnt bleibt. Die Kompositionen an den Wänden unter den fünf Kuppeln dieser großen, 1313 erbauten Kirche sind das Werk jener Maler Mihajlo und Eutihije, die sich bereits in der Klementkirche in Ohrid und in St. Nikita in den Schwarzen Bergen von Skopje ausgezeichnet haben. Beide Meister dürften der Malergruppe angehört haben, die der serbische König Milutin (1282-1321) um sich geschart hatte. Ihre Arbeiten in Staro Nagoričino zeigen in dramatisch bewegter Form und in leuchtenden Farben Szenen aus dem Leben Jesu. Besonders lebendig sind die Darstellungen von der Passion Christi, ausgeführt in einer Manier, die vom neuen Aufschwung der byzantinisch-makedonischen Freskenkunst um und nach 1300 zeugt.

Es gibt noch ein zweites Kloster in Ostmakedonien, das oft erwähnt wird, wenn von der Freskenkunst in der ersten Hälfte des 14. Jahrhunderts die Rede ist. Es heißt *Lesnovo* und liegt in den Bergen südlich von Kratovo. An seinen Wänden soll es besonders schöne und gut erhaltene Darstellungen zu den letzten drei Psalmen geben, insbesondere wird das Fresko zu Psalm 149 gerühmt. Ich sage mit Absicht, »soll« es geben, ich habe sie nicht gesehen. Mein vor Jahren unternommener Versuch, nach Lesnovo zu gelangen, scheiterte einmal am Zustand des Weges zum Kloster, der einen geländegängigen Wagen erfordert hätte; dann muß ich aber auch gestehen, daß ich einfach klostermüde war, nach all den Unternehmungen zwischen Ohrid und Nagoričino.

Eine Fahrt durch diese Gegend lohnt aber dennoch, schon wegen *Kratovo,* der einstigen Bergbaustadt, in der die serbischen Könige im Mittelalter sächsische Bergleute angesiedelt hatten. Sie sollten in den Gruben um die Stadt Silber, Gold, Kupfer und Eisen fördern. Unter den Türken setzten sie ihre Arbeit fort, und Reisende des 16. und 17. Jahrhunderts berichten von einer Münzstätte in Kratovo, in der Geldstücke mit den Köpfen der Sultane Suleiman des Prächtigen und Selim II. geprägt wurden. Heute führt die Stadt ein stilles Leben, es gibt noch eine Reihe schöner, mit roten Ziegeln gedeckter Wohnhäuser aus dem 19. Jahrhundert, und einige Wehrtürme aus seiner großen Zeit sind auch noch vorhanden.

Mit Kratovo ist aber auch eine blutig-groteske Episode während des schon erwähnten Vorstoßes der kaiserlich-habsburgischen Truppen unter dem General Piccolomini bis Skopje verbunden. Aus Kratovo stammte jener Peter Karpoš, der, dem Aufruf Kaiser Leopolds I. folgend, 1689 einen Aufstand gegen die Türken organisiert hatte, der zunächst sogar von Erfolg gekrönt war. Karpoš, ein früherer Feldwebel einer christlichen Hilfstruppe der Türken, proklamierte sich zum ›König von Kumanovo‹, Kaiser Leopold erhob ihn zum Reichsfürsten und sandte ihm das Patent eines kaiserlichen Generals, um zu zeigen, welche Bedeutung der Hof im fernen Wien ihm und seinem Aufstand beimaß.

Als sich Piccolomini mit seiner Streitmacht zurückziehen

mußte, war es auch um Karpoš geschehen. Im wiedereroberten Kumanovo fiel er den Türken in die Hände, die ihn in das eingeäscherte Skopje schleppten. Dort flochten sie ihn aufs Rad, vierteilten ihn und warfen seine Glieder bei der alten Brücke in den Vardar.

Fährt man von Kratovo weiter nach dem Süden, kommt man in die von dem Fluß Bregalnica bewässerte Ebene von Kočani mit ihren Reis- und Baumwollfeldern und über Štip nach Strumica, von wo aus es nicht mehr weit zur bulgarischen Grenze ist. Die Ebenen um diese Städte, Pole genannt, sind außerordentlich fruchtbar, im Sommer kocht eine feuchte Hitze über ihnen, aus der sich der Reisende öfters zu einer kühlen Mastika, dem mazedonischen Ouzo, retten muß. In diesem Teil Makedoniens wird auch viel Mohn angebaut, aus dessen Köpfen Opium gewonnen wird – unter genauer Kontrolle der Behörden, wie man behauptet.

Štip und *Strumica* waren einst bedeutende Stationen auf der Karawanenstraße von Skopje nach Saloniki beziehungsweise Istanbul. In Štip gibt es aus dieser Glanzzeit noch einen ›Bezistan‹, eine architektonisch schöne, dreistöckige überdachte Markthalle, und in der näheren Umgebung einige sehr kleine Kirchen aus dem Mittelalter, die erst in den letzten Jahren restauriert wurden. Auch bei Strumica findet man einige alte Kirchen (Vodača-Veljusa), deren Entstehungszeit bis ins 11. und 10. Jahrhundert zurückreicht. Die Basilika der hierher überführten fünfzehn Märtyrer von Tiberiopolis stammt zum Teil sogar aus dem 5. und 6. Jahrhundert. All diese kleinen Kirchen sind erst in jüngster Zeit zugänglich gemacht worden.

Štip und Strumica haben seit dem Bau der Eisenbahnlinie durch das Vardartal zur Ägäis ihre wirtschaftliche Bedeutung verloren. Heute liegen sie in einem toten Winkel, denn auch der Grenzübergang von Zlatarevo nach Südwestbulgarien hat für den Handelsverkehr kaum Bedeutung.

Sechzig Kilometer südlich von Strumica liegt der *Dojran-See,* den sich Jugoslawien und Griechenland teilen. Er ist sehr flach und erwärmt sich daher schnell; man kann schon im Mai in ihm baden. Er ist sehr reich an Fischen und an Wasservögeln, und mit beidem hängt die Besonderheit des dort geübten Fischfanges zusammen. Die Fischer von Dojran setzen dabei nämlich Kormorane ein, die sie vorher in Schilffallen gefangen und denen sie die Flügel gestutzt haben – eine Methode, die angeblich nur noch in China und in manchen Teilen der Südsee angewandt wird. Im Herbst, wenn die Zugvögel auf dem Wege nach dem Süden sind, ziehen sich die Fische in den Schutz des Schilfgürtels am Ufer zurück. Dort haben aber die Fischer schon ›Kammern‹ aus Schilfzäunen und Matten abgesteckt, in die sie die Fische von den Kormoranen treiben lassen. Die Kammern werden nach und nach immer kleiner, bis die Fischer dann in der letzten die Fische mit Handnetzen beinahe herausschaufeln können. Den Fischfang selbst habe ich nicht gesehen; ich war im Frühjahr am Dojran-See. Aber ein Fischer fuhr mich zu den Pfahlhütten am Rande des Schilfgürtels, wo die Pfähle und Matten aufbewahrt werden, die dann im Herbst für den Fang eingesetzt werden.

Die Stelle befand sich ziemlich genau zwischen den Orten Novi- und Stari-Dojran (Neu- und Altdojran). Im Ersten Weltkrieg verlief hier die Front zwischen den französischen und serbischen Truppen auf Seite der Alliierten und den Bulgaren auf der Seite der Mittelmächte. Die Ruine der Kirche auf dem Steilufer über dem alten Dojran zeugt noch von jenen Kämpfen, keineswegs den letzten im zu allen Zeiten strategisch wichtigen Makedonien.

Kosovo

Schicksalsland der Serben?

Will man mit der Bahn nach Priština fahren, der Hauptstadt der autonomen Provinz Kosovo, muß man auf dem Bahnhof Kosovo-Polje aussteigen und die letzten zehn Kilometer bis zum Reiseziel per Autobus oder Taxi zurücklegen. Das ist nicht sehr angenehm, denn das Dorf ist völlig reizlos, Taxis stehen selten bereit und die Autobusse sind überfüllt. Der geschichtsbewußte Reisende kann sich nur mit dem Wissen trösten, daß er auf historischem Boden steht.

Denn Kosovo-Polje heißt *Amselfeld,* und das Amselfeld war am ›Vidovdan‹, dem Sankt Veits-Tag des Jahres 1389, Schauplatz jener Schlacht, die das Ende des serbischen Feudalstaates bedeutete und den Türken den Weg zu einer fünfhundertjährigen Herrschaft auf dem Balkan ebnete. Ein Ereignis also von weltgeschichtlichen Folgen; und Kosovo-Polje damit ein Ort, dem trotz seiner heutigen Armseligkeit die Aura bewegter Vergangenheit anhaftet.

Auf einer Erhebung im Gelände in der Nähe des Dorfes steht ein fünfundzwanzig Meter hoher Turm, errichtet aus verschiedenfarbigen Steinquadern. Von seiner Plattform schweift der Blick über das wellige Gelände, das vor sechshundert Jahren mit dem Blut der serbischen Ritter getränkt worden war und auf dem, so heißt es im Volksmund, seither in jedem Mai der ›Božur‹, eine Art roter Pfingstrose blüht.

Wer einmal in Gesellschaft von Serben, alten oder jungen, hier oben auf dem Turm stand und ihre Ergriffenheit beobachten konnte, der versteht, wie tief sich das Geschehen von 1389 dem Geschichtsbewußtsein dieses Volkes eingeprägt hat. Er begreift auch, was die Volksepen für die Serben bedeuten, deren Herzstück der Auszug der Helden aus der »weißen Feste Kruševac«, die Schlacht und der Tod des Sultans Murat und des Zaren Lazar und die rührende Gestalt des ›Mädchens von Kosovo‹ bilden. Viele von meinen serbischen Bekannten sind in der Lage, Teile der Epen aus dem Gedächtnis zu rezitieren.

Die Stelle zum Beispiel ist besonders beliebt, wo die Zarin Milica bittet, wenigstens einer ihrer neun Brüder, *Jugović,* möge zu ihrem Schutz zurückbleiben, alle aber ablehnen und der Jüngste, Vojin, der die Handpferde des Zaren führt, der Zarin antwortet:

»Gehe, Schwester, in die weiße Burg,
Ich aber würde nicht umkehren,
Noch des Zaren Handpferde lassen,
Wüßte ich auch, daß ich fallen muß.
Ich reite jetzt, Schwester, zum Kosovo-Feld,
Für das heilige Kreuz mein Blut zu vergießen,
Mit den Brüdern für den Glauben zu sterben.«
Und er trieb sein Roß zum Tor hinaus.
Als das sah die Zarin Milica,
Fiel sie nieder auf die weißen Steine,
Nieder fiel sie und verlor die Sinne.

Alle kennen auch die Geschichte von dem Rabenpaar, das der Zarin Milica Kunde von der Schlacht bringt:

Als am nächsten Tag die Sonne aufging,
kam zum Schloß ein Rabenpaar geflogen,
ließ sich auf die weiße Feste nieder,
auf die Burg des Fürsten reich an Ehre.
»Ist dies Schloß und Burg des edlen Fürsten
Lazar und ist niemand, der drin wohnte?«
Niemand in der Burg vernahm die Worte,
doch Milica hörte sie, die Zarin.
Und sie trat aus ihrem weißen Schlosse,
und sie frug die beiden schwarzen Raben:
»Gott mit Euch ihr beiden schwarzen Raben!
Und von wannen kommt ihr heut geflogen?
Kommt ihr wohl vom ebnen Amselfelde?
Saht ihr dort nicht zwei gewaltge Heere?
Schlugen schon die Heere aufeinander?
Welchen aber ist der Sieg verblieben?«
Und die beiden Raben gaben Antwort:
»Ja, beim Himmel, just vom Amselfelde
kommen wir, o Kaiserin Milica!

Und wir sahen zwei gewaltge Heere,
gestern stießen beide aufeinander,
beide Kaiser ließen dort ihr Leben.
Unversehrt aus diesem Treffen gingen
Türken nur, doch alle Serben liegen
auf den Tod verwundet und verblutet.

Zu den populärsten Liedern des Zyklus gehört aber wohl die Ballade vom ›Mädchen von Kosovo‹, das sich am Tage nach der Schlacht auf das Amselfeld begibt.

Früh erhob sich ein Kosovo-Mädchen,
Früh erhob es sich am Sonntagmorgen,
Am Sonntag, noch vor der hellen Sonne,
Streifte die Ärmel hoch bis zum weißen Ellenbogen,
Auf den Schultern trägt sie weißes Brot,
In den Händen zwei goldene Becher,
In dem einen kühles Wasser,
In dem anderen goldroten Wein.
Sie ging zum ebenen Kosovo-Feld,
Wandelt, die junge, über das Schlachtfeld,
Über das Schlachtfeld des edlen Fürsten,
Wendet die Helden in ihrem Blute.
Wen von den Helden sie am Leben findet,
Den wäscht sie ab mit kühlem Wasser,
Stärkt ihn mit goldrotem Wein,
Gibt ihm zu essen vom weißen Brot.

Soweit die Legenden. – Wenn die beiden Raben der Zarin Milica berichten, »alle Serben« seien auf den Tod verwundet und verblutet, so haben sie etwas übertrieben. Ein Teil des serbisch-bosnischen Heeres konnte sich retten, auch nützte der neue Sultan Beyazit I. den Sieg nicht aus. Er eilte zunächst zurück in die Hauptstadt Edirne (Adrianopolis), um seine Stellung zu festigen. Serbien wurde nicht völlig unterworfen, als türkischer Vasallenstaat blieb es noch siebzig Jahre bestehen.

Aber die Kunde der Raben, beide Kaiser hätten auf dem Schlachtfeld ihr Leben gelassen, war durchaus präzise. Denn Sultan Murat I. war am Vorabend der Schlacht von dem serbischen Ritter Miloš Obilić, der sich als Überläufer ausgegeben hatte, erdolcht worden. Murats Generäle verloren jedoch nicht die Nerven. Noch bevor sich die Nachricht vom Tode des Padischah im Heer verbreiten konnte, trafen sie unter den beiden Söhnen Murats ihre Wahl. Sie erhoben Beyazit zum neuen Sultan, den zweiten Sohn Jakub töteten sie, um jeglichen Thronstreit zu verhindern; oder wie ein türkischer Chronist schreibt, »sie stellten ihn Allah zur Verfügung«.

Zar Lazar ist übrigens nicht im Kampf gefallen. Er wurde gefangengenommen und mit seinem Sohn und den Edlen seines Gefolges vor den Sultan gebracht. Beyazit ließ ihn und seine Mitkämpfer aus Rache für den Tod seines Vaters enthaupten.

Blickt man vom Turm des Amselfeldes in nordwestliche Richtung, so sieht man am Rande des Dorfes Obilić einen kleinen viereckigen Bau mit einer bleigedeckten Kuppel. Es ist die Türbe, das Mausoleum Murats, das Beyazit unmittelbar nach der Schlacht für seinen Vater errichten ließ. In dem oft umgebauten Mausoleum befindet sich heute noch der mit der grünen Fahne des Propheten bedeckte Sarkophag Murats. Die Leiche des Herrschers allerdings brachte man einige Zeit nach der Schlacht nach Bursa, der alten Hauptstadt der Osmanen in Kleinasien, und setzte sie dort bei.

Geschichte und Legende, hier auf dem Amselfeld sind sie beinahe untrennbar miteinander verwoben. In ihrem Volksepos um die Schlacht auf dem Kosovo-Polje haben die Serben jedenfalls eine geschichtliche Katastrophe auf ihre Art bewältigt. Indem sie im Liederzyklus Größe und Untergang ihres Reiches im Mittelalter und den Helden- und Opfermut seines Herrschers und der Ritterschaft wiederaufleben ließen, haben sie sich über die Jahrhunderte des nationalen Elends und der Unterdrückung hinweggeholfen. Die Legenden hielten den Geist wach, aus dem die neue Freiheit und die nationale Wiedergeburt erstehen konnten. Aber selbst in die heutige Politik vermag das Volksepos hineinzuwirken. Und das macht, wie wir noch sehen werden, das Problem Kosovo so kompliziert und schwierig.

Priština

Jedesmal, wenn ich in den letzten zwanzig Jahren nach Priština kam, mußte ich mich, sobald ich die Hauptstraße und ihren unmittelbaren Umkreis verließ, neu orientieren. Wieder war ein Teil des alten Priština mit seinen etwas wackeligen einstökkigen Häusern, den Werkstätten und Läden in ebenerdigen Holzhäuschen abgerissen worden, verdrängt worden von Hochhäusern aus Beton, Eisen und Glas oder von breiten Asphaltstraßen. Oder man war gerade dabei, Baugruben für neue Bankgebäude, Supermärkte und Verlagshäuser auszuheben.

Von welcher Seite man sich heute der Hauptstadt der autonomen Provinz Kosovo auch nähert, man würde angesichts der Skyline und der sechzehn Stockwerke des Grand Hotels Priština mit seinen sechshundertsiebzig Betten nicht glauben, daß man sich in der zurückgebliebensten Region Jugoslawiens befindet.

Und weil dieses Priština beinahe von Jahr zu Jahr sein Gesicht ändert, gehe ich auch immer wieder zu der *Sultans-Moschee* (Carska-Džamija), um mich zu überzeugen, daß sie noch vorhanden ist und nicht das Schicksal anderer Moscheen und Minarette erlitten hat, die eines Tages ohne viel Aufhebens der Spitzhacke zum Opfer fielen. Kein Geringerer als Mehmet der Eroberer ließ die Moschee 1461 erbauen, acht Jahre, nachdem ihm die alte Kaiserstadt am Bosporus, Byzanz-Konstantinopel, in die Hände gefallen war und er aus ihr die Hauptstadt seines Reiches gemacht hatte. Es ist ein schönes Bauwerk aus Stein, wie es bei Sultans-Moscheen üblich ist, kein Ziegelbau. Die Fachleute streiten sich, ob das rötlich-gelbe, hohe Bethaus mit der großen Kuppel noch zum Bursa-Stil gehört oder schon den frühen Stambul-Stil repräsentiert. Auf alle Fälle zählt die Moschee sowohl wegen ihrer Architektur als auch wegen der zwar sparsamen, aber farbenprächtigen Ornamentik im Innern zu den schönsten, die aus dem 15. Jahrhundert im Süden Jugoslawiens erhalten sind.

Weit weniger überzeugt die neue *Universitätsbibliothek* im modernen Stadtteil. Die Architekten haben den einzelnen, stufenförmig gruppierten Gebäudeteilen durchbrochene Plexiglaskuppeln aufgesetzt, die in den Bibliotheksräumen ein angenehmes Licht verbreiten. Umgeben von mehrstöckigen Wohnblocks, wirkt der ehrgeizige Komplex wie die stehengelassenen Kulissen für einen Film, dem seine Schöpfer unbedingt morgenländisches Flair, oder was sie eben darunter verstehen, geben wollten.

Modernität um jeden Preis scheint die Parole zu sein, der man in der Hauptstadt der zu beinahe achtzig Prozent von Albanern bewohnten autonomen Provinz heute folgt. Es wäre übertrieben zu sagen, daß die Stadt damit an Charakter gewinnt. Allerdings müssen wir einräumen, daß Priština auch zu Zeiten, als es noch heimeliger war, in Stadtbild und Atmosphäre nie den Charme von Prizren oder Peć hatte. Diese Orte sind aber auch nicht so rasant gewachsen wie die Hauptstadt, die sich von einem Provinznest mit sechzehntausend Einwohnern bei Kriegsende zu einer Großstadt mit über hunderttausend Einwohnern entwickelt hat.

Alle Modernität konnte jedoch gewisse althergebrachte Gewohnheiten nicht verdrängen, wie zum Beispiel den Korso am frühen Abend. Früher war es allerdings üblich, daß auf der einen Seite der Hauptstraße, die den Namen Titos trägt, die albanische Jugend promenierte, auf der anderen die serbische. Jetzt, so sagt man uns, gäbe es keine Trennung mehr, man schlendere national gemischt hin und her, auf der einen wie auf der anderen Straßenseite. Das mag stimmen, nur stellt sich die Frage, ob man dies als Zeichen zunehmender Problemlosigkeit des nationalen Zusammenlebens der Albaner mit den Serben und Montenegrinern werten kann, oder ob die albanische Jugend nun beide Straßenseiten für sich okkupiert hat und sie ihre Altersgenossen aus den anderen Nationalitäten nur großmütig duldet. Nach all dem, was im Kosovo seit Beginn der achtziger Jahre geschehen ist, könnte die zweite Deutung zutreffender sein, aber auch für die erste werden sich Verfechter finden lassen, besonders wenn sie in amtlicher Stellung sind. Seit dem Aufruhr der albanischen Jugend im Frühjahr 1981 mit seinen Folgen ist es für den

Außenstehenden jedenfalls schwierig, sich ein halbwegs zutreffendes Bild von den Verhältnissen in dieser Provinz zu machen.

Der Leser wird sich vielleicht erinnern, daß der Aufruhr vom Frühjahr 1981, als die Albaner ihre eigene Teilrepublik im Rahmen der jugoslawischen Föderation verlangten, nur mit massivem Einsatz von Polizei und Armee erstickt werden konnte. Seither ist das Problem Kosovo im jugoslawischen Rahmen weiterhin aktuell, auch wenn die Provinz nach außen hin befriedet scheint. Alles deutet darauf hin, daß es noch auf Jahre hinaus aktuell bleiben wird, sind doch seine Ursachen so vielschichtig, daß eine oberflächliche politische ›Lösung‹ kaum von Dauer sein kann. Hier im Kosovo bilden historische, psychologische, politische, wirtschaftliche, soziale und kulturelle Elemente ein Gemisch von hoher Explosivität, dessen Entschärfung nur schrittweise möglich zu sein scheint und von allen Beteiligten Toleranz, Nüchternheit, gegenseitigen Respekt und demokratische Verhaltensweisen verlangt. Im engeren politischen Bereich sind außerdem noch überlegte und gezielte wirtschafts- und sozialpolitische Maßnahmen erforderlich.

In Priština, Prizren oder Peć braucht man sich nur zur Schulschlußzeit auf der Straße aufzuhalten, um das Grundproblem des Kosovo geradezu physisch zu erleben. Da wird man von einer Flut von jungen Menschen beinahe weggeschwemmt, die, ob sie nun vierzehn oder achtzehn Jahre alt sind, eine Beschäftigung zu finden erwarten, für die sie doch eine entsprechende Ausbildung erhalten haben. Denn was das Kosovo-Problem so aktuell macht, ist die Bildungsexplosion der letzten zwanzig Jahre. Sie wird allein schon darin deutlich, daß die erst 1969 ins Leben gerufene Universität Priština binnen weniger Jahre mit rund vierzigtausend Hörern zur zweitstärkst besuchten ganz Jugoslawiens geworden ist. Ein weiteres Beispiel: In den Mittelschulen der Stadt Djakovica waren früher nur vier Mädchen albanischer Volkszugehörigkeit anzutreffen; inzwischen sind es mehrere hundert.

Diese Bildungsexplosion erfolgt vor dem Hintergrund einer Bevölkerungsexplosion. Das Kosovo hat die höchste Geburtenrate in Europa, 36 auf tausend Einwohner, die Zuwachsrate beträgt über zwanzig Prozent. Zum Vergleich: die Bundesrepublik und Österreich kennen überhaupt keine Zuwachsraten, statt dessen Abgangsraten von rund zwei, beziehungsweise einem Prozent. Eine Familie im Kosovo zählt im Durchschnitt sechs Mitglieder, in der Bundesrepublik kaum drei. Noch zwei Zahlen: 52 Prozent der 1,5 Millionen Einwohner des Kosovo sind jünger als neunzehn Jahre, und 147 Menschen leben hier auf einem Quadratkilometer, während es in ganz Jugoslawien nur 88 sind.

Kann die Wirtschaft der autonomen Provinz diesen Überfluß an Menschen und vor allem an jungen Arbeitskräften überhaupt aufnehmen? So, wie ihre Strukturen derzeit beschaffen sind, kann sie es nicht, obwohl die Voraussetzungen dafür nicht schlecht wären. Das Kosovo verfügt über reiche Braunkohle-Lager und ist auch sonst reich an Bodenschätzen wie Blei und Zink, Nickel und Silber, Bauxit und Magnesit. In die Kraftwerke, die Bergwerks- und Metallurgie-Kombinate und die chemische Industrie wurde viel Geld investiert, aus dem Entwicklungsfond der Föderation wie aus ausländischen Anleihen. Im Vergleich hierzu wurde die verarbeitende Industrie, die für die Schaffung neuer Arbeitsplätze besonders wichtig gewesen wäre, eher vernachlässigt, ebenso wie die Landwirtschaft. Das Resultat: noch immer beträgt das Prokopf-Sozialprodukt des Kosovo kaum mehr als dreißig Prozent des gesamtjugoslawischen und die Zahl der Arbeitslosen ist hier doppelt so hoch wie im jugoslawischen Durchschnitt. Das sind die materiellen Ursachen für die Schwierigkeiten in diesem Teil Jugoslawiens, die historischen und geistigen werden uns noch beschäftigen. Zunächst jedoch wollen wir uns noch in der Umgebung von Priština umsehen, denn es liegt hier eines der sehenswertesten Klöster nicht nur des Kosovo, sondern ganz Jugoslawiens. Es ist Gračanica und liegt nur zehn Kilometer von der Provinzhauptstadt entfernt.

Gračanica und Novo Brdo

Die Mariä-Verkündigungs-Kirche in Gračanica, die letzte Stiftung des serbischen Königs Milutin, wurde zwischen 1313 und 1321, dem Todesjahr des großen Königs, errichtet, während dessen Regierungszeit der Klosterbau und die serbisch-makedonische Freskenmalerei zwischen dem Ohrid-See im Süden und dem Moravatal im Norden einen neuen Aufschwung genommen hatten. Hier, im letzten Kloster seiner Epoche, ist er zweifach dargestellt: Als König, der gemeinsam mit seiner Gattin Simonida, deren Portrait noch besser erhalten ist, von Christus durch Engel Königskronen empfängt, und vermutlich in späterer Zeit, ohne die Attribute seiner Macht, zusammen mit seiner Mutter Helena in Nonnentracht.

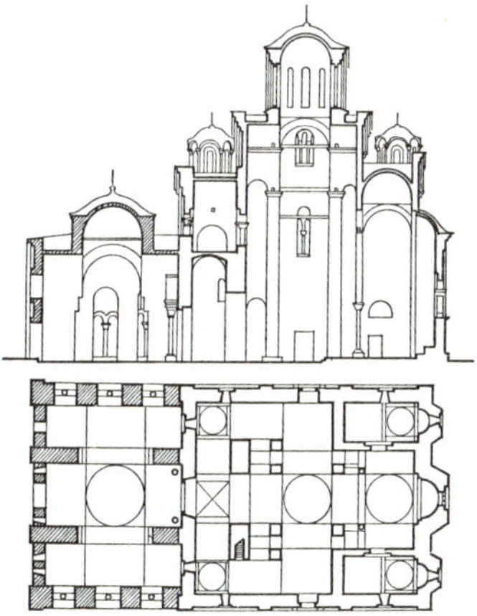

Bevor ich nach Gračanica kam, hatte ich bereits einige Klöster in Serbien und Makedonien gesehen. Bei keinem war ich vom ersten Anblick so hingerissen wie hier. Schon von außen ist der Bau ein architektonisches Meisterwerk: wie die vier kleinen Kuppeln aus dem nach oben strebenden Mauerwerk und dem sie spielerisch umschmeichelnden Bogenwerk herauswachsen und dann die Hauptkuppel dem Himmel entgegenheben – daran kann man sich kaum sattsehen.

Der äußeren Gestalt der Kirche entspricht harmonisch die Wirkung ihres Innenraumes. Das zum Himmel strebende Mauerwerk wird von schlanken, hohen Säulen gestützt und durch die Kuppeln fällt das Licht in einem immer neuen Wechselspiel von Hell und Dunkel in den Raum und auf die Fresken an seinen Wänden.

Die Fresken: Gračanica bietet geradezu eine Orgie der Wandmalerei, so daß ich die Bezeichnung ›byzantinischer Barock‹ beinahe verstehen kann. Aber das gilt nur für den Innenraum, ansonsten riefe dieser Begriff falsche Vorstellungen hervor. Der Regel folgend, sind die Fresken im unteren Teil der Kirche dem irdischen Leben Jesu gewidmet, die im oberen Teil den Manifestationen seiner Göttlichkeit. Wer die Maler von Gračanica waren, ist unbekannt, in der Kirche gibt es keinen Hinweis auf sie. Die Kühnheit in der Wahl der Themen, die Lebendigkeit der Darstellung und die künstlerische Qualität der Ausführung lassen jedoch den Schluß zu, daß man es hier mit Künstlern von Rang zu tun hat. Fachleute sehen Parallelen zu den Wandmalereien zweier Kirchen in Istanbul, die heute Moscheen sind, der Kariye Camii (Chorakirche) und der Fethiye Camii (Pammakaristos-Klosterkirche). Sie stellen den Höhepunkt der Freskenkunst unter der Herrschaft der Paläologen, also der sogenannten ›byzantinischen Renaissance‹, dar. Man sieht auch Ähnlichkeiten mit den Fresken in Staro Nagoričino und Sankt Nikola bei Skopje und zieht daraus den Schluß, daß es sich in Gračanica um Arbeiten der berühmten Maler Mihailo und Eutihije (Eutychios) oder zumindest von Malern aus deren Schule handeln muß. Wie dem auch sein mag – die Malereien von Gračanica gehören jedenfalls zum Schönsten, was man in den Kirchen im orthodoxen Teil Jugoslawiens an byzantinisch-makedonisch-serbischer Kunst der ersten Hälfte des 14. Jahrhunderts findet.

Das Kloster soll einmal sehr reich gewesen sein und seine Schatzkammer wertvolle Handschriften, Ikonen und Kirchengeräte enthalten haben. Davon sind nur spärliche Reste übriggeblieben. Gračanica war der Sitz vieler Bischofskonferenzen zur Zeit des serbischen Feudalstaates und auch noch unter türkischer Herrschaft.

Seine Bedeutung rührte wahrscheinlich daher, daß es in der Nähe von **Novo Brdo** lag, einer Bergwerks- und Handelsstadt, etwa dreißig Kilometer weiter östlich im Gebirge gelegen. Dieses Novo Brdo, das Nyenberghe oder Neuenberg der zeitgenössischen deutschen Quellen, war vom 14. bis zum 17. Jahrhundert eine der bedeutendsten Städte auf dem Balkan. Seine Stellung gründete sich zunächst auf die Silber- und Goldvorkommen der Umgebung. Es wurde deshalb auch die silberne Stadt genannt. Serbische Könige hatten sächsische Bergleute zur Ausbeutung der Silber- und Goldminen ins Land gerufen und sie mit weitgehenden Privilegien für eigene Verwaltung und Steuerfreiheit ausgestattet. Den Bergleuten folgten Kaufleute, und im 15. Jahrhundert war Novo Brdo einer der wichtigsten Handelsplätze zwischen der Adria-Küste und der Ägäis, mit angeblich vierzigtausend Einwohnern, einer Bevölkerungszahl, die weit über der vieler deutscher Städte der damaligen Zeit lag. Es hatte auch eine eigene Münze, in der serbische Könige und osmanische Sultane ihr Geld prägen ließen.

Mit Srebrenica im östlichen Bosnien und dem von uns bereits besuchten Kratovo in Ost-Mazedonien gehörte Novo Brdo zu den sächsischen Bergbaukolonien südlich von Save und Donau, die jahrhundertelang eine wichtige Stellung zwischen Orient und Okzident innehatten. Im Gegensatz zu ähnlichen Gründungen und Siedlungen in Mitteleuropa und im Karpatenbogen, konnte sich das deutsche Element im Innern des Balkans aber nicht halten. Etwa um die Wende vom 16. zum 17. Jahrhundert dürfte die deutschstämmige Bevölkerung in ihrer slawischen Umgebung aufgegangen sein.

Während Kratovo, wie wir gesehen haben, heute noch besteht, wenn auch als verschlafenes Provinznest, sind von Novo Brdo nur noch Ruinen zurückgeblieben. Sie liegen in 1200 Meter Höhe und bilden einen Ring von Steinhaufen und Gemäuer um die Reste der Burg, die ihre Umgebung vom Gipfel eines Berges dominiert. Hier oben ist es menschenleer, nur der Wind pfeift durchs Gestrüpp und um die ausgehöhlten Türme der einst mächtigen Stadtmauern. An die sächsischen Bergleute erinnern nur noch die Flur- und Dorfnamen, in denen die Wörter Sasa oder Sase vorkommen, und die spärlichen Ruinen einer dreischiffigen Kirche, die Saška Crkava (Sachsenkirche) genannt wird.

Prizren, Spiegelbild des Kosovo

Sollte ich die Stadt nennen, die am klarsten widerspiegelt, was das Kosovo ausmacht, seine Geschichte, seine nationalen Schwierigkeiten, seine heutigen Probleme, ich würde ohne zu zögern sagen: Prizren. Außerdem ist sie eine schöne Stadt: sie erstreckt sich zu beiden Seiten des Flusses Prizrenska Bistrica, der mit seinem klaren Wasser aus den Bergen, mit seinen von Pappeln und Platanen gesäumten Ufern die Stadt wie eine grüne Ader durchzieht.

In Prizren halten sich, im Gegensatz zu Priština, der alte Lebensstil und die Moderne noch die Waage. Man muß nur einmal an einem Markttag in der Stadt sein, wenn die Landbevölkerung hereinströmt, die Frauen oft noch in Pluderhosen oder in ihrer bunten Tracht. Da wird in den Holzbuden der Geschäftsstraßen, an den schnell aufgeschlagenen Ständen oder einfach auf einer über das holprige Pflaster gebreiteten Decke alles angeboten, was man so vom bunt bemalten Pferdehalfter bis zum Büstenhalter gebrauchen kann. Auch kann es dem Reisenden, der die Frauen am Brunnen bei der Sinan-Pascha-Moschee photographieren will, geschehen, daß ein Alter auf ihn zustürzt, den Stock in der Hand schwingend und den Fremden verfluchend, dem seiner Meinung nach Würde und Anstand fehlen.

Historisch gesehen ist Prizren von nationaler Bedeutung für die Serben wie für die Albaner. In der Schlucht der Bistrica am südlichen Stadtrand befinden sich die Ruinen des *Erzengelklosters* (Monastir Sv. Arhandjeli), das, nach den freigelegten Fundamenten von zwei Kirchen und mehreren Klostergebäuden zu urteilen, eine imposante Anlage gewesen sein muß. Das Kloster wurde Mitte des 14. Jahrhunderts vom Zaren Stephan Dušan errichtet, unter dem der serbische Feudalstaat des Mittelalters seine Blütezeit und seine größte Ausdehnung erlebte: er reichte damals von der Donau bis nach Thessalien und von der Adria und dem Ionischen Meer bis in das heutige Bulgarien hinein. Zar Dušan hatte das Erzengelkloster zu seiner Begräbnisstätte bestimmt, und er wurde auch in der Gruft im südwestlichen Teil der Kreuzkuppelkirche beigesetzt. Von der Gruft sind allerdings nur spärliche Überreste erhalten, und die Gebeine des »Zaren der Serben, Griechen und Bulgaren«, wie er sich nannte, befinden sich heute in der Markuskathedrale (Sv. Marko) in Belgrad.

Die Stadt an der Bistrica kann noch mit einem zweiten Denkmal aus Serbiens großer Zeit aufwarten: mit der *Kirche der Muttergottes von Ljeviška* (Bogorodica-Ljeviška, Beschützerin der Schlafenden). In ihrer heutigen Form ist sie eine dreischiffige Kreuzkuppelbasilika, gekrönt von fünf Kuppeln, mit zwei Vorhallen und einem zweistöckigen durchbrochenen Glockenturm darüber. König Milutin hat sie 1307 errichten lassen, sie erhebt sich aber über den Grundmauern einer viel älteren byzantinischen Basilika, die schon in einer Urkunde aus dem Jahre 1019 als Bischofskirche erwähnt wird.

Die Muttergotteskirche ist als Bau und wegen ihrer Fresken bemerkenswert. Der Bau: Eine Mischung aus ockerfarbigem Stein und rötlichen Ziegeln, feierliche Würde und tiefe Frömmigkeit ausstrahlend. Die Fresken: Sie verraten durch ihre Farbigkeit, die voller Frische und Leuchtkraft ist, und in der Komposition der Zyklen die Hand eines Meisters. Dank einer Inschrift in der Kirche wissen wir auch, daß die Meister Nikola und Astrapa den Bau leiteten, und es ist zu vermuten, daß die Fresken von den schon mehrfach genannten Malern Mihailo und Eutihije stammen.

Daß sich die Fresken hier so gut erhalten haben, verdanken wir merkwürdigerweise den Türken. Als sie Prizren in Besitz nahmen, verwandelten sie die Muttergotteskirche in eine Moschee und legten die Wandmalereien, die ja vom Islam verpönte Menschendarstellungen zeigten, unter Verputz. 1912, im ersten Balkankrieg, vertrieben die Serben die Türken aus dem Kosovo und gaben die Muttergotteskirche dem christlichen Glauben zurück. In der Zwischenkriegszeit und nach dem Zweiten Weltkrieg kamen dann die Fresken wohlbehalten schrittweise wieder ans Tageslicht.

Das albanische Prizren, das ja gleichzeitig islamisch ist, kann sich auch eines bedeutenden sakralen Gebäudes rühmen: der *Sinan-Pascha-Moschee* am linken Ufer der Bistrica. Sie wurde 1615 vollendet und zählt zu den großen klassischen islamischen Gotteshäusern in Jugoslawien. Etwas erhöht über dem Fluß gelegen, trägt der mächtige Würfel des Bethauses eine Kuppel von 13,90 Meter Durchmesser, die sich 22 Meter über dem Fußboden erhebt, aber dennoch leicht und schwebend wirkt. Das beinahe fünfzig Meter hohe Minarett verstärkt durch seine Schlankheit noch den Eindruck der Harmonie des gesamten Bauwerks. Das Innere wird von den Farben der Dekorationen an den Wänden und der kostbaren Teppiche auf dem Fußboden geprägt. Ein besonderer Schatz sind die illuminierten orientalischen Handschriften, die hier wie in einem Museum ausgestellt sind. Die älteste ist ein Koran aus dem Jahre 1312.

Älter als die Sinan-Pascha-Moschee ist am rechten Ufer der Bistrica die Gazi-Mehmed-Pascha-Moschee, deren Ruhm sich auf ihre Bibliothek gründet. Neben theologischen Büchern besitzt sie Werke aus allen Wissensgebieten und in den Sprachen der vielen Völkerschaften zwischen Ungarn und Afghanistan.

Für die Albaner in Jugoslawien wie in Albanien selbst hat Prizren noch eine politische Bedeutung. In einem kleinen, heute gelb angestrichenen Haus mit vorgezogenem Obergeschoß traten im Jahre 1878 albanische Honoratioren zusammen und bildeten die sogenannte ›Liga von Prizren‹, die erste nationale albanische Vertretung innerhalb des türkischen Reiches. Dies geschah zu einer Zeit, da Truppen des zaristischen Rußland vor Istanbul standen, Bulgarien seine nationale Freiheit erlangt hatte, Serbien und Montenegro dabei waren, sich auf Kosten der Türkei auszudehnen und Österreich-Ungarn Bosnien und die Herzegowina okkupierte. Nun strebten auch die Albaner ihre nationale Einheit an, zunächst in einer Autonomie im Rahmen des Osmanischen Reiches, später auch in Form staatlicher Selbständigkeit. Aber die 1878, auf dem Berliner Kongreß versammelten europäischen Mächte waren an einer so wesentlichen Schwächung der Türkei noch nicht interessiert. Die Liga von Prizren konnte die nationale Befreiung des albanischen Volkes noch nicht verwirklichen. Das gelang erst 1912. Prizren, die Keimzelle der albanischen staatlichen Wiedergeburt, hätte damals zum neuen Albanien kommen sollen, doch die Serben wußten das zu verhindern, auch mit dem Hinweis auf die historische Bedeutung, die diese Stadt für sie hatte. So blieb Prizren bei Serbien und dann bei Jugoslawien bis auf den heutigen Tag. Aber im Bewußtsein der albanischen Nation hat sie noch immer einen hohen Rang.

Zur Erkundung des albanisch-islamischen Prizren gehört auch ein Spaziergang durch den Stadtteil, der sich am linken Ufer der Bistrica den Hang hinauf zur Burg erstreckt. Zuerst schlägt man sich durch ein Gewirr von Läden, Garküchen und Werkstätten in niedrigen Holzhäuschen durch, dann aber stößt man in den steilen Straßen mit dem traditionellen Kopfsteinpflaster immer wieder auf ein Haus, dessen breite, buntbemalte oder mit farbigem Holz intarsierte Front mit einer sanft geschwungenen Loggia den Reichtum der früheren Besitzer ahnen läßt und das die Bezeichnung Herrenhaus verdient. Schließlich soll es in Prizren und auch in Nachbarorten wie Djakovica und Orahovac noch einige Tekijas geben, Versammlungs- und Gebetshäuser islamischer Derwisch-Orden, die hauptsächlich im 17. und 18. Jahrhundert unter den Albanern islamischen Glaubens stark verbreitet waren und die sich heute nur noch in Ostmakedonien und eben im Kosovo finden lassen. In Prizren, so heißt es, kommen sie einmal im Jahr zur gemeinsamen Ausübung ihrer religiösen Riten zusammen.

Auf dem Wege nach Peć: Djakovica, Dečani

Von Prizren nach Peć sind es rund fünfundsiebzig Kilometer, die Landschaft ist nicht gerade aufregend, dafür aber fruchtbar, es fallen besonders die ausgedehnten Weingärten auf. An den Betonpfeilern und dem Geflecht der Drähte, die die Weinstöcke stützen, sieht man, daß die Anlagen noch nicht sehr alt und in zentraler Planung errichtet worden sind. Auf halbem Wege nach **Djakovica** stößt man dann auch noch auf einen modernen Kellereibetrieb mit riesigen Betonfässern und einem eigenen Gleisanschluß zur Eisenbahn. Wir sind mitten in dem Weinbaugebiet des Kosovo, das auf der Basis von langfristigen Verträgen mit einer deutschen Weinimportfirma ausgebaut und modernisiert wurde. Von hier stammt der Rotwein, der meist als ›Amselfelder‹ bezeichnet wird, obwohl das Amselfeld im eigentlichen Sinne an die achtzig Kilometer weiter östlich liegt, und dort zwar Braunkohle in Hülle und Fülle, aber kein Wein zu finden ist. In der unmittelbaren Umgebung von Djakovica fallen zwei Brücken mit vielen und schön geschwungenen Bögen auf. Sie überqueren das Flüßchen Erenik und tragen die Namen ihrer Stifter: die eine heißt ›Terzisjski Most‹, Schneiderbrücke, weil die Schneiderinnung sie bauen ließ, die andere wird ›Tabački Most‹ genannt, was soviel wie Gerber-Brücke bedeutet. Wann sie gebaut wurden, weiß niemand, auf alle Fälle sehen sie aber sehr alt und mit ihren dreizehn, beziehungsweise sieben Bogenöffnungen sehr malerisch aus.

Djakovica habe ich auch wegen des Erlebnisses mit einer albanischen Familie in Erinnerung. In einem Garten hinter hohen Mauern hatten wir ein Bürgerhaus mit einer weit ausladenden und bunt bemalten Loggia im Obergeschoß entdeckt und wollten es uns näher ansehen. Ein Mann mittleren Alters bemerkte das Interesse der Fremden und lud uns in das Haus ein, das unter Denkmalschutz stand. Der gastliche Mann war Lehrer, seine Frau, für albanische Verhältnisse recht selbstbewußt, arbeitete ebenfalls und es wimmelte in den luftigen Räumen von Kindern, wie vielen, weiß ich nicht mehr. Ich weiß nur noch, daß sie alle Namen aus der griechischen Mythologie und Geschichte trugen: Orestes, Perikles und Sokrates, Elektra und Iphigenie, und was es zwischen Kolchis und Mykene an liebenden, leidenden und hassenden Damen sonst noch gab. Wir nahmen natürlich an, daß wir uns bei einer Familie griechisch-orthodoxen Glaubens befänden, im Kosovo übrigens eher selten anzutreffen. Weit gefehlt, es waren Muselmanen, und der Gastgeber versicherte uns, griechische Vornamen seien in albanischen Familien üblich, auch wenn sie sich zum Islam bekennen. Was offenbar nicht nur für den Kosovo, sondern auch für die Albaner im ›Mutterland‹ galt, wenn man sich der Vornamen erinnert, denen man dort begegnet.

Wenn man durch Djakovica kommt, sollte man sich auch gleich die Hadum-Moschee aus dem 16. Jahrhundert ansehen, einmal wegen ihrer eigenartigen Konstruktion auf der Basis von acht Wandpfeilern, zum anderen wegen ihres bunt bewegten Wandschmuckes im Innern und an der Fassade, wo sich jeweils geometrische Ornamente, stilisierte Landschaften mit Bäumen und Pflanzen und Koran-Zitate in arabischer Schrift abwechseln. Ein Tekija, ein Derwisch-Kloster (Tekija Šeh Emina) darf in dieser Gegend nicht fehlen. Es weist keinerlei Ähnlichkeit mit unseren Klöstern auf; eigentlich ist es ein balkanisches Wohnhaus, mit einem Versammlungsraum im Erdgeschoß und Wohnräumen im Obergeschoß. Es ist eine Stiftung aus dem vorigen Jahrhundert.

Dečani, Klosterkirche, Portalfries, Detail

Dafür entspricht **Dečani,** fünfzehn Kilometer von Peć in einem waldigen Seitental gelegen, ganz und gar unseren Vorstellungen von einem Kloster. Kirche und Klostergebäude sind von einer massiven Mauer eingeschlossen, der Zugang ist allein durch ein Tor in einem Wehrturm möglich. Mag sein, daß es diese Wehrhaftigkeit war, die Dečani beinahe unversehrt alle Stürme überstehen ließ, die in den sieben Jahrhunderten seit seiner Gründung über den Balkan hinwegbrausten, mag sein, daß es der Aberglaube der Türken war, der sie vom Kloster fernhielt – es heißt, einem türkischen Imam, der nach der Schlacht auf dem Amselfeld die Kirche in eine Moschee verwandeln wollte, sei am Tor ein Stein auf den Kopf gefallen, sichtbares Zeichen, daß dies nicht Allahs Wunsch war – Tatsache ist, daß sich Dečani in seiner Architektur wie in seinen Wandmalereien so präsentiert, wie es zwischen 1327 und 1335 geschaffen wurde.

Die *Klosterkirche Christus Pantokrator* gilt wegen ihrer Ausmaße als der größte erhaltene mittelalterliche Sakralbau Serbiens. Der Narthex ist dreischiffig, der Hauptraum fünfschiffig mit Tambour und Kuppel, der Altarraum dreiteilig. Der Bau-

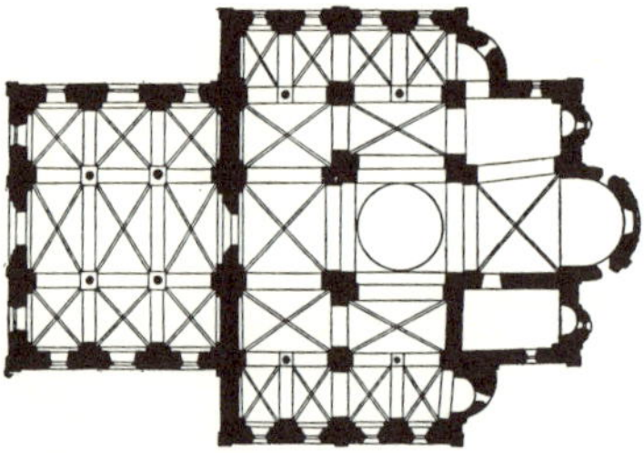

meister, ein Ordensbruder aus Kotor, hat sich dabei zweifellos von der romanischen Kirchenarchitektur des dalmatinischen Küstenlandes inspirieren lassen, so daß Dečani westliche und byzantinische Stilelemente in sich vereinigt. An romanische und gotische Kirchen in Dalmatien und Italien erinnert auch der Steinschmuck an Portalen und Fenstern sowie der Arkadenkranz unter dem Dach: Eine großartige Folge von menschlichen Figuren, phantastischen Tieren und überaus fein gearbeiteten Pflanzenornamenten. Die Fresken im Kircheninneren beeindrucken mehr durch ihre Fülle als durch ihre künstlerische Gestaltung, denn nicht die kleinste Fläche wurde hier unbemalt gelassen. Zehntausend Figuren in zwanzig Zyklen des alten und neuen Testaments sollen die Wände schmücken. Wer sie gezählt hat, weiß ich nicht.

Aber es sind auch nicht die Fresken, die Dečani der serbischen Seele teuer machen. Dečani – das ist so etwas wie ein

Symbol des Fortbestehens der Nation über alle Katastrophen der Geschichte hinweg. Nach der Schlacht auf dem Amselfeld, wo Zar Lazar und die Blüte der serbischen Ritterschaft untergegangen waren, kam Zarin Milica nach Dečani und stiftete dem Kloster zwei riesige, zwei Meter hohe und vierzig Kilogramm schwere Kerzen mit der Auflage, sie erst zu entzünden, wenn die Schlacht gerächt und Serbien wieder frei sein werde. Es dauerte beinahe fünfeinhalb Jahrhunderte, bis diese Stunde eintrat. 1924 begab sich der jugoslawische König Alexander nach Dečani, verneigte sich vor dem Grab König Stefan Uroš III., des Heiligen, der das Kloster gestiftet hatte, und entzündete die beiden Kerzen. Der Auftrag der Zarin Milica war erfüllt.

Eigentlich hätten sie schon zehn Jahre früher entzündet werden können, denn Serbien hat das Kosovo bereits im ersten Balkankrieg 1912 zurückerobert. Nur waren die Zeiten damals für Feierlichkeiten dieser Art zu stürmisch. Dem ersten folgte 1913 der zweite Balkankrieg und diesem 1914 der Weltkrieg. Erst das nach Kriegsende neugeschaffene Jugoslawien konnte die Brücke zurück in das Serbien des Mittelalters schlagen.

Peć: Glanz und Elend der Patriarchie

Ob sich der Leser noch an unsere Fahrt von Montenegro über den Čakor-Paß ins Kosovo erinnert, über die auf Seite 60 berichtet wurde? Am Ausgang der Rugovo-Schlucht kamen wir nach Peć, einst Sitz der Patriarchen der orthodoxen Kirche Serbiens. Nun nähern wir uns vom Süden dieser Stadt, die zusammen mit dem Amselfeld, mit Gračanica, Prizren und Dečani zu den Städten der autonomen und praktisch von den Albanern beherrschten Provinz Kosovo gehört und an die sich die Serben mit ungeheuren Emotionen gebunden fühlen.

Am Westrand der Stadt, im Tal der Pećka-Bistrica, das sich bald zu der von hohen Felswänden gesäumten Schlucht von Rugovo verengt, liegt die **Patriarchie,** ein Komplex von Klostergebäuden, drei Kirchen und einer Kapelle, die alle aneinandergebaut sind. Am ältesten ist die *Apostelkirche,* deren genaue Bauzeit nicht bekannt ist, doch Vergleiche mit anderen serbischen Klosterkirchen lassen darauf schließen, daß sie in der ersten Hälfte des 13. Jahrhunderts zur Zeit des hl. Sava, des ersten Patriarchen einer selbständigen serbischen orthodoxen Kirche, entstanden ist. Es dürfte aber an dieser Stelle schon früher eine Kirche gegeben haben.

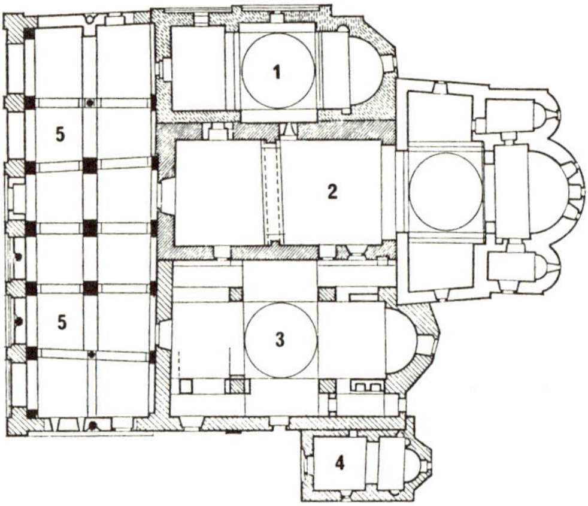

Peć, Patriarchie. (1) Demetriuskirche, (2) Apostelkirche, (3) Muttergotteskirche, (4) Nikolauskapelle, (5) Narthex

Die Fresken in der Apostelkirche stammen aus verschiedenen Zeiten, die ältesten in der Kuppel, unmittelbar nach Beendigung des Baus geschaffen, sind monumentale Darstellungen der Himmelfahrt Christi mit Engeln und Aposteln. Der unbekannte Meister verlieh seinen Bildnissen ausgesprochen junge Gesichter, eine Neigung, die bereits auf die Fresken von Studenica und Mileševo in Südserbien vorausweist, denen unser nächster Besuch gelten wird. Außerdem hat dieser Maler die Jungfrau Maria in einer Weise dargestellt, wie niemand vor oder nach ihm. Die Muttergottes von Peć trägt die Züge einer Frau aus dem Volke, ihre Physiognomie ist nicht idealisiert, sondern beinahe archaisch-rustikal. In keinem anderen serbischen Kloster ist eine so realistisch gestaltete Madonna zu finden. Die Fresken des Altarraums wirken im Vergleich zur strengen Epik der Kuppelszenen eher lyrisch, verstärkt noch durch die Leuchtkraft ihrer Farben. Sie erinnern an die weiter südlich gelegenen Klöster Makedoniens.

Die Fresken der *Demetrius-Kirche,* die zwischen 1321 und 1324 an die Nordseite der Apostelkirche angebaut wurde, stellen Szenen aus der Lebensgeschichte des hl. Demetrius und von Christi Geburt dar. Den tiefsten Eindruck hinterläßt jedoch eine von Meister Jovan geschaffene Geburt Mariä, in der eine junge Frau, die einen Krug trägt, durch die Anmut ihrer klassisch-griechischen Erscheinung besonders fasziniert.

Die Demetrius-Kirche beherbergt auch die Schatzkammer des Klosters mit einer Fülle von wertvollen Ikonen, Handschriften und Kirchengeräten. Als sich im Frühjahr 1981 die Nachricht von einem Brand in der Patriarchie von Peć verbreitete, waren alle Serben aufs höchste alarmiert, denn Peć ist für sie ein Hort religiöser und nationaler Tradition.

Wir hörten schon, daß der Heilige Sava selbst den Sitz des Patriarchen der serbischen Kirche hierher verlegte, weil Žiča, das erste geistliche Zentrum seiner selbständig gewordenen Kirche, sich zu nahe dem ungarischen Machtbereich befand.

Der hl. Sava, Fresko in Kloster Sopočani

Als die Türken Serbien niederwarfen, ließen sie das Patriarchat von Peć als Zentrum der serbisch-orthodoxen Kirche zunächst unangetastet. Erst Anfang des 16. Jahrhunderts hoben sie es auf und unterstellten die serbischen Christen der Jurisdiktion der Erzbischöfe von Ohrid, die in der Mehrzahl Griechen waren, was zu immer neuen Konflikten mit den serbischen Bischöfen führte. Das mag für die Hohe Pforte einer der Gründe gewesen sein, 1557 das Patriarchat von Peć zu erneuern. Wahrscheinlich wirkten dabei auch politische Motive mit. Denn in der Zwischenzeit hatten die Sultane ihre Herrschaftsgrenze über Donau und Save hinaus bis weit nach Ungarn vorgeschoben und kam Serbien als Hinterland große Bedeutung zu. Es war daher ein kluger Schachzug Süleymans des Prächtigen, die serbische Kirche zu fördern und sich ihrer Loyalität zu versichern. Das Gebiet, das der Amtsgewalt des serbischen Patriarchen von Peć unterstand, umfaßte nunmehr das nördliche Makedonien, einen Teil Bulgariens, Serbien, Bosnien, den türkischen Teil Dalmatiens und schloß im Norden in Ungarn noch Eger (Erlau) ein.

Eine Pointe anläßlich der Erneuerung des Patriarchats darf nicht unerwähnt bleiben: Erster Patriarch wurde Erzbischof Makarije, christlich gebliebener Bruder des späteren Großwesirs Mehmet Sokolović, von dem wir schon gehört haben und noch mehr hören werden. Makarijes Nachfolger Antonije und Gerasim waren ebenfalls Verwandte jenes berühmten Mehmet, der am Bosporus eine so glänzende Karriere gemacht hatte. So blieb der Posten des serbischen Patriarchen dreißig Jahre in der Hand der Familie Sokolović.

Heute gibt es in Peć zwar noch eine Patriarchie, aber keinen Patriarchen mehr. Das Oberhaupt der autokephalen serbisch-orthodoxen Kirche hat jetzt seinen Sitz in Belgrad. Aber am Schicksal der Patriarchie von Peć nimmt die serbische Nation noch immer regsten Anteil.

Der Leser wird sich vielleicht aus den Makedonien-Kapiteln erinnern, daß nach der ersten Eroberung von Belgrad 1689 unter Kurfürst Max Emanuel von Bayern die Kaiserlichen bis nach Skopje vorgedrungen waren, und daß Kaiser Leopold I. die christliche Bevölkerung des Balkans zum Aufstand gegen die türkische Herrschaft aufgerufen hatte. Als sich aber die Kaiserlichen wegen der Bedrohung des Reiches durch die Franzosen zurückziehen mußten, war die christliche Bevölkerung der Rache der Türken ausgeliefert. Es setzte nun eine Massenabwanderung aus Süd- und Mittelserbien nach dem Norden ein, zumal ihnen Kaiser Leopold Aufnahme im Gebiet nördlich von Save und Donau, politische Autonomie unter einem eigenen Vojvoden (Fürsten) und Wiedererrichtung des Patriarchats auf österreichischem Gebiet versprochen hatte. Man spricht von hunderttausend Serben, die unter der Führung des Patriarchen Arsen Crnojević das Kosovo verlassen haben. Schon ein halbes Jahrhundert später gab es einen zweiten Exodus nach dem Norden. Diese Abwanderung spielt in den Auseinandersetzungen zwischen Serben und Albanern heute noch eine Rolle. Nach Meinung der Serben sind in das entvölkerte Kosovo die albanischen Hirten aus den Bergen eingeströmt und haben von ihm Besitz ergriffen. Urserbisches Land sei somit den Serben entzogen und von den nichtslawischen Albanern »überfremdet« worden. Eine Theorie, der die Albaner lebhaft widersprechen. Sie sehen eine illyrisch-albanische Kontinuität im Kosovo, die in ihren Augen auch dadurch keine Unterbrechung erlitt, daß der serbische Feudalstaat des Mittelalters dort zeitweise sein Zentrum hatte. Als die Türken um die Wende vom 14. zum 15. Jahrhundert den Süden des heutigen Jugoslawiens eroberten, sei das Kosovo mehrheitlich albanisch gewesen.

Was aber hat das alles mit dem Heute zu tun? Recht viel, wenn man bedenkt, daß die Bevölkerungsverschiebungen in diesem Teil Jugoslawiens auch gegen Ende des zwanzigsten Jahrhunderts noch nicht abgeschlossen sind, daß sie vielmehr eine neue Aktualität gewonnen haben. Als die Serben 1912 die Schlacht auf dem Amselfeld rächten und den Türken das Kosovo nach mehr als fünfhundert Jahren wieder abnahmen, gingen sie rigoros auch gegen die Albaner vor, die sie wegen ihrer Zugehörigkeit zum Islam einfach mit den Türken gleichsetzten. Es kam zu einer starken Neubesiedlung durch Serben und Montenegriner, die auch im königlichen Jugoslawien zwischen den beiden Weltkriegen anhielt. Während des Zweiten

Weltkrieges aber wurde das Kosovo zum größten Teil dem von den Italienern besetzten Groß-Albanien zugeschlagen, was wiederum für viele Serben und Montenegriner Vertreibung bedeutete. 1945 wendete sich das Blatt erneut, und im kommunistisch regierten Jugoslawien unter Tito hatten wieder Serben und Montenegriner die politische Übermacht im Kosovo. Jedenfalls, solange der gefürchtete Innenminister Aleksandar Ranković dort freie Hand hatte. Erst nach seinem Sturz 1966 gewannen die Albaner Bewegungsfreiheit, und sie haben diese seither in jeder Hinsicht zu nutzen verstanden. Heute sind es die Serben und Montenegriner, die sich beklagen, im Kosovo die Benachteiligten zu sein, von der Übermacht der Albaner aus ihren beruflichen Stellungen gedrängt und durch physischen und psychischen Druck gezwungen zu werden, ihren Besitz im Kosovo aufzugeben und in die anderen Landesteile Jugoslawiens abzuwandern.

»Der Tag, an dem die Albaner ihr Ziel, ein ethnisch reines, also ausschließlich von Albanern bewohntes Kosovo erreicht haben werden, ist, wenn die Dinge so weitergehen, nicht mehr fern«, klagen die Serben. Sie kommen sich hilflos vor angesichts des starken Zuwachses und politischen Drucks der albanischen Bevölkerung, und sie fürchten für ihre Zukunft. Ihre endgültige Verdrängung wäre für sie ein unerträglicher Gedanke angesichts der geschilderten, gefühlsmäßig so starken historischen Bande zu diesem Landesteil.

So ist das Kosovo jetzt eigentlich kein albanisches, sondern ein serbisches Problem. Und weil nun einmal die Serben die stärkste Nation im jugoslawischen Vielvölkerstaat sind, ist das eine gefährliche Entwicklung. Denn hier gilt die Feststellung: »Mit einem kroatischen oder sonstigen Problem kann Jugoslawien zur Not leben, mit einem serbischen kann es das nicht!«

Im Herzland Altserbiens

Novi Pazar

Knapp oberhalb der alten Straße von Novi Pazar nach Raška liegt ein kleines altersgraues Kirchlein, umgeben von einem aufgelassenen Friedhof, auf dem die rohen Steinkreuze der früheren Gräber schon halb in der Erde versunken sind. Im Volksmund heißt sie die *Peterskirche,* offiziell wird sie als die Kirche der Apostel Petrus und Paulus bezeichnet, und sie ist der älteste erhaltene Kirchenbau im Gebiet Serbiens. Wann genau der Rotundenbau errichtet wurde, ist nicht überliefert; erwähnt wird er schon im 10. Jahrhundert, und aus der ältesten Schicht der wenigen Freskenreste schließt man, daß er im 9. oder 10. Jahrhundert geschaffen wurde. Es ist keine byzantinische, sondern eine vorromanische Kirche, und sie erinnert an ähnliche Kirchenbauten an der Adriaküste. Sie stammt aus einer Zeit, als die serbischen Stämme noch stark unter dem Einfluß Roms standen und die Reichsbildung noch in ihren Anfängen steckte.

Wenn man den schmalen Pfad zu dem grasbewachsenen Hügel hinaufgegangen ist, steht man also vor einem Zeugen aus der ältesten Zeit Serbiens, aus einer Zeit, da es diese Bezeichnung noch gar nicht gab und für die Gegend um das heutige Novi Pazar der Begriff Rascia oder Raška gebraucht wurde, abgeleitet von der Stadt *Ras,* dem künftigen Sitz Stephan Nemanjas, des Begründers der Nemanjiden-Dynastie. Ras liegt nur einige wenige Kilometer westlich von Novi Pazar, und eine rege Ausgrabungstätigkeit der jugoslawischen Archäologen hat dort immer neue Spuren des einstigen Fürstensitzes zutage gefördert. Von Ras stammt auch die Bezeichnung ›Raizen‹ ab, die im Deutschen bis in das 19. Jahrhundert hinein für die Serben gebräuchlich war.

Wir sind also hier im Herzen des alten Serbien, und wir werden das an den vielen Klöstern und Kirchen erkennen, zu denen uns der Weg noch führen wird. Zunächst aber müssen wir eine Weile im Halbdunkel der niedrigen Kirche verweilen, in der die Reste der Heiligenbilder nur noch mit Mühe wahrzunehmen sind. Denn das unscheinbare Peterskirchlein hat einen bedeutenden Platz in der Kirchengeschichte der Serben.

Hier soll sich nämlich Stephan Nemanjas zweiter Sohn und Nachfolger von Rom losgesagt und seine Serben der Ostkirche unterstellt haben. Die Peterskirche wurde dann Sitz eines byzantinischen Bischofs, später sogar eines Erzbischofs und damit kirchliches Zentrum des unter den Nemanjiden immer beherrschender werdenden serbischen Staates, der im 13. und 14. Jahrhundert im Wechselspiel von Bündnis und Krieg mit Byzanz, mit Bulgarien, Ungarn und den Kreuzfahrern ein bedeutender Machtfaktor auf dem Balkan war. Auch bei der Schaffung einer selbständigen (autokephalen), also vom Patriarchat in Konstantinopel unabhängigen serbischen Kirche im Jahre 1219 soll der Peterskirche eine bedeutende Rolle zugefallen sein. Der hl. Sava, der jüngste Sohn Stephan Nemanjas, habe, so heißt es, die Selbständigkeit der serbischen Kirche unter anderem mit der Behauptung erwirkt, daß die Kirche der Apostel Petrus und Paulus von Titus, einem Begleiter des hl. Paulus, gegründet worden sei. Denn ein Erzbistum konnte nur dann Unabhängigkeit anstreben, wenn es in seinem Bereich eine apostolische Kirchengründung besaß.

Ob der Apostel Paulus nun in diese Gegend gekommen ist oder nicht, **Novi Pazar** wird er bestimmt nicht besucht haben, denn das gab es zu seiner Zeit noch nicht. Die Stadt ist eine Gründung der türkischen Ära, und sie entwickelte sich schnell zu einem bedeutenden Handels- und Wirtschaftsplatz, denn sie lag an der bedeutenden Karawanenstraße von Saloniki über Skopje und Priština nach Sarajevo und Dubrovnik. Heute aber liegt die Stadt, die durch ihren starken muselmanischen Bevölkerungsanteil immer noch ein orientalisches Gepräge zeigt, in einem toten Winkel Südserbiens, zwischen dem Kosovo und Montenegro.

In der neueren Geschichte hat Novi Pazar dem sogenannten ›Sandschak‹ seinen Namen gegeben, einem politischen Gebilde, das der Berliner Kongreß 1878 erfunden hatte. Österreich-Ungarn bekam damals nämlich nicht nur das Recht, Bosnien und die Herzegowina zu besetzen, es durfte auch, wenn es notwendig erschien, den »Sandschak von Novi Pazar« militärisch besetzen, um eine Union der selbständig gewordenen Länder Serbien und Montenegro zu verhindern. Davon machte die Habsburger Monarchie dann 1908, als sie sich Bosnien und die Herzegowina einverleibte, Gebrauch. Nach den Balkankriegen 1913 wurde das Gebiet aber doch Serbien zugesprochen.

Von der einstigen Bedeutung Novi Pazars ist in der heutigen Stadt nicht mehr viel zu bemerken. Ein achteckiger Turm ist der letzte Rest der einst ausgedehnten Festungsanlagen, auf deren Gelände sich jetzt ein Park befindet.

Der *Markt* ist noch recht bunt, aber verglichen mit anderen Märkten im Süden Jugoslawiens bietet er nicht allzu viel. Die *Altum-Alem-Moschee* von 1461 mit ihrer flachen Kuppel ist ein hübscher, heute etwas verwahrloster Bau; mit der aus dem gleichen Jahr stammenden Sultans-Moschee in Priština kann sie sich nicht messen. Dafür besitzt die Stadt ein modernes Hotel, das einer Orientfilm-Phantasie ähnelt. Aber immerhin stellt es einen Fortschritt dar, denn noch vor zwanzig Jahren fand man in Novi Pazar kaum Unterkunft. Die braucht man aber, denn außer dem Peterskirchlein gibt es in der Umgebung noch andere Kirchen und Klöster, die einer Besichtigung wert sind. Da ist zunächst einmal *Djurdjevi-Stubovi,* das große *Sankt-Georgs-Kloster* in den Bergen oberhalb von Novi Pazar, genauer, was von ihm eben übriggeblieben ist. Denn ausgerechnet mit dieser Gründung des großen Stephan Nemanja, wahrscheinlich um 1176, sind die Zeiten sehr hart umgegangen. Die Türken haben sie geplündert und verwüstet, als die Serben Ende des 17. Jahrhunderts nach Norden abzogen. Dann beschoß im ersten Balkankrieg die serbische Artillerie die Türken, die sich hier verschanzt hatten. Was dann noch übriggeblieben war, wurde im Zweiten Weltkrieg bei der Bekämpfung der Partisanen in Mitleidenschaft gezogen. Deshalb riet man mir auch, mir den mühsamen Aufstieg zu ersparen und stattdessen lieber die abgenommenen Freskenreste im Nationalmuseum in Belgrad anzusehen.

In den letzten Jahren hat man die Säulen des heiligen Georg, wie Djurdjevi-Stubovi übersetzt werden kann, sorgfältig restauriert. Wenn man sich doch der Mühe des Aufstiegs unterzieht, dann begreift man, warum Stephan Nemanja gerade diesen Ort, von dem man einen umfassenden Blick auf das Land Ras hat, für seine Kirche wählte. Man versteht auch, daß Kunsthistoriker sie als eine der schönsten Kirchen bezeichnen, die dieser Herrscher gebaut hat. Und wenn man das Fresko des hl. Georg zu Pferde oberhalb des Haupteinganges betrachtet, dann könnte man auf den Gedanken kommen, die Fresken von Djurdjevi-Stubovi denen von Nerezi gleichzustellen.

Die Blütezeit – Eine Klosterreise

Wollten wir auf den Spuren Stephan Nemanjas bleiben, so müßten wir von Novi-Pazar aus in Altserbien unentwegt hin- und herfahren, was in diesem gebirgigen Lande und bei den abenteuerlichen Straßenverhältnissen, die hier stellenweise noch herrschen, recht anstrengend und zeitraubend wäre. Vor allem, wenn wir auch nur die wichtigsten Klöster zwischen dem Kosovo im Süden und dem Morava-Tal im Norden der Reihenfolge ihrer Entstehung nach besuchen wollten, dann müßten wir zunächst nach Studenica fahren, dann nach Žiča bei Kraljevo und erst anschließend nach Mileševa, schließlich quer durch das Gebirge wieder zurück nach Novi Pazar, weil uns ja noch Sopočani, das Juwel der serbischen Freskenmalerei des 13. Jahrhunderts, fehlen würde.

Aber so genau müssen und wollen wir ja gar nicht sein. Außerdem wird die Reihenfolge, in der man die altserbischen Klöster besichtigt, wesentlich davon abhängen, aus welcher Himmelsrichtung man kommt: von Dalmatien her, vom Norden aus Belgrad oder vom Süden aus Griechenland und Makedonien. Lassen wir also die Geographie aus dem Spiele und wenden wir uns der Zeit zu, in der diese Klöster und ihre Wandmalereien entstanden sind, prüfen wir, was ihnen gemeinsam ist und was sie von den Klöstern im Kosovo und in Makedonien unterscheidet, die wir schon kennen, und von den Morava-Klöstern, die wir noch kennenlernen werden.

Dabei kommen wir wieder auf Stephan Nemanja zurück, der von der Burg Ras aus in der zweiten Hälfte des 12. Jahrhunderts die serbischen Stämme unter seine Herrschaft zwang und damit die Grundlage für den mächtigen serbischen Feudalstaat des Mittelalters schuf. Als Kaiser Friedrich Barbarossa auf dem dritten Kreuzzug 1189 durch den Balkan kam, bereitete ihm Stephan Nemanja in Niš einen glänzenden Empfang. Der serbische Herrscher schlug dem Kaiser auch ein Bündnis gegen seinen Hauptwidersacher, das Reich von Byzanz vor, aber Friedrich ging darauf nicht ein, denn er wollte kein feindliches Byzanz im Rücken haben, wenn er durch Kleinasien ins Heilige Land zog.

Aber lange mußten die Nemanjiden-Herrscher nicht warten, bis Byzanz als Haupthindernis ihres Aufstieges beseitigt wurde. Was ihnen der dritte Kreuzzug versagte, holte der vierte nach. Statt nach Jerusalem zu marschieren, stürzten sich die Kreuzfahrer unter der Führung des greisen Dogen von Venedig, Enrico Dandolo, auf Konstantinopel, eroberten 1204 die so lange strahlende Kaiserstadt am Bosporus, plünderten sie aus und errichteten dort das lateinische Kaiserreich, das sechzig Jahre lang währen sollte. Der Verfall der Macht von Byzanz, dem die serbischen Fürsten bis in die zweite Hälfte des 12. Jahrhunderts tributpflichtig waren, kam jetzt Serbiens Herrscher und Kirche zugute. Es ist die Zeit des Glanzes der Klöster in Altserbien und der Fresken, die die Wände, die Säulen und Kuppeln dieser Klöster schmücken.

Studenica – Die große Aura

Studenica liegt etwa fünfzig Kilometer südlich von Kraljevo. Bei Ušće im Ibar-Tal verläßt man die Hauptstraße und gelangt dann auf einem schmalen, kurvenreichen Sträßchen nach weiteren elf Kilometern in einen Gebirgskessel, gesäumt von Nadelwäldern, Wiesen und Feldern, zwischen denen sich die Bauernhöfe verstecken. Auf einer Terrasse in diesem Kessel liegt das Kloster: man sieht es erst, wenn man vor seiner Ringmauer steht oder, wenn man von der Nordwestseite kommt, vor dem mächtigen Torturm, der den Eingang bewacht. Innerhalb der Mauern erheben sich die drei Kirchen, an die Mauer gelehnt die Klostergebäude aus den verschiedensten Zeiten.

Es ist etwas Majestätisches, gleichzeitig aber auch Entrücktes um Studenica. So, als wollte es nicht nur die Macht und den Rang ihres Stifters dokumentieren, sondern auch eine Stätte der Einkehr, der Selbstprüfung und der Meditation sein; und schließlich der Ort des ewigen Schlafes. Stephan Nemanja hatte dieses Kloster im letzten Jahrzehnt des 12. Jahrhunderts gegründet, hierher hat er sich nach seiner Abdankung 1196 als Mönch Simeon zurückgezogen, hier ist er begraben. In Studenica lebte und arbeitete sein Sohn Rastko, in der Geschichte Serbiens besser als der hl. Sava bekannt, der erste Erzbischof der unabhängigen serbisch-orthodoxen Kirche, und hier entwarf er die ersten Klosterregeln in Serbien. Ein Kloster also mit einer großen geschichtlichen Aura.

Es mag in Serbien Klöster geben, die größere kirchengeschichtliche Bedeutung haben, wie zum Beispiel Peć, oder deren Architektur vollendeter ist, wie Gračanica, oder deren Fresken farbiger leuchten, wie die von Sopočani – im Gemüt der Serben können sie die Würde und das Hoheitsvolle von Studenica nicht übertreffen.

Von den drei Kirchen von Studenica ist die *Muttergotteskirche* in der Mitte der Anlage die älteste. In ihrem Stil stellt sie eine ungewöhnliche Mischung dar: ihre Architektur vereinigt östliche und westliche Elemente. Das Ziegelmauerwerk und der Aufbau der Kirche – Schiff, Kuppel, Querhaus, dreigeteilter Chor – sind byzantinisch, die Fassaden, die Portale, die Bögen um die Fenster und ihre Verkleidungen, die Skulpturen und Reliefs sind romanisch. Die Fresken wiederum sind byzantinisch.

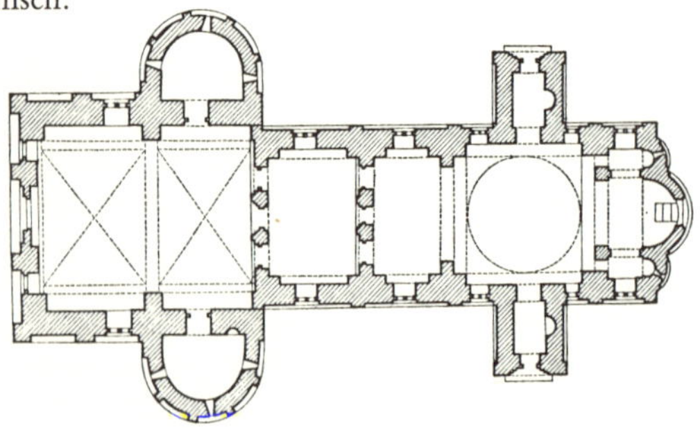

Hier im Herzen Serbiens, in dem als Raška (Raszien) bezeichneten Landesteil, trafen Einflüsse sowohl aus Italien und Dalmatien wie aus Konstantinopel, Saloniki und Makedonien zusammen, und es entstand jener Baustil des serbischen frühen Mittelalters, den man als den Raška-Stil bezeichnet.

Die Muttergotteskirche betritt man durch ein vollendet schönes spätromanisches Portal, das wir wegen seiner schlanken Säulen, der fein bearbeiteten Marmoreinfassung und dem Tympanon mit Maria und Jesuskind, flankiert von zwei Engeln, eher in Süditalien vermuten würden. Die Wandmalereien im Innern aber sind in ihrer Linienführung streng byzantinisch, besonders die frühen aus den Jahren 1208-1209. Zu ihnen gehört auch die monumentale Kreuzigung Christi, die fast die ganze Westwand bedeckt und deren leuchtendes Blau und Gold dem Kirchenraum eine feierliche Atmosphäre verleihen.

Nicht alle Wandmalereien in der Muttergotteskirche stammen jedoch aus dem frühen 13. Jahrhundert. Die Komposition über dem Sarkophag Stephan Nemanjas, in deren Mittelpunkt der Stiftungsakt steht, und der Tod der Muttergottes an der

Nordwand sowie die Szene in der Vorhalle stammen, wie aus einer Inschrift hervorgeht, aus dem Jahre 1569. Auch wenn sie nicht die Meisterschaft der frühen Fresken erreichen, gehören sie doch zu den bedeutenden Wandmalereien Serbiens aus der Zeit der türkischen Herrschaft.

Neben der durch den Exonarthex von 1233/34 des Königs Radoslav stark vergrößerten, aber etwas disharmonisch wirkenden Muttergottes-Kirche nimmt sich das zweite Gotteshaus von Studenica, die *Königskirche,* geradezu bescheiden aus. Sie wurde 1314 gebaut und gehört zu den mehr als zwanzig Stiftungen des Königs Milutin, auf dessen fromme Werke wir schon an vielen Orten in Makedonien und im Kosovo gestoßen sind. Die Königskirche ist ein kleiner, weißer, byzantinischer Bau auf dem Grundriß eines Kreuzes, gekrönt von einer einzigen achteckigen Kuppel.

Eigentlich ist das Kirchlein den Eltern der Jungfrau Maria, dem hl. Joachim und der hl. Anna geweiht, und von ihnen ausgehend stellen die Fresken, die offensichtlich von Malern aus den Ateliers des Königs stammen, in der Hauptsache das Marienleben dar. Der anonyme Maler der figurenreichen Fresken der Geburt der Maria und des Tempelgangs war gewiß ein bedeutender Meister des klassischen Stils. Ein Zauber der Frische und der Schönheit, des Maßes und der Anmut geht von diesen Wandmalereien aus.

Noch bescheidener nimmt sich die dritte Kirche von Studenica aus, die des *heiligen Nikolaus.* Sie ist etwas weggerückt von den beiden anderen und sieht, nachdem man ihren Verputz entfernt hat, wie ein Überrest aus uralten Zeiten aus. Sie erinnert an die einschiffigen Basiliken an der Adria-Küste. Wahrscheinlich wurde sie Anfang des 13. Jahrhunderts errichtet. Über die Fresken ist es schwer, etwas auszusagen; das wenige, das von ihnen übriggeblieben ist, läßt sich in dem beinahe fensterlosen Kirchlein kaum erkennen.

Studenica sollte man nicht verlassen, ohne sich die Schatzkammer angesehen zu haben. Von ihrer einstigen Fülle an Reliquien, Handschriften, Urkunden und wertvollem Kirchengerät – aufgrund der Schenkungen der serbischen Könige galt das Kloster im Mittelalter als das reichste im Lande – ist nur noch wenig vorhanden, aber auch dies ist sehenswert. Unter den Schutzbriefen der Könige, Sultane und Feldherren findet man auch einen des Prinzen Eugen, der nach der Eroberung von Belgrad 1717 das Kloster in seine Obhut nahm.

Mileševa – Die Verheißung

Das ehemalige Kloster liegt im Westen unserer seitherigen Fahrtrichtung, nämlich unweit von Prijepolje in einem Seitental des Lim. Der Eindruck von außen: Eine serbische Dorfkirche, zwar etwas größer als die meisten, aber weiß getüncht gleich ihnen, schmucklos, nichts Auffallendes um die Portale und die Fenster. Dann betritt man das Innere und bedauert, daß man kein Fernglas bei sich hat. Denn die Fresken liegen teilweise sehr hoch, die Kreuzabnahme Christi unter der Kuppel beinahe zehn Meter über dem Erdboden, so daß man zwar das Vollendete der Komposition, nicht aber Einzelheiten erkennen kann. Da muß man zu Abbildungen in Büchern greifen, denn diese Details gehören zum Schönsten, das uns von serbischer Wandmalerei überliefert ist. Man denke an die ergreifende Geste der Maria Magdalena, die ihre Wange mit unendlicher Zärtlichkeit an die Hand des vom Kreuze genommenen Christus legt, oder an die Gottesmutter Maria, die ihre Wange gar an die Wange ihres toten Sohnes schmiegt.

Auch der berühmte weiße Engel am leeren Grabe Christi, der den drei Marien die Auferstehung des Sohnes Gottes anzeigt, ist an der rechten Wand des Naos in ziemlicher Höhe angebracht, so daß man seine ganze Herrlichkeit mit bloßem Auge kaum erkennen kann. Es ist eine Figur von antiker Schönheit und einer geheimnisvollen Strahlkraft, die die sonst strengen Regeln der Wandmalerei der ersten Hälfte des 13. Jahrhunderts durchbricht.

Schon besser sichtbar sind die Portraits der mit dem Kloster verbundenen historischen Persönlichkeiten. Es sind bedeutende Schöpfungen der Maler von Mileševa. Da schaut uns der Stifter des Klosters, der jugendliche König Vladislav, aus seinem rötlich pausbäckigen Gesicht mit zwei verträumten Augen an, da haben wir, wenn auch nur zur Hälfte erhalten, das strenge Antlitz des Mönches Simeon, der niemand anderer als der große Stephan Nemanja ist, und da ist natürlich auch der hl. Sava, dessen kluge Augen und energische Gesichtszüge den Diplomaten und Kirchenfürsten verraten.

Mileševa, Kirche Christi Himmelfahrt, Fresko

Zeitlich liegen die Wandmalereien von Mileševa zwischen denen der Muttergotteskirche von Studenica und denen von Sopočani. Sie haben sich von der Rigorosität von Studenica befreit, doch noch nicht die kompositorische Reife von Sopočani erreicht. Ihre Bedeutung liegt darin, daß sie der Freiheit der Gestaltung das Tor geöffnet haben. »Das Werk der Meister von Mileševa«, schreibt der serbische Kunsthistoriker Živorad Stojković, »erhebt sich durch sensitive Wiedergabe, dadurch, daß es nicht am Konkreten, an historischer und ikonographischer Sachlichkeit haften bleibt, zu höchster Vergeistigung.«

Heute wird Mileševa wegen seiner Fresken besucht, in früheren Zeiten strömten die Serben hierher, weil sich in der

Kirche das Grab ihres Nationalheiligen Sava befand, dessen Bedeutung für den Balkan sich schon daraus ermessen läßt, daß er von beiden christlichen Kirchen, der römischen wie der griechisch-orthodoxen, heiliggesprochen wurde. Der hl. Sava, von dem in Žiča noch ausführlicher die Rede sein wird, war 1235 auf einer seiner vielen Reisen in Târnovo, der Hauptstadt des bulgarischen Reiches, gestorben, und König Vladislav hatte seinen Leichnam nach Mileševa überführen lassen.

Es war mir bekannt, daß sich seine Gebeine heute nicht mehr in Mileševa befinden. Aber wo sind sie geblieben? »Die Türken haben sie weggeschleppt, in Belgrad verbrannt und die Asche verstreut«, sagte die mich begleitende Nonne. Das soll 1595 gewesen sein, und so steht es auch in Beschreibungen des Klosters und in Geschichtsbüchern zu lesen.

Aber warum sollten sich die Türken vierzig Jahre nach der Erneuerung der autokephalen serbischen Kirche die Mühe gemacht haben, die Gebeine des von den Serben so verehrten Heiligen zu rauben, bis in das zweihundert Kilometer entfernte Belgrad zu schleppen und dort zu verbrennen? Eine Geschichte, die keinen Sinn ergibt. Haben vielleicht die Mönche von Mileševa die Gebeine des hl. Sava weggebracht, als sie Ende des 17. Jahrhunderts Serbien verließen? In Mileševa ist auf diese Fragen keine Antwort zu bekommen, aber für die serbischen Gläubigen ist die Wunderkraft ihres Heiligen noch immer wirksam.

Sopočani – Die Vollendung

Jetzt müssen wir aber zurück nach Novi Pazar und von dort auf einer Nebenstraße nach Westen über Dojeviće zum Kloster Sopočani, wo nach der Meinung von David Talbot Rice in den Fresken der *Dreifaltigkeitskirche* »die serbische Malerei ihren Höhepunkt erreicht hat«.

Von Mileševa nach Novi Pazar sind es rund hundert Kilometer; es geht aber durch eine gottverlassene Gebirgslandschaft, in der auch die Straßenkarten höchst ungenau sind. Als ich vor einigen Jahren durch die Gegend fuhr, war die Straße über Sjenica nur zum Teil asphaltiert. Für das Geholpere über Schotter und Schlaglöcher wurde man allerdings durch eine Weite und Einsamkeit entschädigt, die auch in diesen Breitengraden selten geworden ist. Übrigens dürfte es im Hochmittelalter und zur Zeit der Türken hier viel lebhafter zugegangen sein. Ich erwähnte schon, daß Novi Pazar an einer bedeutenden Karawanen- und Handelsstraße lag. Sie war die wichtigste Verbindung von der Ägäis über Skopje, Priština nach Sarajevo und an die Adria, und es zogen hier Könige und Wesire, Diplomaten und Kaufleute mit ihrem Troß des Weges. Wenn man heute durch die entlegenen und ärmlichen Gebirgsdörfer fährt, ist das kaum mehr vorstellbar.

Sopočani liegt nur fünfzehn Kilometer von Novi Pazar entfernt, an einem sanft geneigten Hang am Ende eines Tales, das in einen kleinen Kessel ausschwingt. Rundherum Wiesen, Weiden, Pappeln, Haselnußsträucher und anderes Gestrüpp. Die Konturen der Hügel sind sanft gezogen, die Natur entfaltet hier kein Pathos, alles ist heiter und harmonisch.

Gestiftet hat das Kloster mit dem freistehenden Campanile König Uroš I. zwischen 1265 und 1270. Der König ist auf dem Stifterfresko zu sehen, sich väterlich über seinen Sohn Dragutin neigend, der sich nur dreizehn Jahre später gegen seinen Vater empören und ihn absetzen sollte. Die königliche Familie ist noch auf einem anderen Fresko zu sehen, das den Tod der Königinmutter Anna Dandolo darstellt, einer Venezianerin und Nichte jenes Dogen Enrico Dandolo, der die Eroberung und Plünderung Konstantinopels durch die Kreuzfahrer im Jahre 1204 betrieb und hinter der Errichtung des kurzlebigen lateinischen Kaiserreiches am Bosporus stand. Das Fresko ist das weltliche Gegenstück zur großen Komposition des Marientods an der Westwand der Kirche, einer Komposition, die hier wie in anderen serbischen Klöstern zu den vorzüglichen Themen der Wandmalerei gehört.

Daß von den Fresken, die ursprünglich eine Fläche von über vierzehnhundert Quadratmetern bedeckten, etwa die Hälfte erhalten geblieben ist, grenzt an ein Wunder. Denn nach dem Exodus des serbischen Klerus 1689 aus dem türkisch beherrschten Südserbien auf österreichisches Gebiet war Sopočani jahrzehntelang verlassen. Das Dach der Kirche brach ein, und die Fresken waren Wind und Wetter ausgesetzt. Erst nach dem Ersten Weltkrieg wurde mit der Restaurierung von Kirche und Wandmalereien begonnen.

Was aber hebt die Fresken von Sopočani über die der anderen serbischen Klöster hinaus? Da ist zunächst der Kunstgriff der Meister von Sopočani, ihre Bilder auf einem Grund von Gelb und Gold zu malen, wodurch, auch wenn dieser heute schon abgeblättert ist, eine mosaikähnliche Wirkung erzielt wird. Dann die Farben: das Blau, das Gelb, das Grün, durchsichtig und strahlend zugleich. Dann aber das Entscheidende: Komposition, Zeichnung, Farben, Licht und Schatten sind in absoluter Harmonie, keines dieser Elemente dominiert. Das gibt den biblischen Szenen an den Wänden ihre große Ruhe und den Figuren, ob Heilige, Soldaten oder historische Personen, ihre Schönheit, Menschlichkeit und Würde. Welche Bewegung in der Apostelgruppe auf dem monumentalen Fresko des Marientods, welcher Ausdruck des Schmerzes auf ihren Zügen! Wie leuchten die hellen Farben ihrer Gewänder und wie hüllt der Faltenwurf der Gewänder ihre Körper ein!

Was Mileševa versprochen hat, hier in Sopočani fand es seine Vollendung. »Wenn man eine Auswahl treffen sollte«, so schreibt die jugoslawische Kunsthistorikerin Mila Rajković, »um eine Art Schatzhaus der europäischen Kunst zu füllen, und man unter den für das Byzantinische charakteristischen Werken zu wählen hätte, so würde Sopočani durch seine Universalität unter allen Beispielen im Bereich der Kunst von Byzanz herausragen. Die stilistischen und geistigen Gegensätzlichkeiten, wie sie sich in Jahrhunderten zwischen der westlichen und der östlich-christlichen Kunst herausgebildet haben, scheinen sich hier verflüchtigt zu haben, indem ein einmaliges Beispiel der verlorenen Einheit der antiken Auffassung hinterlassen wurde – etwas abgewandelt zwar, aber wiederbelebt in einer mehr geistlichen und erhabenen Interpretation.«

Žiča – Die Krönungskirche

Wenn wir uns nach dem Besuch von Sopočani nach Norden wenden, um Altserbien durch das Ibar-Tal in Richtung Belgrad zu verlassen, dann müssen wir noch ein Kloster besuchen, obwohl es sich weder baulich noch hinsichtlich seiner Wandmalereien mit den anderen ›Königsklöstern‹ vergleichen läßt. Es ist aber für die Serben von großer historischer und kirchengeschichtlicher Bedeutung als Krönungsstätte ihrer ersten Könige und als Sitz des ersten Erzbischofs einer autokephalen serbisch-orthodoxen Kirche.

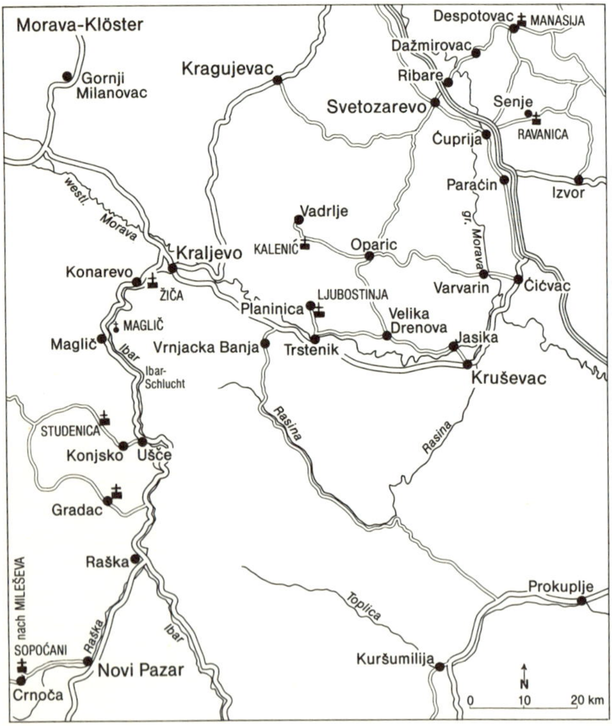

Es ist Žiča am Ausgang des Ibar-Tales, etwa fünf Kilometer südlich von Kraljevo. Etwas abseits der Hauptstraße verstekken sich die ziegelroten, von einer Mauer eingeschlossenen Klostergebäude hinter dem Grün der Kastanien und Platanen. Wann immer man Žiča besucht, herrscht hier großer Betrieb. Vor dem Turmtor Reiseautobusse, die Kirche voller Leute. Der Andenken-Kiosk umlagert, ebenso der Stand mit dem im Kloster erzeugten Slivovitz, den die Nonnen verkaufen und auf dessen Güte man sich verlassen kann. Die Menschen, die hierher kommen, sind keine Touristen, sondern Serben aus allen Teilen Jugoslawiens, die nach Žiča eine Art Wallfahrt unternehmen, weil dieses Kloster ihrem nationalen Selbstverständnis teuer ist.

Gegründet hat es König Stephan der Erstgekrönte, gebaut wurde es zwischen 1208 und 1220. Stephan war der erste Herrscher aus dem Hause der Nemanjiden, der den Titel eines serbischen Königs trug. Die Krone wurde ihm hier aufs Haupt gesetzt von seinem Bruder Rastko, der als der hl. Sava in die Geschichte eingegangen ist. Hier müssen wir noch etwas mehr über diesen Mann sagen, der für die Serben von so großer Bedeutung ist. Denn er war nicht nur ein Mann der Kirche, sondern auch ein großer Diplomat. Als die Kaiser von Byzanz von den Kreuzfahrern und den Venezianern 1204 aus ihrer Hauptstadt am Bosporus vertrieben wurden und sich nach Nikäa in Kleinasien zurückziehen mußten, nützte Sava die Schwäche des Ostreiches und erwirkte von Kaiser Theodor Laskaris und dem Patriarchen Manuel das Recht auf Bildung einer unabhängigen serbischen Nationalkirche, sehr zum Ärger des Erzbischofs von Ohrid, dem bis dahin die Kirchenorganisation in Serbien unterstand. Dieser Erzbischof Homatijan sprach von einer »frechen Tat« Savas, für die er die Exkommunikation verdiene. Auch warf er ihm seine weltliche Lebensführung vor. »Er gibt sich völlig weltlichen Dingen und weltlichen Vergnügungen hin, nimmt an Festlichkeiten teil, reitet auf Pferden edelster Zucht umher, schleppt eine zahlreiche Dienerschaft mit sich herum und tritt in Festzügen mit einer buntbewegten Begleitung auf«, schrieb der empörte Kirchenmann. Er warf Sava auch vor, sich in Serbien zum Erzbischof proklamiert zu haben, obwohl er nicht einmal Bischof gewesen sei.

Wie das nun im einzelnen gewesen sein mag, braucht uns nicht zu interessieren. Das Kloster Žiča wurde 1219 Sitz des Oberhauptes der selbständigen serbischen Kirche, und das war der hl. Sava. Noch heute ist der Erzbischof (Metropolit) von Žiča nach dem Patriarchen in Belgrad der zweithöchste geistliche Würdenträger der serbisch-orthodoxen Kirche. Als die Kirche 1969 das Jubiläum ihrer 750jährigen Selbständigkeit beging, fanden die Feiern nicht in Belgrad, sondern in Žiča statt. An der Bedeutung dieses Klosters konnte auch die Tatsache nichts ändern, daß Ende des 13. Jahrhunderts wegen der Bedrohung Žičas durch die Ungarn der Sitz des Oberhauptes der serbischen Kirche von hier nach Peć im heutigen Kosovo verlegt wurde. Žiča blieb »die Mutter vieler Kirchen«, wie es in der Stiftungsurkunde heißt, deren Text heute an der Seitenwand des Einganges unter dem Turm zu finden ist.

Die Morava-Klöster – Herbst des serbischen Mittelalters

Bei Žiča sind wir schon im Bereich der *westlichen Morava,* die in der Nähe von Kruševac in die *große Morava* mündet. Damit verlassen wir jenen Teil Serbiens, den ich als das Herz Altserbiens bezeichnet habe, dessen berühmteste Klöster wir zwischen den Tälern des Ibar- und des Lim-Flusses besuchten. Haben wir aber dort auch alles gesehen, was wert ist, gesehen zu werden? Ich fürchte, nein. Aus dem Ibar-Tal nördlich von Raška hätten wir zum Beispiel einen Abstecher zum *Kloster Gradac* machen können; daß ich es auf meinen vielen Fahrten in Jugoslawien noch nicht tat, halten mir Belgrader Freunde ernsthaft vor. Für sie ist Gradacs Architektur ein besonders gelungenes Beispiel für den Raška-Stil, der Verbindung romanischer, gotischer und byzantinischer Bau- und Dekorations-Elemente und schon deshalb einer Besichtigung wert. Zu meiner Schande muß ich auch gestehen, daß ich noch nie in *Arilje* war, einem Städtchen zwischen Užička Požega und Ivanjica. Dabei zählen die Portraits der serbischen Könige an den Wänden der dortigen Achillios-Kirche (Sveti Ahilije) zu den bedeutendsten Herrscherbildnissen des mittelalterlichen Serbien und der europäischen Portraitmalerei des 13. Jahrhunderts überhaupt. Schließlich bin ich auch an den Ovčar-Kablar-Klöstern in der Schlucht der westlichen Morava zwischen Čačak und Užička-Požega, immer wieder vorbeigefahren. Sie liegen sehr malerisch zu beiden Seiten des Flusses, manche unmittelbar am Ufer, manche hoch oben in den Felsen. Insgesamt sind es ihrer zehn, und im 16. und 17. Jahrhundert waren sie für die serbische Bevölkerung in diesem Teil des Osmanischen Reiches ein bedeutendes kulturelles Zentrum. Für spätere Fahrten in den Süden Serbiens habe ich mir also noch einiges aufgehoben.

Was man sich aber auf keinen Fall für später aufheben sollte, wenn man jetzt von Žiča nach dem Norden in Richtung Belgrad strebt, das sind die sogenannten Morava-Klöster. Ljubostinja und Kalenić liegen im Winkel zwischen der westlichen (zapadna) und der großen (velika) Morava, Ravanica und Manasija etwa auf der Höhe von Svetozarevo östlich der großen Morava und der Autobahn Belgrad–Niš. Sie alle sind also von der jugoslawischen Hauptstadt aus verhältnismäßig gut zu erreichen, auch wenn man streckenweise schmale Seitenstraßen benützen muß.

Setzen wir von Žiča die Fahrt in Richtung auf die Morava und die nach ihr benannten Klöster fort, so kommen wir zuerst nach **Ljubostinja.** Es liegt halbwegs zwischen Kraljevo und Kruševac, etwa fünf Kilometer abseits der Hauptstraße nördlich der westlichen Morava, versteckt in der Hügellandschaft, die sich nach Norden zu bis an die Donau erstreckt. Gestiftet hat es die Zarin Milica, die Gattin des glücklosen Zaren Lazar, der wir schon auf dem Amselfeld begegnet sind. Hier in Ljubostinja verbrachte die Zarin als Nonne Evgenia ihre letzten Lebensjahre und hier ist sie auch begraben.

Über die Stellung von Ljubostinja in der Reihe der Moravaklöster streiten sich die Kunsthistoriker. Für die einen ist es das Kleinod dieser Schule, für die anderen kann es sich nicht mit Ravanica, Kalenić und Manasija (Resava) messen, dem Dreigestirn der Klöster, die den Herbst der serbischen Baukunst und Wandmalerei des Mittelalters anzeigen.

Was unterscheidet diese Moravaklöster aber von den anderen serbischen Klöstern, die wir schon gesehen haben? Zunächst einmal ihre geographische Lage im Norden des damaligen Königreiches, und dann ihre Entstehungszeit: Sie alle wurden um die Wende vom 14. zum 15. Jahrhundert und in der ersten Hälfte des 15. Jahrhunderts gebaut, als vom großen serbischen Reich nur noch ein kleiner Vasallenstaat zwischen Morava und Donau übrig war, abhängig von der Hohen Pforte und ihrer Gnade ausgeliefert. In diesen sieben Dezenien bis zum endgültigen Untergang eines serbischen Staates erlebte der Klosterbau seine letzte Blüte. Daß die Moravaklöster in solcher Vollendung entstanden, vor allem, daß die Freskenkunst die Höhe erreichen konnte, die sie anerkanntermaßen einnimmt, ist wahrscheinlich Malergruppen zu verdanken, die aus dem von den Türken schon unterworfenen Makedonien und Südserbien nach dem Norden in das noch ›freie‹ Serbien abgewandert waren. Das, was sie an den Wänden dieser Moravaklöster geschaffen haben, mag vielleicht nicht die Leuchtkraft der Fresken von Mileševa oder die Vollendung der von Sopočani aufweisen, doch ist es nicht Epigonenwerk, sondern Zeugnis ungebrochener Kraft dieser Meister zu einer Zeit, als der Staat und die Herrscher, denen sie dienten, schon dem Untergang nahe waren.

Welches der drei Klöster mir das liebste ist, weiß ich nicht zu sagen. Die Klosterkirche von **Manasija,** ein aus Hausteinen gefügter Bau mit fünf Kuppeln, ist die größte im Bereich der Morava. Ihre Lage ist außerdem einigermaßen pathetisch: umgürtet von einer mächtigen, mit elf quadratischen Türmen bestückten Burgmauer, vermittelt sie den Eindruck, als könnten ihr die Zeitläufe nicht das geringste anhaben. In der Tat sind auch ihre Fresken sehr gut erhalten, und wenn am Nachmittag das Licht durch die schmalen Kuppelfenster fällt, leuchten ihr Gold und Azurblau beinahe magisch auf.

Die Christi-Himmelfahrts-Kirche von **Ravanica** wiederum besticht durch den dekorativen Reiz ihres Baues. Schon die Fassaden haben etwas Leichtes und Heiteres durch den Wechsel von fein gemeißelten hellem Sandstein und roten Ziegellagen. Die fünf Kuppeln wachsen in vollendeter Harmonie aus dem

Kirchengebäude heraus. Auch sie haben eingelegte Ziegelreihen, wodurch die Farbwirkung der Fassaden noch verstärkt wird. Das Dekorative des Baues erhöhen schließlich noch die Kreuzgirlanden, die die Fassaden horizontal teilen, und die vertikalen Pilaster, die oben durch Bögen verbunden sind. Ravanica ist also eine graziöse Kirche, doch hat sie auch ihre geschichtliche Bedeutung. Gegründet hat das Kloster noch Zar Lazar, und hierher brachte Zarin Milica seinen Leichnam, den die Mönche 1690 beim Exodus der Serben nach dem Norden auf österreichisches Gebiet mit sich nahmen und in dem verlassenen Kloster Vrbnik beisetzten, das sie ebenfalls Ravanica nannten. Allerdings war dem toten Zaren auch dort keine Ruhe beschieden, denn nach dem Wiedererstehen eines freien Serbien im vorigen Jahrhundert wurden seine Überreste in die neue Patriarchatskirche in Belgrad überführt. Dort befinden sie sich heute noch.

Bleibt **Kalenić** am Schluß des schmalen Tales südwestlich von Svetozarevo. Für mich ist es das anmutigste der Moravaklöster. Vielleicht stammt mein Eindruck daher, daß ich an einem hellen Frühlingstag dort war: im Hof und im Garten des Klosters blühten die Apfelbäume, zwischen Kirche und Wirtschaftsgebäuden eilten die Nonnen in ihren schwarzen Gewändern geschäftig hin und her, und durch die Bäume drangen die starken Farben der Südwand der Klosterkirche.

Die *Muttergotteskirche* von Kalenić besticht zunächst durch die dekorativen Elemente ihrer Architektur. Schon die wechselnden Lagen von gelbem Sandstein und roten Ziegelsteinen machen die Außenfronten außerordentlich lebendig. Dazu kommen dann die Rosetten, Säulen, Bögen und Schachbrettmuster im oberen Teil des Außenbaues. Am schönsten aber sind die Spitzbogenfenster-Rosetten mit ihrem feingemeißelten steinernen Flechtwerk. Im Ornament hat hier die serbische Architektur des Mittelalters ihren letzten Höhepunkt erreicht.

Schließlich die Fresken. Mehr als die Hälfte der zu Beginn des 15. Jahrhunderts geschaffenen Bilder und Szenen ist dank der Übertünchung des 17. Jahrhunderts erhalten geblieben; erst vor hundert Jahren kamen sie wieder zum Vorschein. Der unbekannte Maler muß ein Könner gewesen sein, denn sie bestechen gleichermaßen durch die zarten und klaren Linien ihrer Zeichnung wie durch die Harmonie der hellen und warmen Farben.

Ein besonders berühmtes Fresko, das seinen Platz in der Reihe der großen Wandbilder auf dem Balkan hat, ist die Hochzeit zu Kana. Der Maler zeigt hier keine große Hochzeitsgesellschaft, der der Wein ausgegangen ist, sondern eher ein intimes Familienfest von nur neun Personen, in drei Gruppen gegliedert, wobei die Brautleute, zärtlich einander zugewandt, völlig mit sich selbst beschäftigt sind. Wir haben hier weniger eine biblische Szene vor uns, als vornehme Tafelnde aus der Zeit, in der das Bild gemalt wurde. Noch etwas läßt sich an den Fresken von Kalenić entdecken: Die Architektur- oder Landschaftskulisse, vor der der Maler mit dem Pinsel seine Geschichten erzählt, wie die Flucht der Heiligen Familie nach Ägypten oder die Heimkehr der Drei Könige, weist schon auf die Renaissance-Malerei in Italien hin.

Sehr schön hat der serbische Kunsthistoriker Svetozar Radojčić den Eindruck zusammengefaßt, den Kalenić hinterläßt: »In der vom Tode gezeichneten Schönheit der Fresken von Kalenić spiegelte sich all die Tragik des späten serbischen Rittertums wider: Eleganz, diskrete dekorative Wirkung, ein subtiler Sinn für gemessene Haltung und Gesten – die Lyrik einer geschlossenen kultivierten Gesellschaft, die reich und hilflos versucht, in der vollen Schönheit ihrer überreifen Kultur mit allen Requisiten ihrer behaglichen Existenz von der unsicheren Erde in den sicheren Himmel zu übersiedeln.«

Diese Stimmung einer zu Ende gehenden Zeit liegt nicht nur über Kalenić, sondern über allen Moravaklöstern. Gleichzeitig bringen sie aber auch eine tröstliche Botschaft: Sie haben Verfall und Ende nicht nur einer, sondern mehrerer geschichtlichen Epochen überlebt, sie haben die Not von Bauern und Soldaten, Ruhm und Elend von Königen und Sultanen gesehen, haben dem Ansturm von Heeren und Unwettern standgehalten und zeigten sich trotz der Wunden, die ihnen das Auf und Ab der Zeiten geschlagen hat, in ihrem Wesen doch unzerstörbar.

Šumadija

Sanftes ›Waldland‹ südlich von Belgrad

Šumadija heißt soviel wie Waldland, und mit diesem Namen wie aus einem Märchen umschreibt man das Gebiet südlich von Belgrad. Im Norden wird es von Save und Donau begrenzt, im Süden von der westlichen, im Osten von der großen Morava, den beiden Flüssen, denen wir bisher gefolgt sind, und im Westen schließlich von den Flüßchen Ljig und Kolubara.

Waldland – das läßt zunächst an eine Landschaft mit ausgedehnten Wäldern denken, durch die sich Wiesentäler mit munteren Bächlein ziehen. Dem ist aber nicht so. Die Šumadija ist im wesentlichen ein Hügelland mit Mais und Kornfeldern, mit Wiesen, auf denen Schafe weiden, mit Wein- und Obstgärten und vielen Pflaumenbäumen darin, aus deren Früchten die Bauern ihren Slivovitz, hier ›Prepečenica‹, also Doppelt-Gebrannter genannt, selbst machen. In den größeren Orten gibt es aber auch große industrielle Schnapsbrennereien, die ihren Rohstoff von den Obstplantagen der Agrokombinate beziehen.

Die Šumadija ist aber auch eine Landschaft mit hohem Himmel und weiten Ausblicken, eine Landschaft, durch die man im späteren Frühling fahren sollte, wenn das Grün noch frisch ist und das Land noch nicht unter einer Hitzeglocke stöhnt. Dann sind die Dörfer vom Duft der blühenden Akazien gefüllt, auf den Feldern stehen Mais und Weizen schon ziemlich hoch und die Wiesen sind ein einziger Blumenteppich. Dann hat man den Eindruck, durch ein mildes Land zu fahren, in dem das Leben einem geruhsamen Rhythmus folgt, durch eine Landschaft, die nicht herausfordert, weder durch ihre Natur, noch durch ihre Kultur.

Ganz so harmlos ging es aber in der Šumadija nicht immer zu. Zunächst gab es da einmal ausgedehnte Eichenwälder, die für die Bevölkerung eine doppelte Funktion hatten: Zur Türkenzeit dienten sie den Hajducken, den Freischärlern, als sicheres Versteck; auch konnten sich Frauen und Kinder dorthin flüchten, wenn die Türken Strafaktionen gegen einzelne Dörfer unternahmen.

Dann dienten die Eichenwälder aber auch der Viehzucht, denn sie ermöglichten die Haltung großer Schweineherden, die die Grundlage des bäuerlichen Wohlstandes in diesem Teil Serbiens bildeten. An der Zahl der Schweine, die der Bauer hatte, wurde sein Reichtum gemessen. Zwanzig bis dreißig Stück waren die unterste Grenze, das waren die armen Bauern. Die Reichen besaßen Herden zwischen hundert und zweihundert Stück, die vom Frühjahr bis zum Winter durch die Wälder getrieben wurden.

Ein solcher reicher Schweinezüchter war auch jener Djordje Petrović, genannt Kara Djordjević, der ›schwarze Georg‹, der am 14. Februar 1804 im Dorfe Orašac bei Arandjelovac das Signal zum ersten serbischen Aufstand gegen die türkischen Unterdrücker gab. Damit sind wir aber auch schon bei der Bedeutung, die die Šumadija für die neuere Geschichte Serbiens hatte. War im Feudalstaat des Mittelalters Südserbien um Novi Pazar und das heutige Kosovo das Kernland, so war es für das wiedererstandene Serbien die Šumadija. Sie spielt daher im historisch-politischen Bewußtsein der Serben eine große Rolle. Die heute so friedvolle Šumadija war Schauplatz heroischen, aber auch blutigen und düsteren Geschehens, nicht nur zwischen Serben und Türken, sondern auch unter den Serben selbst, mit Mord und Totschlag, Tücke und Verrat.

Der Besucher aus dem Westen kümmert sich um die Šumadija nur wenig. Wenn er von Belgrad nach dem Süden strebt, streift er auf der Autobahn in Richtung Niš die Šumadija nur. Auch wenn er über Titovo Užice in Richtung Dubrovnik oder Montenegro fährt, berührt er sie nur am Rande. Er sollte sich aber doch zwei oder drei Tage Zeit nehmen und die Orte besuchen, die im Freiheitskampf der Serben und ihrer damaligen Führer und Dynastiegründer eine Rolle gespielt haben. Topola und Oplenac zum Beispiel, den Familiensitz und das Mausoleum der Karadjordjes, die abwechselnd mit den Obrenovićs Serbien und nach dem Ersten Weltkrieg dann allein das neu geschaffene Jugoslawien regiert haben, bis sie

◁ 7 Im Kloster Sopočani,
Serbien

8 Thronender Christus, Fresko in der Klosterkirche von Gračanica, Kosovo

9 Kreuzigung, Fresko in der Klosterkirche von Studenica, Serbien

IC
XC

11 Klosterhof von Studenica, Serbien

10 Brunnenhof der Husrev-Beg-Moschee von Sarajevo

13 Alte Mühlen bei Jajce, Bosnien

von dem siegreichen Kommunisten Tito vom Thron gestoßen wurden.

Topola ist ein größerer Ort am Fuße des 345 Meter hohen Berges Oplenac rund achtzig Kilometer von Belgrad entfernt an der Straße nach Kragujevac. An den Hängen des Oplenac ziehen sich Weinberge hin, die einen goldgelben, eher leichten, fast möchte man sagen, heiteren Wein bringen; die Bergkuppe bedeckt ein Laub- und Nadelwald, der wie ein Park gehegt und gepflegt wird.

Daß man in Topola an einem historischen Ort ist, sieht man schon an der Monumental-Figur Karadjordjes, die das Gelände beherrscht, wo sich zwischen 1804 und 1813 die Burg des Führers des ersten serbischen Aufstandes befand, von der heute nur noch ein Eckturm steht. Djordje Petrović, der wegen seines dunklen Haares und wilden Aussehens schwarzer Georg genannt wurde, brachte es durch seine Schweineherden und vor allem seinen Handel mit dem Borstenvieh zu Wohlstand. Nach seiner Wahl zum Führer des Aufstandes wurde Topola neben dem von den Aufständischen eroberten Belgrad eine zweite Hauptstadt des kleinen freien Serbiens. Er ließ einen befestigten Konak bauen, eine Art primitiver Residenz, mit Mauern und Ecktürmen zur Verteidigung. Hier befand sich zeitweise das Hauptquartier des Aufstandes, wo die Unterführer sich ihre Befehle holten und die Bevölkerung ihre Wünsche und Beschwerden vorbringen konnte. Hier empfing Karadjordje auch die Emissäre europäischer Staaten, die ihre Regierungen über die undurchsichtigen Vorgänge in der türkischen Nordprovinz informieren sollten.

Das heutige Museum ist ein Neubau auf alten Grundmauern, denn Karadjordjes Residenz wurde schon 1813, kaum daß sie fertig war, von den Türken zerstört, als diese Serbien wieder unterwarfen. Auch die von Karadjordje gebaute Kirche steckten sie an, aber sie brannte nicht ab und steht auch heute noch, sogar die Gründungstafel, die Karadjordje über dem westlichen Portal anbringen ließ, ist noch da. Ihr Text verrät, daß der Führer des ersten serbischen Aufstandes keinen Zweifel an seiner historischen Rolle hatte: »Dank der Gnade des Vaters, der Förderung des Sohnes und mit Einwilligung des Heiligen Geistes wurde dieser heilige Tempel, der der Geburt der Heiligen Gottesmutter geweiht ist, während der Regierungszeit des Kaisers Alexander, des allrussischen Selbstherrschers, und Dank der Mühe des gläubigen Herrn Djordje Petrović, des obersten Fürsten des serbischen Volkes, und seiner Gemahlin Jelena sowie ihrer Nachkommen Aleksije und Aleksandar im Jahre des Herrn 1811 fertiggestellt.«

Eine weitere Tafel in der Kirche hat folgende Inschrift: »Hier ruhen die Gebeine Djordje Petrovićs, des Schwarzen, der dem serbischen Volk das Zeichen zur Befreiung im Jahre 1804 gegeben hat und dann oberster Führer und Herr dieses Volkes bis zum Jahre 1813 war. Durch Machenschaften der Feinde Serbiens gezwungen, suchte er Schutz in Österreich und nach einjähriger Haft begab es sich nach Rußland, wo er von der Regierung mit allen Ehren empfangen wurde. Doch unbekannt aus welchen Gründen flüchtete er von dort und kehrte nach Serbien zurück. Hier wurde er von den türkischen Behörden durch Enthauptung im Monate Juli 1817 hingerichtet.« Das ist eine glatte Lüge, und der, welcher nicht nur die Gebeine Karadjordjes hierher bringen, sondern auch die Tafel anfertigen ließ, Fürst Miloš Obrenović, der Anführer im zweiten serbischen Aufstand, wußte, daß es eine Lüge war. Denn nicht die Türken haben Karadjordje enthauptet, sondern ein Parteigänger von Miloš Obrenović namens Vujica Vulićević hat ihn im Auftrag des Fürsten Miloš am 13. Juli 1817 ermordet. Die düstere Tat geschah im Walde in der Nähe des Dorfes Radovanje bei Velika Plana, das heute nahe der Autobahn Belgrad-Niš liegt. Auf dem Friedhof von Radovanje wurde Karadjordje begraben, allerdings ohne Kopf. Diesen hatte der Täter abgeschnitten und dem Fürsten nach Belgrad geschickt. Damit war des Makabren aber noch nicht genug. Miloš gab einem Kürschner den Auftrag, von Karadjordjes Kopf die Haut abzuziehen und sie mit Baumwolle zu füllen. Dann schickte er den ausgestopften Kopf mit einem Sonderkurier dem Sultan nach Istanbul, als Beweis dafür, daß der gefährlichste Feind der Türken aus dem Wege geräumt sei. Denn Miloš Obrenović verhandelte zu diesem Zeitpunkt mit der Pforte über eine Beendigung des Aufstandes und Anerkennung der türkischen Oberhoheit bei Gewährung einer Autonomie für die Serben, ein Kompromiß, der auch zustandekam. Mit der Ermordung Karadjordjes begann jener tödliche Konflikt zwischen den beiden Dynastien, der über eine Serie von Gewalttaten zur Abschlachtung des Königs Aleksandar Obrenović und seiner Gattin Draga Mašin durch verschwörerische Offiziere am 10. Juni 1903 führte und den Karadjordjes endgültig den serbischen Thron sicherte.

Aber zurück zu Karadjordjes Schädel. Der Kürschner begrub ihn bei Nacht und in aller Heimlichkeit bei der Belgrader orthodoxen Hauptkirche. Als 1819 die sterblichen Überreste Karadjordjes von Radovanje nach Topola übergeführt wurden, fehlte also der Kopf. Man fand jedoch heraus, wo er vergraben war, und Fürst Miloš ließ ihn 1820 ausgraben und ebenfalls nach Topola bringen. Damit war aber die Odyssee der Leiche Karadjordjes noch nicht am Ende. Denn 1910 begannen die Karadjordjes auf dem **Berg Oplenac** oberhalb von Topola mit dem Bau eines prunkvollen *Mausoleums*. Die Balkankriege 1912/13 und der Erste Weltkrieg verzögerten die Arbeiten, so daß erst 1930 das Mausoleum fertiggestellt und die sterblichen Überreste der Fürsten und Könige aus dem Hause Karadjordje hierher überführt werden konnten. Nun fand auch der Gründer der Dynastie mehr als hundert Jahre nach seinem düsteren Ende die endgültige Ruhestätte. Die Karadjordjes scheuten keine Kosten, um die Grabkirche so prunkvoll als möglich zu gestalten. Für den Fußboden wurde der einheimische weiße, gelb-grün geäderte Marmor aus Venčac verwendet, die kleinen Kuppeln stützen sich auf Säulen aus carrarischem Marmor und für den unteren Marmorgürtel wurde griechischer Marmor herangeholt.

Der Zweck dieser ganzen Prachtentfaltung lag in der Betonung der Kontinuität zwischen dem serbischen Königreich des Mittelalters und dem neuen Serbien, dann dem Jugoslawien der Karadjordjes.

Schon die bauliche Form der Grabeskirche auf dem Oplenac sollte an vergangene große Zeiten erinnern: mit ihrem Grundriß eines gleicharmigen Kreuzes und den vier kleinen und einer großen Kuppel folgt sie dem Vorbild der Kirchen aus der sogenannten Morava-Schule vom Ende des 14. und Anfang des 15. Jahrhunderts. Die Mosaiken sind Kopien der berühmten Fresken der mazedonischen und serbischen Klöster. Für Demonstration der historischen Kontinuität am wichtigsten sind jedoch die Portraits der serbischen Herrscher des Mittelalters. Die Reihe beginnt mit Stephan Nemanja, dem Gründer der Dynastie der Nemanjiden, unter denen Serbien zeitweise das mächtigste Königreich auf dem Balkan war, und endet mit dem Despoten Gjuraj Branković, dem letzten Fürsten eines eigentlich nur noch nominell selbständigen Rest-Serbiens an der Donau, dem die Türken 1459 ein böses Ende bereiteten. Der Stifter der Grabeskirche, Petar I. Karadjordjević, ist natürlich in gleicher Weise verewigt wie die Stifter der königlichen Kirchen und Klöster des Mittelalters auf den Fresken von Gračanica oder Žiča oder Mileševa. Auf dem Mosaik rechts vom Eingang sieht man König Petar, wie er seine Stiftung Oplenac durch Vermittlung des Heiligen Georgs der Muttergottes darbringt.

Wir aber verlassen jetzt die Pracht von Oplenac und fahren in östlicher Richtung zu einer kleinen, unscheinbaren Holzkirche beim Ort Velika Plana. Das Kirchlein trägt den Namen ›Pokajnica‹, also »Sühnekirche«. Sie steht an jenem Ort, an dem in der Nacht vom 13. zum 14. Juli 1817 Karadjordje ermordet wurde.

Steine am Wegesrand

Und was erinnert in der Šumadija sonst noch an die Dynastie Obrenović, die, abgesehen von einer Unterbrechung von siebzehn Jahren, Serbien immerhin von 1817 bis 1903 regiert hat? In der Ortschaft **Takovo,** zehn Kilometer westlich von Gornji Milanovac, wo Miloš Obrenović 1815 den zweiten serbischen Aufstand ausrief, erinnert ein Obelisk unter einer Eiche mit weit ausladenden Ästen an das historische Ereignis. Die *kleine Holzkirche* am Rande des Dorfes hat mit dem Aufstand nichts zu tun. Sie sollte aber nicht übersehen werden, denn sie ist die älteste noch erhaltene Holzkirche in ganz Serbien. Mit dem steilen Schindeldach, das auf dem dunkelbraunen Balkengeviert wie eine tief ins Gesicht gezogene warme Mütze sitzt, und mit der nach bäuerlicher Art geschnitzten Kirchentür ist sie ein anheimelnder Anblick.

Daß man als ausländischer Tourist früher einen Bogen um die Šumadija gemacht lag, lag auch an den schlechten Straßen. Das hat sich wesentlich geändert, jetzt sind auch die meisten Seitenstraßen asphaltiert. Aber vorsichtig fahren sollte man hier schon, nicht nur wegen der Löcher, die sich meist dort auftun, wo man sie am wenigsten erwartet, sondern auch wegen der Unbekümmertheit, mit der die Einheimischen mit Auto oder Fuhrwerk unterwegs sind. Die Folgen dieses Verhaltens kann man allenthalben an den Holzkreuzen am Straßenrand ablesen, an denen riesige Kränze aus Kunstblumen hängen.

Diese Kreuze sind offenbar die modernen Nachfahren der Krajputaši, der **Steine am Wegesrand,** eine Tradition der Šumadija. Sie kamen im 19. Jahrhundert auf, wurden aber auch noch in der ersten Hälfte unseres Jahrhunderts gepflegt. Der ursprüngliche Gedanke war wohl, einem Angehörigen, der im Kampfe gegen die Türken oder in den Balkankriegen gefallen und fern seines Heimatortes begraben worden war, einen Gedenkstein dort zu errichten, wo viele Leute vorbeikamen. Später hat sich das auch auf Angehörige ausgedehnt, die bei einem Unglück ums Leben gekommen oder friedlich im Bett gestorben waren, denen man aber auch außerhalb des Friedhofes einen Gedenkstein errichten wollte.

Die Krajputaši sind meist Steinsäulen, von Dorfsteinmetzen primitiv behauen, die den Gefallenen, Umgebrachten, Verunglückten oder Verstorbenen in Uniform oder in der Nationaltracht zeigen; eher stilisiert als naturalistisch, versehen mit dem Gewehr oder irgend einem Symbol seines Handwerks oder Standes. Wir betrachteten eine Gedenksäule, auf der der Verstorbene eine Singer-Nähmaschine in der Hand hielt – er war also Schneider gewesen. Ein anderer führte eine Kuh am Halfter – vermutlich erinnerte sie an einen Bauern. Manchmal ist auf den Säulen auch ein Text eingemeißelt, nur ist er oft schwer zu entziffern, einmal, weil Wind und Wetter bereits ihr Werk verrichtet haben, dann aber auch, weil er im örtlichen Dialekt und unter souveräner Mißachtung der Grammatik verfaßt ist. Unvergeßlich die Aufschrift: »Hier liege ich und Du liest es. Besser wäre, Du lägest hier und ich würde lesen.«

Einen ›Krajputaš‹ besonderer Art fanden wir in einem Dorf bei Boljkovci, nördlich des schon erwähnten Takovo. Er steht allerdings nicht unmittelbar am Straßenrand, sondern im Garten eines Privathauses. Er ist dem Gedenken an den deutschen Soldaten Josef Schulz gewidmet und trägt in deutsch und serbokroatisch die Aufschrift: »Mit Herz und Geist / Das Leben für Ehre.« Auf serbo-kroatisch liest man außerdem: »Das ist der traurige Gedenkstein für den deutschen Soldaten Josef Schulz, der Abzeichen und Waffen seines Landes weggelegt und sich auf die Seite des wehrlosen serbischen Volkes gestellt hat.« Errichtet hat den Stein die serbische Dichterin Mina Kovačević zur Erinnerung an den aus Wuppertal stammenden Wehrmachtsangehörigen, der sich 1941 in einem serbischen Dorf in der Nähe von Velika Plana geweigert hatte, Partisanen und Geiseln zu erschießen und daraufhin selbst zusammen mit den Serben erschossen worden war.

Belgrad

Von welcher Richtung auch immer man auf Belgrad zufährt, der erste Eindruck von Jugoslawiens Hauptstadt ist der gleiche: neue Wohnbezirke brutal ins Gelände gestellt, oft ohne Rücksicht auf die Linien der Landschaft, gelegentlich überragt von Wohntürmen, die aus der Ferne wie steinerne Wächter zu Seiten der Tore mittelalterlicher Städte anmuten. Wohnblocks und Wohnsilos aus Beton und Stahl, auf den Balkons Wäsche im Wind, rund um die Häuser nur spärliches Grün, im Sommer viel Staub, im Winter viel Matsch, die Flächen am Abend aber vollgestellt mit Autos.

Wir sind von Süden auf die Stadt an Save und Donau zugefahren, das Bild ist jedoch nicht viel anders, wenn man von Westen auf der Autobahn aus Richtung Zagreb kommt oder von Norden auf der Autostraße aus Richtung Novisad und Ungarn und durch die Wohnviertel von Novi-Beograd (Neu-Belgrad) fährt. Das Bild ist das gleiche. Hier platzt eine Stadt aus ihren Nähten, und was dazwischen hervorquillt, ist alles andere als wohlgeordnet und schön. Bei Kriegsende hatte Belgrad 250000 Einwohner, heute leben 1,5 Millionen in der Stadt. Das kann den Charakter einer Stadt völlig verändern, besonders wenn sie, wie in diesem Falle, eigentlich an der Nahtstelle zweier Zivilisationsbereiche liegt oder zumindest jahrhundertelang lag.

Was ich damit meine, mag folgende Schilderung aus den Memoiren eines Diplomaten belegen, der vor dem ersten Weltkrieg in Belgrad auf Posten war. Wenn das Wetter schön war, so berichtet er, begaben sich alle, die sich in der kleinen Hauptstadt des Königreiches Serbien zur feinen Welt zählten, am späten Nachmittag hinunter zur Save und bestiegen das dort ankernde Dampfschiff. Dieses fuhr einige hundert Meter saveabwärts, schwenkte in die Donau ein, und dann ging es flußaufwärts. Vorbei am Ratno Ostrvo, der ›Kriegsinsel‹, die ihren Namen aus der Zeit des Prinzen Eugen hat, der sie besetzen ließ, um weiter unten ungestört seine »Brücken« über die Donau schlagen zu können. Der Dampfer nahm Kurs auf

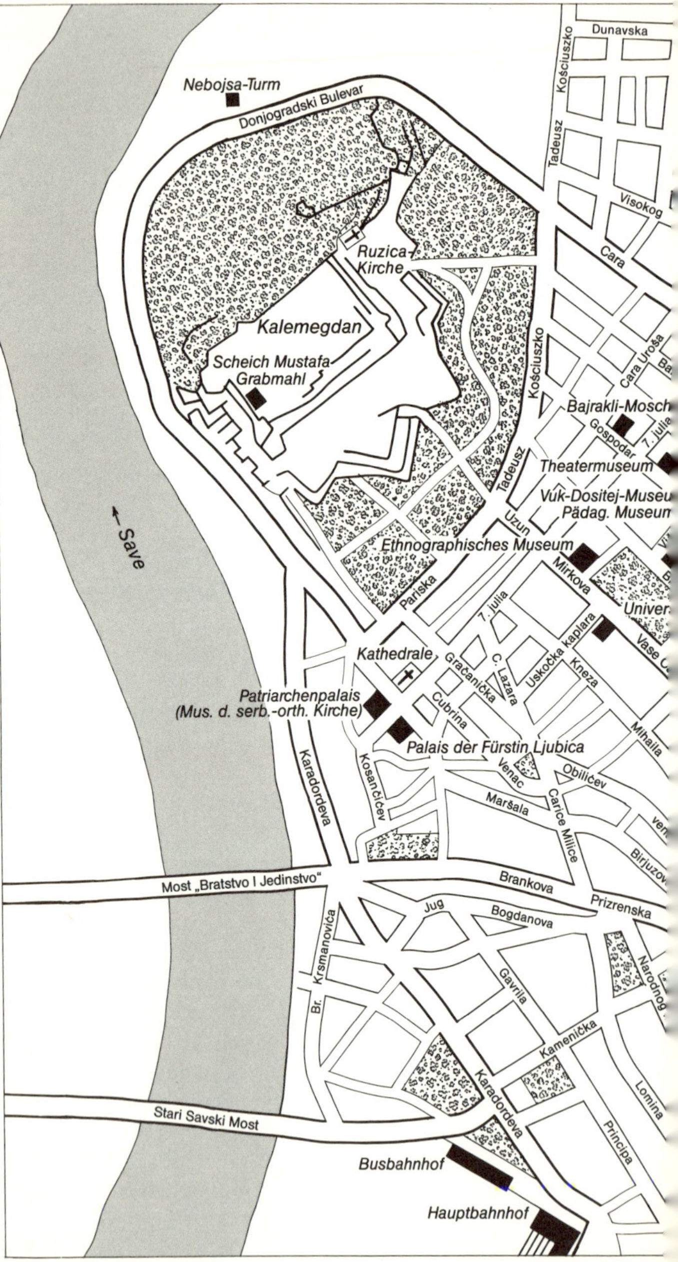

Nebojsa-Turm
Donjogradski Bulevar
Kalemegdan
Ruzica-Kirche
Scheich Mustafa-Grabmahl
Save
Dunavska
Tadeusz Kościuszko
Visokog
Cara
Cara Uroša
Bajrakli-Moschee
Gospodar
7. julia
Theatermuseum
Vuk-Dositej-Museum
Pädag. Museum
Uzun
Ethnographisches Museum
Mirkova
Univers
Pariska
7. julia
Uskočka
kaplara
Vase
Kathedrale
Gračanička
C. Lazara
Kneza
Mihaila
Patriarchenpalais
(Mus. d. serb.-orth. Kirche)
Cubrina
Palais der Fürstin Ljubica
Venac
Obilićev
Kosančićev
Maršala
Carice Milice
Karadordeva
Birjuzov
Most „Bratstvo I Jedinstvo"
Brankova
Prizrenska
Jug
Bogdanova
Br. Krsmanovića
Gavrila
Narodnog
Kamenička
Lomina
Karadordeva
Principa
Stari Savski Most
Busbahnhof
Hauptbahnhof

BELGRAD
0 100m
N
Donau
Dunavska
Dubrovačka
Stefana
Mišina
Dunavska
Zmaj-Jovina
Dobračina
Francuska
Stephana
Hercega
Dušana
Kapetan
Gospodar Jovanova
Jovina
Strahinića
Zmaj-
Jevremova
Dobračina
Simina
Dositejeva
Francuska
Bana
George
Skadarska
Dure
Đakovića
Miletina
Knez
Cetinjska
Washington
Nationaltheater
29. Novembra
29. Novembra
Trg
publike
Makedonska
Hilendarska
Lole
Palmotićeva
Nušićeva
Kosovska
Takovska
Terazije
Parlament
Pionirski-
Park
es Palais
Maršala
Tito
Königspalast
Kneza
Milosa
Bulevar Revolucije
Sankt-Markus-Kirche
G. Dimitrova
27. Marta

ein Städtchen zu Füßen eines Lößhügels, mit einem Turm, von dem aus das flache Land kontrolliert werden konnte. Er legte in Semlin an, dem heutigen Zemun. Semlin aber lag bereits in der österreichisch-ungarischen Monarchie. Mit seinen Restaurants und Geschäften, mit der Uferpromenade, auf der die K.u.K.-Offiziere und ihre Damen flanierten, mit dem ganzen Ambiente der Donaumonarchie gehörte es zu Europa, obwohl es nur eine kleine Grenzgarnison weit weg von Wien

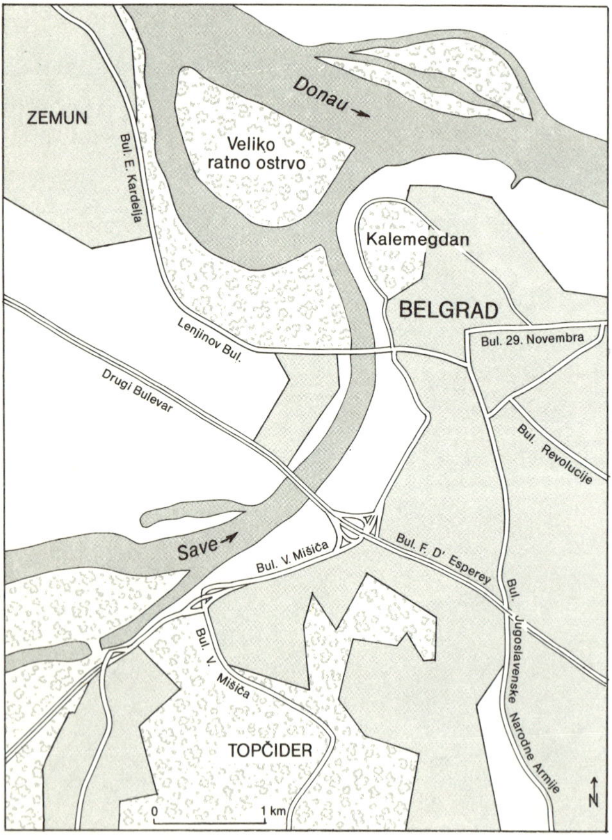

war. Wenn die Gäste aus Belgrad dann gespeist, geplaudert und geflirtet hatten, so geht der Bericht weiter, war es Zeit, sich auf den Bahnhof zu begeben, zum Zug aus Wien und Budapest. Er kam gegen dreiundzwanzig Uhr an; man verabschiedete sich von den Freunden und Freundinnen, die zurück in »Europa« blieben, und dann ging es mit dem Zug über die Save nach Belgrad, zurück auf den Balkan.

Heute fährt kein Dampfschiff mehr von Belgrad nach Zemun – wozu auch. Heute gehört Zemun zu Belgrad, heute gibt es über die Save zwei Eisenbahn- und zwei Straßenbrükken und eine Autobahnbrücke, und über sie führen eine Menge Autobuslinien. Vor allem aber breitet sich zwischen Belgrad und dem alten Zemun, auf ehemaligem Sumpf- und Dünengelände, eine ganz neue Stadt aus, Novi-Beograd, Neu-Belgrad. Es ist nicht nur eine Wohnstadt, hier hat die allmächtige kommunistische Partei in einem Wolkenkratzer ihre Zentrale, hier hat die Regierung ihren Sitz, andere staatliche Gebäude beherbergen Ministerien; die beiden Luxushotels Jugoslavia und Intercontinental befinden sich hier, und schließlich auch das Sava-Zentrum, das moderne Kongreßgebäude.

Das alte kleine Zemun-Semlin gibt es natürlich auch noch, nur erdrücken die Hochhäuser beinahe die rührend kleinen Häuser, die pannonischen Provinzpalais in den gewundenen Straßen mit ihrem Kopfsteinpflaster und den Ziehbrunnen. Auch die Barockkirchen aus dem 18. Jahrhundert, bei denen man auf den ersten Blick nicht weiß, ob sie katholisch oder orthodox sind, stehen ganz im Schatten der Betonblocks. Es hat sich hier am Zusammenfluß der Save und Donau, der Nahtstelle von Reichen und Kulturen durch die Jahrhunderte, also eine gewaltige Wandlung vollzogen. Hat sich nun aber der Balkan nach dem Norden vorgeschoben oder ist Europa über Save und Donau nach dem Süden vorgedrungen? Sparen wir uns die Antwort auf diese Frage noch auf, bis wir uns in Belgrad umgesehen haben.

Wenn ich zu wählen hätte, und wenn Verkehrsmöglichkeiten dazu bestünden –, ich würde in Belgrad nur *per Schiff* ankommen. Noch dazu am späten Nachmittag. Dann würde nämlich die Sonne voll auf den Häuserfronten der »weißen

Stadt« liegen, die sich am Südufer der Save hochziehen, es würde das Gold des Zwiebelturmes der orthodoxen Kathedrale ebenso wie das Grün der Kuppel von Sveti Marko (San Marco) aufleuchten, und an den Festungsbauten des Kalemegdan würde man ganz neue Konturen entdecken. Keine großartige, aber eine anheimelnde Silhouette, auch wenn sich die Stadt dann nicht in Weiß, sondern in einem warmen Gelb darböte.

Allerdings hat sich auch diese Szenerie gewandelt. Neue Akzente sind ins Bild getreten, die Konturen anmaßender Bürohochhäuser in der Innenstadt mit dem düsteren braungrauen Stahlkoloß der 23stöckigen ›Beogradžanka‹ in der Mitte, tragen nicht unbedingt zur Harmonie des Stadtbildes bei. Aber noch immer ist der Blick auf Belgrad von der Donau her, die Perspektive, wie sie die Stiche von »Griechisch-Weißenburg« früherer Jahrhunderte zeigen, der schönste. Nur kann man ihn als Schiffsreisender, aus Mitteleuropa kommend, kaum genießen, denn ein regelmäßiger Linienverkehr auf der Donau besteht nicht mehr. Allenfalls bietet eine Donau-Schwarzmeerreise auf sowjetischen, rumänischen und bulgarischen Passagierschiffen und seltener auch auf der österreichischen ›Theodor Körner‹ Gelegenheit dazu.

Und Anreise *per Eisenbahn?* Das ist auf alle Fälle ein Erlebnis besonderer Art. Der Bahnhof: ein niedriges, unansehnliches Gebäude, altersgrau und verschämt, weil es wie ein vergessenes Relikt aus der Frühzeit der Eisenbahnen wirkt. Noch dazu ein Kopfbahnhof mit nur wenigen Geleisen, dafür zu allen Tages- und Nachtzeiten ein Gewühle und Gedränge wie auf einem Markt. Auf dem Weg zu den Bahnsteigen Leute vom Lande, die sich auf den von Zigarettenstummeln und Abfällen bedeckten Fliesen niedergelassen haben und inmitten von Bündeln, Säkken und Koffern ihr Brot, Käse und Zwiebel verzehren und die Slivovitz- oder Weinflasche reihum gehen lassen. Auf den Bahnsteigen selbst ein ständiges Geschiebe, denn die meisten Reisenden mißtrauen den Anzeigetafeln wie den Durchsagen im Lautsprecher, falls man diese überhaupt versteht. Schon vor dreißig Jahren hörte ich den Ausspruch, am balkanischsten sei Belgrad auf seinem Bahnhof. Das gilt auch heute noch.

Der Fremde, der *mit dem Auto* vom Westen oder Norden her nach Belgrad kommt, wird von der Einfahrt beeindruckt sein. In kühnem Bogen setzt die Autobahnbrücke über die Save und dann wird der Ankömmling über die breite, von Bäumen, Ministerien und Botschaftsgebäuden gesäumte Kneza Miloša ins Zentrum geführt. Dabei macht man seine ersten Erfahrungen mit dem Verkehr in der jugoslawischen Hauptstadt. Er ist, auch an ›europäischen‹ Maßstäben gemessen, respektabel. Im Verkehr, ob in der Stoßzeit zwischen zwei und halb vier oder sonst am Tage, wird dem Besucher bald auffallen, daß die meisten Einheimischen die Betätigung des Blinkers beim Abbiegen offensichtlich als überflüssig betrachten. Ebenso unorthodox ist auch das Verhalten der Fußgänger an den Übergängen. Oft betreten sie die Fahrbahn im Augenblick, da ihre Ampel rot, die der Autofahrer aber grün zeigt. Das ungeduldige Hupen aber ist Ausdruck einer serbischen Nationaleigenschaft, des Drängelns, auch dort, wo es gar nicht notwendig ist.

An das Hin- und Hergewoge einer Schafherde, dessen Gesetzmäßigkeiten verborgen bleiben, aber wird der Besucher erinnert, wenn er sich zur Mittagszeit durch das Stadtzentrum bewegt, durch die Maršala Tita und über die Terazije, über den Trg Republike und durch die Kneza Mihajlova. Im ersten Augenblick wird er glauben, es bereite sich ein Volksaufstand vor, so viele Menschen sind zu einer Zeit unterwegs, da man sie an ihren Arbeitsplätzen vermuten würde. An diesem Gewühle und Gewimmel ist aber nichts Außergewöhliches, die Werktätigen frönen lediglich ihrer Leidenschaft, Besorgungen und Laufereien persönlicher und familiärer Art tunlichst in der Arbeitszeit zu absolvieren.

Was ist in den mehr als vierzig Jahren seit Kriegsende aus Belgrad geworden? Ich habe schon erwähnt, daß die Bevölkerungszahl der Stadt um das fünffache gestiegen ist. Damit hat sich natürlich die Struktur der Einwohnerschaft sehr verändert. Zunächst strömte ein großer Teil jener Schichten in die Hauptstadt, die das Gros der Partisanen-Streitkräfte Titos gebildet hatten. Und das waren nicht Städter, sondern junge

Leute vom Lande, aus den Bergen Montenegros und Bosniens, aus dem südlichen Serbien und den serbisch bevölkerten Gebieten Kroatiens. Für sie, die den mörderischen Krieg und Bürgerkrieg überlebt hatten, war die Besitzergreifung der Hauptstadt die Verwirklichung eines jahrelangen Traumes. Später, als die expandierende Wirtschaft und die aufgeblähte Bürokratie immer neue Arbeitskräfte anzogen, lieferten die Dörfer und Kleinstädte der näheren und weiteren Umgebung den Bevölkerungszuwachs Belgrads.

Nun war es aber nicht so, daß eine große, in Jahrhunderten gewachsene Stadt mit einer seit Generationen urbanen Bevölkerung den Zustrom neuer Massen hätte aufnehmen können. Im Gegenteil: die ohnedies nur dünnen städtischen Schichten, die vom neuen Regime außerdem noch entmachtet waren, wurden von den ›Bauern‹ total in den Hintergrund gedrängt. Vor allem die neuen städtischen Wohnbezirke, in ihrer Architektur sehr modernistisch anzusehen, füllten und füllen sich noch immer mit Menschen, die ihren dörflichen Lebensgewohnheiten treu geblieben sind. So sieht es auf den nur wenig gepflegten Flächen zwischen den Wohnblöcken oft schlimmer aus, als zwischen den niedrigen Häusern in einem serbischen Dorf.

Aber konnte dieses Belgrad in seiner geographischen Lage und angesichts seiner Geschichte sich als Hauptstadt eines Landes überhaupt kontinuierlich entwickeln? Bis in unser Jahrhundert war es eigentlich immer eine Grenzstadt, selbst in Zeiten, da es Hauptstadt eines Staatswesens oder bedeutende Verwaltungszentrale war. Es lag am Rande des Römischen Reiches und des Reiches von Byzanz. Der serbische Feudalstaat des Mittelalters hatte seinen Schwerpunkt im heutigen Südserbien und Makedonien, Belgrad war nördliche Bastion gegenüber den Ungarn oder als ›Nándorfehervár‹ südlichste Bastion der Ungarn gegen die Serben. Sogar der serbische Reststaat nach der Schlacht auf dem Amselfeld, der schon Vasallenstaat der Türken war, hatte sein Zentrum nicht in Belgrad, sondern donauabwärts in Smederevo. Unter den Türken – sie saßen hier dreihundertfünfzig Jahre – war Belgrad Sitz eines Paschaliks und, abgesehen von den hundertfünfzig Jahren türkischer Herrschaft in Ungarn, auch am Rande des Osmanischen Reiches, an der sehr empfindlichen Grenze zum Habsburgerreich.

Belgrad besitzt, wenn man es genau nimmt, auch keine eingewurzelte, serbische Bevölkerung. Zur Zeit der Türken war Belgrad eine Militär-, Verwaltungs- und Handelsstadt, bewohnt von einem Völkergemisch, in dem Türken, Griechen, Ragusaner, Zinzaren und Juden den Ton angaben, von Serben aber kaum die Rede sein konnte. Eine serbische Stadt wurde Belgrad eigentlich erst nach dem zweiten serbischen Aufstand 1815/1817, als die Türken den Serben politische Autonomie einräumten. Der Pope Matija Nenadović sagte in seiner Berichterstattung 1815 vor dem Wiener Kongreß, in Belgrad gäbe es nach den Leiden der serbischen Bevölkerung bei der Niederschlagung des ersten Aufstandes von Karadjordje praktisch keine Serben mehr. 1820 wird die Einwohnerzahl der Stadt mit 20000 angegeben. Die Terazije, das Zentrum der heutigen jugoslawischen Hauptstadt, war ein wüstes Gelände, wohin man auf Entenjagd ging. In einem strengen Winter, so berichtete ein Zeitgenosse, seien sogar die Wölfe bis dorthin gekommen.

Um nochmals die Frage der Kontinuität aufzugreifen: kann man diese in einer Stadt erwarten, die nach Berechnung von Historikern in ihrer wechselvollen Geschichte vierzigmal zerstört und wieder aufgebaut wurde? Allein zwischen 1660 und 1830 ist Belgrad dreimal von den Österreichern und zweimal von den Serben erobert und besetzt worden, während die Türken die Stadt in dieser Zeit viermal zurückgewannen. Wie die Folgen für Belgrad aussahen, kann man sich leicht ausmalen.

Deshalb ist die historische Spurensuche in der Stadt am Zusammenfluß von Save und Donau auch mühselig. Nehmen wir sie trotzdem in Angriff, und zwar auf dem **Kalemegdan,** der einzigen Stelle, wo diese Spuren tiefer in die Jahrhunderte zurückführen, ins Mittelalter, sogar bis in die Römerzeit. Unter Kalemegdan, dem ›Feld der Kämpfe‹, verstanden die Türken nur die Festung im engeren Sinne, von der der Blick auf die beiden Flüsse und über sie hinweg auf das flache Land der Vojvodina geht. Heute versteht man darunter das ganze Gelände um die Festung, einschließlich des Parks zwischen Festung und Stadt, das die Türken Fidschir-Bair, Hügel der Besinnung nannten. Auf den Bänken im Park spielen jetzt die Rentner Schach und schimpfen auf die schlechten Zeiten; dort, wo das Gelände zur Save abfällt und die Wege breit wie Terrassen sind, tanzen am Sonntagnachmittag Soldaten und andere Leute aus der Provinz ihren Kolo.

Der Zusammenfluß von Save und Donau war strategisch immer ein wichtiger Punkt. Was die Römer in dem Mauerwerk hinterlassen haben, kann nur das Auge eines Fachmannes erkennen; der ›römische Brunnen‹ jedenfalls hat nichts mit ihnen zu tun, auch wenn er ihnen in manchem Reiseführer zugeschrieben wird. Er stammt aus dem Jahre 1731, als Belgrad nach der Eroberung durch den Prinzen Eugen im Besitz der Österreicher war. Wie ja überhaupt die Festung mit ihren Bastionen, Wällen, Gräben und Kasematten, wenn man von einigen Toren und Türmen aus dem Mittelalter absieht, mehr den Österreichern als den Türken verdankt. Ausgebaut hat sie ein Schweizer in habsburgischen Diensten, Nicolas Dauxate de Morez, ein Schüler des großen Festungsbauers Vauban. An die österreichische Zeit im 18. Jahrhundert – sie dauerte von 1717 bis 1739 – erinnert vor allem das Karlstor, das jetzt etwas einsam am Fuße des Festungshügels steht, dort, wo sich einstmals die Unterstadt befand. Es war ein Triumphbogen zu Ehren Kaiser Karls VI., dessen Feldherr Prinz Eugen war.

Übrigens Prinz Eugen: sollte ein Besucher Belgrads auf die Idee kommen, sich auf die Spur des großen Savoyers zu setzen, um die Eroberung Belgrads nachzuvollziehen, so muß ich ihn enttäuschen. Er wird in der Stadt keine Hinweise auf die Schlacht vom 16. August 1717 finden, in der der kaiserliche Generalissimus das ihm weit überlegene Ersatzheer des Großwesirs Chalil schlug und die Festung Belgrad zwang, sich ihm zu ergeben.

Am einfachsten ist noch die Stelle auszumachen, wo der Prinz seine vielbesungene »Brücken« über die Donau schlagen ließ. Es war annähernd dort, wo sich heute die Brücke nach

Pančevo befindet. Wo der kaiserliche Feldherr sein Hauptquartier hatte, läßt sich exakt nicht mehr feststellen. Es dürfte sich in der Nähe der Straße nach Niš befunden haben, im heutigen Stadtbild wäre das etwa zwischen dem Bulvard Revolucije und der Autobahnausfahrt in Richtung Niš. Und dort dürfte dann auch die Entscheidung in der für den Prinzen so riskanten, für das Abendland so schicksalhaften Schlacht gefallen sein.

Was aber ist von den Türken selbst übriggeblieben, die, wie schon gesagt, dreihundertfünfzig Jahre hier herrschten und Belgrad als »Darol i Jehad« bezeichneten, was so viel wie Haus des Heiligen Krieges bedeutet? Immerhin war Belgrad für sie Basis ihrer Herrschaft in Ungarn und Ausgangspunkt ihrer Vorstöße bis vor die Tore Wiens. Hier in Belgrad übergab der Sultan dem Großwesir Kara Mustafa 1683 die grüne Standarte des Propheten und versah ihn mit den Insignien der unbeschränkten Befehlsgewalt, bevor sich dieser mit seinen Heerscharen auf den Marsch nach Wien machte. Hier ereilte den ehrgeizigen osmanischen Würdenträger allerdings auch sein Schicksal: nach den Niederlagen, die ihm die Kaiserlichen vor Wien und in Ungarn zugefügt hatten, ließ ihn der Sultan in seiner Residenz auf der Belgrader Festung erdrosseln.

Von den Stätten dieser und anderer dramatischer Ereignisse in der Türkenzeit ist aber nicht einmal auf dem Kalemegdan etwas übriggeblieben. Als einzigen intakten Bau der Türken findet man dort nur die Türbe, also das Grabmal des Damad Ali Pascha, eines Großwesirs, der als der Eroberer von Morea (Peloponnes) in die Geschichte eingegangen ist. In ganz Belgrad gibt es nur noch eine einzige Moschee, die *Bajrakli-Dschamija,* die Fahnenträger-Moschee, die Sultan Süleyman II. 1690, nach dem Rückzug der Österreicher aus Belgrad, errichten ließ. Sie steht etwas verloren in der Gospodar Jevremova-Straße, und die Moslems, die dort ihre Andacht verrichten, sind in der Mehrzahl Albaner aus dem Kosovo, die in Belgrad das Gros der Straßenreiniger, der Leute von der Müllabfuhr, und der Gelegenheitsarbeiter stellen. Im 17. Jahrhundert soll es in der jetzigen jugoslawischen Hauptstadt an die hundert Moscheen gegeben haben, und 1830, als Belgrad schon Hauptstadt des kleinen autonomen Fürstentums Serbien war, wurden dort noch vierzehn gezählt. Allerdings dürften sie im Gegensatz zu den Moscheen in Sarajevo oder Mostar, in Prizren oder Skopje keine großartigen Bauten gewesen sein, denn nicht einmal unser zu Übertreibungen neigender Evliya Çelebi weiß über sie etwas besonderes auszusagen.

Etwas besser, aber auch nicht überwältigend, ist es mit den Gebäuden aus der ersten Hälfte des 19. Jahrhunderts bestellt, als Belgrad schon Hauptstadt eines serbischen Fürstentums war. In der Stadt selbst ist die *Residenz der Fürstin Ljubica,* der Gattin des Fürsten Miloš Obrenović, in der Nähe der Kathedrale erhalten, ein harmonischer Bau in leuchtendem Gelb mit einem geschwungenen Erker über dem Haupteingang. Fürst Miloš selbst residierte im *Park von Topčider,* fünf Kilometer außerhalb der Stadt, um außer Reichweite der türkischen Geschütze vom Kalemegdan zu sein. Denn Belgrad hatte damals noch eine türkische Besatzung. Beide Bauwerke, rund hundertfünfzig Jahre alt, sind gute Beispiele der balkanischen Architektur der ersten Hälfte des 19. Jahrhunderts. Im gleichen Stil erbaut, nur bescheidener und auch etwas älter, ist das Haus, in dem sich heute das *Vuk-Dositej-Museum* befindet, unweit der schon erwähnten Bajrakli-Moschee. Es zählt zu den ältesten Profanbauten Belgrads. Hier befand sich 1808, also zur Zeit des ersten serbischen Aufstandes, die erste serbische Oberschule. Heute werden hier Erinnerungsstücke an den serbischen Schriftsteller und Volkserzieher Dositej Obradović und den Sprachreformer Vuk Karadžić bewahrt. Zu den älteren Gebäuden Belgrads – auch diese noch nicht zweihundert Jahre alt – zählen noch das *Theater-Museum,* ebenfalls in der Gospodar Jevremova, und das originelle *Kaffeehaus »?«* (Kafana Kod Znaka Pitanja) gegenüber der Kathedrale. Damit ist aber die Liste der sehenswerten alten Privatgebäude in Belgrad schon erschöpft.

Von den älteren Regierungsgebäuden der serbischen Fürsten und späteren Könige aus dem vorigen Jahrhundert ist nur das 1882 gebaute *Alte Palais* in der Maršala Tito-Straße erhalten. Heute beherbergt es die Stadtverwaltung. Von der königlichen Residenz, dem Konak, wo in der Nacht zum 12. Juni 1903

König Alexander Obrenović und seine Gemahlin von verschwörerischen Offizieren ermordet wurden, ist keine Spur mehr vorhanden. König Petar I. aus dem Haus Karadjordjević, der nach der Mordtat den Thron bestieg, ließ den Konak sofort abreißen. Dort, wo die Dynastie Obrenović ausgelöscht wurde, befindet sich jetzt ein kleiner Park, der das Alte Palais vom neuen, 1919 gebauten *Königspalast* trennt.

Als Staats- und Parteichef hat Tito nach dem Zweiten Weltkrieg von den Königspalais in der Stadt keinen Gebrauch gemacht. Er residierte im Villenvorort Dedinje, der sich über die Hügel am Südwestrand der Stadt erstreckt. Hier hatten die serbischen Könige ihre Residenzen; den Beli Dvor, das Weiße Palais, machte Tito zu seinem Amtssitz, der Stari Dvor, das Alte Palais, diente als Gästehaus für prominente Besucher aus dem Ausland. Seine private Residenz hatte Tito in der Užička-Straße. In ihrem ausgedehnten Garten, von dem man einen Blick auf ganz Belgrad hat, befindet sich auch seine letzte Ruhestätte. Auf dem Sarkophag aus rotem Marmor im Atrium des Gartenhauses, zu dem die Jugoslawen pilgern und ausländische Gäste geführt werden, stehen nur die Worte »Josip Broz-Tito, 1892-1980«.

Im allgemeinen tun sich die Belgrader eher schwer mit Tradition und Kontinuität. Ich brauchte seinerzeit eine ganze Weile, um herauszufinden, wo denn die Obrenovićs begraben sind. (Die Karadjordjes haben ja ihre letzte Ruhestätte im Mausoleum von Oplenac.) Der große Fürst Miloš ruht in der 1845 erbauten *Kathedrale,* ebenso sein Sohn Mihajlo.

Der letzte dieser Dynastie, König Alexander, und seine Gattin sind in der Kirche *Sveti Marko* beigesetzt. Es sind die einzigen Gräber in der Krypta unter der imposanten Kirche, und sie wirken dort einigermaßen verloren. Sveti Marko wurde nach dem Vorbild von Gračanica in der Zwischenkriegszeit gebaut, und hierher wurden auch die Gebeine des Zaren Dušan gebracht, der stärksten Persönlichkeit unter den serbischen Herrschern des Mittelalters. Der Leser wird sich vielleicht erinnern, daß wir schon einmal vom Grab des großen Zaren sprachen, und zwar im Kloster des Heiligen Erzengels in Prizren. Es wurde seinerzeit von den Türken zerstört, und erst im zwanzigsten Jahrhundert wurde bei Ausgrabungen in den Klosterruinen ein Grab entdeckt, das man für das des Kaisers hielt. Die dort gefundenen Gebeine wurden dann nach Belgrad überführt und in Sveti Marko beigesetzt.

Noch ein anderer der serbischen Großen des Mittelalters hat in Belgrad seine letzte Ruhestätte gefunden: der unglückliche Zar Lazar, der auf dem Amselfeld sein Leben verlor. Wir kennen seine Odyssee bereits: die Zarin Milica hatte ihn in dem Morava-Kloster Ravanica beigesetzt, dann nahmen die Mönche Ende des 17. Jahrhunderts seine Gebeine mit in die Fruška Gora nördlich der Save, und von dort wurden sie nach dem Wiedererstehen eines serbischen Staates im vergangenen Jahrhundert schließlich nach Belgrad in die neue Kathedrale gebracht. Das Grab vor der Ikonenwand ist aber nur am Dienstag nachmittag zu besichtigen, wenn der Marmordeckel über der Gruft geöffnet ist und an seinem Sarkophag eine Messe gelesen wird. Zu beiden Seiten des Hauptportales der Kathedrale befinden sich übrigens die Gräber der serbischen Volkserzieher Dositej Obradović und Vuk Karadžić, die wir schon in ihrem Museum in der Jevremova-Straße besucht haben. Wenn wir schon von **Museen** sprechen, sei auf das *Museum der Serbisch-orthodoxen Kirche* im Patriarchenpalais gegenüber der Kathedrale hingewiesen, das die wohl reichhaltigste Sammlung serbischer Sakralkunst besitzt. Wer sich für die Kultur der Serben seit dem frühen Mittelalter interessiert, sollte es aufsuchen, wie auch das *Nationalmuseum*, das *Ethnographische Museum* und die *Fresken-Galerie* in der Ulica Cara Uroša, die Kopien der schönsten Fresken aus den serbischen Klöstern zeigt.

Ist bei allen geschilderten Veränderungen irgendwo in der Stadt doch noch etwas von der anheimelnden Atmosphäre einer kleinen balkanischen Kapitale zu spüren, die Belgrad zweifellos einmal war? Wenn man Glück hat, bekommt man eine Ahnung davon auf manchen kleinen Plätzen und in Seitenstraßen, wo unter den Kastanienbäumen die ›Kafanas‹, die eher Kneipen als Kaffeehäuser sind, ihre Tische und Stühle auf die Straße hinausgestellt haben. Diese Stimmung gab es vor einiger Zeit auch noch in der Skadarlija, die in älteren Reiseführern als das Montmartre Belgrads angepriesen wurde. In Wahrheit bestand das ganze Künstlerviertel nur aus einer etwas abschüssigen Straße mit einem knöchelbrecherischen Pflaster, der Skadarska-Straße, in deren Kafanas sich die Belgrader Journalisten, Literaten, Schauspieler und Maler bis in die Morgenstunden den neuesten politischen und gesellschaftlichen Tratsch erzählten und der Rührseligkeit verfielen, wenn die Zigeunerinnen Volkslieder sangen oder die ›Stare Gradske Pesme‹ angestimmt wurden, die melancholischen Lieder, die entfernt an russische Weisen erinnern.

Die *Skadarlija* gibt es noch, sie wurde sogar vor einigen Jahren zurechtgeputzt, und es gibt auch noch die Traditionskneipen Tri Šešira (Zu den drei Hüten) und Dva Jelena (Zu den zwei Hirschen) und wie sie sonst noch heißen mögen. Nur sitzen dort kaum noch die Belgrader Intellektuellen. Dorthin und in die feineren Restaurants, die in der Zwischenzeit entstanden sind, führen heute die jugoslawischen Funktionäre und Manager ihre Geschäftsfreunde und Gäste aus dem Ausland, wenn sie ihnen einen Hauch von Alt-Belgrad bieten wollen. Echt, wenn auch nicht alt, sind dafür die jungen Leute, die an warmen Sommerabenden in Schwärmen in die Skadarlija einfallen, sich an offenen Ständen Chips und etwas zum Trinken kaufen, und dann die Bänke und Sitzmauern bevölkern oder sich einfach auf dem Pflaster niederlassen und einen gewaltigen Lärm machen. Sie verkörpern zwar nicht irgendwelche Traditionen, verkörpern dafür aber pralles Leben und geben der Skadarlija einen neuen, wenn auch turbulenten und anarchischen Stil.

Will man sich unter Belgrads Intellektuelle samt ihrem Troß mischen, dann muß man in das *Restaurant des Schriftstellerclubs* in der Francuska-Straße gehen. Auf alle Fälle wird man dort gut essen, doch ob man in den Gesprächen auf seine Kosten kommt, ist eine andere Sache. In der kalten Jahreszeit muß man drinnen in den Räumlichkeiten sitzen, und dort herrscht immer ein gewaltiger Lärm, denn die Gäste pflegen ihre Ansichten meist mit großer Lautstärke vorzutragen. Im Sommer aber sitzt man draußen im Garten, und da ist es schon besser: sowohl, was die Gesprächsmöglichkeiten, als auch, was den Blick auf die Protagonisten der Belgrader Kulturszene betrifft. Der ganzen Gesellschaft, wie man sie hier im Schriftstellerclub vorfindet, kann man auch bei den Premieren in den Theatern, vor allem aber bei Vorstellungen im Rahmen des alljährlich stattfindenden Theaterfestivals ›Bitef‹, begegnen, bei dem die progressivsten Bühnen von Paris über Tokio und New York zeigen, was es auf den Brettern die die Welt bedeuten an Neuem gibt. Und da kann man dann sehen, daß die Leute, die die Belgrader intellektuelle Szene als Akteure oder als dekorative Statisten bevölkern, ein außerordentliches Sensorium für die geistigen Strömungen der Zeit haben, sie ebenso interessiert verfolgen wie differenziert beurteilen, daß sie also keineswegs die Snobs sind, als die sie sich manchmal geben.

So können wir also jetzt eine Schlußbilanz unserer Eindrücke von Belgrad ziehen: es ist schwer, die Stadt auf einen Nenner zu bringen. Zu sehr liegen ihre verschiedenen Komponenten miteinander im Widerstreit: die serbisch-nationale, die balkanisch-kommunistische und die europäisch-westlerische. Sie überschneiden und durchdringen sich und geben der Stadt ihre besondere Atmosphäre. Belgrad ist vieles gleichzeitig: brutal, enervierend, abstoßend, aber auch wieder interessant, reizvoll, amüsant; und nur selten langweilig.

Womit aber die eingangs gestellte Frage, ob sich hier in Belgrad der Balkan nach ›Europa‹ oder ›Europa‹ in den Balkan hinein ausdehnt, noch nicht beantwortet ist. Ich lasse sie weiterhin offen, weil ich keine eindeutige Antwort zu geben weiß. Vielleicht gibt sie der Leser und Besucher nach seiner eigenen Erfahrung.

Nach Belgrad über Bosnien

Durch das dunkelgrüne Land

Von Zagreb aus kann man auf direktem Weg nach Belgrad fahren, sogar sehr schnell, denn die 380 Kilometer sind zum großen Teil schon Autobahn. Damit hat auch der berüchtigte Autoput, jene unfallsträchtige Schnellstraße, die eigentlich keine war, ihren Schrecken verloren. Geblieben ist aber die eher langweilige Landschaft zwischen der Save, den Hügeln Slavoniens und der Fruška Gora mit ihren Mais- und Sonnenblumenfeldern und den versumpften Auen.

Warum also, wenn man Zeit hat, nicht einen Haken schlagen durch das Land Bosnien, seine grünen Wälder und einsamen Hochflächen, seine kleinen Städte, aus denen die schlanken Minarette herausragen, entlang der Flüsse, die sich durch tief eingeschnittene Täler ihren Weg bahnen und die man gelegentlich auf Brücken überquert, die noch die Türken, die großen Brückenbauer, geschaffen haben? Bosnien, dem in seiner Natur und in seiner Geschichte, in seinen Menschen und ihrem Gemüt etwas Verschlossenes und Abgeschiedenes, etwas Entlegenes und Düsteres anhaftet, ist einen Abstecher durchaus wert.

Fahren wir also von Zagreb nicht in Richtung Belgrad, sondern, ebenfalls auf einer Autobahn, nach Karlovac und von dort weiter südwärts in Richtung **Plitvitzer-Seen.** Hinter Slunj und noch vor den Seen müßten wir in südöstlicher Richtung nach Bihać abzweigen, aber können wir der Versuchung widerstehen, uns den großartigen *Naturschutzpark von Plitvice* mit seinen tiefgrünen Seen und den Kaskaden seiner Wasserfälle anzusehen? Wir sollten es nicht! Gerade, wenn man nach Bosnien fährt, sollte man hier verweilen. Denn um Plitvice verdichtet sich noch einmal mitteleuropäische Natur im Malerischen und Romantischen, das wir hier erwarten, in ihrer Überschaubarkeit und den geordneten Maßen. Von all dem gilt es Abschied zu nehmen, wenn man die Grenze nach Bosnien überschreitet. Nun wird alles anders, wenn auch zunächst nur langsam und kaum wahrnehmbar. Die Bergketten rücken auseinander und bekommen einen Hauch der Ferne und der Fremde, die Hochflächen dazwischen sind spärlich besiedelt, es gibt wenige Dörfer und über die weiten Wiesen ziehen langsam Schafherden.

Die ersten bosnischen Dörfer, durch die wir auf der Fahrt nach Bihać kommen, unterscheiden sich in ihrer Bauart noch nicht wesentlich von denen der kroatischen Nachbarschaft, aber in ihrem Erscheinungsbild weisen sie doch bereits neue Akzente auf. Statt der Zwiebeltürme der katholischen Kirchen tauchen die ersten weißen Minarette mit dem grünen Spitzdach auf. Die Mädchen auf der Dorfstraße stecken zwar noch in Blue Jeans oder in Kordhosen, ebensoviele tragen aber schon die ›Dimije‹, die traditionellen Pluderhosen der muselmanischen Frauen. Die alten Männer auf den Steinbänken um die ›Džamijas‹, die Moscheen, haben die ›Calma‹, eine Art Turban auf, oder sie tragen den Fez auf dem Kopf.

Als weiterer Hinweis, daß wir in Bosnien sind, häufen sich rechts und links der Straße die Denkmäler aus dem Partisanenkrieg, denn wir kommen in ein Gebiet, in dem Titos kommunistische Partisanen im Zweiten Weltkrieg ihre festen Stützpunkte hatten, von denen sie ihre Aktionen gegen die Besatzungstruppen, noch mehr aber gegen die kroatischen ›Ustaschas‹, unternahmen. Diese militärische Tradition, wenn man so will, scheint dem Land hier erhalten geblieben zu sein. Denn immer wieder weisen Tafeln in mehreren Sprachen den fremden Touristen darauf hin, daß er außerhalb der Ortschaften nicht anhalten darf. Nimmt man die Photoverbote und die Schilder hinzu, die die meisten abbiegenden Straßen nur den Fahrzeugen der jugoslawischen Volksarmee vorbehalten, dann weiß man, wo man sich befindet: in einem jener Gebiete, in denen Jugoslawiens Streitkräfte und die territoriale Verteidigung ihre unterirdischen Anlagen haben.

Trotziges Bihać

Das Städtchen an der grünen Una hat etwas Janusköpfiges: eines seiner Gesichter ist nach dem Westen, das andere nach dem Orient gewandt. Lange Zeit war es die letzte westliche Stadt gegenüber dem Osmanischen Reich, so wie es in anderen Jahrhunderten das äußerste Bollwerk der Türken gegenüber dem Habsburgerreich war. Eine Grenzstadt also, auch wenn die Grenzen hier gelegentlich verschoben wurden. Für uns, die wir aus dem Westen kommen, ist es heute jedenfalls ein Tor zu Bosnien, der Eingang zum Balkan. Geradezu symbolhaft die *Fatih-Moschee:* Ihr Hauptportal ist romanisch-gotisch, denn bevor sich die Türken der Stadt bemächtigten, war sie eine Franziskanerkirche. Die Türken bauten sie 1592 um, wahrten aber dabei ihre gotischen Elemente, die Spitzbogen-Fenster und die Rosetten, und schufen damit eine Harmonie christlicher und islamischer Bauform.

Bihać hielt im übrigen von allen bosnischen Städten den Türken am längsten stand. Erst am 19. Juni 1592 übergab der Stadthauptmann Joseph Lamberg Stadt und Burg dem türkischen Feldherrn Hassan Pascha Predojević. Das war rund hundertdreißig Jahre nach dem Fall Bosniens unter türkische Herrschaft und sechsundsechzig Jahre nach der Schlacht von Mohács, die den Türken den Weg nach Ungarn und bis vor die Tore Wiens öffnete. Und umgekehrt: Als 1878 der Berliner Kongreß Österreich–Ungarn das Recht zusprach, Bosnien und die Herzegowina zu besetzen, hatten die österreichischen Truppen größte Mühe, Bihać einzunehmen. Viertausend Muselmanen verteidigten die Stadt, zwölf Tage wurde um sie gekämpft. Mit 130 Toten, 744 Verwundeten und 41 Vermißten bezahlten die Österreicher die Besetzung Bihaćs – ein hoher Preis für eine international genehmigte Aktion, die eigentlich friedlich hätte verlaufen sollen.

Eine trotzige Stadt also, und so präsentiert sie sich auch auf einem Stich aus dem Jahre 1590: zwei Ringe dicker Mauern mit einem tiefen Graben dazwischen umgeben sie, darüber eine Zitadelle mit vier starken Türmen. Davon ist heute nicht mehr viel vorhanden, die Österreicher haben die Wehranlagen

1891/92 abtragen lassen. Mit Ausnahme der *Kapetanova Kula,* des dreigeschossigen massiven Turmes des Stadthauptmannes, der ihnen als Gefängnis diente und heute ein kleines Museum beherbergt. Auch einige Reste der alten Stadtmauern sind noch erhalten.

Selbst das moderne Bihać zeigt sich einigermaßen wehrhaft. Vor einem kleinen und eher unansehnlichen Gebäude stehen Panzer und Kanonen aus dem letzten Weltkrieg, und die Straßen und Häuser ringsum sind meist mit roten Spruchbändern behängt, auf denen martialische Parolen zu lesen sind. Damit hat es folgende Bewandtnis: nach der Vertreibung von Titos Partisanen aus Serbien im Herbst 1941 war Bihać die erste größere Stadt, die die Streitkräfte des späteren Marschalls besetzen konnten. Im Herbst 1942 hielten die kommunistischen Partisanen in Westbosnien ein Gebiet besetzt, das, wie die offizielle jugoslawische Geschichtsschreibung noch heute mit Stolz feststellt, größer als die Schweiz oder Belgien war. Und der Hauptort dieses befreiten Gebietes war eben Bihać.

In dem Haus, vor dem die Panzer und Geschütze stehen, fand nun ein für das neue Jugoslawien wichtiges Ereignis statt: hier tagte vom 26. bis 27. November 1942 zum ersten Mal der Antifaschistische Rat der Volksbefreiung Jugoslawiens, in der offiziellen Terminologie AVNOJ genannt. Da sich der Ausländer darunter kaum etwas Konkretes vorstellen kann, sagen wir es also entschlüsselt: In Bihać gab Tito seiner Kampforganisation die erste politische Form, die über den Rahmen seiner kommunistischen Partei hinausging. Hier also wurde mit dem Exekutivausschuß der Volksbefreiungsorganisation eine provisorische Regierung geschaffen mit Dr. Ribar, einem Nicht-Kommunisten, an der Spitze. Daß dieser Dr. Ribar gleichberechtigt mit Tito war, sollten die zwei Fauteuils zeigen, die noch heute im Sitzungssaal zu sehen sind. Denn in Bihać war für Tito und seine Kommunisten die Zeit noch nicht gekommen, ihre Karten aufzudecken. Ein Jahr später in Jajce war alles anders. Dort gab es dann nur noch einen Fauteuil. Aber davon später.

Zur Königsstadt Jajce

Für die 155 Kilometer von Bihać nach Jajce haben die Jugoslawen die Bezeichnung Put Avnoja erfunden, was soviel wie Straße der Partisanen heißt. Mit ihr verbinden sie viele Erinnerungen an den Kampf gegen die deutschen Besatzungstruppen und die Streitkräfte des selbständigen kroatischen Staates der faschistischen Ustascha. Für uns als Besucher Bosniens ist die Straße in erster Linie wegen ihrer landschaftlichen Reize interessant. Sie schwingt sich sozusagen durch die Landschaft, über Höhen und Pässe hinweg, von einem Polje zum anderen. Polje heißt wörtlich Feld, hier in den gebirgigen Teilen Jugoslawiens bezeichnet man damit die Hochflächen zwischen den Bergzügen, wo der Boden fruchtbar ist und die Weiden saftig sind, und wo man daher auch größere Siedlungen findet.

Unsere Fahrt beginnt im Bihaćko Polje, durch das die rasche grüne Una fließt, der westlichste der bosnischen Flüsse, die zur Save strömen. Er war einmal wegen seiner Forellen bekannt; ob er heute noch die Sportfischer anzieht, kann ich nicht beurteilen. Ich weiß nur, daß viel über die industrielle Verschmutzung auch der bosnischen Flüsse geklagt wird. Hier in ihrem Oberlauf dürfte die Una aber noch einigermaßen unverdorben sein.

Die Straße in Richtung Südosten ist nicht nur ziemlich neu, sie hat auch den Vorteil, wenig befahren zu sein. Die Wirtschaftswege verlaufen eher in der Nord-Süd-Richtung, und auch der Tourismus scheint diese Verbindung noch nicht richtig entdeckt zu haben, obwohl man von ihr auch an die mittlere Adria gelangen kann, vorausgesetzt, man scheut ein mehrmaliges Auf und Ab nicht. Starken Verkehr braucht man hier jedenfalls nicht zu befürchten.

Aus dem Polje von Bihać windet sich die Straße hoch, überquert einen Höhenrücken und gleitet hinab in das Polje von Vrtoče; dann geht es wieder hoch und wieder hinab und jetzt ist man im Polje von Bosanski Petrovac. Von hier kann man über Titov Drvar und Knin zur Adriaküste zwischen Šibenik und Split gelangen und unterwegs in Titov Drvar die Stätten besuchen, wo Tito am 25. Mai 1944 im Zuge der

›Operation Rösselsprung‹ beinahe in die Hände der deutschen Fallschirmjäger gefallen wäre. Ein eigenes Museum erinnert an die dramatischen Ereignisse dieses Tages, außerdem kann die Höhle über dem Wasserfall am Berg Gradina besucht werden, aus der sich Tito im letzten Augenblick retten und durch die Felswände den deutschen Truppen entkommen konnte.

Aber wir wollen ja nicht an die Adria, sondern nach Jajce und in das Herz Bosniens, und so fahren wir zurück zur Straße der Partisanen. Auch östlich von Bosanski Petrovac wechselt die Landschaft ihren Charakter nicht: Auf Hügeln und Bergen steht niedriger Laubwald, Weiden grünen auf den Hochflächen, über die Hänge liegen verstreut Bauernhäuser und ragen die weißen Bleistifte der Minarette. Vielleicht mag sie manchen eintönig erscheinen. Für mich ist sie es nicht, denn von jedem Höhenrücken, über den man kommt, hat man das Land in einer neuen Perspektive vor sich, es falten sich die Bergzüge in immer neuen und überraschenden Verschiebungen auf. Und es ist, als reichten diese Berge und Täler bis ans Ende der Welt.

Je näher man an Jajce herankommt, desto enger wird die Landschaft. Die Sättel werden immer mehr zu richtigen Pässen, und die Abfahrten führen nicht mehr zu einem Polje, sondern schlängeln sich durch tief eingeschnittene Täler bis man schließlich eine Szenerie vor sich hat, wie man sie sich romantischer und malerischer kaum vorstellen könnte. In einem zwanzig Meter hohen Wasserfall stürzt sich die Pliva in den Vrbas, unter einem mittelalterlichen Stadttor steigen schindelgedeckte Häuser zu einer Zitadelle hoch, und für die Akzente in diesem Ensemble sorgen der romanische Glockenturm der Kirche des heiligen Lukas und einige Minarette. Wir sind in der alten bosnischen Königsstadt **Jajce.**

Vom bosnischen Königreich des Mittelalters wissen meist nur Spezialisten Näheres. Es hatte nie den Glanz des serbischen Feudalstaates, es lag abgeschieden in den Bergen, ausgesetzt den Rivalitäten der Nachbarmächte Ungarn, Serbien und Venedig, im Inneren geschwächt durch die Machtkämpfe örtlicher Feudalherren. Ganz zu schweigen von den religiösen Auseinandersetzungen um die Bogumilen, die von Rom wie von Byzanz als Ketzer angesehen und gegen die Kreuzzüge unternommen wurden. Manche der bosnischen Könige stützten die ›bosnische Kirche‹, andere bekämpften sie.

Jajce – das war die letzte Glorie dieses Königtums. Hier wurde 1461 der letzte bosnische König Stephan Tomašević unter großem Pomp gekrönt. Papst Pius II. hatte einen Legaten entsandt, der sogar die Krone aus Rom mitbrachte, und der Heilige Stuhl, Venedig und Ungarn versprachen dem jungen König Unterstützung gegen die Türken, die zu dieser Zeit schon einen Teil Bosniens in ihre Gewalt gebracht hatten. Ermutigt durch die Versprechungen aus Rom und Budapest, stellte König Stephan Tomašević die Tributzahlungen von 160 000 Dukaten an die Hohe Pforte ein.

Darauf hatte Sultan Mehmet der Eroberer offenbar nur gewartet. 1463 erschien er persönlich an der Spitze einer großen Armee vor Jajce, um dem bosnischen Staat und seinem unbotmäßigen König das gleiche Schicksal zu bereiten, wie zehn Jahre vorher dem ungleich mächtigeren und glorreicheren tausendjährigen Reich von Byzanz und vier Jahre vorher dem Rest des serbischen Feudalstaates.

Und wie 1453 am Bosporus Kaiser Konstantin XI. von Europa im Stich gelassen worden war, so blieb 1463 König Stefan Tomašević im weltverlorenen Bosnien allein. Als er sah, daß Jajce nicht zu halten war, zog er sich in die uneinnehmbare Burg Ključ westlich von Jajce zurück. Von dort lockte ihn der Feldherr des Sultans, Mahmud Pascha Andjelković, mit dem Versprechen heraus, daß ihm kein Leid geschehe, wenn er sich der Gnade des Sultans ergebe. Als Mahmud Pascha mit seinem illustren Gefangenen bei Sultan Mehmet ankam, weigerte sich der Padischah, die Zusage seines Feldherrn einzuhalten und ließ, gestützt auf Gutachten seiner Rechtsgelehrten, Stefan Tomašević enthaupten. Unbekannt blieb, wo die Leiche des Königs begraben wurde, obwohl der Volksmund eine Stelle auf der Terrasse über dem rechten Ufer des Vrbas als Kraljevski Grob (Königsgrab) bezeichnete. Erst nach der österreichischen Okkupation 1878 ging man daran, zu überprüfen, ob die Volkssage mit der Wirklichkeit übereinstimme. Es war der Kustos des Museums in Sarajevo, Dr. Truhelka, der 1888 an der angegebenen Stelle tatsächlich Gebeine fand, die mit höchster Wahrscheinlichkeit die des letzten bosnischen Königs waren.

»Die Lage des Skeletts«, so berichtete Dr. Truhelka, »ließ es als unzweifelhaft erscheinen, daß sie die Überreste eines Hingerichteten bloßlegten, welcher geköpft, massakriert und nackt begraben wurde; nackt, denn nicht ein einziger Knopf, eine Spange oder ein sonstiges Objekt fand sich, welches auf Kleidung hinweisen würde. Nur ein gebogenes Eisenstück wurde am Fußende gefunden, und bei genauer Untersuchung stellte sich heraus, daß es der Bügel eines Vorhängeschlosses sei und zweifellos ein Bestandteil der Fußfesseln war ... Alle angeführten Umstände sind im Einklang mit dem Schicksal des Königs Tomaševićs, und es sind noch manche Anhaltspunkte, welche die Identität bestätigen.« Vierhundert Jahre nach dem Tod des letzten bosnischen Königs wurden die Gebeine in der Franziskanerkirche von Jajce beigesetzt. Also verdient Jajce doch das schmückende Beiwort ›Königsstadt‹, auch wenn es nicht ständig die Hauptstadt des mittelalterlichen bosnischen Königreiches war.

Im heutigen Jugoslawien verbindet man mit Jajce allerdings weniger die letzten Tage des bosnischen Königtums, als die Grundsteinlegung des neuen Jugoslawien unter kommunistischer Führung. Das geschah am 29. und 30. November 1943 im Haus des Turnvereins Sokol (der Falke) am rechten Ufer der Piva, knapp vor dem Wasserfall. Hier tagte damals die zweite Konferenz der Partisanenorganisation Titos, hier wurde die erste provisorische Regierung des neuen Jugoslawien gebildet; die zweihundertfünzig Delegierten verboten König Petar II. die Rückkehr in die Heimat und bestellten Tito zum Marschall Jugoslawiens. Ein ehrgeiziges und selbstbewußtes Programm schon deshalb, weil Tito damit den Direktiven Stalins zuwiderhandelte.

Aber an Selbstbewußtsein hat es Tito ja nie gemangelt. Man kann dies sogar an der Einrichtung des Saales ablesen, in der die historische Sitzung stattfand, deren Datum später zum jugoslawischen Nationalfeiertag wurde. Sie wurde so belassen oder so wiederhergestellt, wie sie damals war: an den Säulen die Portraits der Großen der Kriegskoalition gegen Hitler, nämlich Stalin, Churchill, Roosevelt und ... Tito! Und natürlich gab es auch nicht mehr zwei Fauteuils, sondern nur noch einen: Tito war auch nach außen hin der einzige unumstrittene politische und militärische Führer seiner Partisanenbewegung, die zu diesem Zeitpunkt schon dreihunderttausend Kämpfer und Helfer zählte.

Daß Jajces historische Bauten erhalten blieben, ist beinahe ein Wunder, denn zwischen Herbst 1942 und Herbst 1944 wechselte es nicht weniger als sieben Mal den Herrn. Erhalten ist auch noch das Haus, in dem Tito mit seinem Stab vom September 1943 bis Januar 1944 untergebracht war. Mit seinem vorgebauten ersten Stock und dem hölzernen Schindeldach ist es ein schönes Beispiel der bosnischen Architektur aus dem 19. Jahrhundert. Es gibt noch mehrere Häuser dieses Stils in den Gäßchen, die steil zur Festung hochsteigen. Daß Tito in diesem Hause sein Quartier nahm, hatte seinen Grund darin, daß sich neben dem Hause die ›Katakomben‹, zwei Stock tiefe unterirdische Räume, befanden, die der bosnische Herrscher Hrvoje Vukčić vermutlich anfangs des 15. Jahrhunderts in den Fels hatte schlagen lassen. Sie sollten als Kirche und Familiengrab dienen. Nun dienten sie dem Partisanenführer als Luftschutzkeller. Auch das danebenliegende Mithras-Heiligtum römischer Legionäre hat sich im letzten Krieg als Schutzraum bewährt. In Jajce gehen also, wie man sieht, die Zeiten nahtlos ineinander über.

Vor lauter Historie habe ich versäumt, die *Pliva-Seen* zu erwähnen. Sie liegen fünf Kilometer westlich der Stadt in hübscher Umgebung. Am Ufer des großen Sees gibt es ein Hotel und Camping-Plätze sowie Sport-Anlagen, und auch Kanu- und Kajakfahrer finden Betätigungsmöglichkeiten. Dort, wo die Pliva über Stromschnellen den See verläßt, stehen eine Reihe kleiner alter Mühlen, die schon längst nicht mehr betrieben werden. Es sind wacklige Holzhütten auf Pfählen, miteinander durch ebenso wacklige Holzstege verbunden, und man wundert sich, daß sie sich inmitten des schnell strömenden Wassers überhaupt über so lange Zeit haben halten können.

Zu erwähnen ist schließlich, daß man auch über **Banja Luka** nach Jajce gelangen kann. Man fährt von Zagreb zunächst in Richtung Belgrad, überquert bei Bosanska Gradiška die Save und fährt dann den Vrbas aufwärts nach Banja Luka. Mit mehr als hunderttausend Einwohnern ist es nach Sarajevo die zweitgrößte Stadt Bosniens. Durch die moderne Entwicklung hat sie von ihrem bosnisch-türkischen Charakter viel eingebüßt. Aber die *Ferhad Pascha-Moschee* gehört durch ihren reichen Steinschmuck im Innern des mächtigen kuppelüberwölbten Mittelraumes, die farbenreichen Arabesken und das fünfeckige schlanke Minarett zu den kostbarsten islamischen Baudenkmälern Jugoslawiens. Ferhad Pascha Sokolović, Statthalter in Bosnien, soll ihren Bau mit dem Lösegeld bezahlt haben, das er im 16. Jahrhundert von den Österreichern für die Freilassung des Sohnes eines österreichischen Generals erhielt. Das starke Erdbeben am 27. Oktober 1969 hatte auch diese Moschee beschädigt, da das Minarett in der Mitte abgebrochen und auf die Kuppel gestürzt war. Inzwischen wurde das wertvolle Gebäude aber wieder instand gesetzt.

Travnik – Wesire und Konsuln

Strebt man von Jajce in Richtung Sarajevo, kommt man unweigerlich durch Travnik. Ob sich heute wohl jemand für dieses Städtchen noch interessieren würde, wenn es nicht der jugoslawische Nobelpreisträger für Literatur, Ivo Andrić, durch seine ›Travniker Chronik‹ populär gemacht hätte, das Buch, das deutsch unter dem Titel ›Wesire und Konsuln‹ erschienen ist? Zwar hat Andrić den Literatur-Nobelpreis 1961 für seine ›Brücke über die Drina‹ erhalten, zu der wir noch kommen werden. Aber mit seiner ›Travniker Chronik‹ hat er diese Stadt am Fuße des Vlašić-Gebirges, die über hundertfünfzig Jahre Sitz der bosnischen Wesire, also Verwaltungszentrum des türkischen Paschaliks Bosnien war, zum Sinnbild des muselmanischen Bosnien gemacht. Womit für mich auch schon die oft gestellte Frage entschieden ist, was bosnischer ist: Jajce oder Travnik. Jajce, das ist für mich trotz Moscheen und türkischer Cafés mit niedrigen Sitzbänken an den Wänden und winzigen Kaffeeschalen das königliche, das mittelalterliche Bosnien in seiner Bedrängnis und Verlorenheit zwischen Ost und West. Travnik aber ist, wie gesagt, muselmanischer, was seinen Ausdruck in den zahlreicheren und prächtigeren Moscheen findet und in den pompöseren Türben, den Grabdenkmälern einstiger Würdenträger. Auch ist das Ambiente hier städtischer, obwohl die Schafherden beim Abweiden der Grasflächen bis hart an das Hotel ›Orient‹ im Stadtzentrum vordringen.

Was ist denn aber von den Wesiren in Travnik erhalten geblieben? Der Konak, ihre Residenz, von der aus sie regierten, ist verschwunden. Als ich mich in der Nähe des Hotels nach irgendwelchen Resten des Gebäudes umsah, sagte mir ein alter Muselmane: »Sie suchen vergeblich. Bei Kriegsende gab es den Konak noch, wenn auch in schlechtem Zustand. Man ließ ihn abreißen, obwohl man ihn noch hätte restaurieren können. Aber dafür hatte man damals kein Verständnis.« Womit er sagen wollte, daß das muselmanische Element und sein Erbe bei den neuen kommunistischen Machthabern, vor allem den lokalen, nicht angesehen war.

Das allerdings hat sich in der Zwischenzeit sehr geändert, wovon wir noch sprechen werden, wenn wir nach Sarajevo kommen. Es wäre daher gar nicht erstaunlich, wenn eines Tages der Konak der Wesire von Travnik wieder aufgebaut würde. Immerhin spielt er in Andrićs Roman eine große Rolle.

In einem älteren Buch fand ich ein Photo vom Konak. Es zeigt ein einstöckiges Gebäude mit vorgebautem Obergeschoß. Andrić spricht von einem »weißen, harmonischen Bau mit einer langen Flucht von Glasfenstern«. Vom Hof des Konak, in dem es einen von Blumen und Rasen eingefaßten Brunnen gegeben habe, hätten einige Stufen in den Diwan, den Konferenzsaal geführt, einem halbdunklen Raum im Erdgeschoß. Hier habe der Wesir seine Gäste empfangen. Einen ebenso großen Saal habe es im oberen Stock gegeben; hier habe der Wesir im Sommer seinen Diwan abgehalten.

Aber wie sind denn die Wesire überhaupt nach Travnik gekommen? Daran war Prinz Eugen schuld. Zu seinem größten Ärger konnte der Savoyer 1699 den großen Sieg über Sultan Mustafa II. bei Zenta an der Theiss nicht ausnutzen. Die Kriegskasse war leer, das Heer war erschöpft und durch Krankheiten dezimiert, der Winter stand vor der Tür. An eine Einnahme von Temesvar oder Belgrad war nicht zu denken.

Aber erschrecken wollte der Prinz die Türken doch, und so unternahm er seinen berühmten Vorstoß tief ins türkische Hinterland nach Bosnien hinein. Mit 4000 Reitern und 2500 Mann Infanterie überschritt er am 6. Oktober 1699 die Save, erschien achtzehn Tage später vor Sarajevo, der damaligen Hauptstadt des Paschaliks von Bosnien und Herzegowina, und forderte sie zur Übergabe auf. Statt einer Antwort nahmen die Türken den Herold unter Feuer, verwundeten ihn und erschlugen den Trompeter. Das war dem kaiserlichen Feldherrn zuviel: er ließ Sarajevo in Brand schießen und gab die Stadt seinen Truppen zur Plünderung frei. Am 5. November war er wieder zurück auf österreichischem Gebiet. Sarajevo war so arg zerstört, daß die Türken den Sitz der Wesire von Bosnien nach Travnik verlegten. Dort blieben sie bis 1851.

Und wie kamen die fremden Konsuln nach Travnik, das bestimmt kein begehrenswerter Posten für Diplomaten war? Daran ist Napoleon schuld. Je mehr England die Blockade des von dem Korsen beherrschten Kontinents auf den Meeren verschärfte, um so wichtiger wurde für den Kaiser der Landweg nach dem Orient, vor allem nach Schaffung der illyrischen Provinzen aus den Österreich abgenommenen dalmatinischen und kroatischen Gebieten. Damit wurde das napoleonische Frankreich unmittelbarer Nachbar des türkischen Reiches, und so ergab sich die Notwendigkeit, in Travnik ein französisches Konsulat zu eröffnen. Das war 1806. Um Napoleon nicht völlig das diplomatische Feld im Südosten zu überlassen, sah sich Metternich gezwungen, auch einen Vertreter zum Wesir von Bosnien zu entsenden und so traf 1807 Oberstleutnant Josef Mitesser als erster österreichischer Konsul in Travnik ein. Und damit begann jener zähe Kleinkrieg zwischen den beiden Konsuln als Exponenten ihrer Regierungen in diesem zwar abgelegenen, zeitweise politisch aber wichtigen Teil Europas, der bis zum Sturz Napoleons im

Jahre 1814 dauern sollte und den Andrić in seinem Buch so lebendig beschrieben hat.

Nicht minder lebendig hat Andrić auch den stark orientalischen Charakter Travniks geschildert, das schwierige Zusammenleben von Muselmanen, Katholiken und Serbisch-Orthodoxen, das Treiben in der Čaršija, dem Geschäfts- und Handwerkerviertel, und die Stimmung um die vielen Moscheen. Verglichen damit ist das heutige Travnik weniger bunt und malerisch, denn 1903 wütete eine Feuersbrunst besonders im muselmanischen Teil der Stadt. Einiges ist aber doch bis in unsere Zeit geblieben: die Türben unter den Linden in der Stadtmitte, deren von zierlichen Säulen getragene Kuppeln die Sarkophage bosnischer Gouverneure vor Wind und Wetter schützen. Die reich verzierten Sarkophage und die Türben überhaupt gelten als Meisterwerke der islamischen Bildhauerkunst des 18. Jahrhunderts.

Travniks Moscheen wiederum zeichnen sich dadurch aus, daß ihr Gebetsraum im Gegensatz zu den meisten islamischen Gotteshäuseren in Bosnien nicht von einer Kuppel gekrönt, sondern nur von einer Holzdecke bedeckt wird. Das gilt auch für die originellste der Travniker Moscheen, die Ende des 16. Jahrhunderts erbaute *Soliman-Moschee.* Sie wird auch ›bunte Moschee‹ (Šarena Džamija) genannt, weil ihre Außenwände bunt bemalt sind. Außerdem befinden sich in den Vorhallen der Moschee Läden – ein weiterer Beitrag zu der eher weltlichen Atmosphäre um die Moschee. Unweit der Soliman-Moschee steht *Ivo Andrićs Geburtshaus,* in dem der Schriftsteller die ersten zwei Jahre seines Lebens verbracht hat. Es wurde vor einigen Jahren als Museum eingerichtet, mit Photos und Schriftstücken, die sich auf sein Leben und Werk beziehen.

Zum Museum begleiteten mich zwei junge Muselmanen, die nicht aus Travnik stammten, die aber der Beruf hierher verschlagen hatte. Sie kamen aus Mostar in der Herzegowina und fühlten sich hier in Bosnien wie in der Verbannung. Was sie über das Klima in Travnik sagten, erinnerte mich lebhaft an Andrićs Schilderung der Leiden, denen die europäischen Konsuln in dem weltverlorenen Städtchen besonders im

Herbst und Winter ausgesetzt waren. »Hier in Bosnien ist es so düster, der Himmel immer grau und es regnet unentwegt«, erklärten die beiden Herzegowiner. »Die Leute sind mürrisch, und langsam, träge, nicht so wie bei uns zu Hause lebhaft, lustig und gesprächig. Sehen Sie sich die Natur hier an: Berge mit eintönig grünem Wald, immer derselbe Anblick, wohin Sie auch gehen. Wenn Sie der Regen gehen läßt. Aber bei uns: Sonne, Blumen, Wein ... und auch das Meer ist nicht mehr weit. Die Herzegowina ist halt ganz anders als dieses Bosnien.«

»Aber der Travnički sir, der aus der Milch der Schafe auf dem Vlašić-Gebirge gewonnene Käse, in ganz Jugoslawien hoch geschätzt, bedeutet Ihnen gar nichts?« Sie winkten nur müde ab. Travnik war für sie die Fremde, obwohl es wie das heimatliche Mostar zu Bosnien-Herzegowina gehört, der jugoslawischen Teilrepublik, deren Menschen und Natur ein weites Spannungsfeld darstellen.

Sarajevo – Die grüne Fahne des Propheten

Sarajevo wird manchmal als die Stadt der hundert Moscheen bezeichnet. Ob das tatsächlich stimmt, weiß ich nicht. Vom Fenster meines Zimmers im Hotel ›Evropa‹ habe ich jedenfalls einmal dreizehn Minarette gezählt, und da hatte ich nur einen schmalen Ausschnitt der Stadt im Blickfeld. Ob nun hundert oder nicht, die Moscheen und die Minarette bestimmen auch

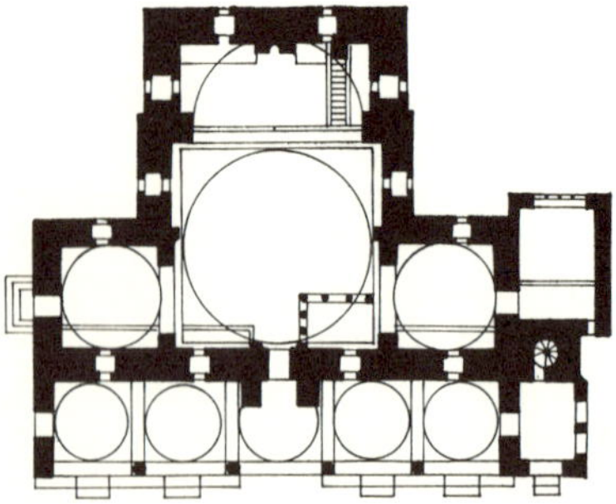

Sarajevo
Gazi-Husrev-Beg-Moschee
Grundriß

heute noch die Silhouette der Hauptstadt der Teilrepublik Bosnien-Herzegowina, zum mindesten des alten Teils der Stadt. Sonst ist Sarajevo, mit 450000 Einwohnern die viertgrößte Stadt Jugoslawiens, eine moderne Stadt geworden mit Hochhäusern, Banken, Kongreßhalle, Schnellstraßen und oft eintönigen Wohnblocks, wie man sie auch in anderen Teilen Europas findet. Doch davon wollen wir hier nicht sprechen, sondern von dem Sarajevo, das im äußeren Bild und in seiner Atmosphäre noch immer unverwechselbar ist.

An einem Frühlingsnachmittag wollten wir uns die *Gazi-Husrev-Beg-Moschee,* das größte islamische Gotteshaus Sarajevos, ansehen. Man bittet uns zu warten, bis die Andacht vorüber ist, zu der eine Menge junger Leute in Blue Jeans und Kordhosen, in Pullovern oder Lederjacken in die Moschee strömt. Also lassen wir uns auf einer der Steinbänke im Vorhof der Moschee nieder, in dessen achteckigem Brunnenhaus das Wasser plätschert und in dessen Bäumen die Spatzen lärmen. Um uns herum sitzen ein paar Alte und schwatzen, wie das in den Vorhöfen der Moscheen oft der Fall ist.

Bisher hatten wir, wenn wir in diesen Gegenden zur Moschee kamen, immer wieder den Eindruck, in eine Welt der Vergangenheit, Wehmut und Resignation zu treten. Überall das gleiche Bild: Die alten Männer um die Moschee sahen den Fremden aus traurigen Augen an und machten den Eindruck, als wüßten sie längst nicht mehr, warum sie noch auf der Welt sind. Zwischen den Grabsteinen wuchs hohes Gras und Unkraut, das zu mähen offensichtlich niemand mehr für nötig hielt. Hier um die Husrev-Beg-Moschee ist die Stimmung aber ganz anders. Von den jungen Burschen, die auf den prächtigen, von Nasser, Ghadafi, dem Schah von Persien und anderen Größen der islamischen Welt gestifteten Teppichen ihre Andacht verrichtet hatten und nun wieder den Vorhof füllten, gingen Vitalität, Elan, Zuversicht und Glauben an die Zukunft, an ihre Zukunft, aus. Zeigten sie an, daß diese eigentümliche muselmanische Welt im Herzen des Balkans doch nicht dem Untergang geweiht sei, fühlten diese jungen Leute sich als Vorboten einer Renaissance des Islams auch im großen Jugoslawien?

Bevor wir versuchen, Antworten auf diese Fragen zu geben, müssen wir uns noch ein wenig mit der Moschee beschäftigen, in deren Schatten wir sitzen. Sie wurde 1530 von Gazi-Husrev-Beg, dem damaligen Gouverneur der osmanischen Provinz Bosnien gestiftet und zählt zu den größten und schönsten islamischen Gotteshäusern, die das osmanische Reich auf europäischem Boden hinterlassen hat. Sie gehört zu den wenigen Moscheen in diesem Bereich, die eine große Hauptkuppel und eine Halbkuppel über dem Betraum aufweisen, der an drei Seiten von überkuppelten Seitenschiffen umgeben ist.

Sarajevo verdankt aber diesem Gazi-Husrev-Beg, der sich offensichtlich an der Bautätigkeit seines Sultans Süleyman des Prächtigen ein Beispiel genommen hatte, noch eine Reihe anderer bedeutender Gebäude. Zu ihnen zählen die *Kuršumli-Medrese,* die islamische Oberschule, in deren Innenhof mit Wandelgang und Springbrunnen die Kuppel und das Minarett der Moschee ihre Schatten werfen. Dann der hundertneun Meter lange *Bezistan,* eine Markthalle, die auch heute als Einkaufszentrum dient. Der Gouverneur ließ auch eine sechs Kilometer lange Wasserleitung bauen, die vierzig öffentliche Brunnen und einen großen Hamam (Badehaus) versorgte. Immerhin war Sarajevo im 17. Jahrhundert eine Stadt von über 50000 Einwohnern; sie war damit zu dieser Zeit größer als Köln (37000) und ebenso groß wie Wien. Neben seiner Moschee hat Gazi-Husrev-Beg in einer eindrucksvollen achteckigen Türbe seine letzte Ruhestätte gefunden.

Aber zurück zu den jungen Leuten, die uns aufgefallen waren, als sie in die Moschee eilten. Sie kamen zum Teil aus der erwähnten Medrese, zum Teil aus der islamischen theologischen Fakultät, die sich ebenfalls in der Nachbarschaft der Moschee befindet. Sie wurde erst Ende der siebziger Jahre ins Leben gerufen und ist die einzige ihrer Art auf europäischem Boden. Damit hat die islamische Glaubensgemeinschaft in Jugoslawien – man schätzt ihre Stärke auf über 3,5 Millionen – die Möglichkeit erhalten, ihre Geistlichkeit im Lande auszubilden. Bisher schickte sie ihre Theologiestudenten auf die islamischen Hochschulen im Nahen Osten. Es sind also nicht nur die neu verputzten oder neuerrichteten Džamijas, wie man die Moscheen hierzulande nennt, die von einem gestärkten Lebensgefühl unter den Muselmanen künden. Es heißt, daß seit dem Kriege rund sechshundert Moscheen in Bosnien erbaut wurden, wozu sowohl die Gastarbeiter im Westen wie Spenden aus den arabischen Staaten beigetragen haben. Nach Jahrzehnten des Gefühls der Verlassenheit und des Untergangs haben die Muselmanen hier in Bosnien offensichtlich neuen Lebensmut gewonnen.

Wie stark dieses Gefühl bis in die letzte Zeit war, kann man den Worten von Meša Selimović, des erst vor einigen Jahren verstorbenen, bekanntesten jugoslawischen Schriftstellers muselmanischer Herkunft entnehmen, dessen ›Derwisch und der Tod‹ auch ins Deutsche übersetzt wurde. In einem Vortrag hat Selimović einmal gesagt: »Ich glaube, daß niemals in der Geschichte eine Gruppe von Menschen so vereinsamt geblieben ist, wie die bosnischen Muselmanen ... Sie haben sich von den Ihren getrennt, ohne sich den Fremden anzuschließen. Wohin konnte ihr geschichtlicher Weg führen? Nirgendwohin. Das ist eine tragische Ausweglosigkeit.«

Von den Ihren abgesondert und nicht zu den anderen gegangen – hier ist in der Nußschale Herkunft und Schicksal der bosnischen Muselmanen umschrieben. Sie sind ja nicht die Nachfahren der Türken, die hier vierhundert Jahre geherrscht haben, sondern die Nachfahren jener Serben und Kroaten, die entweder unmittelbar nach der Eroberung Bosniens durch die Türken oder später zum Islam übergetreten sind. Die bosnischen Muselmanen sind also slawischer Herkunft und sie sprechen ja auch serbo-kroatisch. Aber diese vergangenen Jahrhunderte haben ihnen eine andere religiöse, soziale und geistige Prägung gegeben, als ihren christlichen, serbischen und kroatischen Mitbürgern.

In diesen vier Jahrhunderten der Zugehörigkeit zum Osmanischen Reich entwickelten die bosnischen Muselmanen ihre eigene Zivilisation, ihre eigene Mentalität, ja sogar so etwas wie eine eigene Literatur, die freilich wie die der Serben und Kroaten in serbo-kroatischer Sprache geschrieben ist. Als das Osmanische Reich schrittweise aus Europa hinausgedrängt wurde, blieben die bosnischen Muselmanen zurück. Die Frage ihrer Zukunft stellte sich schon 1878, als Bosnien und die Herzegowina zu Österreich–Ungarn kamen. Die K. u. K. Monarchie wollte so etwas wie eine bosnische Nationalität fördern, man sprach im alten Österreich ja auch einfach von den ›Bosniaken‹, zu denen man aber nicht nur die Muselmanen, sondern auch orthodoxe Serben und die katholischen Kroaten des Landes zählte. Mit diesem etwas vagen Sammelbegriff wollte man die leidige Nationalitätenfrage umgehen. Ein bosnisches Nationalbewußtsein konnte sich aber nicht mehr herausbilden, es scheiterte an dem immer stärker werdenden Nationalismus der Serben und Kroaten.

Das königliche, von den Serben geprägte Jugoslawien der Zwischenkriegszeit wußte auch keine Lösung. Für die orthodoxen Serben waren die Muselmanen einfach Abtrünnige, die sie mit der verhaßten und nur mühsam abgeschüttelten türkischen Herrschaft identifizierten. Tito stand ebenfalls und schon während des Partisanenkrieges vor der Frage: was mache ich mit den Muselmanen? Auch für ihn war es nicht leicht, eine klare Position zu beziehen. Einerseits wurden die Muselmanen von den königstreuen serbischen Tschetniks massakriert, andererseits neigten viele von ihnen zum faschistischen kroatischen Ustascha-Staat, dem Hitler und Mussolini Bosnien und die Herzegowina zugeschlagen hatten. Um nach der Schaffung des kommunistischen Jugoslawien einen Streit der Serben und Kroaten um die Muselmanen zu verhindern, beschloß man, die Muselmanen zu einer eigenen Staatsnation zu erklären und damit auf die gleiche Stufe mit den Serben, Kroaten, Slowenen, Montenegrinern und Makedoniern zu stellen. Bei der Volkszählung im Jahre 1971 konnten sich die bosnischen Muselmanen zum ersten Mal als Zugehörige einer eigenen Nation bekennen und auf Anhieb wurden sie mit fast 40 Prozent die stärkste Bevölkerungsgruppe in Bosnien-Herzegowina, eine Position, die sie auch noch zehn Jahre später behaupteten. Die Serben bilden jetzt 32 Prozent und die Kroaten gut 18 Prozent der Bevölkerung.

Nun sind natürlich nicht alle, die sich zur Staatsnation der Muselmanen zählen, muselmanisch auch im religiösen Sinne. Und überhaupt: Wenn nicht auf die Religion, worauf gründet sich dann das Selbstverständnis der Muselmanen? Ihre traditionellen Lebensformen in Gesellschaft und Familie bröckeln ab, der moderne Lebenszuschnitt wirkt nivellierend, die jungen Leute, gleichgültig, ob Muselmanen, Serben oder Kroaten, gehen in dieselben Schulen, arbeiten in denselben Fabriken, Büros und Ämtern, wohnen in den gleichen Mietshäusern, in den gleichen standardisierten Wohnungen mit den gleichen standardisierten Möbeln und tragen die gleichen Hosen, Pullover, Jacken und Schuhe aus der Massenproduktion.

Wenn es nun nicht die Tradition ist, auf die sich das neue Selbstverständnis der Muselmanen als Nation gründet, wird es dann eine Art bosnischer Nationalismus sein, so wie es in Jugoslawien einen serbischen, kroatischen, slowenischen und makedonischen Nationalismus gibt? In diesem abgeschlossenen Land haben sich immer Eigenheiten entwickelt, durch die es sich von den umliegenden Gebieten unterschied. Im Mittelalter durch die ›bosnische Kirche‹, die im Gegensatz zu Byzanz und zu Rom stand, im Osmanischen Reich mit Übernahme des Islams durch eine slawische Oberschicht, die doch immer ihre eigenen Interessen verfolgte und häufig mit der Hohen Pforte in Konflikt geriet. Könnte es sein, daß der Prozeß der Herausbildung einer neuen Identität der Muselmanen in Bosnien gerade dem Islam als Religion neue Chancen eröffnet? Schließlich ist er durch die Jahrhunderte und über alle Wechselfälle der Geschichte hinweg das konstante geistige Element der Sonderstellung in diesem Teil Jugoslawiens gewesen.

Gedanken und Fragen, die man sich vorlegt, während man durch die *Baščaršija,* das große Bazarviertel um die Husrev-Beg-Moschee, und den Uhrturm streift, der auch heute noch die Zeit von Mekka anzeigt. Für eine Antwort ist die Zeit aber noch nicht reif.

Also drängt man sich lieber durch die engen Gäßchen, in denen jeweils die Läden und Werkstätten eines bestimmten Gewerbes und Handwerks zu finden sind. Die Kürschner und Opankenschuster im Čurčiluk, die Goldschmiede im Kulundžiluk, die Kupferschmiede im Kazandžiluk, und so weiter und so fort. Dazwischen gibt es immer wieder kleine Kneipen und Bratküchen, auf deren Rost über dem Holzkohlenfeuer Čevabčiči und Hammelkoteletts braten und einen anheimelnden Duft verbreiten. Natürlich auch Konditoreien mit klebrigen türkischen Süßigkeiten. Und Kafanas, Cafés, vor denen man sich auf einem Hocker niederläßt, aus flachen Schalen einen ›Türkischen‹ schlürft und mit sich, der Welt und dem lieben Gott zufrieden ist.

Zur Stimmung des alten Sarajevo gehören aber nicht nur die Moscheen und die Baščaršija, sondern auch die am Rande des Bazarviertels gelegene *Synagoge,* heute das jüdische Museum. Denn Sarajevo hatte in türkischer Zeit eine bedeutende jüdische Gemeinde, nämlich sephardische Juden, die nach der Vertreibung aus Spanien Ende des 15. Jahrhunderts im Osmanischen Reich Zuflucht gefunden haben. Bis zum Zweiten Weltkrieg sprachen die Juden von Sarajevo in der Familie noch ihr Judäo-Español oder Ladino, die Abart des Spanischen, die sie aus ihrer Heimat mitgebracht hatten. Sie ist auch noch auf den verwitterten Grabsteinen des jüdischen Friedhofs zu finden, der sich am linken Ufer der Miljača hochzieht. Da wird zum Beispiel einer der dort beerdigten Honoratioren der jüdischen Gemeinde als »Hombre prejado y entelegente« (ein geachteter und weiser Mann) bezeichnet. Übrigens sagte man seinerzeit von den Sarajever Juden, sie müßten vier Sprachen sprechen: Spanisch im Hause, Hebräisch in der Synagoge, Serbo-kroatisch mit dem Volk und Türkisch mit den Behörden.

Das Kostbarste, was die Juden aus dem fernen Spanien in ihre neue Heimat mitgebracht haben, wird der Besucher im Museum nur in einer Kopie vorfinden: die berühmte Haggada von Sarajevo. Sie ist eine mit farbenprächtigen Miniaturen überaus reich ausgestattete Handschrift aus dem 14. Jahrhundert, eine Sammlung von Gesängen, Versen, Gebeten zum Pessach-Fest, dem achttägigen jüdischen Osterfest zur Erinnerung an den Auszug aus Ägypten. Obwohl Beauftragte der deutschen Besatzungsmacht und die kroatischen Ustaschi – Sarajevo gehörte von 1941 bis 1945 zum unabhängigen Kroatien – während des Zweiten Weltkrieges nach dem schönsten liturgischen Buch der spanisch-provençalischen Juden fahndeten, gelang es Beamten des Landesmuseums, die Handschrift in einem bosnischen Dorf zu verstecken. So entging sie dem Zugriff der Besatzungsmächte. Die jüdischen Gemeinden in Bosnien hingegen wurden voll von den Vernichtungsmaßnahmen des deutschen und kroatischen Regimes getroffen: von ihren rund 14000 Angehörigen – 10500 davon in Sarajevo – haben den Krieg nur 1600 überlebt.

Es gibt in Sarajevo noch einen Ort, der Erinnerungen an düstere Jahre auslöst: an der Straßenecke gegenüber der Gavrilo Princip-Brücke über die Miljača sind in den Zement des Bürgersteiges die Fußabdrücke des jungen Studenten eingelassen, der hier am 28. Juni 1914 die tödlichen Schüsse auf den österreich-ungarischen Thronfolger Erzherzog Franz-Ferdinand und seine Gemahlin abgab und damit das Verhängnis des Ersten Weltkrieges auslöste. Im Haus an der Ecke ist heute das Museum Mlada Bosna (Junges Bosnien) untergebracht, zur Erinnerung an die Verschwörerorganisation, die hinter dem Attentat stand und deren Mitglied Gavrilo Princip war.

Die dort ausgestellten Fotos und Dokumente von den Verschwörern und ihrem späteren Schicksal sollen, das ist nicht zu übersehen, der folgenschweren Tat die nationale Gloriole anheften; das verrät noch ganz den Geist des Kampfes gegen den ›Völkerkerker‹ der Donaumonarchie, obwohl der neue Vielvölkerstaat Jugoslawien seinerseits von Terror und Attentaten bis zum Königsmord heimgesucht wurde.

An all das dachten aber die jungen Sportler nicht mehr, die im Winter 1984 zu den Olympischen Winterspielen nach Sarajevo geeilt waren. Denn außer seiner malerischen Altstadt und seiner bemerkenswerten Geschichte verfügt Sarajevo auch über eine höchst attraktive Umgebung. Auf den 1620 Meter hohen Trebević kann man zum Beispiel unmittelbar aus der Stadt mit einer Seilbahn gelangen und dann von ihm aus einen hinreißenden Blick auf die Kuppeln und Minarette zu seinen Füßen genießen. Oder man fährt zum etwas entfernteren, bis zu zweitausend Meter hohe Jahorina-Gebirge, wo die meisten alpinen Konkurrenzen der Winterspiele stattfanden. Neu erschlossen, auch touristisch, wurde zu den Olympischen Spielen der Gebirgsstock des Igman mit seinen Fichten- und Tannenwäldern und die dahinterliegende schon alpin anmutende Bjelašnica. Letztere erreicht man über Ilidža, das zur österreichischen Zeit ein eleganter Kurort war, mit weiten Parkanlagen, schattigen Alleen und gepflegten Hotels. In dem damaligen Hotel Bosna, heute ein Rekreationszentrum der Gewerkschaften, verbrachte das österreichische Thronfolgerpaar die Nacht vor dem verhängnisvollen Besuch im zwölf Kilometer entfernten Sarajevo.

Die Brücke über die Drina

»Die nicht ihresgleichen hat
auf der Welt«

Es führen viele Wege von Sarajevo nach Belgrad, doch welcher der landschaftlich reizvollste ist, ist schwer zu sagen. Ob man über Kladanj und Tuzla zum Autoput Zagreb–Belgrad fährt, oder über Sokolac zur Drina bei Zvornik, oder über Rogatica zum Drina-Cañon zwischen Goražde und Višegrad – die Fahrt geht immer bergauf-bergab durch tiefe Wälder, über weite grüne Weiden und durch kleine Orte, von denen man meint, sie seien erst kürzlich mit der übrigen Welt in Verbindung gekommen. Was nicht einmal übertrieben ist, denn asphaltierte Straßen sind in diesem Ost-Serbien erst eine Errungenschaft der letzten zwanzig bis dreißig Jahre.

Für mich ist die Fahrt über **Višegrad** die schönste, schon deshalb, weil sie über die berühmte ›Brücke über die Drina‹ führt, die Brücke, die dem jugoslawischen Schriftsteller Ivo Andrić den Nobelpreis und damit Weltruhm gebracht hat. Sie selbst ist damit auch über die Grenzen Jugoslawiens hinaus bekannt geworden. Im Lande selbst hatte sie schon seit ihrem Bau im 16. Jahrhundert einen legendären Ruf, obwohl sie nicht an einer der ganz großen Karawanenstraßen im osmanischen Reich lag und, mißt man sie an der Brücke in Mostar, vielleicht auch nicht einmal die Schönste unter den von den Türken hinterlassenen Brückenschöpfungen ist. Aber das mag Geschmacksache sein. Sicher ist jedenfalls, daß man sie nicht rechts liegen lassen sollte, auch wenn der Weg über sie nach Belgrad, verglichen mit den anderen, der längste und zeitraubendste ist. Man sollte ihn auch deshalb wählen, weil man auf ihm noch mit zwei anderen Brücken aus der Türkenzeit Bekanntschaft machen kann, und weil man dabei begreift, was sie in diesem Lande bedeuten. Brücken sind hier nämlich nicht einfach Überbrückungen eines Wasserlaufes, gerade Verbindungen von einem Ufer zum anderen, also Zweckbauten. Sie sind Kunstwerke, Denkmäler ihrer Erbauer, des Auftraggebers und seines Baumeisters, Zeugen des Reichtums, der Stellung und des Einflusses des einen und des Könnens des anderen. Sie haben ihre Pfeiler im Grund des Flusses, aber ebenso in den Mythen des Volkes, und sie schlagen den Bogen nicht nur von Ufer zu Ufer, sondern auch über die Jahrhunderte hinweg. Sie gehören zum Kulturgut der Nation.

Auf die erste dieser Brücken stoßen wir schon am östlichen Stadtrand von Sarajevo, wenn wir in Richtung Rogatica oder Pale fahren, dem Ausflugsort, an dem viele reiche Leute aus Bosniens Hauptstadt ihre Sommerhäuser hatten oder haben. Sie gehört nicht zu den berühmten Brücken im Land, vielmehr macht schon ihr Name sie eher unscheinbar. Es ist die Kozija-Ćuprija, die Ziegenbrücke, und sie überspannt die Miljača, das Flüßchen, das aus den Bergen kommt und Sarajevo durchfließt.

Man sieht nicht so richtig ein, warum die Türken gerade hier eine steinerne Brücke gebaut haben. Nichts deutet darauf hin, daß hier eine Verbindung zwischen zwei großen Siedlungen oder bedeutenden Regionen verlaufen ist. Vielleicht hat irgend ein türkischer Würdenträger in der Nähe ein Landhaus gehabt oder vielleicht hat es ihn einfach gereizt, die Felsen auf beiden Ufern des Flusses, die sich so vorzüglich für eine Verankerung des Brückenbogens eignen, miteinander zu verbinden. Wie dem auch sei, die Brücke mit dem anspruchslosen Namen schlägt jedenfalls einen kühnen Bogen über die Miljača. Und mit den zwei runden Öffnungen in der Verankerungsmauer schaut sie wie aus zwei großen Augen gelassen in die Zeiten, die an ihr vorübergegangen sind und die noch an ihr vorübergehen werden.

Ob auch ihre berühmte Schwester, die mit ihren elf Spitzbögen die Drina bei Višegrad überbrückt, so gelassen in die Zukunft blicken kann? Bis jetzt hat sie alle Widrigkeiten, die ihr die Zeiten und vor allem zwei Weltkriege beschert haben, überdauert, treu dem Volksmunde: »Bleiben wird die Brücke auf der Drina, bleiben wird sie bis zum Ende der Zeiten.«

Trotzdem machen sich Baubehörden, Landschaftsschützer und die Fremdenverkehrsleute heute Sorgen um die Brücke. Sie war schließlich nicht für den modernen Verkehr errichtet, nun dröhnen aber in beiden Richtungen schwere Laster über sie hinweg und erschüttern Pfeiler und Bögen. Noch etwas frißt an ihren Fundamenten im Fluß. Früher war die Drina ein klarer Gebirgsfluß, und seine schnellen Wasser verhinderten Ablagerungen. Heute reicht der Drina-Stausee von Perušac-Bajina Bašta bis hinauf zur Brücke von Višegrad. Die Ablagerungen greifen nun nach Auskunft der Experten die Brückenpfeiler an, und wenn nicht bald etwas zur Sanierung der Pfeiler geschieht, dann wird die Brücke bestimmt nicht »bis zum Ende der Zeiten« die Drina überspannen.

Sollte ich sagen, von welchem Ufer und aus welchem Winkel gesehen die Brücke am besten zur Wirkung kommt, ich wüßte keine eindeutige Antwort zu geben. Durch ihre Bauweise bietet sie nämlich, je nachdem von welcher Seite und aus welcher Höhe man sie betrachtet, jeweils ein anderes, immer aber ein anziehendes Bild.

Die Brücke ist 166 Meter lang und 6 Meter breit, in der Mitte verengt sie sich aber. Nur ist diese Mitte gar nicht die richtige Mitte, denn auf der einen Seite hat sie viereinhalb, auf der anderen Seite fünfeinhalb Bögen. Außerdem steigt sie von beiden Seiten leicht an und ist auch etwas geknickt: auf ihrem höchsten Punkt, der ihre Mitte sein sollte, aber eben nicht ist, gibt es auf beiden Seiten so etwas wie einen Balkon und die ›Kapia‹, das ›Tor‹ in Form eines Denkmals, auf dem der Stifter der Brücke und die Bauzeit 1571 vermerkt sind. Hier trafen sich in den geruhsamen türkischen Zeiten die alten Leute zum abendlichen Schwatz.

Die Brücke, die laut Inschrift »nicht ihresgleichen hat auf der Welt«, hat also eine ganze Reihe von Unregelmäßigkeiten aufzuweisen. Aber es ist wie mit einer leicht schief stehenden Nase im Gesicht einer schönen Frau: sie beeinträchtigt ihre Wirkung nicht, im Gegenteil, sie erhöht vielmehr ihren Reiz. Und deshalb kann man uneingeschränkt sagen, daß sich der große Sinan, der Baumeister Süleyman des Prächtigen, obwohl er damals schon an die achtzig war, hier ein dauerndes Denkmal gesetzt hat. Wie auch seinem Auftraggeber, dem Großwesir *Mehmet Pascha Sokolović*, der drei Sultanen gedient und vierzehn Jahre lang die Geschicke des osmanischen Reiches bestimmt hat, und der gar nicht weit von hier das Licht der Welt erblickt hatte.

Wir sind auf unseren Balkanfahrten schon öfters und in den verschiedensten Zusammenhängen auf diesen bedeutenden Mann gestoßen, so daß es Zeit ist, etwas mehr über ihn zu berichten. Er stammte aus dem Dorfe Ravanci bei Rudo im Kreise Višegrad aus einer christlichen Familie. Nach Istanbul an den Hof des Sultans kam er im Zuge der ›Dewschirme‹, der berüchtigten ›Knabenlese‹, die die christlichen Völker verpflichtete, ihre fähigsten und tüchtigsten Söhne dem Padishah, dem Großherrn am Bosporus, zur Verfügung zu stellen.

»Ihrer Heimat und dem ländlichen Herd entwöhnt«, so schreibt Professor Franz Babinger, einer der besten Kenner der türkischen Herrschaft auf europäischem Boden, »wuchsen diese Christenknaben im Dienste des Palastes und Pforte heran und gingen gänzlich im fremden Volkstum auf. Jegliche Aussicht auf eine Wiederkehr ins Vaterhaus, das sie längst vergessen mußten, blieb ihnen versagt. So wurden aus diesen jungen Bulgaren, Mazedoniern, Griechen, Serben, Albanern, Bosniern eifrige Verfechter der islamischen Sache, und die glaubenswütigsten Muslime entstammten vorzugsweise ihren Reihen. Auf sie allein setzte der Osmanen-Staat und der Islam seine Hoffnung und nicht und niemals sahen sie sich in dieser Erwartung getäuscht. Es ist bisher nicht der Versuch unternommen worden, die Namen dieser zum Islam bekehrten Fremdstämmigen zusammenzustellen und den Anteil jener balkanischen Menschen im osmanischen Staatsleben zu bewerten. Es gibt im 15. und 16. Jahrhundert kaum einen Großwürdenträger des Reiches, der seine Herkunft nicht auf die geschilderte Weise zu erklären wüßte. Kaum einer hat aus dieser Abstammung je einen Hehl gemacht, seine Muttersprache verleugnet und sich nicht mit den Erfolgen gebrüstet, die er in der Verwaltung und im Heere des Reiches erringen konnte.«

Aus der langen Reihe dieser türkischen Würdenträger nicht-türkischer Abstammung ragt Mehmet Sokolović noch hervor und das aus mehreren Gründen. Er fiel relativ spät unter die Knabenlese: er war schon achtzehn Jahre alt und hatte auch schon etwas Schulbildung bekommen, nämlich bei den Mönchen des serbisch-orthodoxen Königsklosters Mileševa.

Auf Grund seines guten Aussehens, seiner Intelligenz und seiner Kenntnisse wurde er in Istanbul bald aus der rein militärischen Ausbildung der Janitscharen, der Elitetruppe des Sultans, herausgenommen und in die Palastschule beordert, wo ihm eine umfassende Bildung und Ausbildung zuteil wurde. Er lernte Persisch und Arabisch, er wurde mit der Kultur und Kunst des Islam ebenso vertraut wie mit der Militär- und Verwaltungsorganisation des Riesenreiches.

Warum hat gerade dieser Mehmet Sokolović die Aufmerksamkeit und Phantasie seiner Zeitgenossen und Nachfahren erregt? Zunächst wahrscheinlich, weil er für die Verhältnisse an der Hohen Pforte ungewöhnlich lange in Amt und Würden war. Von 1545 an, als er vierzigjährig Oberbefehlshaber der türkischen Flotte wurde und diese technisch und militärisch modernisierte, bis zu seinem Tode 1579 als Großwesir hatte er eine Fülle hoher Funktionen inne. Daß er drei Sultanen als Großwesir, also als Regierungschef, dienen konnte, zeugt für seine eminente politische Begabung.

Noch mehr als von seinen Leistungen als Staatsmann und Heerführer wird das Volk von seinen Stiftungen beeindruckt gewesen sein. Von Marokko im Westen bis Persien im Osten, von Medina im Süden bis Becskerek, dem heutigen Zrenjanin, im Norden zog sich die Kette der Bäder, Karawansereien, Koran-Schulen und Brücken, die der Großwesir aus einem verlorenen bosnischen Dorf errichten ließ. Außer der Brücke über die Drina und der in Trebinje, die aber einen anderen Namen trägt, und der Brücke über die Žepa, ist nichts oder beinahe nichts davon übrig geblieben – nur die Legende kündet noch von der Macht und dem Prunk des Mannes, der am fernen Bosporus die Geschicke des Reiches lenkte. Und der, so wird erzählt, schon den Gedanken hatte, die Landenge bei Suez durch einen Kanal zu durchstechen.

Die *Brücke über die Žepa:* Ich muß sie erwähnen, obwohl es auch heute noch eher mühselig ist, dorthin zu gelangen. Aber sie liegt im Bereich von Višegrad, außerdem hat sie ebenfalls Ivo Andrić der Vergessenheit entrissen. Er hat ihr eine Erzählung von neun Seiten gewidmet, eine beinahe klassische Erzählung: die Handlung ganz knapp gefaßt, die Charaktere nur in Umrissen gezeichnet, die Farben der Landschaft sparsam aufgesetzt. So, als könne man über die Entstehung dieses in der bosnischen Wildnis verlorenen Bauwerkes und die Schicksale des Auftraggebers und des Baumeisters nur gedämpft berichten.

Die Žepa ist ein kleiner Nebenfluß der Drina, eher als Wildbach zu bezeichnen, den in früheren Zeiten die Bewohner des Dorfes Žepa überqueren mußten, wenn sie nach Višegrad wollten. Immer wieder rissen die Sturzfluten des Baches die primitive Bohlenbrücke hinweg, die sich die Bauern selbst gebaut hatten. Bis dann der aus dem bosnischen Dorf stammende Großwesir Jusuf, in Erinnerung an seine ferne Heimat und seine dort noch lebenden Angehörigen, eine steinerne Brücke über die wilde Žepa errichten ließ.

»Alles hätte man in dieser zerklüfteten und öden Gegend eher vermutet, als ein solch wunderbares Bauwerk«, heißt es bei Andrić. »Es erweckte den Eindruck, als hätte das eine Ufer dem anderen einen schäumenden Wasserstrahl zugeschleudert, die Strahlen hätten sich getroffen, zu einem Bogen vereinigt und wären so über dem Abgrund schweben geblieben. Unterhalb des Bodens schimmerte am Rande des Horizonts ein Stück der blauen Drina durch, während tief unten, schäumend und gebändigt, die Žepa rauschte.«

Als wenige Jahre nach der Besetzung Bosniens und der Herzegowina durch die Österreicher der Wiener Heinrich von Renner in diese abgelegene Gegend kam, war er von der Brücke über die Žepa begeistert. Renner berichtet, er habe in der Nähe der Žepa-Mündung sein Floß, auf der er die Drina hinabfuhr, verlassen müssen, um die folgenden Stromschnellen auf dem Landwege zu umgehen, und nach einem gefährlichen Aufstieg über regennasse und glitschige Felsen habe man endlich die Reste einer gepflasterten Straße erreicht, »und da bot sich ein wundervoller Anblick. Mitten in der Wildnis führt eine steinerne Brücke in einem einzigen kühnen Bogen über die Žepa-Schlucht. Tief unten wälzt der reißende Gebirgsbach seine Fluten der Drina zu, oben aber zeigt das Gebilde von Menschenhand die einstige türkische Baukunst. Sokolović Pascha hat auch diese Brücke, wahrscheinlich zur gleichen Zeit wie diejenige in Višegrad, errichten lassen, und noch heute geht über sie, so schlecht der Reitweg ist, die Hauptverbindung der Drina-Ufergegenden.«

Das war vor etwa hundert Jahren. Heute verlaufen die Hauptverbindungen entlang der Drina anders, aber die Brücke ist noch immer da, wenn auch nicht mehr an ihrem ursprünglichen Ort. Denn durch den schon erwähnten Stausee flußabwärts von Višegrad drang die aufgestaute Drina auch in das Tal der Žepa ein, und die schöne Brücke des Großwesirs wurde Stein für Stein abgetragen und an einer höheren Stelle neu errichtet. Auch dort hat sie keine besonders wichtige oder großartige Funktion, denn das Dorf Žepa liegt heute wie vor dreihundert Jahren in einem toten Winkel der Verkehrswege. Aber den Baubehörden und Ingenieuren des heutigen Jugoslawien wird man Respekt zollen: Sie haben sich nicht von Erwägungen bloßer Zweckmäßigkeit leiten lassen und die Brücke dem Untergang im Stausee ausgeliefert. Sie haben damit gezeigt, daß der Kult der Brücken, wie er sich im muselmanischen Bosnien unter der Herrschaft der Türken entwickelt hat, auch im modernen Jugoslawien weiterlebt.

Von Višegrad ist noch zu sagen, daß man hier bereits an den Rand von Bosnien gelangt ist. Die Grenze zu Serbien ist nicht mehr weit, nach Belgrad sind es aber immerhin noch dreihundert Kilometer, wobei die Straße bis Titovo Užice durch ein landschaftlich sehr abwechslungsreiches Mittelgebirge führt. Zwischen Titovo Užice und Belgrad kommt man zunächst durch das Tal der westlichen Morava und dann durch die Šumadija – von beiden habe ich schon berichtet.

Von Belgrad nach dem Osten

Die gezähmte Donau

Wer vom Westen auf dem Landweg nach Griechenland will, muß durch Belgrad. Desgleichen, wer nach Bulgarien fährt oder durch Bulgarien nach Istanbul. Also kann man Jugoslawiens Hauptstadt mit Recht als Tor zum Südosten bezeichnen. Will man aber von Mitteleuropa kommend nach Rumänien, nach Bukarest oder ans Schwarze Meer gelangen, so kann man Belgrad vermeiden; man fährt dann über Ungarn unmittelbar in östlicher Richtung. Es wäre denn, man vertraut sich der Donau an. Sie ist der einzige internationale Verkehrsweg, auf dem man über Belgrad sowohl Bulgarien wie Rumänien, das Schwarze Meer und die südliche Sowjetunion erreicht. In früheren Zeiten war sie sogar eine wichtige Verbindung nach Istanbul – im letzten Teil über das Schwarze Meer.

Heute befahren allerdings keine regelmäßigen Linienschiffe die Donau zwischen Wien und dem Schwarzen Meer. Man muß kombinierte Schiffs- und Autobusreisen durch die kommunistisch regierten Uferstaaten des Schwarzen Meeres auf sowjetischen, rumänischen und bulgarischen Touristenschiffen buchen und kann sie also nicht in irgend einem Donauhafen verlassen, so wie man aus einem Zug aussteigt. Aber immerhin: man kommt auf diese Weise in Teile des Balkans, die sonst fernab der großen Straßen liegen. So zum Beispiel nach Ostserbien, in einen toten Winkel Jugoslawiens, in den sich Touristen nur selten verirren, der aber durchaus seine Reize hat. Schon der Donau wegen, auch wenn der große Strom seit dem Bau des jugoslawisch-rumänischen Kraftwerkes am Eisernen Tor sich sehr verändert hat. Die wilde Donau, die sich durch die Felsengen von Kazan und des Eisernen Tores gezwängt hat und über gefährliche Riffe dahingeschossen ist, ist sozusagen gezähmt worden. Auf einer Strecke von beinahe zweihundert Kilometern ist sie jetzt aufgestaut, und entstanden ist ein Mittelding zwischen einem Alpensee und einem Fjord, das der ganzen Landschaft einen anderen Charakter gibt. Im

Sommer kann man sie vom Wasser aus betrachten, auch wenn man nicht mit den eingangs erwähnten Touristenschiffen fährt. Von Belgrad aus kann man mit Tragflügelbooten in einem Tag bis zum Kraftwerk am Eisernen Tor und zurück gelangen. Es sind allerdings insgesamt fünfhundert Kilometer, und eine solche Reise ist nicht jedermanns Sache. Wir wollen daher den Landweg nehmen, schon der Abwechslung halber und weil wir ja auch an manchen Orten verweilen möchten.

Folgt man von Belgrad aus dem südlichen Ufer der Donau, kommt man zuerst durch eine Hügellandschaft, überzogen von Obstplantagen und Wochenendhäusern, den in Jugoslawien so begehrten ›Vikendicas‹. Erstere gehören einem der größten Agro-Kombinate des Landes, das seine Kundschaft mit Marmeladen, sauren Gurken, Obst- und Gemüsekonserven versorgt. Letztere spiegeln nicht nur die Sehnsüchte und sozialen Ambitionen der Belgrader wieder, sondern auch die Realitäten nach beinahe fünfzig Jahren Sozialismus.

Was wir rechts und links der Straße in den Obstgärten von *Grocka* zu sehen bekommen, sind alles Häuser in Privatbesitz. Hier gibt es keine hinter hohen Mauern und Hecken verborgenen, von gepflegten Parks umgebenen und von Uniformierten oder auch Nicht-Uniformierten streng abgeschirmten Villen der politischen Prominenz wie in anderen kommunistisch regierten Ländern. Hier konnte jeder bauen, der Baugrund hatte, oder in der Lage war, welchen zu erwerben. Hier bauten also die Bauern aus den umliegenden Dörfern, hier zeigten ihre Söhne, die als Gastarbeiter im Ausland waren, was sie sich erarbeitet haben, hier legen erfolgreiche Manager der Industrie und des Handels oder auch private Gewerbetreibende ihre nicht geringen Einkünfte in dauernden Werten an, hier schaffen sich politische Funktionäre ihr privates Refugium.

Entsprechend vielfältig und bunt ist das äußere Bild dieser Welt der Vikendicas. Vorschriften, die dem Bau der Wochenendhäuser gewisse allgemein ästhetische Maßstäbe setzten, scheint es nicht zu geben oder niemand kümmert sich darum. Dem erstaunten Zeitgenossen bietet sich hier alles: bescheidene Hütten, die offensichtlich ›selbstgestrickt‹ sind; solide Häuschen, die ebenfalls nicht verbergen, daß sie in Familienarbeit errichtet wurden; Häuser, deren Vorbild in westlichen Illustrierten zu suchen sein mag, deren Vollendung aber am Geldmangel scheiterte; Landhäuser, die verraten, daß eine Villa der Jahrhundertwende das Ideal des Bauherrn war, und schließlich Bauwerke, die wie Schlösser oder Burgen wirken sollen und in die viel Geld in sinnloser Weise verbaut wurde. Kurz, ein Anschauungsunterricht, wie ihn keine soziologische Untersuchung in dieser Unmittelbarkeit liefern könnte.

Grocka besitzt auch ein Restaurant, das zu den ›mondänen‹ Stätten des im Grunde ja gar nicht so mondänen Belgrad zählt. Es liegt in den Weinbergen hoch über der Donau, und von seiner Terrasse geht der Blick auf den Strom, seine Auwälder und Inseln und über sie hinweg in die endlose Ebene des Banats.

Smederevo – Serbischer Ausklang

Zwanzig Kilometer weiter Donau abwärts liegt Smederevo, eine Stadt, die in ihrer Vergangenheit viele Schicksalschläge hinnehmen mußte. Was sie einmal war und was von ihr geblieben ist, sieht man eigentlich nur, wenn man sich ihr auf der Donau nähert. Vom Strom her gesehen ist die Silhouette der Türme und der Mauern der alten Stadt heute noch imponierend, wenn auch von den fünfundzwanzig massiven Türmen, die einst die Stadt schützten, nur noch neunzehn übriggeblieben sind, und auch die in eher zerbröckelndem Zustand. So beeindruckend ihr Anblick ist – etwas übertreibend vergleichen sie die Serben manchmal mit Carcassonne –, er stimmt gleichzeitig auch melancholisch, denn man denkt daran, daß Smederevo mit dem endgültigen Untergang des serbischen Feudalstaates des Mittelalters verbunden ist.

Im 15. Jahrhundert, nach der Schlacht auf dem Amselfeld, als Rest-Serbien entlang der Morava und der Donau nur noch ein Vasallenstaat der Türken und Belgrad in der Hand der Ungarn war, wurde Smederevo die Hauptstadt des kleinen serbischen Staatswesens. Geschaffen hatte sie der serbische Despot Georg Branković, der seine Herrschaft durch Lavieren zwischen Byzanz, den Türken, Ungarn und den Königen von

Bosnien aufrechtzuerhalten versuchte. Dieser Georg Branković hat Smederevo, seine Mauern, Türme und Paläste in der erstaunlich kurzen Zeit von drei Jahren erbaut. Zur Hand gingen ihm byzantinische Baumeister, und die Oberaufsicht über sie führte Thomas Kantacuzeno aus dem vornehmen griechischen Hause, das im letzten Jahrhundert des Oströmischen Reiches sogar für kurze Jahre zum Kaiserthron am Bosporus aufgestiegen war. Smederevo wurde zwar die größte Stadt des ausgehenden Mittelalters an der unteren Donau, doch dauerte ihr Glanz nicht mehr als dreißig Jahre. 1459, also sechs Jahre nach der Eroberung von Konstantinopel, machte Mehmet der Eroberer auch dem serbischen Reststaat ein Ende. Smederevo sank zu einer türkischen Provinzgarnison herab.

Unberührt blieb aber die großartige Kulisse, blieben die 25 Türme und das meterdicke Mauerwerk unmittelbar am Ufer der Donau. Der erste Weltkrieg brachte das erste Unheil: die österreichische Armee beschoß die Stadt aus schweren Geschützen, als sie zum Überschreiten der Donau ansetzte. Der zweite Weltkrieg setzte das Vernichtungswerk fort. Die deutsche Wehrmacht benützte die Festung als Munitionsdepot. Am 5. Juli 1941 um vierzehn Uhr vierzehn flog dieses Lager

in die Luft. Die Folgen der Explosion, die man noch in Belgrad spüren konnte, waren katastrophal. Über zweitausend Menschen fanden den Tod. Denn an diesem fünften Juli war Markttag in Smederevo, und von dem in unmittelbarer Nähe der Festung gelegenen Bahnhof setzte sich gerade ein überfüllter Personenzug in Bewegung, als die Explosion erfolgte. Von den Reisenden blieben nur wenige am Leben. Ob die Explosion ein Anschlag oder ein Unglück war, ist bis heute nicht geklärt.

Von den dicken Türmen der Festung hielten zwar die meisten stand, das vier bis fünf Meter starke Mauerwerk aber wurde schwer beschädigt. Tiefe Risse ziehen sich durch die Mauern der Türme, und Wind und Wetter setzen von Jahr zu Jahr das Zerstörungswerk fort.

Die Paläste des Mittelalters im Innern der Feste, die von der Donau her gesehen so imposant wirkt, sind verschwunden. Ihre Stelle nehmen verwahrloste Rasenflächen und Spielplätze ein, auf denen sich Hunde und Kinder tummeln. Das moderne Smederevo ist durch sein in Wirtschaftskreisen etwas umstrittenes Eisen- und Stahlwerk und durch seine Weißweine bekannt, deren Qualität weniger umstritten ist. Sie haben übrigens etwas mit den Weinen der Wiener Umgebung gemeinsam, nicht im Charakter, sondern in der Herkunft: Beide Weinkulturen sollen auf den römischen Kaiser Probus zurückgehen, der ja gar nicht sehr weit von hier, im antiken Sirmium, dem heutigen Sremska Mitrovica an der Save westlich von Belgrad, das Licht der Welt erblickt hat.

Požarevac – Passarowitz

Wenn wir auf dem Landwege weiter nach dem Osten wollen, müssen wir zunächst einmal das Ufer der Donau verlassen und eine Schleife durch das Landesinnere machen. Denn durch das Mündungsgebiet der Morava in die Donau, mit seinen versumpften Au-Wäldern, Schilf umstandenen Teichen und toten Flußarmen gibt es praktisch keine Straße. So weicht man nach Süden aus und kommt auf diesem Wege nach Požarevac, wohin es normalerweise nur Pferdenarren zieht. Denn knapp vor dieser serbischen Provinzstadt gibt es das Gestüt Ljubičevo, benannt nach der Fürstin Ljubica, der Gattin des Fürsten Miloš Obrenović, auf den auch Gut und Gestüt zurückgehen. Mit diesem Ljubičevo ist auch die Hauptattraktion des sonst nicht sehr attraktiven Požarevac verbunden: die *Reiterspiele,* die alljährlich Anfang September stattfinden. Sie sind eine Mischung von ländlichem Fest, Jahrmarkt und Pferderennen. Letztere allerdings bestreiten nicht professionelle Jockeys, sondern bäuerliche Reiter, was den Spaß des Publikums nur um so mehr erhöht. Wer ein serbisches Volksfest erleben möchte, kommt hier in Požarevac auf seine Rechnung.

Sonst bietet die Stadt nur noch ein pompöses Verwaltungsgebäude, das vor dem Ersten Weltkrieg das größte im ganzen Lande war, ein Museum der Malerin Milena Pavlović-Barili, die als Wegbereiterin der modernen Malerei in Serbien gilt, und ein historisches Museum, in dem viele Funde aus dem Viminacium ausgestellt sind. Diese römische Kolonie lag nördlich von Požarevac und war eine der bedeutendsten auf dem Balkan. Septimius Severus proklamierte hier 211 seinen Sohn Caracalla zum Kaiser.

Da wir schon bei der Historie sind: bei uns ist Požarevac eher unter dem Namen Passarovitz bekannt. Denn hier wurde am 21. Juli 1718, also knapp ein Jahr nach der Eroberung Belgrads durch Prinz Eugen, jener ›Friede von Passarowitz‹ unterzeichnet, der die Verdrängung der Türken aus den Gebieten nördlich der Donau und der Save besiegelte und das nördliche Serbien mit Belgrad den Habsburgern zusprach. Ein historischer Friedensschluß also, auch wenn einige seiner Bestimmungen einundzwanzig Jahre später im Belgrader Frieden aufgehoben wurden; die Bedrohung der europäischen Mitte durch die Türken war damit aber endgültig beseitigt.

Aber wo genau fand die Unterzeichnung dieses Friedens statt? Wir fragten herum, niemand wußte Bescheid. Bis sich dann ein Mann erinnerte, es habe einmal in den Feldern zwischen Požarevac und Kostelac einen Erdhügel gegeben, auf dem das Zelt stand, in welchem die Vertreter des Kaisers in Wien, des Sultans in Istanbul und der Signoria in Venedig den Vertrag unterzeichnet hatten. Um es gleich zu sagen: obwohl wir stundenlang in den Maisfeldern herumgefahren sind, haben wir die Stelle nicht gefunden. Vielleicht war der Erdhügel schon längst eingeebnet worden. So gaben wir es auf und trösteten uns damit, daß der »Edle Ritter« selbst dem historischen Akt nicht beigewohnt hatte.

Der stille Strom

Das Abenteuer der Donaufahrt durch die Stromschnellen, Wirbel und Felsenriffe der Engen von Kazan und des Eisernen Tores begann in früheren Zeiten bei der *Feste Golubac*. Von hier zwängt sich die Donau auf einer Länge von hundertzwanzig Kilometern zwischen den Ausläufern der transsilvanischen Karpathen und den Vorbergen des Balkan-Gebirges hindurch. Bis zu siebenhundert Meter ragen die Felswände empor, die den Strom einschließen, und im ›Großen Kazan‹ verengt sich seine Breite bis auf 171 Meter.

Für die Schiffahrt waren besonders die Felsbänke und Barrieren gefährlich, die sich auf dieser Strecke in den Strom schoben und immer wieder reißende Katarakte und gewaltige Wirbel verursachten. Im Kazan-Paß entstand oft ein so großer Rückstau des Wassers, daß die Donau zeitweise bergwärts strömte.

Kein Wunder, daß die Donauschiffer in früheren Zeiten beim *Felsen Babakaj* gegenüber der Feste Golubac für ein heiles Passieren der Stromschnellen beteten. Wer zum ersten Mal die Fahrt durch die Engen machte, erhielt die ›Taufe am Babakaj‹, er wurde mit Wasser begossen, auf daß er dem Schiff kein Unglück bringe.

Er war sehr malerisch, der Felsen mit dem klangvollen Namen, wie er mitten im Strom steil und schroff aus dem Wasser ragte, und so ist es nicht erstaunlich, daß sich viele Sagen um ihn rankten, von bösen Türken, die ihre ungetreuen Gespielinnen an den Felsen schmiedeten, und von feurigen Jünglingen, die sie befreiten.

Heute hat der Felsen Babakaj viel von seinem wilden Reiz verloren und keine traurig-süßen Geschichten heften sich mehr an ihn. Er ist zwar nicht völlig in dem neuen Stausee verschwunden, aber das, was von ihm noch aus dem stillen

Wasser herausragt, ist nur noch ein harmloses Gestein. Denn hier am Eingang zur Kazan-Schlucht ist durch das Kraftwerk am Eisernen Tor ein gewaltiger See entstanden, der die Szenerie der ganzen Landschaft verwandelt hat. Die Türme der Feste Golubac stehen nicht mehr an einem reißenden Strom, sie spiegeln sich jetzt lieblich in einem ruhigen Gewässer, auf dem die Fischerboote kreuzen. Die Engstellen weiter flußabwärts sind entschärft, die Donau ist hier zu einem Alpensee oder zu einem Fjord geworden, der seine Entstehung durch Menschenhand eigentlich nur dadurch verrät, daß an seinem Rande oft Baumgruppen im Wasser stehen oder die Dächer von Häuseren der überfluteten kleinen Dörfer am Ufer aus dem Wasser ragen.

Natürlich hat die Donau dadurch viel an altem Reiz eingebüßt, sie hat aber ganz entschieden an neuem Reiz gewonnen, selbst in so nüchternen Bereichen wie es die Donaudampfschiffahrt ist. Der Zeitgewinn ist beträchtlich: Erstens können die Schleppzüge zwischen Belgrad und Turnu Severin jetzt auch bei Nacht fahren, zweitens müssen sie auch nicht wie früher bei besonders gefährlichen Passagen auseinandergenommen und dann wieder zusammengestellt werden. Die Dauer der Fahrt durch den ›Sektor Eisernes Tor‹, um in der Sprache der Donauschiffahrt zu bleiben, hat sich auf ein Viertel verkürzt. Vor der Errichtung des Stauwerkes betrug sie hundertzwanzig Stunden, jetzt nur noch einunddreißig Stunden, und zuvor betrug die jährliche Kapazität durch den Sektor sechzehn Millionen Tonnen, heute liegt sie bei achtundvierzig Millionen Tonnen.

Aber das sind Einzelheiten, die nur Spezialisten interessieren mögen. Für die gewöhnlichen Sterblichen eröffnet die stille Donau neue Reise- und Erholungsmöglichkeiten. Früher war nur die rasche Fahrt durch die Engpässe von Kazan und beim Eisernen Tor das große Erlebnis der Donaureise östlich von Belgrad. Jetzt muß man zwar auf diese Abenteuer verzichten, dafür lädt die neue Landschaft an der Grenze zwischen Jugoslawien und Rumänien den Autoreisenden zum Verweilen ein. Denn auf der etwa hundertzehn Kilometer langen Strecke von Golubac bis zum Kraftwerk Eisernes Tor erleben wir immer wieder die überraschendsten Wechsel der Szenerie. Zwischen den Abstürzen des Schukamare-Gebirgszuges und den Schründen der Miroc-Planina und des Veliki Strbac wirkt die Donau jetzt wirklich wie ein Fjord. Aber dann öffnen sich wieder die Berge rechts und links des Wassers, es entstehen stille Buchten oder auch größere Becken mit Wiesen und Maisfeldern an den Ufern und nur wenigen Bauernhäusern oder kleinen, welt- und gottverlassenen Dörfern.

Es ist eine ganz eigenartige Landschaft: eine Mittelgebirgs-Szenerie, aber nicht lieblich und harmlos, eher zum Großartigen und Dramatischen neigend. Man fährt von Westen kommend zunächst auf der rechten Uferstraße, was eher gemütlich ist, wenn man davon absieht, daß man gelegentlich Resten eines Steinschlages ausweichen muß. Dann aber wird das Tal so eng, und die Berge fallen so steil zum Wasser, daß kein Platz mehr für die Straße bleibt. Sie windet sich jetzt in unendlich vielen Kehren in die Berge hinauf, durch dichte Eichen- und Buchenwälder, und wenn man dann sechs- bis siebenhundert Meter über die Donau gestiegen ist, glaubt man in einer voralpinen Landschaft zu sein. Nur noch spärliche Felder, auf denen Kartoffel und Gerste gedeihen, in sonnigen Lagen auch noch Mais, sonst aber ringsum Wiesen, Kühe und alleinstehende Anwesen, für die die Bezeichnung Gehöft etwas übertrieben wäre. Und immer wieder neue Ausblicke: hinüber nach Rumänien, in die Ausläufer des Karpathenbogens, der hier an die Donau stößt, hinab in das Engtal der Donau und nach Süd-Osten in die Mittelgebirgswelt des östlichen Serbiens. Es ist eine Landschaft, wert entdeckt zu werden. Aber man muß in die stillen Seitentäler vordringen und auf die Höhen hinauffahren, selbst wenn die Straßen alles andere als vertrauenerweckend sind. Als Belohnung wird einem zuteil: eine Stille, die die geschäftige Welt vergessen läßt, Menschen, für die der Fremde Gast ist, den es zu achten gilt. Und weit und breit kaum Sehenswürdigkeiten, die den Bildungsehrgeiz anstacheln würden.

Mit Ausnahme vielleicht der *Funde von Lepenski Vir.* Vor beinahe zwanzig Jahren entdeckte der junge Belgrader Frühgeschichtler Dr. Dragoslav Srejović rund zehn Kilometer flußaufwärts von Donji Milanovac unmittelbar am Donauufer Gräber aus offenbar vorgeschichtlicher Zeit. Der Fundort war eigenartig. Dort, wo die Gräber lagen, traten die Berge am südlichen, dem jugoslawischen Ufer etwas zurück und gaben Raum für eine Niederlassung. Die Donau bildete hier einen Wirbel, der wiederum an den flachen Stellen des Ufers eine Gegenströmung erzeugte –, geradezu geschaffen für primitiven Fischfang. Und schließlich war diese Uferstelle schwer zugänglich, und der einzige Weg ins Hinterland konnte leicht verteidigt werden.

Wahrscheinlich hätte die Erforschung dieser Fundstätte noch lange warten müssen, wenn sie nicht durch das Aufstauen der Donau für immer unter das Wasser des Stausees geraten wäre. So beeilten sich die jugoslawischen Archäologen in der zweiten Hälfte der sechziger Jahre mit ihren Ausgrabungen. Das, was sie zutage förderten, lohnte die Mühen. Sie entdeckten nicht nur einige Gräber von Steinzeitmenschen, sondern unter dem Schwemmsand der Donau kam vielmehr eine komplette Siedlung aus dem fünften vorchristlichen Jahrtausend zum Vorschein. Die Grundmauern der Behausungen dieser Steinzeitmenschen wurden freigelegt, es wurden ihre Werkzeuge und ihr primitiver Schmuck gefunden und – was damals eine Sensation war – Steinskulpturen, die fischmäulige Menschenköpfe darstellten. Zeugnisse einer frühen Kunst oder Kultgegenstände, denen magische Kräfte zugesprochen wurden? Als ich während der Ausgrabungen einmal einen Tag unter den Archäologen verbrachte, konnte ich mich nur schwer der Magie dieses Ortes entziehen. Denn gegenüber auf dem rumänischen Ufer gibt es einen hohen trapezförmigen Felsen, der seine Umgebung geradezu magisch dominiert. Die sich nach oben verjüngende Felswand wirkt wie der Sitz einer Gottheit, unnahbar und entrückt, aber allgegenwärtig und drohend in Geheimnis und Gewalt. Jeden Wolkenwechsel kündigte die Wand an und reflektierte ihn. Sie machte die heiße Sonne noch strahlender und ließ die Schatten der aufziehenden Wolken unten am Wasser noch düsterer erscheinen. Beinahe berauscht vom Genius des Ortes und von ihrer Aufgabe schienen auch die jungen Leute, die unter Anleitung der

Archäologen die Spuren der Menschen, die vor siebentausend Jahren hier lebten und starben, nun freilegten. Die Ausgrabungsstätte liegt jetzt seit Jahren unter Wasser. Aber man hat den Grundriß der Steinzeitsiedlung auf einer natürlichen Plattform einige Dutzend Meter über dem Fundort als Freilichtmuseum rekonstruiert. Eine schmale Straße führt dorthin, sie nimmt dem Ort aber nichts vom Zauber seiner Abgeschiedenheit.

Seit Errichtung des Stausees hat man immer wieder gehört, daß diese Gegend touristisch erschlossen werden soll. Der Leser kann beruhigt sein: es ist in der Zwischenzeit nur sehr wenig geschehen. In Golubac gibt es ein kleines Hotel und in Donji Milanovac ein großes. Damit sind aber die Unterbringungsmöglichkeiten praktisch schon erschöpft, wenn man von dem Hotel in Kladovo jenseits des Staudammes absieht. Auch mit dem Ausbau der Straßen ist es noch nicht weit her.

Auf dem rumänischen Ufer, dort, wo die aufgestaute Donau weit ausschwingende Buchten bildet, ist eine ganz neue Stadt entstanden – Neu-Orșova. Das alte Orșova, das jetzt unter dem Wasser der Donau liegt, hatte für die Österreicher eine besondere Bedeutung. Bis zum Ersten Weltkrieg, also so lange das große Österreich–Ungarn bestand, war Orșova die letzte Station auf dem Donau-Wege in den ›Orient‹. Hier nahm man endgültig Abschied von Europa, denn von Orșova flußabwärts war auch das linke Donauufer schon ›Ausland‹, bis 1859 wallachisch, dann rumänisch. Das rechte Ufer war serbisch und anschließend bis zum Wiedererstehen eines neuen Bulgarien im Jahre 1878 türkisch.

Zwischen Donji Milanovac und dem *Eisernen Tor* waren in den Felsen am rechten Ufer des Stromes früher auch noch die Löcher zu sehen, die die Pioniere der römischen Legionen ins Gestein getrieben hatten, um den Stützbalken Halt zu geben, die die Planken der ›Via Danubia‹ trugen. Kaiser Tiberius hatte im Jahre 28 ihren Bau begonnen, unter Trajan wurde sie im Jahre 103 fertiggestellt. Auf ihr marschierten die römischen Legionen gegen die Daker im heutigen Rumänien. Von diesen Spuren aus der römischen Zeit ist nur eine geblieben: die berühmte *Trajan-Tafel* wurde sorgfältig vom Felsen gelöst und zwanzig Meter höher angebracht. Sie liegt jetzt knapp über dem Wasserspiegel des Stausees. Auf ihr ist zu lesen: »Der Sohn des göttlichen Nerva und regierende Kaiser, Nerva Traianus Augustus Germanicus, Pontifex maximus, zum vierten Mal Tribun, zum vierten Mal Vater des Vaterlandes und Konsul, hat Gebirge und Strom überwunden und diese Straße erbaut ...« Den Rest des Textes hat der Zahn der Zeit abgenagt.

Soll man eigentlich noch von *Ada Kaleh* reden, der Insel in der Donau, über der sich wie über Alt-Orșova die Wasser der Donau geschlossen haben? Ich glaube, man soll über sie sprechen, schon um ihr ein kleines Denkmal zu setzen, denn sie war einer der merkwürdigsten unter den vielen merkwürdigen Orten, die uns die Donau an ihrem 2840 Kilometer langen Lauf bescherte, und noch beschert. Ada Kaleh blieb bis 1912 türkisch, dem Osmanischen Reich zugehörig, zu einer Zeit, als ringsum Serben, Rumänen und Bulgaren schon längst das ›türkische Joch‹ abgeschüttelt hatten. Der Grund? Auf dem Berliner Kongreß von 1878, auf dem nach dem türkisch-russischen Krieg von 1877/78 die Landkarte des Balkan neu gezeichnet werden sollte, hat man die liebliche Insel in der Donau mit ihrer türkischen Bevölkerung einfach vergessen. Nach den Balkankriegen wurde sie zuerst österreichisch und dann nach dem Ersten Weltkrieg rumänisch. Die türkische Bevölkerung aber blieb, bis sie knapp vor Fertigstellung des Donaukraftwerkes am Eisernen Tor teils auf eine andere Donauinsel weiter flußabwärts, teils auf das rumänische Festland und auch in die Türkei umgesiedelt wurde.

Ich war vor beinahe dreißig Jahren auf Ada Kaleh. Man setzte vom rumänischen Ufer über, die Landestelle der Fähre lag in der starken Strömung des Flusses etwas oberhalb der Insel. Landete man dann auf der Insel, kam man sich vor, als sei man aus seiner Zeit herausgetreten. Schon die Vegetation unterschied sich vom Festland: Beinahe mediterran mit Mandelbäumen, Oliven, Feigen, Tabak und immer wieder Rosen, aus denen die Inselbewohner ein sehr süßes Gelee produzierten. Um die kleine Moschee mit dem weißen Minarett stand an diesem Sommernachmittag die Luft still, im Kaffeehaus unter dem Bild des letzten Sultans in Istanbul dösten zwei alte Männer. Die Maschinen in der Zigarettenfabrik ruhten.

Es war die reinste Idylle unter den Kastanien- und Pappelbäumen. Aber aus der Ferne, von der Baustelle des Kraftwerkes, hörte man das Rattern der Preßluftbohrer, das Rumpeln der großen Lastwagen und die Detonationen der Sprengladungen. Sie bildeten die Begleitmusik zum Untergang Ada Kalehs. Zum Untergang im buchstäblichen Sinne.

RUMÄNIEN

Auf den Spuren der Römer

Es wäre eine Übertreibung zu behaupten, der Weg entlang der Donau, den die Legionen Trajans genommen haben, als sie sich anschickten, die Daker zu unterwerfen, sei der kürzeste und bequemste in das heutige Rumänien. Im Gegenteil: er ist eher ein Umweg und nicht einmal ein bequemer. Zwar muß man sich nicht gerade auf Bohlen fortbewegen, deren Träger in die Felswände am Eisernen Tor getrieben worden sind; es gibt schon eine ordentliche Straße entlang der jetzt aufgestauten Donau, aber sie ist schmal und kurvenreich und sie muß auch, wie wir schon gesehen haben, manchmal das Ufer des Stromes verlassen und in die Berge Ostserbiens ausweichen. Aber durch die landschaftlichen Abwechslungen, die sie bietet, entschädigt sie für die Mühe, die man auf sich nimmt, wenn man sie benützt.

Zehn Kilometer vor Kladovo, das in früheren Zeiten dem jugoslawischen Kaviar seinen Namen gegeben hat – die Störe aus dem Donaudelta kamen bis hier herauf –, gibt es dann den Grenzübergang nach Rumänien. Nicht über eine Brücke, sondern über die Krone des Staudammes, der aus der reißenden Donau am Eisernen Tor einen stillen See gemacht hat. In einem gemeinsamen Unternehmen haben Jugoslawien und Rumänien zwischen 1964 und 1972 diesen Damm errichtet samt den dazugehörenden Kraftwerken und den Schleusen für die Schiffahrt. Djerdap nennen die Jugoslawen das Kraftwerks- und Schiffahrtssystem, Portile de Fier (Eisernes Tor) die Rumänen. Jede Seite hat ihr Kraftwerk mit je sechs Turbinen und Generatoren, und beide zusammen sollen in der Lage sein, jährlich zwanzig Milliarden Kilowattstunden Strom zu produzieren.

Die Römer haben die Donau rund dreißig Kilometer flußabwärts überquert. Bei dem Dorf Kostol östlich von Kladovo stehen auf jugoslawischem Boden die Reste des rechten Stützpfeilers jener **Brücke,** die Trajan im Jahre 102-105 über die Donau schlagen ließ. Es war die größte Brücke im ganzen römischen Imperium. Das Projekt dazu hatte dem Kaiser der berühmteste Baumeister seiner Zeit ausgearbeitet, Apollodoros von Damaskus, der Schöpfer des Forum Traianum in Rom. Auch auf dem linken, dem rumänischen Donauufer am Stadtrand von Drobeta Turnu Severin ist noch der Rest eines Stützpfeilers der Brücke zu sehen, zusammen mit dem Mauerwerk des befestigten Heerlagers, das Trajan schon auf dem Boden der Daker errichten ließ.

Für die damalige Zeit war die Brücke ein Wunderwerk: 1134,90 Meter lang und 14,55 Meter breit, wurde sie von zwanzig Pfeilern mit einer Stützweite von rund 38 Metern getragen. Der Brücken-Überbau bestand aus Holzverstrebungen, für die die Eichenwälder beiderseits der Donau das Material lieferten. Über diese Brücke marschierten die Kohorten, die Trajan im Jahre 105 gegen die Daker in dem goldreichen Wald- und Bergland nördlich der Donau entsandte. Von ihren Kämpfen und Eroberungen berichten uns nach beinahe zweitausend Jahren die in die Marmorspiralen der Trajanssäule in Rom gemeißelten Szenen. Aller Wahrscheinlichkeit nach wurden sie künstlerisch von dem gleichen Manne gestaltet, der auch die Brücke gebaut hat, deren wenige Reste, das Gemäuer der Brücke, Türme und Pfeiler, verlassen und ihres Zweckes beraubt zu beiden Seiten des Stromes stehen.

Drobeta Turnu Severin ist die erste größere Stadt, die wir nach dem Grenzübergang beim Eisernen Tor auf rumänischem Boden betreten. Ihre Straßen sind rechtwinklig, ihre Parks spenden im Sommer Schatten und Kühle, sonst ist aber über ihre heutige Gestalt nicht viel auszusagen. Bis vor wenigen Jahren hieß sie nur Turnu Severin, im Zuge der Vertiefung der Wurzeln des rumänischen Volkes bis in die Zeit der Daker und Römer setzte man dieser erst im Mittelalter entstandenen Bezeichnung noch den Namen voran, den sie im Altertum, bei den Dakern wie bei den Römern trug. Für die Römer war Drobeta äußerst wichtig: Kastell und Stadt sicherten den Übergang über die Donau und waren Ausgangspunkt der Heer- und Handelsstraße in das Zentrum ihrer Provinz Dacia, nach Ulpia Traiana Sarmizegetusa. Eine Straße dorthin führte über das heutige Tirgu Jiu und den Durchbruch des Jiu-Flusses durch die Süd-Karpaten in das Becken von Petroșani und weiter in das sogenannte Hațeger-Land, das den Mittelpunkt der römischen Provinz Dacia bildete.

Tîrgu Jiu und Brancusi

Bevor wir aber dorthin gelangen, müssen wir in Tîrgu Jiu Station machen. Nicht wegen der Daker oder der Römer, sondern wegen eines großen Bildhauers, der 1876 in der Nähe von Tîrgu Jiu im Dorf Hobița in der Gemeinde Peștișani geboren wurde und 1957 in Paris starb. Die Rede ist von Constantin Brâncuși, dessen Werk für die abstrakte Bildhauerei von größter Bedeutung wurde. Seine unvergleichlichen Schöpfungen schlagen den Bogen von der Holzschnitzerei zu den abstrakten Stilrichtungen unserer Zeit, wobei es ihm darum ging, mehr die innere als die äußere Form seines Vorwurfs zum Ausdruck und damit die Schönheit des jeweiligen Materials voll zur Geltung zu bringen. Um die Welt ging Brancusis Namen, als er 1927 einen Prozeß gegen die amerikanische Zollbehörde führte, die seinen ›Vogel im Raum‹ nicht als Kunstgegenstand anerkennen und von dem Bildhauer Zoll für das eingeführte Material erheben wollte. Unter dem Beifall aller Modernisten gewann der Mann aus dem Balkandorf den Prozeß, und der ›Vogel im Raum‹ ist heute zusammen mit anderen seiner Schöpfungen im Museum of Modern Art in New York zu sehen.

Um einen Eindruck von seiner Kunst zu gewinnen, braucht man aber nicht nach New York zu fahren, es genügt, wenn man sich nach Tîrgu Jiu zwischen den Karpaten und der Donau begibt. Dort sind die Werke Brâncușis nicht in einem

Museum, sondern mitten in der Stadt aufgestellt und bestimmen somit das Stadtbild mit, vor allem die zum Himmel strebende ›Unendliche Säule‹ aus bronziertem Stahl. Sie besticht durch die Eleganz der sich übereinander türmenden Rhomben wie durch die Raffinesse der Verankerung des 29,33 Meter hohen Kunstwerkes.

Das ›Tor des Kusses‹ liegt in der Verlängerung der Hauptstraße am Ufer des Jiu-Flusses. Die archaische Wucht seiner Säulen und des steinernen Querbalkens ist ebenso eindrucksvoll wie die Feinheit, die Brancusi der Ornamentierung gegeben hat. Der Weg vom Tor zum ›Tisch des Schweigens‹ ist gesäumt von je sechs mit ihrer Schmalseite zueinander gekehrten Steinsitzen, während der runde Steintisch mit der dicken Platte auf einem ebenso runden Sockel von zwölf Hockern aus dem gleichen Material umstellt ist. Das ganze ist ein Ensemble von höchster Originalität.

Nur weiß ich mit den Titeln, die die einzelnen Schöpfungen tragen, nicht viel anzufangen. Tor des Kusses, das ist mir eine zu heiter-beschwingte Bezeichnung für diese schwere Pforte, hinter der man auf den zwölf steinernen Sitzen die Geschworenen eines geheimnisvollen Gerichtes vermuten würde. Und der Tisch des Schweigens ruft bei mir nicht Vorstellungen von Einkehr und Meditation hervor, vielmehr könnte ich mir um das Rund der Steinplatte eher ein Saufgelage übermütiger Zwerge vorstellen, die sich über den Tisch hinweg Sonnenblumenkerne ins Gesicht spucken.

Sarmizegetusa – Heiligtum der Daker

Bevor wir jetzt entlang des Südrandes der Karpaten unsere Fahrt durch die Walachei fortsetzen, müssen wir einen Abstecher durch diesen Gebirgszug nach Norden machen, auch wenn wir damit den eigentlichen Balkan für kurze Zeit verlassen. Aber da die Rumänen nun einmal ihre Herkunft auf die Daker und Römer zurückführen, wollen wir noch einmal den Spuren der Legionen Trajans folgen, als sie in das Herz des Reiches der Daker vorstießen und deren Hauptstadt Sarmizegetusa eroberten und zerstörten. In der Nähe der heiligen Stadt der Daker errichteten die Römer dann ihr Ulpia Traiana, von wo aus sie ihre Provinz Dacia regierten.

Von Tîrgu Jiu geht die Fahrt den Jiu-Fluß aufwärts durch die Felsenenge, in der er sich den Durchbruch zwischen den Bergstöcken des Vulcan und des Paring erzwungen hat. Die Stadt Petroșani im Becken des gleichen Namens braucht uns bei der Suche nach Dakern und Römern nicht allzusehr zu interessieren, als Bergbau- und Industriestadt liegt ihre Bedeutung im Wirtschaftsbereich. Wenn wir dann aber über den 750 Meter hohen **Meișor-Paß** (P. Merisor) gekommen sind, ändert sich das Bild. Wir haben dann die Terra Hațeg, das Hațeger-Land, erreicht, und befinden uns damit im Herzen der einstigen Provinz Dacia. Es ist das Land zwischen dem Gebirgszug der südlichen Karpaten und dem Fluß Mureș (Maros), das Land um die Städte Deva, Orăștie, Hațeg und Hunedoara. Ein geopolitisch wichtiges und damit seit alters her geschichtsträchtiges Gebiet: eine Nahtstelle zwischen Siebenbürgen, Banat und Walachei und ein Kreuzweg für die drei Völker, die jedes in seiner Art und mit unterschiedlichem Gewicht das große Land zwischen der ungarischen Tiefebene und der unteren Donau geprägt haben: Rumänen, Ungarn, Deutsche.

Zunächst einmal wollen wir aber das **alte Sarmizegetusa** suchen, die Hauptstadt des Dakischen Königreiches vor der Eroberung durch die Römer, genauer gesagt, was von ihr noch übrig ist oder was die Ausgrabungen ans Tageslicht gefördert haben. Sarmizegetusa war die heilige Stadt der Daker, sie war auch Residenz Decebals, ihres letzten Königs, der sich das Leben nahm, als die römischen Legionäre seine Feste stürmten. So wie die anderen befestigten Plätze der Ureinwohner des Landes nördlich und südlich der Karpaten, zerstörten die Römer auch Sarmizegetusa. Die Trümmer der Heiligtümer, der Befestigungen und der Wohnstätten überwucherte der Wald und hielt sie jahrhundertelang unter seinen Wurzeln verborgen. Erst in den letzten Jahrzehnten legten rumänische Archäologen die wenigen Spuren frei, die ihre Urahnen zurückgelassen hatten, als sie im zweiten Jahrhundert unserer Zeitrechnung von den Römern unterworfen wurden und in das Dunkel der Geschichte zurücktraten.

Zu den Ausgrabungen des alten Sarmizegetusa gelangt man, wenn man von Calăn aus dem Bistratal nach Osten oder von Orăștie aus dem Marostal nach Süden in das Mittelgebirge fährt, das den Gipfeln der Südwestkarpaten vorgelagert ist. Was von Sarmizegetusa übrig ist, liegt in Höhen zwischen 1000 und 1200 Metern. Es ist, das sei vorweg gesagt, nicht viel, und man muß seine Phantasie schon etwas anstrengen, wenn man sich ein Bild von Umfang und Bedeutung der Siedlung machen will. Sie muß sich terrassenförmig den Hügel hinaufgezogen haben, der heute Dealul Gradișei heißt und wie eine Insel aus dem grünen Meer der Birken, Buchen, Eichen und Haselnußsträucher hervortaucht. Auf den Terrassen unterhalb der Kuppel des Hügels befanden sich offenbar die Säulen-Heiligtümer der Daker, denn hier sind noch die Säulensockel zu sehen, im Viereck oder im Dreieck angeordnet. Mehr ist von den Heiligtümern nicht geblieben, die Säulen haben die Zeiten nicht überdauert, die meisten sollen nach Ansicht der Sachverständigen ohnehin aus Holz gewesen sein.

Welche Götter hier verehrt wurden und wie sie verehrt wurden, das ist noch immer ein Geheimnis, ebenso wie der Sinn der auf einem Kalksteinsockel liegenden runden Andesitplatte, von der strahlenförmig zehn längliche Platten aus gleichem Material ausgehen. War es ein Opferaltar, sollte es die Sonne symbolisieren – diese Fragen warten noch auf Antwort. Auch die Fachleute sind bei den Dakern stärker auf Vermutungen als auf belegbare Erkenntnisse angewiesen. Noch hat die Erde über den einstigen Siedlungen des Volkes aus der frühesten Geschichte Rumäniens keine Götterstatue und kein Menschenstandbild freigegeben; auch die schriftlichen Quellen über seine Kultur sind mehr als spärlich. Eine Stimmung der Verlorenheit liegt über den Tempelterrassen und den Resten der primitiven Wehrmauern: Für uns ist es wie ein Symbol für den Untergang eines Volkes, das besiegt wurde, dann die Zivilisation der römischen Eroberer annahm und sie, wie manche Historiker meinen, an die Generationen der folgenden Jahrhunderte weitergab.

Es gibt nämlich noch ein anderes, *jüngeres Sarmizegetusa*. Es liegt in der Luftlinie nur wenige Dutzend Kilometer weiter nach Westen am Rande des von Bergen eingeschlossenen, landschaftlich ebenso reizvollen wie historisch interessanten Beckens von Haţeg. Hierher, sechzehn Kilometer südwestlich von der heutigen Stadt Haţeg entfernt, hatten die Römer das Verwaltungszentrum ihrer Provinz Dakien gelegt und es zuerst **Ulpia Traiana** genannt. Dann fügten sie aber noch die Bezeichnung Sarmizegetusa an, so, als wollten sie eine Kontinuität zwischen ihrer Herrschaft und dem Reich Decebals herstellen und sie damit in den Augen der unterworfenen Daker legitimieren.

Von dem zweiten, dem römischen Sarmizegetusa sind reichere Spuren vorhanden. Die Umrisse seines Amphitheaters, das über fünftausend Plätze verfügte, seines Forums, seiner Tempel und seiner Paläste sind zu erkennen. Hundertsechzig Jahre lang regierten die Römer von hier aus ihre Provinz Dakien.

Ulpia Traiana Sarmizegetusa lag an einer strategisch sehr wichtigen Stelle. Es ist die Enge zwischen den Poiana Rusca-Bergen im Norden und dem Retezat-Massiv im Süden, das mit seinen schroffen Gipfeln, seinen Almen und Bergseen einer der reizvollsten Gebirgszüge des Karpatenbogens ist. Wer diesen Paß ›Portile Fier‹, das Eiserne Tor Siebenbürgens, in der Hand hatte, der kontrollierte im Altertum die Verbindung zwischen dem nördlichen und südlichen Teil der Provinz Dakien und dann weiter zu den römischen Provinzen südlich der Donau. In den späteren Jahrhunderten war es dann das Tor, durch das man aus Siebenbürgen nach dem Banat und der Walachei gelangte, und umgekehrt.

Bevor man auf der DL 68 nach dem römischen Ulpia Traiana Sarmizegetusa kommt, sollte man noch einen kleinen Umweg machen, um sich im Dorfe *Densuş* eine ganz ungewöhnliche Kirche anzusehen. Sie gilt als die älteste orthodoxe Kirche der Rumänen auf der Nordseite der Karpaten und wurde vermutlich Ende des 13. Jahrhunderts errichtet, und zwar aus den mächtigen antiken Steinquadern, die man aus den Ruinen von Ulpia Traiana holte. Man schleppte von dort auch Säulenschäfte heran und fügte sie in das Mauerwerk der Kirche ein. Die vier Pfeiler im Innern, die den mächtigen romanischen Glockenturm mit dem steinernen Helm tragen, stammen aller Wahrscheinlichkeit nach von Votivaltären, auf denen in der römischen Stadt Opfer dargebracht wurden. Der Originalität entbehren auch nicht die zum Teil von einem bäuerlichen Maler stammenden Fresken im Innern; eine resolute Jungfrau Maria hat zum Beispiel einen Dämon beim Schopf gepackt und versetzt ihm eine Tracht Prügel.

Wiege der Rumänen?

Dieses Land Hațeg, in dessen Mitte Densuș liegt, ist eine liebliche Landschaft mit fruchtbaren Feldern, üppigen Gärten und schmucken Dörfern. Geschützt von den Bergen ringsum, wirkt es wie eine Oase. Auch wenn man sich ihrem Charme nur schwer entziehen kann, müssen wir noch einmal in die Geschichte hinabsteigen, denn hier um Sarmizegetusa und Ulpia Traiana wurzelt nach Meinung der heutigen Rumänen die romanische Herkunftslinie ihres Volkes, die sie in der Tatsache sehen, daß die Daker die Zivilisation der Römer übernahmen und auch noch bewahrten, nachdem Rom seine Beamten und Soldaten aus den Gebieten nördlich der Donau wieder zurückgezogen hatte. Es sei zwar keine römisch-dakische Mischbevölkerung zwischen 106 und 271 n. Chr. entstanden, so lautet etwa die im heutigen Rumänien allgemein vertretene Auffassung vom Entstehen des rumänischen Volkes, aber die nach dem Abzug der Römer im Lande verbliebene Bevölkerung dakischen Ursprungs habe die inzwischen angenommene Latinität an die späteren Generationen weitergegeben.

Damit sind wir aber mitten in ein Thema geraten, das Archäologen, Historiker, Ethnologen und Sprachwissenschaftler mehrerer Nationen jahrzehntelang beschäftigt hat und wahrscheinlich noch weiter beschäftigen wird. Was wir oben in großen Zügen über das Romanische bei den Rumänen gesagt haben, entspricht der sogenannten Kontinuitätstheorie. Sie besagt, daß sich das lateinische Erbe im Lande ohne Unterbrechung erhalten hatte, und es somit zwischen den latinisierten Dakern und den heutigen Rumänen eine Verbindung gibt, die sich über beinahe zwei Jahrtausende erstreckt. Es gibt aber auch die Einwanderungstheorie, wonach der Romanisierungsprozeß der rumänischen Länder mit dem Abzug der Römer abgebrochen wurde und die Vorfahren der heutigen Rumänen erst viel später in die Länder beiderseits der Karpaten und an der unteren Donau eingewandert sind. Für die heutige rumänische Geschichtsschreibung ist der Gelehrtenstreit entschieden. Für sie ist die romanisierte dakische Bevölkerung nach dem Abzug der Römer im Lande geblieben und hat damit den Humus für das rumänische Volk abgegeben. Daker und Römer sind somit die Urahnen der Rumänen.

Das führt zu einer gezielten Popularisierung der Geschichte. Die vor über zwanzig Jahren freigelegten Mosaiken eines römischen Handelshauses in Constanza zum Beispiel werden nicht einfach als sehenswerte, aber doch einem anderen Volk zugehörende Funde betrachtet, sondern als Zeugnisse, die einen frühen Glanz auf die eigene Vergangenheit werfen. Ähnlich wird mit den Daker-Fürsten verfahren. Um diese Fürsten auch den breiten Massen als große Figuren der rumänischen Geschichte nahe zu bringen, werden Filme gedreht über Burebista, der die dakischen Stämme einigte, und über Decebal, mit dem das Daker-Reich unterging.

Aber Kontinuitätstheorie hin, Einwanderungstheorie her, offen bleibt, was denn mit den Rumänen zwischen dem 4. und 13. Jahrhundert geschehen ist. Daß in diesen Jahrhunderten von einem rumänischen Volk nirgends die Rede ist, räumen auch rumänische Historiker ein. Immerhin ist das die Zeit, da um Rumänien herum Bulgaren, Serben und Ungarn sich mächtige Staaten schufen. Erst im 14. Jahrhundert bilden sich die rumänischen Fürstentümer der Walachei und Moldau heraus. So muß man dem bulgarischen Historiker Mutafschiew zustimmen, wenn er sagt, die Rumänen seien »das einzige unter den europäischen Völkern, das bis zum Ende des Mittelalters keine eigene Geschichte besitzt«.

Das ist natürlich Wasser auf die Mühle der Vertreter der Einwanderungstheorie: es sei keineswegs so gewesen, daß die

Rumänen in diesen Jahrhunderten nur stumm waren, sie seien, so wird argumentiert, einfach nicht vorhanden gewesen. Das heutige Rumänien, jahrhundertelang dem Einbruch der aus den russischen Steppen kommenden Reitervölker ausgesetzt, sei praktisch ein leeres Land gewesen, und erst später seien die Rumänen, ein Hirtenvolk, eingewandert. Und zwar von Süden her, vom Balkan über die Donau. Die rumänischen, oder wie manche sagen, die walachischen Volkssplitter im Pindus in Griechenland, in den Bergen des jugoslawischen Makedonien und in Ostserbien werden von den Verfechtern der Einwanderungstheorie als Beweis für ihre These ins Feld geführt.

Hunedoara, noch ein Seitensprung

Da wir in der glücklichen Lage sind, uns für keine der beiden Theorien entscheiden zu müssen, brauchen wir uns nicht weiter mit ihren Einzelheiten zu beschäftigen. Und da wir nun schon einmal den weiten Sprung in das gesegnete Land zwischen Süd- und West-Karpaten gemacht haben, sehen wir uns gleich noch einen Ort an, aus dem zwei große Figuren der Geschichte Südost- und Mitteleuropas gekommen sind. Ich meine Hunedoara, die Stammburg der Hunyadis, von wo *János Hunyadi,* der große Feldherr und Staatsmann stammte, der die Türken daran gehindert hat, schon im 15. Jahrhundert und nicht erst im 16. Jahrhundert Save und Donau zu überschreiten und nach Ungarn vorzudringen. Die Rumänen nennen ihn Jancu von Hunedoara und nehmen ihn für sich in Anspruch, weil sein Vater Voicu, dem der Luxemburger Sigismund als ungarischer König 1409 die Burg Hunedoara geschenkt hatte, offenbar ein magyarisierter Rumäne oder auch Serbe war. Es gibt aber auch eine Version, die Johann Hunyadi als illegitimen Sproß Sigismunds aus einer Romanze mit einer rumänischen Dame sieht.

Was auch seine Herkunft gewesen sein mag und wie immer man ihn nennen will, Johann Hunyadi oder Hunyadi János oder Jancu von Hunedoara hat in der Schlacht von Belgrad 1456 sogar Mehmet dem Eroberer eine verheerende Niederlage zugefügt, dem Sultan, der nur drei Jahre zuvor Konstantinopel erobert und damit dem tausendjährigen Reich von Byzanz das Ende bereitet hatte. Damit sicherte Hunyadi Ungarn siebzig Jahre Frieden, eine Zeitspanne, in der sein Sohn Matthias als ungarischer König Matthias Corvinus den Prunk seiner Renaissanceherrschaft entfalten und sein Land zum bedeutendsten politischen Faktor Mitteleuropas machen konnte.

Die Burg Hunedoara ist im wahrsten Sinne eine Bilderbuch-Burg. Auf einem Felsvorsprung westlich der Stadt gelegen, beherrscht sie das Tal des Cerna-Flusses und das heutige Hunedoara, ein Industriezentrum mit Hochöfen, Fabrikschloten, Lärm und Rauch. Wehrmauern, Türme und Basteien erheben sich über der geschäftigen Stadt, als wollten sie dokumentieren, daß nur in ihnen und durch sie Bestand und Dauer unserer flüchtigen Zeit gesichert seien.

Das Trutzige der Burg kommt daher, daß sie von Johannes Hunyadi zunächst als Festung gegenüber den Türkeneinfällen ausgebaut worden war. Erst als Johannes im Jahre 1446 ungarischer Reichsverweser wurde, gestaltete er die Burg in ein Residenzschloß um. Sie bekam einen von hohen Pfeilern gestützten repräsentativen Wohntrakt, im Erdgeschoß mit einem zweischiffigen Rittersaal, dessen Kreuzgewölbe von achteckigen Säulen mit fein gearbeiteten Kapitellen getragen wird, und im Obergeschoß mit dem gleichfalls zweischiffigen gewölbten Saal der Reichsversammlung. Besonders schön ist die nach Westen gerichtete Hauptfassade mit vier gotischen Erkern auf hohen Strebepfeilern. Auch König Matthias Corvinus hat dem Schloß einen Flügel hinzugefügt, dessen Loggia schon die Einflüsse der Renaissance erkennen läßt. In Lage und Architektur ist Hunedoara, also Burg und Schloß, würdig der beiden großen Männer, die von hier ihren Ausgang genommen haben.

Walachei

Am Südrand der Karpaten – Hurez, Cozia

Da dieses Buch nun einmal dem Balkan gewidmet ist und wir nur aus zwingenden, mit den Wurzeln des rumänischen Volkes zusammenhängenden Gründen den kurzen Abstecher auf die Nordseite der Karpaten gemacht haben, kehren wir wieder auf den Balkan, nach Tîrgu Jiu zurück und setzen von dort unsere Fahrt in östlicher Richtung fort. Wir wählen diesen Weg am Südrand der Karpaten (auch als Transsilvanische Alpen bezeichnet) nicht von ungefähr. Abgesehen von seinem landschaftlichen Reiz führt er uns durch jene Teile der ›Țara Rumânească‹, des rumänischen Landes, in denen die Rumänen nach dem dunklen oder stummen Jahrtausend ins Licht der Geschichte treten, indem sie sich staatlich organisieren, zunächst in Stammesfürstentümern, dann um die Mitte des 14. Jahrhunderts in dem Fürstentum Walachei. Wir werden die ersten Machtzentren oder, wenn man so will, Hauptstädte dieses staatlichen Gebildes besuchen, und von dort wird uns der Weg dann nach Bukarest führen, das ja erst 1659 Hauptstadt der Walachei und nach der Vereinigung von Walachei und Moldau im Jahre 1859 auch Hauptstadt des neugeschaffenen Rumäniens wurde.

Der Teil der Walachei, den wir nun durchfahren, zieht sich am Fuße der Süd-Karpaten entlang und ist, als Oltenien bekannt, eine hügelige Landschaft mit Wiesen und Weideflächen in den höheren Lagen und mit Obstgärten rund um die Dörfer, in denen viele Häuser noch von liebevoll geschnitzten Holzzäunen umgeben sind. Auch die Einfahrten in die Höfe haben meist schwere Holztore, über die ein schmales Schindeldach gezogen ist. Dort wo das Land flacher wird, ragt aus den Bäumen hie und da eine ›Kula‹ hervor, ein befestigter Wohnturm, in den sich in früheren Zeiten die Bojaren mit Familie und Gesinde zurückzogen, wenn Räuberbanden oder türkische Irreguläre das Land brandschatzten und die Bevölkerung drangsalierten. Wenn man Glück hat, kommt man durch einen der größeren Orte, wenn gerade Markttag ist. Da sollte man sich nach Keramiken umsehen, denn in einigen Dörfern dieser Gegend sind noch Töpfer am Werk, die ihre Schüsseln, Töpfe und Teller mit bunten bäuerlichen Farben und Mustern verzieren. Auch die Trachten sind hier noch nicht ganz aus dem Bild der Dörfer verschwunden. Am Sonntag, wenn die Leute zur Kirche gehen, bekommt man sie zu sehen, und es sind nicht nur alte Stücke, die getragen werden, sondern auch nach alten Vorlagen neubestickte Blusen, Mieder und weit ausschwingende Röcke.

Das entstehende Fürstentum der Walachei bot auch der Kirche einen günstigen Nährboden. So gibt es hier im Karpatenvorland eine Fülle von Klöstern; wollte man sie alle besuchen, käme man mit seinem Reiseplan nicht mehr zurecht. Man muß sie auch nicht alle sehen, denn mit den serbischen Klöstern oder denen in der Moldau können sich die meisten weder architektonisch noch in der Wandmalerei messen. Aber der Stimmung, die um sie ist, wenn am späten Nachmittag eine Nonne oder ein Mönch um die Klosterkirche geht und durch Klöppelschläge auf ein Holzbrett die Abendandacht anzeigt, kann man sich nur schwer entziehen.

Am **Kloster Hurez** allerdings sollte man nicht vorbeifahren. Es ist ein großes Kloster und es hat neben namhaften Stiftungen der Cantacuzenen vor allem einen bedeutenden Förderer in dem Fürsten Constantin Brâncoveanu, der nicht nur eine große Herrscherpersönlichkeit war, sondern auch einem rumänischen Baustil seinen Namen gegeben hat. Er regierte von 1688 bis 1717, und wir werden uns noch ausführlich mit ihm zu befassen haben, wenn wir nach Bukarest kommen.

Hier in Hurez hat er beinahe eine Klosterstadt hinterlassen: Ein Geviert, dessen drei Seiten die Klostergebäude und der Fürstenpalast einnehmen, mit Arkadengängen, Treppen und Söllern, während die vierte Seite von einer starken Wehrmauer gebildet wird. Über dem Eingang mit dem schweren Holztor erhebt sich der Glockenturm, und in der Mitte des Innenhofes, die Mauern ganz in weiß, steht die große Kirche vom Typus der Dreikonchenbauten, errichtet von 1691 bis 1693. Als Vorbild diente ihr die Kirche von Curtea de Argeș, wo in früheren Jahrhunderten die Fürsten der Walachei residierten; nur wurde der Kirche in Hurez noch eine Arkadenvorhalle angefügt, deren Säulen an der Basis die den Brâncoveanu-Stil kennzeichnenden Akanthusmotive zeigen. Die Wandmalerei des Kircheninnern beschränkt sich nicht nur auf biblische Szenen; sie stellt beinahe auch eine Portraitgalerie der walachischen Fürstenhäuser Brâncoveanu, Basarab und Cantacuzeno dar. Und in der Vorhalle kann man sogar die Portraits der Bauverwalter und Meister bewundern, denen wir das Kloster verdanken.

Der fürstliche Stil des Klosters macht sich auch jetzt noch bemerkbar, da die Zeiten der Fürsten längst vorbei sind. Als ich vor beinahe zwanzig Jahren Hurez besuchte, wurde ich von einer Äbtissin empfangen, die in souveräner Haltung ihr Reich zeigte und in makellosem Französisch außer den notwendigen Erklärungen auch noch artige Konversation machte.

Auf dem Wege ins Olt-Tal müßte man ja auch noch bei dem *Kloster Govora* haltmachen, das sich mit seinen Mauern und dem Glockenturm, der früher ein Wehrturm war, aus der Entfernung wie eine Festung ausnimmt. Aber da man nun einmal gezwungen ist, unter den Klöstern Olteniens eine Auswahl zu treffen, fällt unsere Wahl auf **Cozia**, achtzehn Kilometer nördlich von Rîmnicu Vîlcea unmittelbar am Olt und am Eingang zur Schlucht gelegen, die sich der Fluß durch die Karpaten gegraben hat. Hier führt die Europastraße E 15 A vorbei, die Verbindung von Hermannstadt (Sibiu) in Siebenbürgen über Pitești nach Bukarest.

Cozia: die Mauern, die die Terrasse abstützen, auf denen das Kloster errichtet wurde, fallen steil zum Fluß ab, die Pappeln am Ufer und die Zacken der Berge im Hintergrund geben diesem Bau eine malerische Kulisse. Für rumänische Verhältnisse ist es ein früher Bau. Fürst Mircea der Alte (Mircea cel Bătrîn) hat ihn zwischen 1382 und 1387 begonnen, je nachdem, wie man die Angaben in späteren Chroniken deutet. Von den Bauten aus dieser Zeit besteht nur noch die *Klosterkirche,* ein Dreikonchenbau. Fassaden, Dächer und Kuppel stehen in harmonischem Verhältnis zueinander; eine elegante Schöpfung, ist man versucht zu sagen. Zu diesem Eindruck tragen auch der farbige Wechsel von Bruchstein und roten Ziegelschichten und die gezogenen Blendarkaden an den Seitenwänden bei. Schön und bewegt sind auch die steinernen Dekorationen um die Fenster und die Rosetten darüber. Mich erinnert Cozia etwas an die serbischen Klöster der Morava-Schule, Kunsthistoriker sehen in ihm das Vorbild für spätere Klosterbauten in der Walachei. Allerdings muß man sich die von weiten Bögen getragene Vorhalle wegdenken; sie stammt, wie das zuvor besuchte Kloster Hurez, vom Beginn des 18. Jahrhunderts, also aus der Brâncoveanu-Zeit. Aus dieser Epoche datiert auch ein Teil der Wandmalereien, vor allem die im Altarraum und in der Vorhalle, während die strengen Figuren im Pronaos, dem Kirchenschiff, darunter auf der Westwand die Stifterportraits, noch dem 14. Jahrhundert angehören. Ein weiterer bemerkenswerter Kirchenbau befindet sich heute außerhalb des ehemals befestigten Klosterkomplexes auf der anderen Seite der Straße. Es ist die sogenannte *Siechenkapelle* (Bolnița), die einmal zu einem Hospital gehört hat. Der Wechsel von Ziegeln und Hausteinen ergibt ein reizvolles Farbenspiel und die hohen Bogenfriese sind von großer dekorativer Wirkung. Kein Wunder, daß diese aus der Mitte des 16. Jahrhunderts stammende Kirche zu den schönsten Bauwerken dieser Zeit südlich der Karpaten gezählt wird.

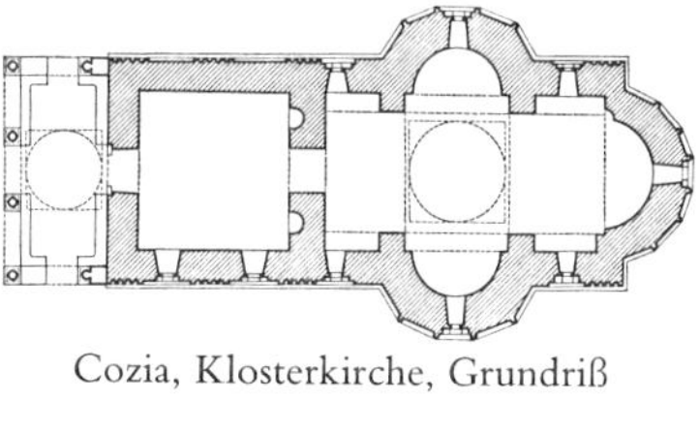

Cozia, Klosterkirche, Grundriß

Noch eine Klosterkirche möchte ich erwähnen, obwohl sie von den Kunstführern nicht beachtet und auch in Reisebüchern kaum verzeichnet wird. Im Kurort Călimănești, zwei Kilometer südlich von Cozia, teilt sich der Olt-Fluß in zwei Arme und bildet eine Insel, auf der sich ein Park und das winzige *Kloster Ostrov* befindet. Obwohl die Klosterkirche, deren Vorhalle schlanke Holzsäulen tragen, weder architektonisch noch durch ihre Wandmalereien bemerkenswert ist, hat sich mir ihr Bild eingeprägt. Wahrscheinlich durch die Fülle der Blumen, die um sie waren, und durch die Nonnen im weißen Gewand; vielleicht auch durch die Bemerkung in einem rumänischen Reiseführer, daß Fürst Neagoe Basarab das Kloster Ostrov im Jahre 1522 als ›Absteigekloster‹ gegründet hat, was seine ebenso sichere wie schöne Lage verständlich macht.

Die alten Hauptstädte: Curtea de Argeș, Cîmpulung, Tîrgoviște

Ein Sommersonntag vor mehr als zwanzig Jahren. Wir wollen von Rîmnicu Vilcea nach Curtea de Argeș und sehen nicht ein, daß wir den weiten Umweg über Pitești machen sollen, nur weil da die Straßen asphaltiert sind. Laut Karte gibt es auch einen direkten Weg zwischen den beiden Städten, mindestens um zwei Drittel kürzer, was sich lohnen würde, auch wenn die Straße nur Schotter sein sollte.

Zunächst war sie ganz erträglich, wenn man auch langsam fahren mußte. Um so mehr genossen wir die Schönheit des hügeligen Landes, das vom Geruch des frisch geschnittenen Heus auf den Wiesen erfüllt war. Dann aber wurden die Löcher in der Straße immer größer und tiefer, und in einem von ihnen saßen wir schließlich fest, nachdem der Aufprall noch dazu das Gaspedal unseres wenig stabilen Leihwagens lahmgelegt hatte. Es ging gegen Mittag, es war heiß, und weit und breit war niemand zu sehen. Auch fiel uns erst jetzt auf, daß uns bisher kein einziger Wagen begegnet war. Also setzten wir uns in den Schatten eines Baumes am Straßenrand und verließen uns auf unser Glück. Wir hatten es in zweifacher Hinsicht: nach gar nicht langer Zeit tauchte ein Lastwagen auf, und für Fahrer und Beifahrer war es offensichtlich eine willkommene Abwechslung, die gestrandeten Ausländer wieder flott zu machen. Mit ein paar Drähten, die sie in ihrem Werkzeugkasten hatten, reparierten sie provisorisch auch das

◁◁ 15 Klosterkirche Sucevița, Moldau

◁ 16 Kloster Putna, Moldau

17 Jüngstes Gericht, Fresko in der Klosterkirche von Voroneț, Molda

18 Belagerung von Konstantinopel,
Fresko in der Klosterkirche von Moldovița, Moldau

20 Kloster Batschkovo ▷
mit Erzengelkirche,
Bulgarien

21 Kloster Batschkovo ▷▷
Rastende Ausflügler

19 Rilakloster, Bulgarien

Gaspedal. Aber über unsere Absicht, auf dieser Straße weiter nach Curtea de Argeş zu fahren, schüttelten sie unter Hinweis auf unseren Wagen und den Zustand der Straße nur den Kopf. Wir sollten umkehren und über Piteşti fahren, wenn wir sicher gehen wollten. Was wir schließlich auch taten.

An dieses Erlebnis mußte ich denken, als ich zwanzig Jahre später durch dieselbe Gegend fuhr, allerdings jetzt auf einer breiten asphaltierten Straße mit der Bezeichnung 73 c, einer Straße, die westlich und östlich von Curtea de Argeş in die Täler der aus den Karpaten kommenden Flüsse hinabgleitet und sich über die Höhenrücken schwingt, die diese Täler voneinander trennen. Immer wieder wechselt die Szenerie der Landschaft, bald fährt man an Obstplantagen vorbei, bald bietet sich das biblische Bild einer im Schatten einer Eiche lagernden Schafsherde dar. Und zuweilen zeichnen sich gegen Norden die Zacken der Fogarascher-Berge ab, während im Süden die Luft über dem walachischen Flachland kocht.

Curtea de Argeş war nicht die erste Hauptstadt der Fürsten der Walachei, nachdem sich diese im 14. und 15. Jahrhundert südlich der Karpaten ihren eigenen Staat geschaffen hatten. Der erste der historisch einwandfrei feststellbaren Fürsten dieses Staatswesens, Basarab I., residierte um die Mitte des 14. Jahrhunderts in Cîmpulung, etwa sechzig Kilometer nordöstlich von Curtea de Argeş. Letztere wurde erst später zur Hauptstadt der Walachei, die im übrigen vom 14. bis zum 16. Jahrhundert zwischen Cîmpulung, Curtea de Argeş und Tîrgoviste mehrmals wechselte, wofür meist maßgebend war, von welcher Seite sich die Fürsten am stärksten bedroht fühlten.

Von welchem Datum an man ein rumänisches Staatswesen zwischen Karpaten und Donau als gegeben annehmen kann, ist noch immer umstritten, ebenso die Frage, ob die rumänischen Vojvoden mit ihren Anhängern unter dem Druck der Ungarn und Deutschen aus Siebenbürgen abgewandert oder vom Balkan über die Donau eingewandert waren. Heute neigt man eher zur ersten Theorie, wobei man sich auch auf eine der ersten rumänischen Chroniken aus dem 16. Jahrhundert stützt. Sie gibt das Jahr 1290 als Gründungsdatum des walachischen

Staates an und nennt einen Radu Negru (Radu der Schwarze) als ersten Fürsten, was aber eine Verwechslung mit einem späteren walachischen Herrscher sein dürfte.

Wie dem auch sei: Daß ein rumänischer Staat erst von der Mitte des 14. Jahrhunderts an feststellbar ist, daß die Rumänen als staatstragendes Volk erst zu einem Zeitpunkt in Erscheinung treten, als Rudolf von Habsburg schon die Grundlagen für das spätere Reich der Habsburger geschaffen hatte, in Prag Karl IV. regierte, in Budapest die Anjou auf dem Thron saßen und auf dem Balkan die Reiche der Bulgaren und Serben ihre Glanzzeit bereits überschritten hatten, ist ein einmaliges historisches Phänomen. Sieht man in der römisch-dakischen Epoche im zweiten und dritten nachchristlichen Jahrhundert die Geburtsstunde der rumänischen Nation, dann hat es für sie tatsächlich ein Jahrtausend der Dunkelheit und des Stummseins gegeben, bevor sie sich erneut darstellen konnte. Ein Jahrtausend, in dem die rumänischen Kernlande, die Walachei wie die Moldau, das Durchzugsgebiet von Goten und Gepiden, von Hunnen und Avaren, von Slawen und Bulgaren, von Petschenegen, Kumanen und Tataren waren.

Aber zurück zu Curtea de Argeș: Es gibt hier zwei bauliche Bereiche, die von der Glanzzeit der Stadt künden. Der ältere, Curtea Domneascâ (Fürstenhof) genannt, liegt im Süden der Stadt und umfaßt die Reste der fürstlichen Residenz, von der man sich aber nur anhand der freigelegten Grundmauern eine Vorstellung machen kann. Doch erhalten ist die Biserica Domneascâ, *Fürstenkirche des hl. Nikolaus,* die älteste der noch

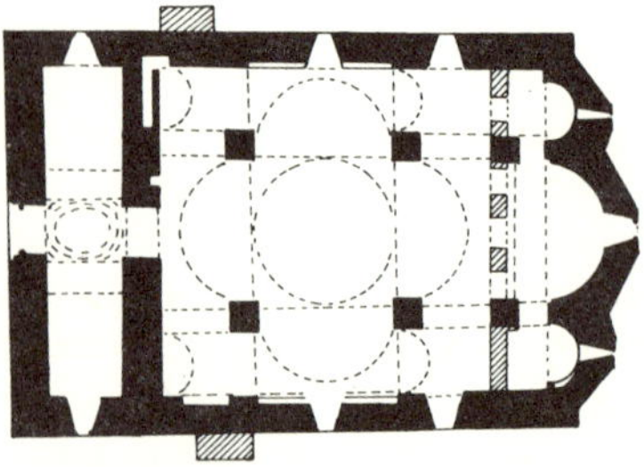

Curtea de Argeș, Fürstenkirche, Grundriß

bestehenden Fürstenkirchen in der Walachei. Sie muß um die Mitte des 14. Jahrhunderts entstanden sein, der Baumeister und die Schöpfer der Wandmalereien zeigen nach Ansicht von Experten deutlich eine Ausbildung in Konstantinopel oder zumindest byzantinische Einflüsse der sogenannten paläologischen Renaissance. Die Kirche, ein Bau aus weißem Bruchstein und roten Ziegelschichten, diente vielen späteren Kirchenbauten in der Walachei als Vorbild, und die relativ gut erhaltenen Fresken in dem dunklen Kirchenraum haben ebenfalls vorbildhaft gewirkt. Die biblischen Szenen, die die Wände und Säulen bedecken, ob es die Speisung der Fünftausend oder die Volkszählung des Quirinus ist, sind von einer Lebendigkeit und einem Realismus, wie man sie zu dieser Zeit und in diesem geographischen Bereich nur selten findet.

Wenn man aber in Rumänien von Curtea de Argeș spricht, so denkt man meist nicht an die Fürstenkirche, sondern an die *Bischofskirche*, die Biserica Mânâstirii. Sie ist der Mittelpunkt

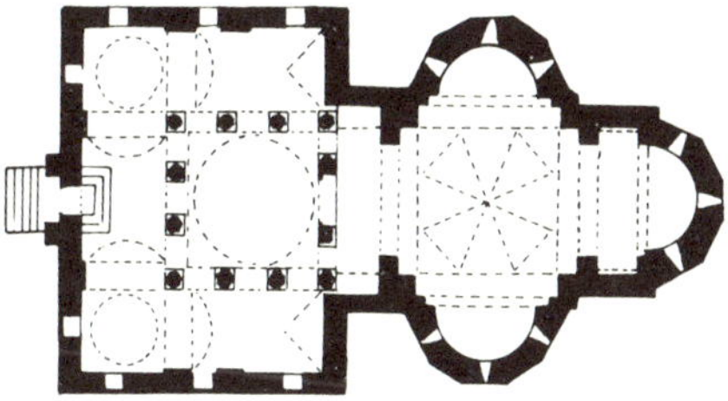

Curtea de Argeș, Bischofskirche, Grundriß

eines Klosterkomplexes am Nordrand der Stadt und gilt als eine der repräsentativsten Kirchenbauten im Lande. Gestiftet hat sie Fürst Neagoe Basarab, errichtet wurde sie in den Jahren 1512 bis 1517. Schon ihre Einweihung am 15. August 1517 war ein prunkvolles staatlich-kirchliches Ereignis, denn sogar der Patriarch von Konstantinopel war aus diesem Anlaß herbeigeeilt. In Curtea de Argeș residierten nämlich nicht nur die Fürsten der Walachei, hier war auch der Sitz des Metropoliten. Deshalb auch die äußere und innere Pracht dieser Kirche, und deshalb auch die vielen Legenden, die sich um sie und ihren Baumeister Manole ranken. Fürst Neagoe Basarab habe, so heißt es, verhindern wollen, daß Manole eine zweite Kirche dieser Schönheit baue und habe deshalb die Baugerüste entfernen lassen, als sich der Baumeister noch auf einem der Türme befand. Manole habe sich daraufhin aus Schindeln Flügel geschaffen, die ihn allerdings nicht genügend trugen, so daß er wie Ikarus abgestürzt sei, dort wo sich heute der Manole-Brunnen befindet.

Was die Bischofskirche abgesehen von den Legenden so bemerkenswert macht, sind ihre dekorativen Elemente, in denen nach Ansicht von Kunsthistorikern georgische und türkisch-arabische Einflüsse zur Geltung kommen, die von hier dann den Stil der Klosterbauten des 16. Jahrhunderts in der Walachei geprägt haben. Vor allem beeindruckt der Farbenwechsel der Steinverzierungen der Fassaden mit ihren geometrischen und stilisierten Pflanzen-Motiven, die kunstvoll gearbeiteten Einfassungen der Fenster und die spiralenförmig gewundenen Türme. Wenn die Sonne auf die Kirche fällt, dann ist es ein einziges Leuchten und Flimmern in Gold und Blau, in Rot und Weiß. Allerdings muß man hinzufügen, daß die Kirche in diesem ihrem Glanz erst seit der gründlichen Restaurierung durch den Franzosen Lecomte de Nouy vor hundert Jahren erstrahlt. Denn sie hatte immer wieder unter Verwüstungen durch Kriege, Erdbeben und Feuersbrünste zu leiden. So ist auch von den ursprünglichen Fresken kaum etwas erhalten geblieben. Die reich verzierten Grabsteine des Stifter-Fürsten und seiner Gattin Despina sowie seines Nachfolgers Radu de la Afermati haben aber alle Katastrophen überstanden.

Außer diesen Gräbern befinden sich im Pronaos der Kirche auch noch Fürsten- und Königsgräber aus jüngerer Zeit. Hier ruhen Karl von Hohenzollern-Sigmaringen, als rumänischer König Carol I. genannt (1866-1914), und sein Neffe und Nachfolger Ferdinand (1914-1927). Auch die Gattinnen der beiden Könige, Elisabeth und Maria, sind hier begraben. Elisabeth war eine geborene Prinzessin von Wied und erlangte unter dem Pseudonym Carmen Sylva weitstrahlenden Ruhm als Verfasserin gefühlvoller Gedichte und Romane. Von keinem dieser Gräber aber wird in heutigen rumänischen Reiseführern Notiz genommen.

Ich habe schon erwähnt, daß die erste ›Hauptstadt‹ der Walachei Cîmpulung war und daß die Fürsten der Walachei zuerst dort residierten, bevor sie Curtea de Argeş zu ihrem Sitz machten. **Cîmpulung** liegt fünfzig Kilometer nördlich von Piteşti am Tirgului-Fluß, an einer ehemals wichtigen Heer- und Handelsstraße, die von Kronstadt (Braşov) über den 1240 Meter hohen Giuvala-Paß nach Süden in die Walachei führte. Es muß schon ein bedeutenderer Ort gewesen sein, noch bevor Fürst Basarab I. sich dort niederließ. In Cîmpulung gibt es nämlich noch heute eine katholische Kirche, die, eine Seltenheit südlich der Karpaten, auf das 13. Jahrhundert zurückgeht. Es ist ein merkwürdiger Bau oder was von ihm geblieben ist, das Schiff beinahe quadratisch, die gotischen Bögen der Decke fast flach, im Osten eine polygonale Apsis. Der im 18. Jahrhundert erneuerte Glockenturm steht weit von der Kirche an der Straße, als ob er den Zugang zu ihr bewachen müßte. Als ich an einem Samstagabend die Kirche betrete, ist gerade Abendandacht. Außer dem Priester sind aber nur doch drei ältere Leute da, die katholische Gemeinde in dem dreißigtausend Einwohner zählenden Städtchen muß also sehr zusammengeschmolzen sein. Ich suche in der Kirche einen Grabstein, auf dem Cîmpulung zum ersten Mal erwähnt sein soll. Ich finde ihn schließlich auch halb verdeckt neben dem Eingang. Er trägt den Namen eines »Comes Laurentius de Longo Campo« (Langenau) mit der Jahreszahl 1300. Rumänische Historiker nehmen an, daß dieser Laurentius, noch bevor Cîmpulung Hauptstadt der Walachei wurde, Herr dieses Landstrichs war, wo sich damals offenbar auch sächsische Siedler niedergelassen hatten.

Noch offen ist die Frage, ob der deutsche Ritterorden im 13. Jahrhundert bis Cîmpulung vorgedrungen war. Sicher ist, daß er von dem ungarischen König Andreas II. nach Siebenbürgen gerufen und 1211 mit dem Burzenland, der Gegend um das heutige Braşov (Kronstadt), belehnt wurde. Da dort einige Karpaten-Pässe zusammenlaufen, war das Burzenland immer wieder die Einfallspforte für die Reitervölker aus den südrussischen und vorderasiatischen Steppen. Diese Einbruchstelle sollten die Ritter mit dem schwarzen Kreuz auf weißem Feld durch ihre Burgen sichern. Mit der Zeit ergab sich aber die Notwendigkeit, die ständigen Angriffe der Kumanen schon vor den Pässen abzufangen, und so überschritten die Ordensritter auch den Giuvala-Paß (Törzburger-Paß) und errichteten jenseits der Karpaten (oder Transsilvanischen Alpen, wie sie auch genannt wurden) eine feste Burg. Wo diese sich befand, ist aus den Urkunden nicht zu entnehmen, die meisten Historiker identifizieren sie mit Cîmpulung, obwohl in dem freundlichen Städtchen in den Vorbergen der Karpaten bisher kein Hinweis gefunden werden konnte, daß sich der deutsche Orden hier einmal festgesetzt hatte. Das Gastspiel der deutschen Ritter im Südosten war auch nur von kurzer Dauer. Sie gerieten ins innerpolitische Intrigenspiel am ungarischen Hofe, und schon 1225 nahm ihnen König Andreas das Burzenland, das er ihnen vierzehn Jahre früher zu »ewigem Besitz« übertragen hatte, wieder ab. Sie verließen Siebenbürgen und fanden ein neues Betätigungsfeld im fernen, damals noch heidnischen Preußen.

Im Gegensatz zu Curtea de Argeş und Tîrgovişte ist von der einstigen Fürstenresidenz im Cîmpulung kaum etwas übriggeblieben. Sie befand sich im heutigen Klosterkomplex Negu Voda, aber was hier an Bauten vorhanden ist, einschließlich der Wehrmauer, der Klosterkirche und des Glockenturmes am Eingang, stammt aus späteren Zeiten.

In **Tîrgovişte** ist von der Residenz der walachischen Fürsten doch mehr erhalten. Diese Stadt, achtzig Kilometer nordwestlich von Bukarest, schon am Rande der großen Ebene, war vom Ende des 14. bis Mitte des 17. Jahrhunderts Hauptstadt der Walachei, doch residierten die Fürsten in diesen dreihundert Jahren zeitweise auch noch in Curtea de Argeş und später auch schon in Bukarest. Im 16. Jahrhundert soll Tîrgovişte sechzigtausend Einwohner, siebzig Kirchen und vierzig Klöster gehabt haben, jetzt zählt es vierzigtausend Einwohner, und auch die Zahl der Kirchen und Klöster ist merklich zurückgegangen.

Von den Fürstenhöfen der drei Hauptstädte ist der in Tîrgovişte der ausgedehnteste. Das Mauerwerk der zwei aus verschiedenen Zeiten stammenden Paläste läßt noch gut ihre Struktur erkennen, der *Chindia-Turm,* ein Wachtturm mit Sockel aus dem 15. Jahrhundert, ist nicht besonders glücklich restauriert worden, gibt aber dem ganzen Ruinen- und Gebäudekomplex einen wehrhaften Akzent. Die *Fürstenkirche* ist

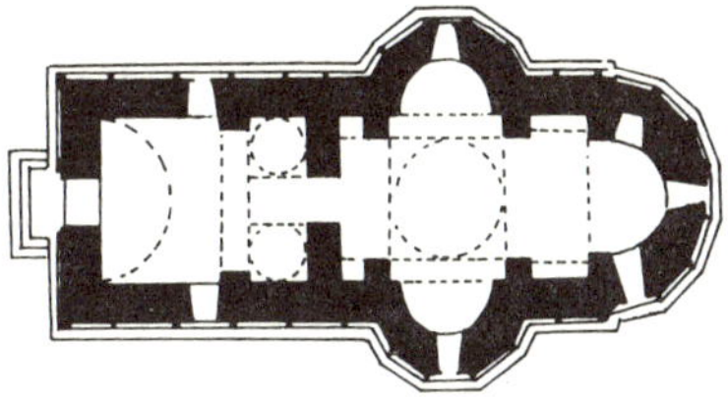

Tîrgovişte, Fürstenkirche, Grundriß

ein etwas strenger Ziegelbau, dessen Vorhalle von schlanken polygonalen Pfeilern getragen wird und dessen Seitenwände im unteren Teil ebenfalls aus Ziegeln geformte rechteckige Felder und im oberen Teil Blendbögen aufweisen. Der Gesamteindruck: eine Fürstenkirche, die ihr Maß in der Beschränkung auf das wesentliche in Stil und Ausstattung gefunden hat.

In Tîrgovişte konnten sich die Fürsten der Walachei in relativer Unabhängigkeit so lange halten, als sie in ihrer Schaukelpolitik zwischen der Hohen Pforte, Habsburg, den ungarischen Fürsten von Siebenbürgen und denen in der Moldau halbwegs erfolgreich waren. Als sie immer mehr unter den Einfluß der Hohen Pforte gerieten, schlug auch der Hauptstadt Tîrgovişte die Stunde. Ende des 17. Jahrhunderts setzten es die Türken endgültig durch, daß die Fürsten der Walachei ihren Sitz weiter weg von Siebenbürgen nach Bukarest verlegten.

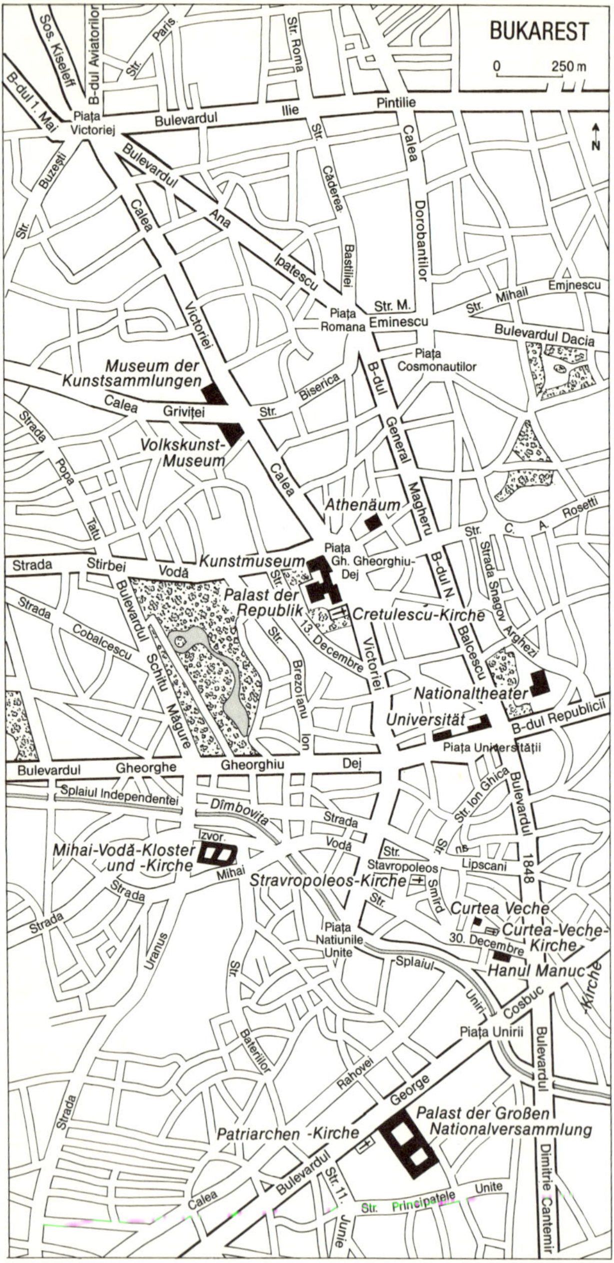
BUKAREST
0 250 m
N
Sos. Kiseleff
B-dul Aviatorilor
Str. Paris
Str. Roma
B-dul 1. Mai
Piața Victoriej
Bulevardul Ilie Pintilie
Str. Buzești
Bulevardul Ana Ipatescu
Str. Căderea Bastiliei
Calea Dorobantilor
Calea Victoriei
Piața Romana
Str. M. Eminescu
Str. Mihail Emjnescu
Bulevardul Dacia
Piața Cosmonautilor
B-dul General Magheru
Str. Biserica
Museum der Kunstsammlungen
Calea Griviței
Strada Popa Tatu
Volkskunst-Museum
Athenäum
Str. C. A. Rosetti
Piața Gh. Gheorghiu-Dej
Strada Stirbei Vodă
Kunstmuseum
Palast der Republik
Cretulescu-Kirche
B-dul N. Balcescu
Strada Snagov
Arghezi
Strada Cobalcescu
Bulevardul Schitu Măgure
Str. 13. Decembre
Str. Brezoianu Ion
Nationaltheater
Universität
B-dul Republicii
Piața Universității
Bulevardul Gheorghe Gheorghiu Dej
Splaiul Independentei
Dîmbovita
Strada Vodă
Str. Ion Ghica
Bulevardul 1848
Izvor.
Mihai-Vodă-Kloster und -Kirche
Mihai
Str. Stavropoleos
Lipscani
Stravropoleos-Kirche
Str. Smîrd
Strada Uranus
Strada
Curtea Veche
Curtea-Veche-Kirche
30. Decembre
Piața Natiunile Unite
Splaiul Unirii
Hanul Manuc
Cosbuc
Piața Unirii
Str. Bateriilor
Rahovei
Bulevardul George
Bulevardul Dimitrie Cantemir
Palast der Großen Nationalversammlung
Patriarchen -Kirche
Strada
Calea
Str. 11. Junie
Str. Principatele Unite

Bukarest

Eine junge Hauptstadt

Als ich das erste Mal in Bukarest war, suchte ich vergeblich nach einem Zentrum oder nach einer Achse und Ader, von welchen aus ich mich nicht nur geographisch, sondern auch historisch hätte orientieren können. Von einem solchen Dreh- und Angelpunkt erhoffte ich mir die Erschließung von Wesen und Werden der Stadt, ähnlich wie in Prag diesseits der Moldau der Altstädter Ring und jenseits die Kleinseite und der Hradschin die Ausgangspunkte für das Verständnis der Stadt sind. Oder in Wien die von der Ringstraße eingeschlossene Innenstadt und in Budapest die Donau mit der Burg von Buda am rechten und dem breithin gelagerten Pest am linken Ufer.

Nichts dergleichen ist in Bukarest zu finden. Dafür aber großzügige Avenuen und breite Boulevards, würdig einer Stadt, die nach dem Ersten Weltkrieg den Ehrgeiz hatte, ein Klein-Paris zu sein. Dazwischen im Schatten der Bäume großer Gärten die Villen der einstigen Großbourgeoisie. Heute befinden sich hier die diplomatischen Vertretungen des Auslandes und die Residenzen ihrer Botschafter, und natürlich auch die mehr oder minder diskret bewachten Wohnsitze der neuen Machthaber.

Ich muß gestehen, daß mich die Fahrt vom Flugplatz Otopeni ins Zentrum der Stadt immer wieder gefangen nimmt. Nicht so sehr rechter Hand das Scinteia-Verlagsgebäude, eine Erinnerung an die heute schon fernen Zeiten des Baustils der Stalinära. Auch der neue Triumphbogen vor dem Messegelände mit der Aufschrift: »die Epoche Ceaușescu – das goldene Zeitalter Rumäniens« läßt mich mit seiner gewagten Vorwegnahme eines historischen Urteils unbeeindruckt. Aber die von dem Grün der Parks und der Gärten eingefaßte *Șoșeaua Kiseleff* hat schon ihre eigene Allüre. Sie ist nach dem russischen General Graf Kiseleff benannt, der nach dem Frieden von Adrianopel 1829 zwischen dem Zarenreich und der Türkei den russischen Einfluß in den Donaufürstentümern sichern sollte, die damals ja noch unter der Oberhoheit der Pforte standen. Der *Triumphbogen*, um den man herumfährt und der Assoziationen mit dem Arc de Triomphe am Scheitelpunkt der Champs-Elysées hervorrufen soll, ist freilich nicht der Erinnerung an den russischen General gewidmet, sondern an die Teilnahme Rumäniens an der Seite der Entente im Ersten Weltkrieg. Das in den Pariser Friedensverträgen geschaffene Großrumänien – den ehemaligen Fürstentümern Walachei und Moldau wurde noch Siebenbürgen und der Banat hinzugeschlagen – hatte es mit seiner Errichtung sehr eilig. Es wollte damals seinem Triumph möglichst schnell Ausdruck geben, auch wenn der Bogen zunächst nur provisorisch aus Holz und Stuck errichtet werden konnte. Erst 1935/36 erhielt er seine heutige Gestalt aus Stahlbeton und Granit. Der Ankömmling sieht sogleich, daß er sich in einem Land befindet, das einen ausgesprochenen Sinn für die große Geste hat.

Großzügig konzipiert sind dann auch die breiten Straßen und Boulevards, die sternförmig von der *Piața Victoriei* und der *Piața Romana* ausgehen, zum Beispiel die berühmte Calea Victoriei und der Boulevard Magheru, an den sich die Boulevards Bălcescu und 1848 anschließen. Erstere führt zur weiten *Piața Gheorghe Gheorghiu-Dej*, wo sich das hufeisenförmig gebaute neoklassizistische ehemalige Königspalais befindet, heute *Sitz des Staatsrates* der Republik Rumänien. Außerdem beherbergt das großzügig angelegte Gebäude in einem der Seitenflügel das *Kunsthistorische Museum* des Landes.

Am Rande des Platzes, zu Beginn der Strada Franklin, gibt es einen weiteren für das Kulturleben Rumäniens wichtigen Bau: das *Athenäum*. Es wurde gegen Ende des vorigen Jahrhunderts errichtet, als Sitz der literarischen Gesellschaft ›Ateneul Român‹. Wie es sich bei einem Gebäude mit dieser Zweckbestimmung gehört, bilden sechs jonische Säulen den Portikus, gekrönt von einem griechischen Tempelgiebel. Der Mittelraum ist ein runder Saal, zu dem vier breite Treppen führen. Heute hat das Athenäum eher eine musikalische als eine literarische Bedeutung, denn in seinem großen, tausend Plätze umfassenden Saal gibt das Philharmonische Staatsorchester ›George Enescu‹ seine Konzerte. Hier ehrt der Staat aber auch die großen Männer seines Kulturlebens. Als Tudor Arghezi, Rumäniens bedeutendster Lyriker des 20. Jahrhunderts, starb, wurde er in dem großen Saal aufgebahrt.

Die parallel zur Calea Victoriei verlaufenden Boulevards repräsentieren mit ihren zwischen den beiden Weltkriegen entstandenen Bürohäusern, Kaufhäusern und Banken den Ehrgeiz des nach dem Ersten Weltkrieg großgewordenen Rumänien und seiner herrschenden Schichten, sich als wirtschaftlich potent und den Strömungen der Zeit gegenüber aufgeschlossen darzustellen. Schließe ich hier noch den Bulevardul Gheorghiu-Dej an und den Bulevardul Republicii, wo sich die Universität befindet, sowie den Bereich um das neue Nationaltheater und das Hotel Intercontinental, dann könnte man davon sprechen, daß sich hier in etwa das Zentrum des heutigen Bukarest befindet. Oder besser gesagt: noch befindet es sich hier, denn der ›Conducator‹, der Staatschef Rumäniens, Nicolai Ceaușescu, hat mit der Hauptstadt seines Landes Dinge vor, die ihr ein neues Zentrum und damit auch ein neues Gesicht geben sollen. Davon aber später.

Wir müssen noch zurück zu meiner Suche nach einem historischen Kern der Stadt, von dem man ausgehen und ihren Lebensringen folgen könnte. Bei meinem ersten Besuch hatte ich gelesen, daß der ›alte Hof‹, die Curtea Veche in der Nähe des *Dîmbovița-Flüßchens* und der heutigen *Piața Unirii* dieses Zentrum gewesen sei, vom dem aus sich die Stadt dann entwickelt habe. Nachdem ich mich aber mit Bukarest etwas vertraut gemacht hatte, wollte mir das nicht einleuchten. Und als ich an einem warmen Sommerabend im Garten des Hauses des Schriftstellerverbandes in der Calea Victoriei saß – es war das ehemalige Bojaren-Palais Monteoru –, brachte ich meine Zweifel meinen Gesprächspartnern gegenüber zum Ausdruck. Es waren die deutschsprachigen Schriftsteller Oscar Walter Cisek, der sich schon in jungen Jahren im deutschsprachigen Raum einen Namen gemacht und 1930 den Kleist-Preis erhalten hatte, und der Lyriker Margul Sperber, der als Übersetzer des bedeutendsten rumänischen Lyrikers des 20. Jahrhunderts, Tudor Arghezi, dessen Werk den Deutschen zugänglich gemacht hatte.

Ich sagte: »Die Curtea Veche als Keimzelle Bukarests – ich sehe das noch nicht. Da müßten sich doch spätere Klöster- und Kirchengründungen viel stärker um diesen ›alten Hof‹ gruppiert haben, als es der Fall ist. Das Kloster Plumbuița zum Beispiel oder das Kloster Mihai Vodă oder die Patriarchie auf den Anhöhen westlich der Dîmbovița. Ich sehe da keinen Zusammenhang.«

»Sie dürfen«, so antworteten Cisek und Margul Sperber, »an dieses Land und auch an Bukarest als Stadt nicht mit mittel- und westeuropäischen Geschichtsvorstellungen herangehen. Bukarest hat sich von mehreren Zentren aus entwickelt, wenn man diesen Begriff überhaupt verwenden will. Die Stadt ist um die Sitze der Bojaren herum gewachsen. Sie können das daran erkennen, wie sich die Kirchen und Klöster über die Stadt verteilen. Mit dem ›alten Hof‹ haben sie nicht ganz recht. Um ihn herum ist schon so etwas wie eine Stadt im mitteleuropäischen Sinne entstanden, weil sich dort die Handwerker und Händler niedergelassen haben. Sie erkennen das noch heute an den Straßennamen wie Lipscani, die ›Leipziger‹ Straße der Kaufleute, die Waren aus Deutschland feilboten. Aber auch dieser alte Bezirk ist wahrscheinlich an Ihren Vorstellungen gemessen nicht allzu alt. Die Verkündigungskirche, die Hofkapelle der Curtea Veche, stammt aus der Mitte des 16. Jahrhunderts und ist die älteste Kirche Bukarests. Sie wurde also gebaut, als Martin Luther schon längst seine Thesen an das Portal der Kirche in Wittenberg geheftet hatte und die Reformation in Deutschland in voller Entfaltung war.«

Übrigens taucht Bukarest unter diesem Namen zum ersten Mal 1459 in einem Dokument auf, und erst 1659 wird es Hauptstadt der Walachei und Sitz ihrer Fürsten. Bis dahin residierten diese, die ja Vasallen der Hohen Pforte waren, in Cîmpulung, in Curtea de Argeș und in Tîrgoviște, also in Städtchen am Fuße der Karpaten. Mit der Zeit aber fanden die Türken, daß die Fürsten der Walachei dort zu stark dem Einfluß der Ungarn und der Habsburger ausgesetzt waren, und sie hielten es für sicherer, wenn sie in die Ebene näher der Donau und damit auch näher an den unmittelbaren türkischen Machtbereich rückten. So wurde denn Bukarest Hauptstadt der Walachei und blieb es auch, als die Walachei und die Moldau sich zu Rumänien vereinigten und diesem Rumänien nach dem Ersten Weltkrieg auch noch Siebenbürgen und der Banat angeschlossen wurden.

Vom *alten Fürstenhof* ist nur Mauerwerk erhalten, aus verschiedenen Bauepochen zwischen der Mitte des 15. und des 16. Jahrhunderts, als die Fürsten Vlad Tepeș (Vlad der Pfähler) und Mircea Ciobanu (Mircea der Hirte) dort zuerst eine Festung errichten ließen, die dann zu einer Residenz ausgebaut wurde. Jetzt stehen die Ruinen etwas verloren und unbeachtet zwischen dem großen Markt an der Dimbovița und den schmalen Gassen rechts und links von der Lipscani-Straße, in deren Geschäften, ob es sich nun um Kleider, Schuhe oder Wein oder Bücher handelt, zu allen Tageszeiten großer Betrieb herrscht. Relativ gut erhalten ist die *Biserica Curtea Veche*, die ehemalige Hofkapelle, in deren Mauerwerk sich rote Ziegeln und helle Mörtelschichten abwechseln. Sockel und Dachgesims aus profilierten Ziegeln und der Bogenfries um den oberen Teil der Fassade verstärken die Wirkung dieses ältesten sakralen Bauwerks der rumänischen Hauptstadt.

Die *Kathedrale des Patriarchats* der rumänisch-orthodoxen Kirche auf dem Hügel jenseits der Dimbovița, auf dem sich auch die große Nationalversammlung befindet, ist ein Jahrhundert jünger als die Kirche des alten Fürstenhofes. Sie wurde in der zweiten Hälfte des 17. Jahrhunderts gebaut, als die Fürsten der Walachei auch den Sitz des Metropoliten nach Bukarest verlegten. Als Vorbild diente die Bischofskirche in Curtea de Argeș, nur ist die Nachbildung in Bukarest etwas bescheidener ausgefallen. Der Innenraum beeindruckt allerdings durch seine Weite, wie die zentrale Tambour-Kuppel durch die hochstrebenden Fenstergewände. Merkwürdig ist das Widmungsbild über der Pronaos-Tür: es soll Kaiser Konstantin und seine Mutter Helena darstellen, nur tragen beide nicht römische Kleidung, sondern die Tracht walachischer Fürsten, und ihre Gesichtszüge ähneln eher denen der Stifter, des Fürsten Radu Leon und seiner Gattin.

Wäre ich nach dem Baujahr gegangen, so hätte ich vor der Patriarchen-Kirche noch eine andere Kirche erwähnen und beschreiben müssen, die *Kirche* des ehemaligen *Klosters Mihai Vodă*. Ich schätzte an ihr das Farben- und Linienspiel der Außenseite, ausgehend von dem Gurtgesims, das die Mauer in zwei Felder teilt, den Wechsel von Ziegeln und Verputz und den schlanken Blendbogenfeldern ringsum. Nun wurde der Kirche, die ein Wahrzeichen Bukarests war, ein besonderes Schicksal zuteil: Im Zuge der von Ceaușescu befohlenen Schaffung eines neuen Stadtzentrums mit einer Prachtstraße ›Sieg des Sozialismus‹ wurden in diesem Teil Bukarests nicht nur alte Häuser abgerissen, in denen an die 40000 Menschen gewohnt hatten, sondern auch die Kirche Mihai Vodă und andere historische Bauten verschoben. Als ich im Sommer 1986 zum letzten Mal in Bukarest war, waren die Arbeiten an diesem neuen Stadtteil in vollem Gange und es war noch nicht zu erkennen, wie das sozialistische Zentrum Bukarests aussehen und wie sich die historischen Bauten in ihrer neuen Umgebung ausnehmen würden. Hier wird der Leser, falls er eines Tages nach Bukarest kommt, eigene Entdeckungen machen können.

Von den Kirchen im Stadtzentrum, die zum Zeitpunkt, da ich diese Zeilen schreibe, noch keinen neuen Stadtplanungen zum Opfer gefallen oder verschoben worden sind, muß ich zwei erwähnen, weil sie einfach schön sind und weil an ihnen ein neuer Stil zum Ausdruck kommt: Die *Crețulescu-Kirche* neben dem Palast der Republik, dort wo der Gheorghiu-Dej-Platz nach Westen zu abfällt, und die *Stavropoleos-Kirche* in der Strada Poștei, unweit der uns schon bekannten Lipscani-Straße. Beide wurden zwischen 1720 und 1730 erbaut, beide sind eher zierlich und beide sind vor allem in den Dekorationen der Außenwände charakteristisch für den sogenannten Brâncoveanu-Stil. Bei der Crețulescu-Kirche sind es die Blendarkaden im oberen Teil der Fassade mit den sich überschneidenden Bögen, bei der Stavropoleos-Kirche ist es der Steinschmuck der Säulen, der Tür- und der Fensterumrahmungen. Mir gefallen besonders die fein gemeißelten Säulen der Vorhalle, die die nach oben spitz zulaufenden Eselsbrükkenbögen tragen, Bögen, die auch die Hofarkaden schmükken. Außerdem ist die Stavropoleos-Kirche im oberen Teil ihrer Außenwände auch bemalt, was ihr Farbenspiel noch erhöht.

Wenn man aber den Brâncoveanu-Stil in seiner Vollendung sehen will, dann muß man *Schloß Mogoşoaia* besuchen, fünfzehn Kilometer vom Zentrum entfernt am nordwestlichen Stadtrand von Bukarest. Es liegt an einem kleinen See, auf dem im Sommer die Wasserrosen blühen und an dessen schilffreien Uferstellen die Angler friedlich ihre Ruten ins Wasser hängen lassen.

Das Schloß ist ein einstöckiger, für das Palais eines regierenden Fürsten eher bescheidener, in seinen Ausmaßen aber vollendet harmonischer Bau. Seine Loggien, Treppenaufgänge, Erker, Säulen und gebrochenen Bögen sind eine originelle Mischung venezianischer, orientalischer und walachischer Stilelemente. Es wurde 1702 von dem Fürsten Constantin Brâncoveanu erbaut, der die Walachei von 1688 bis 1714 regierte und diesem spezifisch rumänischen Stil seinen Namen gab.

Bei ihm müssen wir aber auch aus historischen Gründen verweilen. Mit Constantin Brâncoveanu endet zunächst einmal die Reihe der Fürsten der Walachei einheimisch rumänischen Ursprungs. Der Fürst trieb ein gewagtes diplomatisches Spiel zwischen dem Kaiser in Wien, dem russischen Zaren Peter dem Großen in Petersburg und der Hohen Pforte am Bosporus. Er verlor es, die Türken nahmen ihm vor allem seine geheimen Kontakte zu der für sie immer gefährlicher werdenden Großmacht Rußland übel und setzten ihn ab; in Istanbul, wohin sie ihn kommen ließen, wurden er und zur Sicherheit auch gleich seine vier Söhne und sein Schwiegersohn 1714 öffentlich hingerichtet.

Von da an bis zum Anfang des 19. Jahrhunderts übten die Türken ihre Herrschaft in der Walachei und auch in der Moldau durch Griechen aus dem Stadtteil Phanar in Istanbul, die sogenannten Phanarioten, aus. Die gesellschaftliche Ordnung in beiden Fürstentümern blieb aber unangetastet, die Walachei und die Moldau wurden keine türkischen Paschaliks. Zwar wechselten die griechischen Vojvoden oder Gospodare, wie sie in den Urkunden genannt werden, in rascher Folge, und suchten daher aus dem Lande herauszupressen, was herauszupressen war, die rumänischen Bojaren behielten aber ihre Güter und ihre gesellschaftliche Stellung. Das war für die nationale Befreiungs- und Einigungsbewegung in den beiden Fürstentümern und später in ganz Rumänien von größter Bedeutung. Als die Rumänen im 19. Jahrhundert schrittweise die türkische Oberhoheit abschüttelten, waren etablierte soziale Strukturen im Lande vorhanden, die die Herausbildung eines neuen Nationalstaates wesentlich erleichterten. Die Rumänen mußten nicht bei der Stunde Null beginnen, wie die Serben und die Bulgaren, nachdem sie das »türkische Joch« abgeschüttelt hatten. Was den Rumänen aus der Zeit der Fremdherrschaft noch anhing, war daher auch weniger türkisch als byzantinisch. Es wirkt heute noch nach, selbst in dem Stil, in dem die rumänischen Kommunisten und ihr Conducator Nicolae Ceaușescu ihre Herrschaft ausüben.

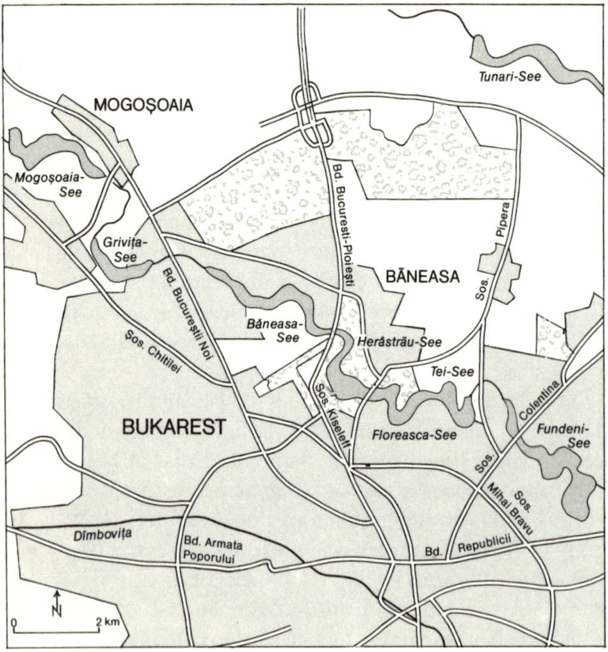

Nach diesem Ausflug in die Geschichte aber zurück in das Bukarest von heute. Es hat beinahe zwei Millionen Einwohner und als einzige Hauptstadt auf dem Balkan eine Metro, deren Streckennetz weiter ausgebaut wird. Im Sommer 1986 war man gerade dabei, eine neue Verbindung zwischen der Piața Unirii und den Stadtvierteln an der Seen-Kette im Nordosten der Stadt in Angriff zu nehmen.

Diese *Seen-Kette,* die das Flüßchen Colentina bildet, trägt einiges zum Charme der Stadt bei. Es sind zwölf größere und kleinere Seen, und sie haben melodische Namen wie Lacul Herâstrâu, Lacul Floreasca, Lacul Tei, Lacul Fundeni, um nur die größten zu nennen. Ihre Ufer sind gesäumt von Pappeln, Weiden und Erlen und manchmal auch, wie beim Lacul Herâstrâu, von weiten Parks, die im Mai und Juni ein Meer von Rosen sind. Dazwischen gibt es natürlich auch Terrassen-Restaurants, in die man von rumänischen Freunden an Sommerabenden, wenn es in der Stadt stickig, am Wasser aber frisch ist, entführt wird. Und manchmal auch eine Klosterkirche, wie die verträumte Biserica Fundenii Doamnei am Fundeni-See.

Aber was ist, so wird man fragen, in Bukarest von den *Stadtpalais der Bojaren* übrig geblieben, von deren Reichtum man so manches gelesen hat? Viele von ihnen sind der Bauwut zum Opfer gefallen, die in Bukarest ausbrach, als Rumänien nach dem Ersten Weltkrieg um Siebenbürgen und den Banat vergrößert wurde. Wenn man sich aber die Mühe macht, dann findet man noch einige Palais aus der zweiten Hälfte des 19. Jahrhunderts, nach der Vereinigung von Walachei und Moldau zum Staat Rumänien. Nur geben dort nicht mehr die Angehörigen der Oberschicht von ehedem glanzvolle Empfänge und rauschende Feste; diese Herrenhäuser beherbergen jetzt Museen, Ministerien, kulturelle Institutionen und Organisationen, wie zum Beispiel den Schriftstellerverband.

Die meisten dieser Palais findet man in der Calea Victoriei, so Nr. 11, das ehemalige Besitztum des Fürsten Barbu Stirbei, der Mitte des 19. Jahrhunderts in der Walachei herrschte. Es ist ein klassizistischer Bau um 1835, in dem sich heute das sehr sehenswerte rumänische Volkskunstmuseum befindet. Nicht weit davon ist ebenfalls in einem früheren Palais das sogenannte Museum der Kunstsammlungen untergebracht. Es sind dies die Privatsammlungen reicher armenischer und jüdischer Kaufleute, die von den Erben freiwillig oder unter mehr oder minder sanftem Druck dem Staat übereignet wurden. Wer sich ein Bild vom Lebensstil der reichen Kaufmannsfamilien in Rumänien machen will, sollte sich diese Sammlungen ansehen. Er wird großes Vergnügen finden an den Teppichen, Möbeln, an dem Silbergerät, an den Ikonen und auch an den kostbaren Gewändern der Herren und Damen, die einst die Crême der Bukarester Gesellschaft bildeten. Gleiches Vergnügen wird ihm im Volkskundemuseum Reichtum und Geschmack der Keramiken und Trachten, der Decken und Geräte der Bauern und Handwerker aus allen Teilen des Landes bereiten.

Bevor wir von Bukarest Abschied nehmen, muß ich mit dem Leser noch zu unserem Ausgangspunkt im alten Fürstenhof zurückkehren. Denn neben ihm befindet sich der *Hanul Manuc,* und man sollte Bukarest nicht verlassen, ohne sich ihn angesehen zu haben, sofern man dort nicht speisen oder gar wohnen will, was man beides kann. Denn der Hanul Manuc in der Strada 30. Decembrie war in der ersten Hälfte des vorigen Jahrhunderts noch eine Karawanserei, in der die Kaufleute abstiegen, wo sie ihre Fuhrwerke einstellten und Pferde und Kutscher versorgt wurden. Seine ursprüngliche bauliche Gestalt ist im wesentlichen erhalten. Das Gebäude ein unregelmäßiges Viereck, das einen Innenhof umschließt mit Laufgängen im ersten und zweiten Stock, die untereinander durch Holztreppen verbunden sind. Die Gänge werden von Holzsäulen getragen und von Holzbalustraden gesäumt, und wenn sie sich zu Loggias erweitern, so sind auch ihre Säulen und Bögen aus Holz. Eine ungewöhnliche Architektur, die in türkischer und einheimischer Tradition wurzelt.

Originell ist auch der Betrieb in Hotel und Restaurant, besonders in der warmen Jahreszeit. Unter den Bäumen des Hofes wird Bier ausgeschenkt und schon am frühen Nachmittag ist dort kaum mehr ein freier Tisch zu finden. Speisen kann man in den getäfelten Sälen des Restaurants oder an den

Tischen im Laufgang des ersten Stocks, von wo aus man einen Blick auf das Treiben im Hof hat. Bis zehn Uhr nachts ist im Hanul ein dauerndes Kommen und Gehen und viel Lärm und Musik. Dann aber ist Schluß, die letzten feuchtfröhlichen Gäste werden nachdrücklich zum Gehen ermuntert und hinter ihnen schließt sich die schwere eiserne Tür in der Toreinfahrt. Die Gäste in ihren Zimmern im zweiten Stock können dann in Ruhe und mit dem Gefühl zu Bett gehen, in alt-bukarester Atmosphäre einzuschlafen. Was sie auch durchaus nötig haben, denn ihre Spaziergänge durch die im Umbau befindliche Stadt werden in ihnen wahrscheinlich recht zwiespältige Gefühle hinterlassen haben.

Dobrudscha

Histria, Constanza, Tropäum Traiani

Wenn ich von der Dobrudscha höre, dann steigt eine Erinnerung in mir auf: Wir suchen die Abzweigung nach dem antiken Histria, das im Altertum an der Küste, jetzt an einem der großen Binnenseen liegt, die vom Meer durch schmale Sandbänke getrennt sind und deren Wasser halb salzig, halb süß ist. An der Straße von Constanza nach Tulcea ist zwar ein Hinweisschild Histria angebracht, aber statt einer Straße gibt es nur einen breiten Feldweg, eine Art Piste, die sich in gelbblühenden Rapsfeldern verliert. An diesem strahlend schönen Junitag besteht keine Gefahr, daß ein Regen die Piste in ein Schlammeer verwandelt, in dem unser Wagen steckenbleiben würde. Außerdem zeigt uns die Staubwolke in der Ferne, die ein Auto hinter sich aufwirbelt, daß der Weg wirklich weiterführt. Also fahren wir los und richten uns nach der braunen Wolke vor uns. So gelangen wir tatsächlich nach Histria. Heute hat man es wesentlich bequemer; man kann auch an einem Regentag nach Histria fahren, denn es führt jetzt eine Asphaltstraße dorthin.

Das heitere Bild wurde auch in den *Ruinen von Histria* nicht gestört, das mit Tomi, dem heutigen Constanza, und Kallatis, etwas südlicher davon beim heutigen Mangalia, eine griechische Gründung am Ufer des Schwarzen Meeres war, des Pontus Euxinus der Römer. Von den mächtigen Steinquadern der ehemaligen Akropolis ging der Blick auf die in der Sonne glitzernde Lagune, und in dem flachen Wasser am Fuße des Hügels tummelten sich unter großem Geschrei die Kinder.

Wenn ich an die friedliche Stimmung dieses Juni-Sonntags zurückdenke, dann rühren sich in meinem Gedächtnis aber auch Bruchstücke aus weit zurückliegenden Lateinstunden, als wir uns mit den Elegien des großen Publius Ovidius Naso herumschlugen, den Kaiser Augustus aus der Weltstadt Rom an diese ferne Küste verbannt hatte. Ovid genoß sein Dasein in Tomi nicht im geringsten, denn er fand das Land gräßlich:

»Hier wird die Rebe des Weins nicht hoch
an den Bäumen gezogen,
nirgends senkt sich ein Zweig unter der Last
seiner Frucht.
Auf den Feldern wächst nichts als traurige
Stauden von Wermuth.
Wermuth zeigt diesem Land seine Bitterkeit an.
Überall wo eine Rebe noch wächst, springt auch
eine Knospe –
Aber die Rebe wächst nicht an dem getischen Strand.
Überall wo ein Bäumchen nur wächst, kommt
Saft in die Zweige –
Aber kein Bäumchen wächst hier an dem
getischen Strand.«

Eintausendachthundert Jahre später empfindet ein deutscher Reisender die Dobrudscha ebenso trist wie der Dichter der ›Tristia‹. Jakob Philipp Fallmerayer, der Südtiroler, der ein Abenteurer mit dem Blick des Historikers und der Feder eines großen Reiseschriftstellers war, berichtet von einer Fahrt auf der unteren Donau entlang der Dobrudscha: »Auf die Frage, welcher Ort unserer Wanderzüge in der Seele den meisten Trübsinn, die meiste Niedergeschlagenheit und Melancholie zurückgelassen, müßte man unbedingt das bulgarische Hirsova an der unteren Donau nennen. Die nubische Wüste mit all ihren Schrecknissen schien uns weniger kläglich, ja dank den phantastischen Schwingungen ihrer Bodengestalt noch romantisch ausgeschmückt, wenn sie neben das Bild des zwischen zwei konischen, von Frost und Sonnenglut rötlich versengten Hügeln eingekeilten Hirsova hingestellt wird ... soweit das Auge reicht, nicht ein einziger Baum, nicht einmal ein verkrüppelter Strauch, nirgends Schatten, kein Labsal, und wir begriffen nicht, wie der Mensch in solcher Trübsal seine Hütte bauen mag.« Fallmerayer erlebt die Dobrudscha im Jahre 1840, und tatsächlich hatte sich seit Ovids Zeiten in diesem Landstrich nicht viel geändert. Jahrhundertelang war es so etwas wie ein Niemandsland.

Nach dem Verfall der griechisch-römischen Hafenstädte sinkt dieses Land also in den Schatten der Geschichte zurück. Schon von seiner Beschaffenheit her ist es das ideale Durchzugsland, durch das die Reitervölker aus den Steppen Südrußlands und Vorderasiens in Richtung auf das sagenhafte, strahlende Byzanz jagen. Goten, Hunnen, Gepiden, Avaren, Bulgaren vernichten, was aus der griechisch-römischen Zeit an städtischer Kultur vorhanden war. Für Byzanz war die Dobrudscha nur ein Vorfeld zur militärischen Sicherung seiner Nordgrenze. Und auch nach der Eroberung durch die Türken Anfang des 15. Jahrhunderts blieb es ein exponiertes Land, das militärisch benützt und wirtschaftlich ausgebeutet wurde, in dem sich aber keine eigenständige Kultur entwickeln konnte.

Wenn Jakob Philipp Fallmerayer heute bei Hirșova vorbeikäme, würde er wahrscheinlich in sein Reisetagebuch eintragen, daß hier die letzte Brücke über den Donaustrom geschlagen wurde, bevor er sich, in drei Arme geteilt, in das Schwarze Meer ergießt.

Die Brücke ist neuen Datums. Sie wurde in den sechziger Jahren gebaut und war dringend notwendig, denn mit der Entwicklung des Tourismus an der Schwarzmeer-Küste und dem Bau der Hotelketten nördlich und südlich von Constanza steigerte sich auch der Autoverkehr auf der Straße Bukarest–Constanza. Zwischen Giurgeni und Hirșova mußte man aber auf Fähren über die Donau setzen. Es waren abenteuerliche Fahrzeuge, diese Fähren, meist zur Aufnahme von Autos hergerichtete Schleppkähne, die von kleinen Dampfern von Ufer zu Ufer bugsiert wurden. Stundenlange Wartezeiten waren üblich; am Hirșova-Ufer konnte man sich wenigstens mit einem Donaufisch und einem gelben Dobrudscha-Wein trösten.

Schon etwas weiter donauaufwärts, bei Cernavodă etwa, wären unserem Jakob Philipp zwei Dinge aufgefallen: die Eisenbahnbrücke für die Strecke Bukarest–Constanza und die Einfahrt in den *Donau-Schwarzmeer-Kanal,* den die Rumänen zwischen 1975 und 1984 gebaut haben. Er ist vierundsechzig Kilometer lang, mündet südlich von Constanza ins Schwarze Meer und verkürzt den früheren Wasserweg von Cernavodă durch die Donaumündung zum Schwarzmeerhafen Constanza um vierhundert Kilometer. Schiffe und Schleppkähne bis zu fünftausend Tonnen können den Kanal benützen. Für Rumänien und im besonderen für die Dobrudscha ist die Verwirklichung dieses alten Projektes ein beachtlicher Fortschritt, zumal der erste Versuch des Kanalbaues Ende der vierziger, Anfang der fünfziger Jahre nach großen materiellen und menschlichen Opfern aufgegeben werden mußte. Der Kanal ist aber nicht nur für die Schiffahrt von Bedeutung, sondern auch für die Landwirtschaft, da er eine Ausweitung des in der Dobrudscha äußerst wichtigen Bewässerungssystems ermöglicht.

Ovid, dessen Melancholie ausdrückendes Bronzestandbild auf der Piața Independenței in Constanza zu sehen ist, hat in seinem Verbannungsort den Wein sehr vermißt. Heute müßte er nur zwanzig Kilometer nach Westen fahren und er käme nach *Murfatlar,* wo ein dunkler, schwerer Rotwein wächst und in den Kellern, die in den Kalkstein getrieben wurden, gelagert wird. Das System der Keller und Cavernen um Murfatlar ist alten Datums: die Byzantiner hatten hier im 10. und 11. Jahrhundert einen Steinbruch, aus dem sie Material für ihre Befestigungsanlagen holten, wobei sie gleich auch eine Höhlenkirche und eine Reihe von Grabkammern schufen.

Dies gehört zu dem Wenigen, das die Geschichte zwischen Antike und Neuzeit in diesem Durchzugsland Dobrudscha abgelagert hat, und zwar vornehmlich aus der Antike.

Von *Histria* war schon kurz die Rede; sie war die älteste griechische Kolonie an der heute rumänischen Schwarzmeer-Küste und ihre Gründer kamen im 7. vorchristlichen Jahrhundert aus Milet in Kleinasien. Die Stadt lag, was auch heute noch zu erkennen ist, auf einer der Küste vorgelagerten Insel. Was bis jetzt hier ausgegraben wurde, die Stadttore, der Kranz der Wehrmauern, der Marktplatz, das mit Steinfliesen ausgelegte Netz der Straßen, das Handelsviertel und die Tempelzone – alles deutet darauf hin, daß Histria eine bedeutende Stadt war. Zum Verhängnis wurde ihr der Sand, den das Meer an der Küste ablagerte; schon vor unserer Zeitrechnung versandeten die Hafen-Einfahrten und vor der Stadt entstanden flache Lagunen. Histria verlor seine Bedeutung als Handelsstadt, Tomi-Constanza trat an seine Stelle. Heute liegt das, was von seinem einstigen Glanz unter dem Sand und aus dem Schilf hervorgeholt wurde, am Ufer des Sinoe-Sees, allem Zeitlichen entrückt, im Zwiegespräch nur noch mit dem Wasser, dem Wind und den Möwen.

In *Constanza* war ich Anfang der sechziger Jahre, kurz nachdem Archäologen die Fundamente eines großen öffentlichen Gebäudes der Römer aus dem 3. und 4. nachchristlichen Jahrhundert freigelegt hatten und dabei auch auf einen großflächigen, zum Teil noch gut erhaltenen Mosaikfußboden gestoßen waren. Man hatte das Mauerwerk samt dem Mosaik sehr schnell überdacht und rund um die Fundstelle Holzstege errichtet, um dem Publikum eine Besichtigung vor allem des berühmten Mosaiks zu ermöglichen, dessen geometrische Muster und Farben auch nach beinahe zweitausend Jahren noch frisch waren und leuchteten.

Es herrschte eine fast weihevolle Stimmung unter dem Holzdach, denn für die jungen Leute, die die Besucher führten, waren die Funde nicht die Zeugnisse einer Kolonialherrschaft eines fernen Volkes am Ufer des Schwarzen Meeres, sondern unbestreitbare Beweise dafür, daß die Wurzeln des eigenen Volkes bis in die Antike und noch dazu in einen Kulturboden reichen. Kürzer gesagt: Die römische Vergangenheit ist auch die Vergangenheit der Rumänen. Die Besucher hörten es mit großem Stolz.

Um bei den Römern zu bleiben: die Dobrudscha besitzt ein bedeutendes Denkmal aus der Zeit der Feldzüge Trajans gegen die Daker. Es ist das **Tropaeum Traiani** bei dem Dorf *Adamklissi,* 64 Kilometer südwestlich von Constanza. Der Kaiser ließ es 108/109 unserer Zeitrechnung auf einer die Süddobrudscha beherrschenden Anhöhe zum Gedenken an seinen Sieg über die vereinten Daker und Sarmaten im Jahre 106 errichten. Es ist ein 31 Meter hoher, weithin sichtbarer Rundbau, mit Steinplatten auf den Außenseiten, deren Reliefs Szenen von den Kämpfen der römischen Legionen mit den

Barbaren zeigten. Ein Teil dieser Metopen ist noch erhalten und im Lapidarium ausgestellt. Das Siegesmal selbst war lange Zeit dem Verfall preisgegeben, ist aber in den letzten Jahren restauriert, besser: rekonstruiert worden.

Aber wir wollen uns wieder der Gegenwart zuwenden, die nicht nur durch eine moderne Landwirtschaft und den neuen Schiffahrtskanal, sondern auch durch die Hotels an der Küste repräsentiert wird. Ich sehe noch den Strand von Mamaia nördlich von Constanza im Juli 1958 vor mir: Ein einziges altmodisches Hotel, in dem einheimische Kulturprominenz das Wochenende verbrachte, der Sandstrand nur spärlich bevölkert. Heute reiht sich dort ein Hotelkasten an den anderen, fünfzig sollen es insgesamt sein mit 34000 Betten, wenn man den Prospekten Glauben schenken will. Doch ich ziehe die Badeorte südlich von Constanza vor, wo die Küste abwechslungsreicher ist, wo es mehr Grün gibt und wo die Hotels in ihrer Architektur mehr der Landschaft angepaßt wurden. Ich meine die Badeorte zwischen *Eforie-Nord* und *Mangalia* im Süden, 44 Kilometer von Constanza entfernt, von wo es dann nur noch wenige Kilometer zur bulgarischen Grenze sind.

Alles in allem genommen muß man sagen, daß sich die Dobrudscha in den letzten hundert Jahren mächtig entwickelt hat. Keine Rede mehr davon, daß auf den weiten Flächen nur bitterer Wermut wächst. Weit dehnen sich die Weizenfelder, die Sonnenblumen neigen sich im sanften Wind vom Meer, Waldschutzgürtel und ausgedehnte Bewässerungsanlagen wurden geschaffen, und in den Tälern erstrecken sich Obstplantagen. Nein, die Dobrudscha ist kein öder Landstrich mehr, den eine unbarmherzige Sonne ausdörrt und von dessen Lehmboden der Wind braune Staubwolken loswirbelt.

Lieblich ist diese Landschaft allerdings nicht. Sie hat nichts Gefälliges, eher etwas Großartiges, in der Unendlichkeit ihrer Felder, die wie im Auf und Ab einer mächtigen Dünung atmen, und im Silberspiegel ihrer Lagunen, die schon das Meer ankündigen.

Das Donaudelta

Das Donaudelta beschäftigte mich von dem Augenblick an, da mir das Buch ›Der Strom ohne Ende‹ von dem schon im Kapitel Bukarest erwähnten Schriftsteller Oscar Walter Cisek in die Hände fiel. Der Roman spielt unter den Stöhrfischern im Mündungsgebiet des Chilia-Armes, dort, wo die nördlichste Verzweigung der Donau ihrerseits noch einmal ein Gewirr von Kanälen, Seen und Inseln bildet, in dessen Mitte der Ort Valcov liegt. Cisek beschrieb das harte und armselige Leben dieser Stöhrfischer, ein Leben am Rande unserer Zivilisation, im Frühjahr und Herbst vom Hochwasser der Donau bedroht, im Sommer ausgesetzt den Mückenschwärmen und im Winter den eisigen Winden aus den Steppen Rußlands. Ukrainer, Lipowener und Rumänen lebten hier zusammen, manchmal in Eintracht, erzwungen von der Härte des Kampfes ums Dasein, öfters in Haß und Mißgunst, genährt aus der Verschiedenheit ihrer Art und Herkunft. Als ich mich in das Buch vertiefte, glaubte ich mich außerhalb unserer europäischen Welt in fernen, unerreichbaren Gegenden zu befinden.

Valcov ist jetzt tatsächlich unerreichbar, denn diesen Teil des Donaudeltas, der zu Bessarabien gehörte, mußte Rumänien nach dem Zweiten Weltkrieg an die Sowjetunion abtreten.

Das Gebiet um Valcov ist aber nur ein kleiner Sektor des Donaudeltas; dieses gehört im wesentlichen zu Rumänien, und es ist auch zugänglich, nachdem man erkannt hat, daß diese Urlandschaft touristisch zu nutzen ist. Allerdings nur in einem kleinen Bereich dieses viertausend Quadratkilometer großen Gebietes, das fast zur Gänze aus Wasserläufen, Seen und Sümpfen besteht.

Wie man im Donaudelta reist? Ich weiß, daß die Reisebüros an der Schwarzmeerküste Schiffsfahrten durch das Delta veranstalten, ich weiß auch, daß es deutsche Reisebüros gibt, die sich auf das Donaudelta spezialisiert haben und hauptsächlich Angler zu ihren Kunden zählen.

Ich selbst bin einmal als Gast der Administration des Deltas zwischen den drei Donauarmen umhergefahren, ein anderes Mal haben wir in Tulcea, dem Tor zum Delta, zu dritt ein

Motorboot mit Kapitän und Dolmetscher gemietet und haben uns privat »auf den Weg« gemacht, wenn man die Kanäle und die manchmal breiten, manchmal schmalen Wasserläufe sowie die weiten Seen als Weg bezeichnen will. An beide Unternehmen denke ich mit großem Vergnügen zurück.

Auf der ersten Fahrt in die für mich damals so fremde Welt stand mir eine Barkasse mit drei Mann Besatzung zur Verfügung, die sich als muntere und ebenso trinkfeste wie kundige Reisegenossen erwiesen. Sie wußten nicht nur, wo die dichtesten Pelikan-Kolonien zu finden sind, sie kannten auch die Seen mit den schwimmenden Schilfinseln, die vom Wind langsam hin und her getrieben werden und von denen schon Herodot als einer sonderbaren Erscheinung am Rande der damaligen Welt berichtet hatte. Die Schiffsleute waren auch voller Schwänke und Schnurren und darauf aus, dem Gast aus Mitteleuropa das Fürchten zu lehren. Mit Geschichten von Wölfen, vor denen man auf größeren Schilfinseln auf der Hut sein müsse, weil sie im Winter, als die Insel an Land herangetrieben wurde, auf die Insel gerieten und dann nicht mehr wegkonnten, als die Insel wieder abtrieb. Und die sehr hungrig und gefährlich seien. Oder von Fischern, die von riesigen Welsen unter die schwimmenden Inseln gezogen wurden. Von Pelikanen, die nach Afrika fliegen und dort Quartier machen und dann zurückkommen, um ihre inzwischen mager und flugtauglich gewordenen Jungen abzuholen. Und was der Märchen in Gegenden, wo die Natur von großer Gewalt ist und der Mensch sich ihr gegenüber immer wieder behaupten muß, noch mehr sein mögen. Vor allem wußten sie aber, welche Fischersfrauen in welchen der kleinen, vom Wasser und Schilf ringsum eingeschlossenen Orte eine gute Fischsuppe machen und welche den Fisch auf dem primitiven Herd am besten zu braten wisse. Vor allem schien ihnen auch bekannt zu sein, zu welchen Zeiten die jeweiligen Männer mit ihren schwarz geteerten Booten in der Unendlichkeit der Kanäle und Seen zum Fischfang ausgefahren waren.

Zunächst aber ging es mit unserer Barkasse von dem geschäftigen Tulcea den Sulina-Arm der Donau hinab, allerdings nur ein kurzes Stück, dann bogen wir nach Norden ab in die

Kanäle zwischen Sulina-Arm und Chilia-Arm, dem nördlichsten der drei Donauarme, der heute die Grenze zur Sowjetunion bildet. Von menschlicher Behausung war nichts mehr zu sehen. Wir konnten aber noch nicht allzu fern von Siedlungen sein, denn auf den Schwemmlandstreifen zwischen Weiden und Schilf gab es immer wieder Schweine und Rinder. Sie schwammen auf der Suche nach Nahrung von einem Stück Schwemmland zum anderen. Wir dachten zuerst an Wildschweine, als das schwarze magere Borstenvieh vor uns durch den Kanal schwamm und dann auf die Streifen festen Bodens hinaufkroch. Es waren aber Hausschweine, nur daß sie sich eben in der Weite des Deltas ihre Nahrung suchten. Die Bauern und Fischer, denen sie gehörten, wüßten sie schon zu finden und einzufangen, sagten unsere Begleiter. Dann blieben auch die Schweine und Kühe zurück und um uns war nichts mehr als das Wasser, das Schilf, die Weiden und über uns der riesige Himmel. Von Zeit zu Zeit flogen Schwäne auf und Reiher und Störche, Möwen kreischten und Enten und Haubentaucher verschwanden im Schilf.

Vor uns weitete sich der Kanal und in einiger Entfernung brodelte und wirbelte das Wasser, als ob es dort eine Brandung gäbe. Es stießen aber nur zwei Kanäle zusammen, und die Bewegung des Wassers wurde durch die Strömung von der einen und dem Wind von der anderen Seite verursacht. Es ist ganz merkwürdig: man würde denken, daß das Wasser in den Kanälen der tischflachen Landschaft stehe. In den breiten Kanälen gibt es aber meist eine starke Strömung in Richtung auf die Donauarme, und die Fischer müssen sich stellenweise sehr anstrengen, um rudernd vorwärts zu kommen. Woran sich die Leute im Gewirr der Kanäle und zwischen den größeren und kleineren Seen orientieren, bleibt dem Besucher verborgen. Sie kennen aber die Durchfahrten zu den Seen und die Querverbindungen zwischen den größeren Kanälen genau, auch wenn eine Einmündung aussieht wie die andere. Auch wissen sie, wo es festes Schwemmland gibt, denn das kann die Rettung sein bei Sturm und Unwetter. Sie ziehen dann dort ihre schwarzen Fischerboote an Land, drehen den Kiel nach oben und verkriechen sich unter ihm.

Es ging gegen Mittag und unsere Mannschaft fand, daß es Zeit für eine Zwischenmahlzeit sei. Nach kurzer Beratung wurde beschlossen, einen kleinen Abstecher zu machen. Vorsichtig bogen wir in einen engen Kanal ein, und mit gedrosseltem Motor glitt das Boot durch das Schilf, aus dem schimpfend ob der Störung die Wasservögel aufflogen. Nach einer Weile öffnete sich der Kanal, das Schilf trat zurück und vor uns lag festes Land mit einer Hütte und einigen schmalen Feldern, auf denen Leute arbeiteten. Daß der Mensch dem bescheidenen Stück Boden, verloren in der Weite dieser Urnatur, etwas an Nahrung, Gemüse, Kartoffeln und Getreide abringen will, hat etwas Rührendes an sich. Gleichzeitig zeugt es von der Härte des Lebens der Menschen im Delta, denn sie mußten von ihrem Festlanddorf kilometerweit hierher rudern. Um so größer war das Hallo, mit dem man die unerwarteten Besucher empfing, und um so willkommener die Unterbrechung der Arbeit. Wir hatten Schnaps und Zigaretten und ein wenig Brot, sie hatten schon ein paar Fische gefangen, die schnell ausgenommen und über offenem Feuer gebraten wurden.

Zunächst waren natürlich die Gäste aus dem fernen Bukarest und aus dem noch ferneren, schon sagenhaften Westen die Hauptpersonen, und man wollte genau wissen, was sie tun, wie sie leben, wieviel Kinder sie haben und was man halt von Fremden so wissen möchte. Je länger sich das Gastmahl hinzog und je öfter die Schnapsflasche rundum ging, um so mehr wurden die Fremden vergessen und um so intensiver war der Austausch der Neuigkeiten unter den Einheimischen. Und mit der Zeit verstand auch mein Begleiter aus Bukarest immer weniger, denn die Unterhaltung, die zuerst auf rumänisch geführt wurde, glitt immer mehr in eine Sprache über, die sich für mich wie Russisch anhörte. Es war Ukrainisch, denn unsere Gastgeber waren Ukrainer, Nachfahren jener Menschen aus dem Süden des Zarenreichs, die im 18. Jahrhundert in das Donaudelta ausgewandert waren, weil sie nicht den jahrelangen Militärdienst leisten wollten.

In manchen Dörfern im Delta ist die Mehrheit der Einwohner ukrainisch. Von den Rumänen sind sie leicht zu unterscheiden: die Männer sind groß, rothaarig und breitschultrig, die

Frauen meist blond und blauäugig. Die Sportler, die Rumänien zu den Ruder- und Paddel-Wettbewerben der Olympischen Spiele und zu den Weltmeisterschaften entsendet, sind meist Ukrainer und Lipovener aus dem Donaudelta.

Die Lipovener sind die zweite nicht-rumänische Bevölkerungsgruppe, die sich hier angesiedelt hat. Sie kamen ebenfalls aus dem alten Rußland, nur waren es religiöse Gründe, die sie zur Auswanderung trieben. Als der Moskauer Patriarch Nikon 1654 den Text der Bibel modernisierte, lehnten viele Gläubige hauptsächlich in Zentralrußland den neuen Text ab. Sie hielten an ihren alten Bibeltexten fest, wurden deshalb verfolgt und wanderten aus, zum Teil in das Moldau-Fürstentum, zum Teil in die unter türkischer Herrschaft stehende Dobrudscha.

Eines ihrer Zentren ist das große Dorf Jurilovca am Lacul Razim, der größten der Lagunen vor der Schwarzmeerküste. Der Pope dort berichtete uns in einem Russisch mit alt-slawischem Einschlag, daß die Lipovener ihre eigene orthodoxe Kirchenorganisation in Rumänien haben, mit einem Metropoliten, zwei Bischöfen und zwei Klöstern. Es müßten etwa 35 000 bis 40 000 Lipovener im südlichen Teil der Moldau und in der nördlichen Dobrudscha samt des Donaudeltas leben. »Und wodurch unterscheiden sich die Lipovener in ihrem Ritual von der russisch-orthodoxen oder rumänisch-orthodoxen Kirche?«, war unsere Frage. »Ach, es sind eigentlich nur Kleinigkeiten, aber wir hängen an ihnen«, erwiderte der Pope. »Die russisch Orthodoxen bekreuzigen sich zum Beispiel mit drei Fingern, wir nur mit zwei. Und es gibt noch andere Unterschiede dieser Art.«

Es ist eine große, geräumige Kirche, die die Lipovener in Jurilovca haben. Da wir zunächst keine zweite Kirche sehen, fragen wir, ob die Rumänen zum Gottesdienst zu ihm kommen. »Nein, natürlich nicht, sie haben ihre eigene Kirche, mehr am Ortsrand«, erwiderte der Pope. »Und wie ist es mit den Ukrainern, kommen die zu ihnen oder gehen sie zu den Rumänen in die Kirche?« »Sie gehen zu den Rumänen, sie haben keine eigene Kirche. Wir können uns zwar sprachlich gut mit den Russen verständigen, aber mit den Ukrainern ist das nicht der Fall.«

Auch sonst scheint es mit der Harmonie zwischen den verlorenen Söhnen und Töchtern Mütterchen Rußlands nicht weit her zu sein. Für den Ausländer, der zwischen ihnen natürlich nicht unterscheiden kann, bringt das manchmal Schwierigkeiten mit sich. So fragte ich den Fischer, der uns bei Crișan durch das Schilf ruderte, etwas über seine lipovenischen Stammesgenossen und merkte schon am barschen Ton der Antwort, daß meine Frage nicht angebracht war. Das bestätigte dann die Übersetzung. »Ich bin kein Lipovener«, sagte der Mann, »ich bin Ukrainer. Ich mag die Lipovener nicht, sie sind dumm und schmutzig.«

Es ist immer das gleiche bei Minoritäten, nicht nur auf dem Balkan: Je kleiner und isolierter eine Gruppe, um so mehr legt sie Wert darauf, sich von den anderen zu unterscheiden. Noch in den sechziger Jahren gab es in den Volksschulen im Delta für die Kinder der Ukrainer und der Lipovener bis zur vierten Klasse Unterricht in ihrer Muttersprache. Das wurde vom Regime als eine vorbildliche Minderheitenpolitik gepriesen.

Bei meiner letzten Reise Anfang der achtziger Jahre war davon nicht mehr die Rede. »Die Ukrainer und die Lipovener haben selbst verlangt, daß ihre Kinder gleich mit dem Eintritt in die Schule rumänisch unterrichtet werden«, wurde uns gesagt. Das mag stimmen, denn wer Aufstiegschancen im sozialistischen Rumänien haben will, kommt ohne eine Ausbildung in rumänischer Sprache nicht aus. Das gilt auch für den Besuch der Fischereimittelschule, die man zur Perfektionierung der Fischwirtschaft im Delta eingerichtet hat. Denn der Fischfang ist natürlich keine Privatangelegenheit der Fischer mehr, er ist auch nicht genossenschaftlich organisiert, er wurde verstaatlicht. Die Fischer liefern ihren Fang bei den über das ganze Delta verteilten Sammelstellen ab, verkaufen ihn also nicht mehr direkt an die Verbraucher.

Im Hotel von Crișan am Sulina-Arm mitten im Delta hatte das zur Folge, daß nur die Sportfischer, die von dort ihre ›Fischzüge‹ unternahmen, am Abend frischen Fisch serviert bekamen, nämlich den selbstgefangenen, den sie sich in der Hotelküche braten ließen. Die übrigen Gäste bekamen tiefgefrorenen Karpfen, Wels oder Zander, der am Morgen aus Tulcea mit dem Tragflügelboot herangebracht worden war.

Der Fischfang ist nicht der einzige Wirtschaftszweig im Donaudelta, der streng zentralistisch organisiert ist. Das gilt auch für die Verwertung des immensen Reichtums an Schilf, hauptsächlich für die Gewinnung von Zellulose. Einen »Durchbruch« scheinen die hierzu entwickelten Pläne bisher aber noch nicht erzielt zu haben, denn mit dem chemisch-technischen Vorgang der Zellulose-Gewinnung aus Schilf allein ist es nicht getan. Das Schilf als Rohstoff muß ja geerntet werden, und das ist in den Sumpfgebieten des Deltas nicht so einfach.

Ob das auch das Schicksal anderer industrieller und landwirtschaftlicher Pläne für das Delta sein wird? Man will ja durch Entwässerung die landwirtschaftlich und als Weiden nutzbaren Flächen annähernd verdoppeln, man denkt sogar an Reisfelder im Delta und an die systematische Ausdehnung der Waldungen auf den Sandbänken, die sich wie verwunschene Inseln aus Wasser, Schilf und Sümpfen erheben. Dem Delta ist so leicht aber nicht beizukommen, und immer wieder muß der Mensch vor dieser Urlandschaft kapitulieren.

Moldau – Die bunten Klöster

Die bunten Klöster im grünen Land der Buchen

Auf dem weißen Marmor-Sarkophag Stephans den Großen in der Klosterkirche von Putna liegen frische Blumen und gekreuzt zwei Bänder mit den blau-rot-gelben Nationalfarben Rumäniens. In der Grabkammer vor dem Sarkophag steht eine Schulklasse, Jungen und Mädchen, zwölf bis dreizehn Jahre alt, viele von ihnen mit dem roten Tuch der ›Jungen Pioniere‹ um den Hals. Andächtig lauschen sie den Worten des noch ziemlich jungen bärtigen Popen, der ihnen von dem Fürsten erzählt, der dieses Kloster gegründet hat und einer der bedeutendsten Herrscher des Fürstentums der Moldau und damit auch in der Geschichte Rumäniens war. Ich verstehe nicht, was der Pope sagt, es müssen aber sehr patriotische Worte sein, denn zum Schluß fordert er die Kinder auf, die Grabplatte zu berühren und das Kreuz zu schlagen. Die Platte berühren die Kinder gern, aber beim Bekreuzigen sind sie etwas geniert, denn viele wissen nicht so recht, wie sie sich nach orthodoxer Art bekreuzigen sollen. Die Lehrerinnen stehen beiseite und schauen weg.

Putna liegt im nördlichsten Rumänien, zwischen der Ostabdachung der Ostkarpaten und dem Pruth, nur zehn Kilometer von der Grenze zur Sowjetunion entfernt. Es ist die früheste Klostergründung (1466-69) dieses Fürsten, der in der politisch so exponierten Zone zwischen der Ukraine, Polen, Ungarn und dem Osmanischen Reich einen starken Staat schuf, der damals Bessarabien und die Bukowina einschloß, Gebiete, die heute zur Sowjetunion gehören. Für uns ist Stephan III., der Große, eher aus einem anderen Grunde wichtig: während seiner fast ein halbes Jahrhundert dauernden Regierungszeit (1457-1504) hat er an die dreißig Kirchen und Klöster bauen lassen, und es hat sich in dieser Zeit architektonisch und in der Wandmalerei jener Stil entwickelt, der als der Moldauische bezeichnet wird.

Zwar stammen nicht alle Moldau-Klöster, die durch ihre Bauart und die Malereien an den Außenwänden einmalig in Europa sind, aus der Zeit Stephans des Großen. Aber er hat durch seine Gründungen und Stiftungen jenen kulturellen Aufschwung in diesem Winkel des Südostens ausgelöst, dessen Früchte uns heute noch entzücken. Es sind ja nicht nur die Kirchen und Fresken staunenswert, sondern es gibt aus dieser Zeit auch eine Fülle von illuminierten Handschriften, kunstvoll bestickten Meßgewändern und Grabdecken, silbernem Kirchengerät und Holzschnitzereien, die einen Besuch des nordöstlichen Rumänien außerordentlich lohnend machen. Und besonders schöne und wertvolle Stücke findet man gerade im Klostermuseum von Putna.

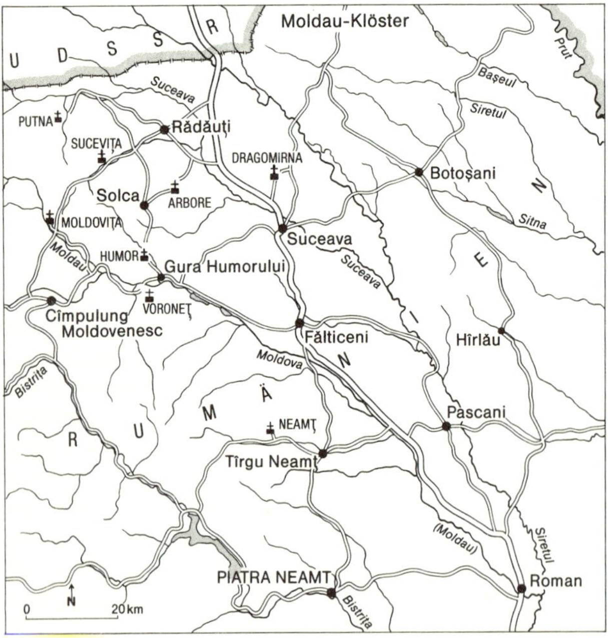

Im übrigen zählt Putna nicht zu den künstlerisch bedeutendsten in der Reihe der Moldau-Klöster. Es wurde nach Feuersbrünsten und Kriegszerstörungen mehrmals umgebaut, wobei aber die für die Raumstruktur der moldauischen Kirchenbauten charakteristische Einteilung in Exonarthex (Vorhalle), Pronaos (Vorschiff), Grabkammer, Naos (Hauptschiff) und Altarraum erhalten blieb. Nicht erhalten haben sich die Wandmalereien im Kircheninneren; die Außenwände blieben hier ohne Bemalung. Aus der Gründungszeit ist nur der Schatzkammerturm und die flankierende Wehrmauer übriggeblieben. Der Turm recht merkwürdig: auf einem viereckigen Sockel erheben sich achteckige Obergeschosse, mit Gewölbekappen bedeckt und mit Schießscharten versehen. So ist um die ganze Anlage eine Stimmung von fürstlicher Strenge, von Herrschaftsanspruch und kriegerischer Abwehr, die sie von den bunten und beinahe heiter wirkenden anderen Moldau-Klöstern erheblich unterscheidet. Daher bezieht Putna seinen Rang als Symbol geschichtlicher Größe und nationaler Behauptung.

Ich habe bisher für die Klöster rund um Suceava, die übliche Bezeichnung Moldauklöster verwendet, ein Etikett, das seine Berechtigung hat, wenn man ihre Existenz mit dem Fürstentum Moldau, seinen Herrschern und seinen Würdenträgern verbindet. Vom Landschaftlichen her gesehen würde mir die Bezeichnung Bukowina-Klöster besser gefallen, liegen sie doch alle im Süden des ›Buchenlandes‹, einer Landschaft von ebenso großer Schönheit wie wechselvoller Geschichte.

Vom Entstehen eines ungarischen Grenzmark-Fürstentums in der Moldau um die Mitte des 14. Jahrhunderts an gehörte die Bukowina zu diesem Staatsgebilde. Hier lag sogar von 1388 bis 1560 seine Hauptstadt, nämlich Suceava. Erst 1775, nach dem Frieden von Kuckuck Kainardji (Kütschük Kainardsché), der den ersten russisch-türkischen Krieg beendete, wurde die Bukowina von dem Fürstentum Moldau abgetrennt und kam zu Österreich. Die Diplomatie Maria Theresias und Josephs II. war ihrer Aufgabe gewachsen, eine strategische Klammer zwischen Siebenbürgen und dem bei der ersten Teilung Polens erworbenen Galizien herzustellen. So wurde die Bukowina 1849 sogar österreichisches Kronland, ein Zustand, der bis 1918/1919 dauerte. Die Rumänen, deren Fürstentümer Walachei und Moldau sich inzwischen zu einem selbständigen, vom Ottomanischen Reich unabhängigen Rumänien zusammengeschlossen hatten, wollten das nie anerkennen. Einer ihrer wortgewaltigsten Kämpfer für eine Rückgewinnung der Bukowina war der Dichter Mihai Eminescu, und es ist kein Zufall, daß ihm seine Nachfahren, als die Bukowina nach dem Ersten Weltkrieg zu Rumänien kam, im Klosterhof von Putna ein Denkmal errichtet haben. Es steht noch heute dort, obwohl – oder soll man lieber sagen weil – Rumänien nach dem Zweiten Weltkrieg den nördlichen Teil der Bukowina mit seiner Hauptstadt Czernowitz an die Sowjetunion hatte abtreten müssen. Aber es blieb ihm der südliche Teil mit Putna und mit Voroneț, mit Moldovița und Sucevița und wie die dem rumänischen Volk so teuren Moldauklöster alle heißen mögen. Immerhin ein Trost, wenn man schon Bessarabien, den Teil des einstigen Moldau-Fürstentumes zwischen Pruth und Dnjester, verloren hat.

Diese Abschweifung in die Geschichte war notwendig, denn sobald man in *Suceava,* dem Zentrum dieser nördlichsten Region Rumäniens angekommen ist, wird man mit ihren historischen Schicksalen konfrontiert. So, als ob auch die Rumänen von heute noch nicht das Gefühl verloren hätten, wie sehr immer wieder ihr kostbares nationales Gut in dieser Wetterecke Europas in Wahrheit gefährdet ist.

Ich habe die Klosterreise in der Moldau mit Putna begonnen, obwohl dies nicht genau der Reihenfolge meiner Besuche entsprach. Aber aus historischen wie aus Gründen des nationalen Selbstgefühls der Rumänen scheint mir das ein guter Einstieg in diese Welt zu sein. Deshalb möchte ich auch gleich noch von **Rădăuți** sprechen, erstens, weil es auf dem Wege nach Putna liegt und zweitens, weil seine *Nikolauskirche* noch älter als Putna ist. Sie ist eine Stiftung Bogdans I., des Begründers des unabhängigen moldauischen Fürstentums (1359-1365), und hier sind auch seine ersten Herrscher begraben. Bogdans Erbe Stephan der Große hat dafür gesorgt, daß sie prächtige Grabplatten erhielten, deren Ornamentik für die spätere Grabplastik im Fürstentum beispielhaft wurde. Daß sich auf dieser und auch auf den anderen Grabplatten kyrillische Buchstaben befinden, soll nicht verwundern. Bis zum Ende des 17. Jahrhunderts waren bei den Rumänen nicht nur die Kirchenbücher, sondern auch die Erlässe der Fürsten und sonstige amtliche Urkunden im Kirchenslawisch abgefaßt. Und selbst als sich die rumänische Sprache schon durchgesetzt hatte, blieb man bis ins 19. Jahrhundert bei der kyrillischen Schrift.

Die Kirche selbst ist für die Moldau insofern einzigartig, als sie in ihrem Ursprung eine romanische Basilika ist, deren Vorbilder im mitteleuropäischen Donauraum zu finden sind,

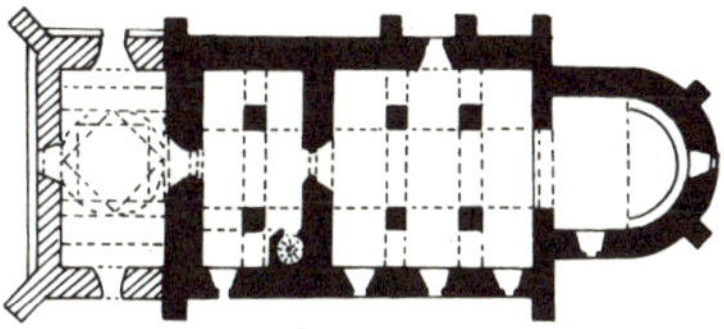

Kloster Rădăuți, Nikolauskirche, Grundriß

wie ja die sich entwickelnde byzantinische Bauform der Klosterkirchen in der Moldau später stark von gotischen Elementen durchsetzt ist. Man sieht das vor allem an den Gewölben und an den Strebepfeilern und auch an den Umrahmungen der Portale und Fenster, bei denen Baumeister und Steinmetze am Werk gewesen sein müssen, die in gotischen Bauhütten in Ungarn, Siebenbürgen oder Polen ihre Ausbildung erfahren haben. Sachkenner schließen aber aus der Tatsache, daß die meisten Klosterkirchen in der Moldau in erstaunlich kurzer Zeit gebaut wurden, auf das Bestehen bestens organisierter und fachlich hervorragender einheimischer Bauhütten, die den Fürsten und den hohen Würdenträgern des Staates bei der Verwirklichung ihrer Bauvorhaben zur Verfügung standen.

Nun ist es aber weniger die Architektur, die die Moldauklöster zu einer unverwechselbaren Erscheinung macht, sondern die Wandmalereien, vor allem die an den Außenwänden, die ihre

Wirkung und ihre Anziehung bilden. Und so beeilt man sich, kaum ist man in Suceava, der einstigen Hauptstadt der Moldau angekommen, die Stadt wieder zu verlassen. Es locken Humor und Voroneț, Moldovița, Sucevița und Arbore, die fünf Klosterkirchen, deren von den Außenwänden strahlende Fresken sie zu Perlen der Klosterlandschaft gemacht haben.

Es hat keinen Sinn, die Klöster nach der Reihenfolge ihrer Gründung besuchen zu wollen, denn oft sind das Baujahr und der Zeitpunkt der Entstehung der Fresken nicht identisch. Auch müßte man, wollte man sich einen solchen Plan zurechtlegen, in der südlichen Bukowina hin- und herkreuzen, was schon mit Rücksicht auf das bergige Land und das spärliche Straßennetz etwas problematisch wäre. So hält man sich also an die übliche Route und fährt von Suceava in Richtung Humor und Voroneț, die ziemlich nahe beieinander liegen.

Langsam bleiben die Gersten-, Kartoffel-, Rüben- und Maisfelder sowie die Obstanlagen zurück, an ihre Stelle treten Wiesen und Weideflächen, und über die Hügel zieht sich der grüne Wald des Buchenlandes. Rund vierzig Kilometer westlich von Suceava, in Seitentälern des Moldova-Flüßchens liegen die Klöster Humor und Voroneț.

Humor: Es geht eine Atmosphäre der Intimität von der kleinen Klosterkirche aus, die ihr graues Schindeldach tief über die Außenwände heruntergezogen hat, ein Dach, aus dem keine Kuppel herausragt. Denn Humor ist keine fürstliche Stiftung, sondern die des Logotheten Theodor Buberiog, Kanzler des Fürsten Petru Rareș. Er ließ sie 1530 erbauen, und fünf Jahre später wurden dann Innen- und Außenwände mit Fresken ausgeschmückt.

Durch die Kirche und um sie herum führt uns die junge Frau des Priesters von Humor. Sie hat ihre Geschichte vom Kloster und von den Wandmalereien natürlich schon unzählige Male erzählt, doch ist in ihren Erläuterungen – übrigens in einem fließenden Französisch – nicht die Spur von Gewohnheit und Routine. Sie wirken frisch und spontan, als würden sie zum ersten Mal gegeben. Es schwingt in ihnen Stolz und Freude darüber mit, daß ihre Nation ein Kunstwerk aus so fernen Zeiten besitzt.

Humor war in der Tat für die Freskenmalerei in anderen Klöstern der Moldau maßgebend, auch wenn jede eine eigene Hauptfarbe hat. Hier in Humor dominiert ein rötlicher Ton, der etwas Sanftes hat, und mit dem sanften Grün der Umgebung in schöner Harmonie steht.

Man soll aber nicht nur die Farben der Malerei von Humor auf sich wirken lassen, sondern sich auch ansehen, wie der Maler seine Themen behandelt und wie er sie auf die Wände aufgeteilt hat. Denn man wird diesen Themen auch bei den anderen Klöstern begegnen, und wem es Spaß macht, der kann die Unterschiede in der Erzählung und in der Charakterisierung der handelnden oder der leidenden Personen herauszufinden versuchen. Die immer wiederkehrenden Hauptthemen sind: das Jüngste Gericht, der Stammbaum Jesu, die Verherrlichung Mariens und die Belagerung von Konstantinopel. Dieses letzte Thema schildert zwar die Belagerung der Hauptstadt des byzantinischen Reiches durch die Perser im 7. Jahrhundert, hat aber durchaus aktuelle politische Bezüge zu der Bedrohung des Fürstentums Moldau durch die Türken im 16. Jahrhundert. So ähneln die Mauern der belagerten Stadt eher denen von Suceava als denen von Konstantinopel, die Verteidiger sind moldauische Ritter, und die zurückgeschlagenen Belagerer sind eher Türken als Perser. So leistet hier die Kirchenmalerei ihren Beitrag zur Stärkung des Verteidigungswillens angesichts der Türkengefahr, und so sind auch die Sünder und Verdammten auf den Kompositionen des Jüngsten Gerichts allemal böse Türken.

Was hat nun aber den Anstoß für die Bemalung der Außenwände der Klosterkirchen in der Moldau gegeben, die Paul Henry, der französische Kenner der byzantinischen Malerei, als »das Persönlichste und Originellste, was die Moldau hervorgebracht hat« bezeichnet? Genügt da die gängige Erklärung, daß hier das Volk die auch in Rumänien bis zum Ende des 17. Jahrhunderts im Kirchenslawisch geschriebenen religiösen Bücher nicht lesen konnte, und es daher notwendig war, ihm den Inhalt der Heiligen Schrift bildlich zu vermitteln? Weil aber die Kirchen klein waren, habe man auch dem draußen gebliebenen Volk etwas bieten müssen.

Wenn diese Erklärungen zuträfen, hätten auch die Kirchen in der Walachei eine Außenbemalung haben müssen; sie haben sie aber nicht. Also muß es in der Moldau besondere Voraussetzungen für die Fresken an den Außenwänden gegeben haben. Sollte man sie vielleicht darin suchen, daß hier die Malerschulen eine besondere Zusammensetzung der Farben gefunden haben, die diese gegen Einflüsse von Sonne, Wind und Regen unempfinglich machten? Denn nur an den Nordseiten der Kirchen sind die Malereien den Wettereinflüssen zum Opfer gefallen, sonst haben sie durch vier Jahrhunderte ihre ursprüngliche Frische und Leuchtkraft erhalten, ohne daß sie jemals aufgefrischt wurden. Auch das macht die Fresken an den Moldaukirchen zu einem kleinen Wunder.

Von den fünf ›Perlen‹ der moldauischen Klosterkirchen ist die des südlich des Moldova-Tales gelegenen **Voroneț** die älteste. Sie ist noch eine Stiftung Stephans des Großen und wurde 1488 erbaut, aber größtenteils erst Mitte des 16. Jahrhunderts ausgemalt. Auf dem Votivbild an der Westwand des Naos ist der Fürst mit Gemahlin und Sohn, alle drei gekrönt und in fürstlichen Gewändern, zu sehen.

Voroneț – das ist vor allem die große Komposition des Jüngsten Gerichts an der Westwand der Kirche, ein Bildaufbau voller Dramatik in dem Gegenüber der erhabenen Schönheit der Engel und der Gerechten und der nackten Häßlichkeit oder dem harten Realismus der Teufel und der zur Hölle verdammten Heiden. Voroneț ist aber auch das strahlende Blau, das den Grundton für den Stammbaum Jesu und einer Reihe anderer Bildfolgen angibt und das wie eine Antwort der Künstler auf die Natur des Waldtales wirkt, das die Kirche umgibt. Deshalb ist es keine Überschwenglichkeit, wenn die rumänischen Kunsthistoriker Maria Ana Musicescu und Sorin Ulla sagen: »Der Zauber, den Voroneț und überhaupt die moldauischen Kirchen mit Außenwandmalerei auf den Besucher ausüben, entspringt der innigen Verschmelzung, der dreifachen Übereinstimmung: des Baudenkmals mit der es umgebenden Natur; der Architekturformen mit der ausschmückenden Malerei; der Farben untereinander, deren warme Tönungen stärker oder schwächer unter dem Einfluß des Lich-

◁ 29 Die Donau am Eisernen Tor

Rumänien

31 Tîrgu Jiu ▷
›Tor des Kusses‹
von Brancusi

30 Hoftor eines Hauses in Oltenien; Bukarest, Dorfmuseum

2 und 33 Curtea de Argeş, Bischofskirche

35 Bukarest, Athenäum ▷

34 Bukarest, Hanul Manuc, alte Karawanserei

MOLIERE

36 Kloster Moldovița. Eine Nonne schlägt die Stundentrommel

Kloster Humor
7 Pilger vor der Klosterkirche
8 Wandmalerei in der Grabkammer

39 Kloster Sucevița
Eroberung Konstantinopels durch die Türken
Wandmalerei

40
Kloster Voroneț
Außenfresken

42 Preslav, Palastruinen
aus der Regierungszeit Zar Simeons (893-927)

◁ 41 Plovdiv (Philippopolis), römisches Stadion

Bulgarien

44 Sofia, Kirche Sveti Nikolaj ▷

43 Sofia, Kirche Sveti Georgi

45 Arbanassi, Christi Geburt-Kirche, Fresko

46 Arbanassi, Christi Geburt-Kirche

47 Kloster Batschkovo, Nikolaoskirche,
Fresko von Sachari Sograf, 1840

48 Kloster Batschkovo, Grabkirche

50 Plovdiv ▷
Damenzimmer
im Nedkowitschhaus

49 Plovdiv, Altstadtstraße

51 Bulgarische Stickerei, Sofia, Ethnographisches Museum

52 Bulgarische Tracht, Sofia, Ethnographisches Museum

53 Kasanlâk, Thrakisches Grabmal, Gewölbemalerei im Kuppelraum

54 und 55 Rilakloster, Gesamtansicht und Katholikon

56 Schumen, Tombul-Moschee, Kuppelmalerei

57 Schumen, Tombul-Moschee ▷

59 Nessebar, Ruine der Metropolitenkirche ▷

60 Baltschik, Schlößchen am Schwarzen Meer ▷▷

58 Nessebar, Johannes Aleiturgetos-Kirche

tes vibrieren. Man könnte vom ›Atem‹ der Farben von Voroneț sprechen, deren Anschwellen und Abschwächen wie ein Echo, wie eine Antwort auf den Ablauf der Tages- und Jahreszeiten anmuten.«

Der nächste Ort, den man auch auf der Fahrt zu den Moldau-Klöstern erreicht, ist **Cîmpulung Moldovenesc.** Er hat keine Klosterkirche aufzuweisen, so daß man eine Pause in der Besichtigung der Klöster einlegen muß, was der persönlichen Aufnahmefähigkeit nur zugute kommt. So ist es ein Atemholen, wenn man in diesem Zentrum der Holzschnitzerei und der Holzindustrie in das *Holzmuseum* geht. Es ist, wenn nicht die reichhaltigste, so doch eine der umfassendsten Sammlungen ihrer Art, die ich im Südosten kenne. Nirgends sonst habe ich zum Beispiel eine derartige Fülle kunstvoll geschnitzter Holzlöffel gesehen wie hier. Es ist alles da, von den primitivsten, in einem bäuerlichen Haushalt dieser Waldlandschaft benötigten Geräten bis zu den Produkten einer heutigen Möbelindustrie. Wenn man die Holznägel sieht, die früher zum Bau eines Hauses notwendig waren, und wenn man hört, daß ein Bursche achttausend solcher Nägel schnitzen mußte, bevor er um ein Mädchen werben durfte, dann begreift man, was Holz hier bedeutet. Schön sind die Holzkellen mit ihrem geschwungenen Griff, schön sind die bauchigen Holzgefäße für Butter und Käse, besonders schön aber die Hirtenstöcke, in die rundum ganze Geschichten eingeschnitten wurden. Unter anderem die von Miorița, dem Lämmchen, das die Sprache der Menschen verstand, und das hörte, wie zwei Hirten einen dritten umbringen wollten, um sich seiner Herde zu bemächtigen. Als das Lämmchen diesen vor den bösen Absichten der beiden warnte, sagte der Hirte, den Tod fürchte er nicht, denn er sei ja nichts anderes als eine Hochzeit mit der Natur, mit dem Wald und den Wiesen, den Blumen und den Tieren, mit dem Himmel und der Sonne und dem Mond darauf.

Eine schöne Geschichte, ganz in der Stimmung, wie sie von dieser Landschaft der südlichen Bukowina ausgeht. Sie erlebt man, wenn man von Cîmpulung Moldovenesc dann weiter zu den Klöstern Moldovița und Sucevița fährt, die sich mauerumgürtet in den Bergen verstecken.

Es ist eine Mittelgebirgs-Landschaft, durch die man kommt, die Berge bis zu 1600 Meter hoch, die Bergrücken überzogen von grünem Wald und weiten Weideflächen, auf deren Kimme sich die Silhouetten der Pferde und Kühe scharf gegen den Himmel abheben. Die Straße steigt auf tausend Meter Höhe und führt dann hinunter in das *Tal der Moldoviţa* zum Kloster gleichen Namens. Dann geht es wieder durch Tannen- und Buchenwälder aufwärts und über einen Sattel hinunter in das *Tal der Suceviţa,* und man steht wieder vor einem Kloster, eingeschlossen von Mauern und beschützt von Wehrtürmen, die um die Kirche wie die Hüter eines kostbaren Kleinods stehen. Es ist das Kloster Suceviţa.

Moldoviţa und Suceviţa: gemeinsam ist ihnen die Lage tief in den Bergen und der Schutz hinter Mauern, die einer Königsburg würdig wären. Gebaut und bemalt wurden sie aber zu verschiedenen Zeiten, *Moldoviţa* 1532 bis 1537, also zur Zeit des Fürsten Petru Rareş, *Suceviţa* erst 1581, womit dieses Kloster das letzte der moldauischen Bauwerke ist, deren Außenwände vollständig mit Fresken bedeckt wurden.

Von Petru Rareş, einem illegitimen Sohn Stephans des Großen, gibt es in **Moldoviţa** das Stifterbild, das den Fürsten im byzantinischen Kaiserornat zeigt, womit er seine im Kreise der Bojaren umstrittene Autorität offensichtlich betonen wollte. Moldoviţa besitzt auch einen Thronsessel des Fürsten mit einer reichen, an die Bauernkunst erinnernden Ornamentik und einer zwei Meter hohen Rückenlehne. Außerdem steht vor dem Klostergebäude auch noch eine Marmorbüste des Fürsten aus neuerer Zeit.

Dieser Petru Rareş war eine reichlich zwielichtige Figur auf dem moldauischen Fürstenthron. Er wechselte dauernd die Fronten, verbündete sich einmal mit den Habsburgern gegen die Türken, dann wieder mit den Türken gegen den Kaiser in Wien und mit beiden Großmächten gegen die Polen. Schließlich wurde er 1538 abgesetzt, aber schon 1541 saß er wieder auf dem Thron in Suceava – jetzt mit türkischer Hilfe. 1546 ereilte ihn aber endgültig sein Schicksal, nachdem er sich in einem Geheimvertrag mit Habsburg gegen die Pforte verbündet hatte. Das war Süleyman dem Prächtigen denn doch zu bunt, und so kam die Moldau unter die Oberhoheit des Osmanischen Reiches.

Aber abgesehen von der schillernden Person seines Stifters ist mir Moldovița im Gedächtnis geblieben durch die besondere Dramatik, welche die auch an den Wänden anderer Klöster zu sehenden Fresken, wie das Jüngste Gericht oder die Belagerung von Konstantinopel, gerade hier erreicht haben. Außerdem haben mich die offene, von vier Pfeilern getragene Vorhalle, das spätgotische Portal zum Pronaos und das Pronaos-Gewölbe beeindruckt, dessen kleine Kuppel auf sich überschneidenden Bögen ruht, was sowohl dekorativ wie für die Moldauklöster charakteristisch ist. Schließlich: Um den Sockel der Kirche zieht sich eine Steinbank, auf der sich die häufig von weithergekommenen Gläubigen nach dem Gottesdienst zu einem Schwätzchen niederlassen können.

Sucevița, die letzte der buntbemalten Klosterkirchen der Moldau, gilt als das bilderreichste Baudenkmal Rumäniens. Im Vergleich zu den anderen Klosterkirchen in der südlichen Bukowina weist sie einige Besonderheiten auf. Die Grundfarbe der Außenfresken ist hier ein sattes Grün, das wie ein Widerschein des Grüns der Wiesen- und Waldhänge ist, die sich zum Kloster herniedersenken. Kenner der Materie wollen in Sucevița bereits den Einfluß der russischen Freskenmalerei erkennen, zum Beispiel in dem leuchtenden Bild der Schutzmantelmadonna, auf dem Maria als byzantinische Kaiserin mit einem roten, von Engeln gehaltenen Schleier dargestellt ist. Von großer dekorativer Wirkung ist die Himmelsleiter des Johannes Klimakos, eine Komposition, die sonst an den Moldaukirchen nicht zu finden ist. In der Bilderfolge der himmlischen Hierarchie auf der Südfassade sind die antiken Philosophen besonders gut zu sehen: Sophokles, Aristoteles, Pythagoras, Plato, alle in byzantinischen Gewändern, letzterer mit einem kleinen Sarg mit totem Gebein als Symbol der Meditation über Leben und Tod.

Besonders beeindruckt Sucevița auch durch seine Anlage, die sich im Wesentlichen in ihrer ursprünglichen Form aus dem 16. Jahrhundert erhalten hat: Ein massiver Torturm, der das Eingangsportal dominiert, ein Mauergeviert bis zu sechs

Metern dick, mit Laufgängen, Schießscharten und Ecktürmen – eine Demonstration der Abwehr und des Widerstandes in diesem heute entlegenen, aber einstmals heftig umkämpften Winkel Europas.

Bleibt uns bei unserer Rundfahrt zu den Klosterkirchen der Moldau mit bemalten Außenwänden noch die kleine, bescheidene Kirche von **Arbore.** Sie wurde 1502 von dem Heerführer Luca Arbore gestiftet, der Stadthalter von Suceava und einer der führenden Bojaren zur Zeit Stephans des Großen war. Die Außenmalerei stammt ebenfalls vom Beginn des 16. Jahrhunderts und gehört somit zu den ältesten in der Moldau.

Um Arbore ist eine besondere Stimmung der Stille, keine Wehrmauer schließt es ein, keine Klostergebäude umgeben es. Rundherum hohe Bäume und im Gras die steinernen und hölzernen Kreuze eines verfallenden Friedhofes. Die Farben an den Wänden sind gedämpft, sanfte Tönungen von Grün herrschen vor, im Licht und Schatten der Bäume leuchten auch Rot und Ocker auf. Im Innern kommt man beinahe nicht dazu, sich die in großer Lebendigkeit und Bewegung gemalten Heiligenfiguren genauer anzusehen. Denn die Bauersfrauen des Dorfes hängen ihre buntbestickten Tücher in der Kirche auf, und sogar der eiserne Lüster ist mit den kleinen Deckchen behängt, mit denen man sonst die Gläser auf dem Tisch zudeckt. Ein lustigeres Kircheninneres habe ich noch nicht gesehen.

Das heitere Kircheninnere von Arbore wäre kein schlechter Schluß für das Kapitel über die bunten Kirchen der Moldau. Nur würde ich damit der Vorstellung Vorschub leisten, als seien in diesem Teil Rumäniens die Kirchen mit bemalten Fassaden das einzig Sehenswerte. Dem ist aber keineswegs so.

Eigentlich müßte ich jetzt den Leser zur schmalen, himmelwärts schießenden Klosterkirche *Dragomirna* führen, damit er sieht, zu welchen eleganten architektonischen Lösungen man im Fürstentum Moldau Anfang des 17. Jahrhunderts gefunden hat, oder nach *Pătrăuţi* zu dem hinreißenden Fresko der vom Erzengel Michael geführten Reiterschar, zu der auch Kaiser Konstantin der Große gehört. Natürlich auch nach *Suceava,* wo bis 1565 die Fürsten der Moldau residierten, deren Burg auf einer Bergzunge südlich der Stadt in ihrer Grundstruktur noch erhalten ist. Die Georgs-Kirche, ein repräsentativer Bau aus dem ersten Viertel des 16. Jahrhunderts war zeitweise die Kathedrale der moldauischen Metropolie. Und nach *Neamț* müßte man fahren, um sich die mit grünen, gelben, roten und braunen Terracotta-Scheiben verzierten Friese und Fensterbögen an der Himmelfahrts-Kirche anzusehen; nach *Hîrlau* natürlich auch, wo Stephan der Große einige Zeit residierte. Ganz zu schweigen von **Jași,** von 1565 bis zum heutigen Tage Hauptstadt der Moldau, mit seinen Kirchen und Klöstern aus dem 16. und 17. Jahrhundert, bei denen sich neben spätgotischen schon Renaissance-Einflüsse bemerkbar machen.

Alle diese und noch andere sehenswerte Orte in der Moldau zu besuchen und zu beschreiben, würde den Rahmen dieses Kapitels sprengen. Außerdem, und das wiegt noch schwerer, geriete ich in Gefahr, gefragt zu werden, wie weit ich denn die Grenzen des Balkans auszudehnen gedenke und was ich denn eigentlich noch seinem Bereich zurechnen möchte. Hier in der Moldau, ich sehe es ein, sind die Grenzen recht schwer zu ziehen. Man kann sich bereits darüber streiten, ob denn die Klöster der südlichen Bukowina wirklich zum Balkan gehören. Mit Rücksicht auf die eindeutig byzantinischen Wurzeln der Wandmalereien im Inneren der Kirchen wie an ihren Außenwänden und den Verknüpfungen mit der Freskenkunst in den makedonischen und serbischen Klöstern, möchte ich sie doch zum Balkan-Bereich zählen, wobei ja auch die südslawische, genauer gesagt, bulgarische Komponente in der orthodoxen Kirche Rumäniens nicht übersehen werden darf.

So lassen wir es also bei den bunten Kirchen bewenden, von denen der rumänische Kunsthistoriker Vasile Dragut sagt: »Außenmalereien, und sogar ziemlich viele, sind auch in anderen Ländern der Erde in verschiedenen Epochen ausgeführt worden, aber niemals und nirgends haben sie einen ähnlichen Grad der Vollendung und einen programmatischen Zusammenhang erreicht, wie er ihren Schöpfern in der Moldau gelang.«

BULGARIEN

Der Norden

Zwischen Donau und Balkangebirge

Man kann sich eine Reise nach Bulgarien sehr einfach machen, wenn man, sonnenhungriger Nord-, West- oder Mitteleuropäer, der man nun einmal ist, einen Badeurlaub an der Schwarzmeerküste bucht und sich dann per Flugzeug unmittelbar nach Varna oder Burgas verfrachten läßt. Das ist völlig problemlos, allerdings aber auch weniger reizvoll, denn man bringt sich um die schrittweise Annäherung und allmähliche Erforschung seines Reiseziels. Da ist die Autofahrt über Belgrad und Niš in Ostjugoslawien schon besser, nur befindet man sich vierzig Minuten nach Passieren der jugoslawisch-bulgarischen Grenze bereits in der Hauptstadt Sofia, ohne vom Lande mehr als einen flüchtigen Eindruck gewonnen zu haben. Man kann sich notfalls damit trösten, daß man auf diesem Wege den Spuren »Kaiser Rotbart Lobesams« folgt, der im Sommer 1189 an der Spitze des dritten Kreuzzuges ins Heilige Land gezogen war.

Wenn es nach mir ginge, ich würde nur vom Norden her, über die Donau, Bulgarien betreten, bei Vidin vielleicht mit der Fähre vom rumänischen Calafat aus oder über die ›Brücke der Freundschaft‹ zwischen Giurgiu in Rumänien und Ruse in Bulgarien. Da aber zur Zeit dieser Niederschrift die bulgarischen Behörden dem internationalen Reiseverkehr bestimmte Grenzübergänge vorschreiben, wird man gut tun, vor der Abreise Erkundigungen einzuziehen.

Gäbe es, wie in früheren Zeiten, auf der Donau einen Linienverkehr, dann bestünde auch für Besucher aus dem Westen die Möglichkeit, in Nord-Bulgarien an Land zu gehen, nicht nur in Vidin oder Ruse, sondern auch in den anderen bulgarischen Donauhäfen, in Kozloduj zum Beispiel oder in Nikopol, Orten, die ebenfalls eine historische Bedeutung haben. Die heutzutage auf der Donau zwischen Wien und dem Schwarzen Meer verkehrenden sowjetischen, rumänischen und bulgarischen Passagierschiffe sind mehr auf Gruppen mit einem bestimmten Reiseprogramm als auf Einzelreisende eingestellt, die unterwegs das Schiff verlassen und unter Umständen auch noch ihren Wagen mitnehmen wollen. So kann man es also nicht wie der damalige königlich-preußische Hauptmann Helmuth Graf von Moltke machen, der in Ruse, dem damals noch türkischen Rustschuk, von Bord ging und seine Reise durch die Türkei auf Pferderücken fortsetzte.

Warum mir so viel an Nord-Bulgarien liegt? Weil es jener Teil des Landes ist, in dem sich die bis ans Schwarze Meer vordringenden slawischen Stämme zuerst niederließen, mit denen dann das über die Donau gekommene Reitervolk der Bulgaren den ersten slawischen Staat auf europäischem Boden schuf. Zwischen Donau und dem 600 Kilometer langen Zug des Balkangebirges lagen auch die ersten Machtzentren dieses Staates, Pliska, Preslav und schließlich das strahlende Târnovo. Erst nach der Befreiung von der türkischen Herrschaft 1878 wurde ja Sofia Hauptstadt Bulgariens.

Nord-Bulgarien sah den Untergang des mittelalterlichen Reiches der Bulgaren, es war auch Schauplatz jener Schlacht von Nikopol, in der 1396 das letzte ›klassische‹ Kreuzritterheer, das nicht nur den Vormarsch der Türken in Südosteuropa aufhalten, sondern auch das Heilige Land zurückerobern wollte, von Sultan Beyazit I., genannt ›der Blitz‹, vernichtet wurde. Fünfhundert Jahre später fanden hier aber auch die entscheidenden Schlachten im russisch-türkischen Krieg von 1877/78 statt, der den Bulgaren die Befreiung vom »türkischen Joch« brachte.

Landschaftlich mag Bulgarien südlich der Balkankette vielfältiger und reizvoller sein, geschichtlich gesehen schlägt nördlich davon sein nationaler Puls aber entschieden kraftvoller.

Die Höhlenkirchen von Ivanovo

Nehmen wir an, wir betreten bulgarischen Boden tatsächlich über die ›Brücke der Freundschaft‹, sechs Kilometer nordöstlich von Ruse. Zunächst wird nichts unsere Aufmerksamkeit fesseln. Die Landschaft flach und eintönig, Ruse selbst zwar die viertgrößte Stadt und der größte Donauhafen des Landes, mit Werften und Industriebetrieben, ansonsten aber für einen Besucher aus dem Ausland ohne größeres Interesse. Es wäre denn, er wollte unbedingt die Stadt kennenlernen, in der Österreichs Nobelpreisträger für Literatur des Jahres 1981, Elias Canetti, 1905 als Kind sephardischer Eltern geboren wurde, deren Vorfahren nach ihrer Vertreibung aus Spanien im Osmanischen Reich Zuflucht gefunden hatten.

Fahren wir weiter nach Süden in Richtung Târnovo, so kommen wir nach etwa zwanzig Kilometern seitab der großen Straße zum Dorf **Ivanovo,** wo wir unbedingt haltmachen sollten. Denn nahe des Ortes, in den Felsen am linken Ufer des Rusenski Lom gibt es Höhlenkirchen mit Wandmalereien, von denen einige von bulgarischen Kunsthistorikern zu den »vollkommensten Schöpfungen der mittelalterlichen bulgarischen Kunst« gezählt werden.

Die Szenerie ist abenteuerlich: in den Felswänden, 20 Meter über dem Talgrund, dehnt sich ein ganzes System von Kapellen, Mönchszellen und Einsiedeleien unterschiedlicher Größe aus, teils in natürlichen, teils in künstlichen, in den Stein gehauenen Höhlen angelegt. Ihre Wände sind meist kahl, sie müssen aber, den vorhandenen Resten nach zu schließen, im Mittelalter mit Fresken bedeckt gewesen sein. Am besten erhalten sind sie in der *Žarkvata,* der Kirche Johannes des Täufers, die als eine Stiftung des Zaren Ivan Assen II. (1218-41) gilt. Auch in der Höhlenkirche *Gospodev Dol* (Tal des Herrn) sind noch einige Wandmalereien erhalten.

Mit der zeitlichen Ein- und künstlerischen Zuordnung dieser in ihrer Qualität unterschiedlichen Fresken haben sich die Fachleute lange Zeit ziemlich schwer getan. Die Höhlenkirchen von Ivanovo sind zwar nicht die einzigen in Bulgarien, aber die Vergleichsmöglichkeiten mit anderen sind beschränkt.

Man neigt inzwischen dazu, die Wandmalereien von Ivanovo ins 13. und 14. Jahrhundert zu datieren und die Künstler, die sie geschaffen haben, slawischen Malerschulen, besonders der von Târnovo, zuzuzählen.

Wie es sich nun kunsthistorisch im einzelnen auch verhalten mag – die Lage der Höhlenkirchen und ihr Wandschmuck sind auf alle Fälle sehenswert. Weil die Räume der Kirche klein und die Bildflächen beschränkt sind, wirken die Kompositionen wie Tafelbilder. Daß hier Maler von Rang am Werk waren, ist auch daran zu erkennen, daß sie sich durch die geringen Ausmaße der Flächen, die ihnen zur Verfügung standen, in ihrer Phantasie und in ihrem Schwung nicht einschränken ließen. Die biblischen Szenen sind voller Dramatik, die Figuren bewegt, die Gesichter von starkem Ausdruck, die Gewänder in leuchtenden Farben.

Allerdings muß ich hinzufügen, daß man die Höhlenkirchen von Ivanovo, die natürlich unter Denkmalschutz stehen, schon vor vielen Jahren nicht ohne weiteres besuchen konnte. Allein ihre Lage macht den Zutritt schwierig. Im Zeitalter des Massentourismus ist es erst recht unmöglich, Autobusladungen von Touristen dorthin zu führen. Aber auch der Alleinreisende tut gut daran, wenn er Ivanovo sehen möchte, sich vorher zu erkundigen, ob, wann und wie er zu den Höhlen gelangen kann.

Pliska und Preslav – Die Morgenröte

Pliska liegt nördlich der Straße von Ruse nach Varna, zwischen Schumen und Novi Pazar. Es war im 8. und 9. Jahrhundert das politische und kulturelle Zentrum des ersten Bulgarenreiches, also, wenn man so will, die erste Hauptstadt des Landes.

Wir sind hier an einem für die Geschichte der Bulgaren bedeutenden Ort. Pliska war vermutlich ursprünglich eine Pfalz der Protobulgaren, der Urbulgaren, eines Turkvolkes, dessen Reiterscharen im 7. Jahrhundert in das byzantinische Reich südlich der Donau eingebrochen waren und sich die dort ansässigen slawischen Stämme unterworfen hatten. Als das Gründungsjahr Pliskas wird 681 angenommen, das Jahr, das gleichzeitig als das Geburtsjahr Bulgariens gilt. Denn damals schloß Konstantin IV. Pogonatos, Kaiser von Byzanz, mit Khan Asparuch, dem Anführer der Eindringlinge aus den Steppen Vorderasiens und Südrußlands, einen Friedensvertrag. Asparuchs Herrschaftsgebiet erstreckte sich damals auf jenen Teil des heutigen Bulgarien, der im Norden von der Donau, im Osten vom Schwarzen Meer, im Süden vom Balkangebirge und im Westen vom Fluß Timok begrenzt wird, wo heute ungefähr die Grenze zwischen Bulgarien und Jugoslawien verläuft. Dies ist also das Kernland Bulgariens, und im Ruinenfeld von Pliska, das sich in der Ebene von Šumen über einige Quadratkilometer hin erstreckt, befinden wir uns in seiner Herzkammer.

Auch wenn das flache Land um die Ausgrabungen eintönig wirkt, so spürt man angesichts der tausend Jahre alten Überreste der einstigen Kapitale der Bulgaren doch den Hauch der Geschichte, die Morgenluft eines Reiches, das sich nicht nur zu einer politischen Macht auf dem Balkan entwickeln, sondern auch ein kultureller Kristallisationspunkt der südslawischen Völker werden sollte. Beinahe ergriffen geht man über die altersgrauen Steinplatten der Prozessionsstraße zu den Kalksteinquadern, die von der großen dreischiffigen Erzbischofsbasilika übriggeblieben sind. Die Basilika muß bald nach 865 errichtet worden sein, dem Zeitpunkt, an dem die Christianisierung der Bulgaren einsetzte. Sie war damals der bedeutendste christliche Bau des Landes. Daß Pliska um diese Zeit nicht mehr nur die Pfalz eines Reitervolkes war, lassen die Steinquadern des zweigeschossigen Großen Palastes erkennen, dessen Thronsaal eine Länge von fünfzig Metern hatte und dem sich ein Kleiner Palast anschloß, der den Herrschern als persönliche Residenz diente. In den zwei Jahrhunderten, da Pliska das Zentrum des Bulgarenreiches war, wurden auch seine Befestigungsanlagen vervollkommnet. Die Innenstadt schloß eine 10-12 m hohe Steinmauer ein, mit etwa 14 m hohen Rundtürmen an den Ecken und vier Toren unter monumentalen Türmen. Um die Außenstadt zogen sich zwei Kreise von befestigten Erdwällen.

In den letzten Jahrzehnten ist in Pliska ein großer Teil des alten Mauerwerks freigelegt worden – schon in Hinblick auf die Dreizehnhundertjahrfeier der Staatsgründung, die 1981 mit großem Aufwand vom heutigen Bulgarien begangen wurde. Die Ausgrabungen gehen weiter, denn den emotionalen Beziehungen der Bulgaren zu ihrer Geschichte trägt auch das heutige kommunistische Regime Rechnung, allein schon, um seine nationale Legitimität zu dokumentieren.

Bevor wir weiter nach Preslav fahren, 20 Kilometer südlich vom heutigen Šumen, wohin Zar Simeon um die Wende vom 9. zum 10. Jahrhundert die Hauptstadt seines Reiches verlegte, müssen wir uns noch den **Reiter von Madara** ansehen, in der Luftlinie nur 10 Kilometer von Pliska entfernt. Er gehört zum frühbulgarischen Komplex um Pliska und Preslav und ist das einzige erhaltene Monumentalrelief aus dieser Zeit in Europa.

Bei Madara fällt ein Hochplateau in einer Felswand steil ab, und in dieser Wand ist in 23 Meter Höhe das Relief des lebensgroßen Reiters herausgehauen, der mit seinem Speer einen vor den Vorderläufen des Pferdes liegenden Löwen durchbohrt. Allerdings sind Einzelheiten kaum zu erkennen, da Hitze und Kälte, Regen und Sonnenschein von Jahrhunderten an dem grobkörnigen Sandstein ihr Zerstörungswerk getan haben. Aber von seiner Konzeption her ist das überraschende Werk auch an Ort und Stelle noch zu erfassen; die Details sieht man besser auf guten Reproduktionen.

Aus welcher Zeit das Reiter-Relief stammt, ist schwer zu beurteilen, denn auch die Inschriften zu beiden Seiten sind stark beschädigt. Wahrscheinlich stellt die Plastik einen der Bulgaren-Khane des 8. oder 9. Jahrhunderts dar, denn in dieser Zeit lag die Sommerresidenz der Herrscher des ersten bulgarischen Reiches in Madara.

Preslav, auch Veliki Preslav genannt, war nur kurze Zeit, weniger als hundert Jahre, Hauptstadt des ersten bulgarischen Reiches. Seine Blütezeit ist mit der Regierung von Zar Simeon (893-927) und den folgenden Jahrzehnten verbunden, die so etwas wie ein Goldenes Zeitalter Bulgariens darstellten.

In viel stärkerem Maße als Pliska strahlte Preslav auch als kirchlicher und kultureller Schwerpunkt in das bulgarische Reich selbst und über seine Grenzen hinweg aus, vor allem in die Gebiete nördlich der Donau im heutigen Rumänien. Die Christianisierung der Rumänen nahm von Preslav ihren Ausgang, und daß die rumänisch-orthodoxe Kirche und die Staatskanzleien der walachischen und der moldauischen Fürstentümer sich bis in die Neuzeit hinein des kyrillischen Alphabets bedienten, ging auf die kulturellen Einflüsse zurück, die hier wurzelten.

Von den prächtigen Bauten Preslavs, die der griechische Schriftsteller Johannes Exarchos im 10. Jahrhundert bewundernd schilderte, sind nur Ruinen geblieben. Wie in Pliska hat der bulgarische Staat aber besonders in den letzten Jahrzehnten bedeutende Mittel eingesetzt, um sie in möglichst großem Umfang freizulegen, vor allem den Komplex des *Zarenpalastes* und die ›Runde‹ oder *›Goldene‹ Kirche* in der Innenstadt,

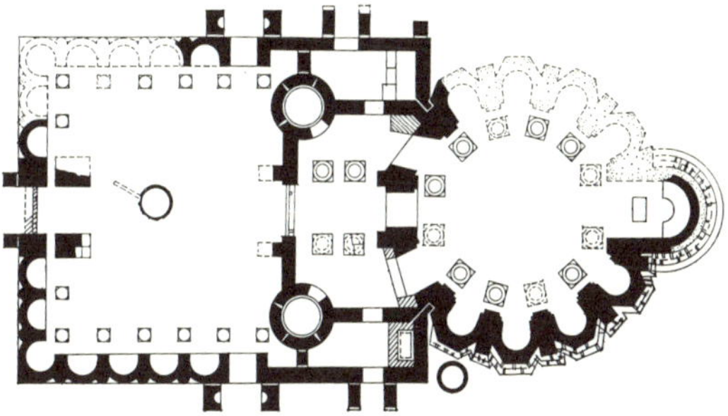

Ruine der Goldenen Kirche

aber auch die Kathedrale ›Gebe Klisse‹ in der ehemaligen Außenstadt. Beide Stadtteile waren von Festigungsmauern eingeschlossen, die sich dem hügeligen Gelände anpaßten und deren freigelegte Steinquadern eine Vorstellung von ihrer Mächtigkeit geben.

Will man sich auch ein Bild von der inneren Ausgestaltung der Kirchen und Paläste machen, muß man sich die Fragmente der Bauplastiken im Museum von Preslav und im neuen Nationalhistorischen Museum in Sofia ansehen. Der Schmuck durch Keramik- und Reliefplatten und Mosaiken, die antikisierenden Kapitelle, die Gesimse und Säulenreste weisen alle auf den hohen Stand der bulgarischen Architektur des frühen Mittelalters hin.

Im Museum in Sofia befinden sich zwei glasierte Keramik-Ikonen, die zum Eigenartigsten und Schönsten gehören, das uns Preslav hinterlassen hat. Es sind die Ikonen des Apostels Paulus und des hl. Theodors; letztere wird von Kennern der Materie als das bedeutendste Werk bulgarischer bemalter Keramik bezeichnet, bemerkenswert auch deshalb, weil es Einflüsse aus Syrien und Palästina erkennen läßt. Ob diese Ikonen nun zu einem ganzen Ikonen-Fries gehörten oder Teile eines Portalschmuckes waren – in ihnen spiegelt sich die Morgenröte der nationalen Kultur Bulgariens wider, wie sie in den beiden ersten Hauptstädten des Landes Ausdruck gefunden hat. Daß Pliska und Preslav im heutigen Bulgarien auch noch die Bezeichnung für zwei Kognak-Marken abgeben – ›Pliska‹ mit fünf, ›Preslav‹ mit sieben Sternen – sei als Kuriosum am Rande vermerkt.

Und noch etwas ist nachzutragen: Auf halbem Wege zwischen Pliska und Preslav liegt die Stadt **Schumen,** die im russisch-türkischen Krieg 1877/78 als türkische Festung eine

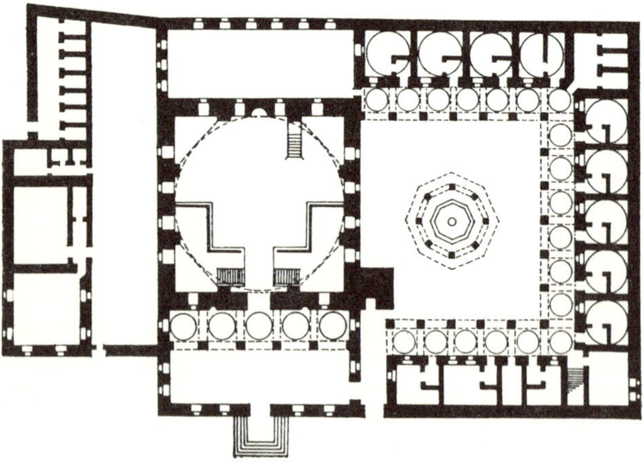

Tombul-Moschee, Grundriß

bedeutende Rolle spielte. Für den heutigen Besucher ist die Stadt aber eher durch die *Tombul-Moschee* interessant, einem Bautenkomplex aus dem Jahre 1744, der aus der Reihe der Moscheen, die in Bulgarien aus der Zeit der osmanischen Herrschaft übrig geblieben sind, hinausragt. Es ist nicht nur eine Moschee mit Minarett allein, sondern ein System von Gebäuden, die außer der Andacht auch der Bildung dienten. Die weiträumige Bethalle auf einem quadratischen Grundriß, gekrönt von einer hohen Kuppel, ist umgeben von vier Höfen. Der größte, an drei Seiten von Arkadengalerien eingeschlossen, ist der Innenhof der Medrese, der höheren islamischen Schule. In seiner Mitte befindet sich in Form eines verspielten Pavillons der Brunnen für die rituellen Waschungen. Die anderen Höfe gaben Zugang zur Bibliothek, zur Volksschule und zum Friedhof.

Man sollte den Abstecher zu der Tombul-Moschee machen, denn abgesehen von einigen wenigen Moscheen in Plovdiv, Sofia und Samokov ist Bulgarien ja nicht gerade reich an großen islamischen Sakralbauten.

Târnovo, die Königin der Städte

Spricht man einen Bulgaren auf Târnovo an oder erzählt man ihm, daß man dort war, so verklären sich seine Augen. Târnovo, oder Trnovo oder Veliko Târnovo, wie auch immer die Schreibweisen dieser Stadt sein mögen, ist die ›heimliche Hauptstadt‹ des Landes. Sie verkörpert für die meisten Bulgaren Glanz und Größe ihres Landes im Mittelalter, Macht und Ruhm des zweiten bulgarischen Reiches und seiner Zaren im 13. und 14. Jahrhundert, als Bulgarien im Südosten Europas eine Großmacht war. Târnovo, das ist für den Bulgaren auch die letzte Abendröte der bulgarischen Kultur vor dem Sturz in die Nacht der fünfhundert Jahre des »türkischen Jochs«. Gleichzeitig ist ihm die Stadt an der Jantra mit ihren fünfzigtausend Einwohnern auch das Symbol des Wiederaufstieges nach den dunklen Jahrhunderten der Fremdherrschaft.

Zunächst präsentiert sich diese Stadt dem Besucher höchst verwirrend, denn sie liegt an den Steilufern eines Flusses, der im Stadtgebiet fünf enge Schleifen zieht und sich um ebenso viele Hügel herumschlängelt. Im Laufe der Jahrtausende hat sich die Jantra tief in das felsige Gelände hineingefressen, es gibt Stellen, wo der Fluß durch eine 250 Meter tiefe Schlucht fließt. Täler, Felsen und Hügel geben der Stadt eine bizarre Szenerie, die durch die Bauten noch verstärkt wurde. Die Herrscher haben auf den Hügeln Kirchen, Paläste, Türme und Mauern errichtet, die Bürger haben an den Hängen ihre Häuser gebaut und waren dabei sehr erfinderisch. Sie setzten sie auf Felsvorsprünge, zwängten sie in Felsspalten, klebten sie an die Steilhänge. Die Größe eines Hauses ist von außen oft nicht zu erkennen, denn der Eingang mag im Obergeschoß sein und das eigentliche Haus dann zwei Stockwerke in die Tiefe reichen. Deshalb kostet es Schweiß und Mühe, sich die Stadt zu Fuß zu erobern. Ständig geht es in den engen Gäßchen auf und ab, man steigt über Stiegen nach oben und über Stiegen nach unten, und das Kopfsteinpflaster setzt den Knöcheln arg zu. Aber es hat seinen eigenen Reiz, sich die Häuser von unten anzusehen, denen bunte Ziegelreihen eine heitere Note geben, wo Weinstöcke sich zu den Erkern und Holzbalkonen hinaufranken und wo stellenweise noch massive Holztore den Eingang verschließen. Wenn man dann müde ist, kann man sich in einem der kleinen Cafés im alten, aber jetzt frisch aufpolierten Handwerker- und Geschäftsviertel wohlig ausruhen.

Auch wenn man sich das historische Târnovo ansehen will, darf man nicht gehfaul sein. Man muß den *Zarevez-Hügel* ersteigen, wo die Zaren Hof hielten, ihre Paläste, Kirchen und Wohngebäude hatten, eine Stadt für sich, die mit Wehrmauern und massiven Türmen umgeben und ganz oben auf dem Hügel von der Kathedrale des Patriarchen gekrönt war.

Als ich in den sechziger Jahren zum ersten Mal in Târnovo war, sah es auf dem Zarevez noch ziemlich wüst aus. Zwar waren die Grundmauern einiger Gebäude und ein Teil der Befestigungen freigelegt und der Südost-Turm, der sogenannte Balduin-Turm, war restauriert, aber die Ausgrabungsarbeiten hinterließen damals nicht gerade den Eindruck besonderer Zielstrebigkeit.

In einem gewissen Sinne stellt der *Balduin-Turm* eine Verbindung zum Abendland und seinen Kreuzzügen her. Hier soll der lateinische Kaiser von Konstantinopel, Balduin I. von Flandern, gefangengehalten worden und gestorben sein. Der Sieg, den Zar Kalojan 1205 bei Adrianopel über die Kreuzritter erfocht, die sich im Vierten Kreuzzug Konstantinopels bemächtigt und dort das lateinische Kaiserreich ausgerufen hatten, wird in der bulgarischen Geschichtsschreibung sehr gefeiert. »Schon bei seiner Errichtung wurde dem lateinischen Kaiserreich ein vernichtender Schlag zugefügt, von dem es sich nicht mehr erholen sollte. Die Absichten der hochmütigen Lateiner, sich die Balkanvölker zu unterwerfen, waren im Keime erstickt worden«, heißt es in einer der Schriften, die 1981 zur Dreizehnhundertjahrfeier Bulgariens in Sofia veröffentlicht wurden.

Aber zurück zu den Ausgrabungen auf dem Zarevez: Was ich bei meinem letzten Besuch dort zu sehen bekam, war in der Tat beeindruckend. In der Zwischenzeit haben bulgarische Archäologen die *Grundmauern des Zarenpalastes* und der Häuser der mit dem Hofe verbundenen Bojaren freigelegt. Der Verlauf der Straßen im Bereich des Burgberges und zwischen Burgberg und den Stadtteilen an seinem Fuße kam zum Vorschein, die drei Tore, die den Zugang zum Burgberg kontrollierten, wurden rekonstruiert und die Mauerreste von insgesamt 21 Kirchen aus dem Schutt befreit, unter dem sie seit beinahe sechs Jahrhunderten begraben waren.

Denn die Stadt, die in Berichten aus dem 14. Jahrhundert als »Königin der Städte« und »zweite in der Welt«, nämlich nach Konstantinopel, gefeiert wurde, fiel 1393 in die Hand der Türken. Der letzte Zar von Târnovo, Ivan Schischman, konnte zwar flüchten, aber schon kurze Zeit später ereilte ihn das Schicksal in Nicopolis ad Istrum an der Donau. Dort verliert sich seine Spur, als die kampferprobten Heerscharen Sultan Beyazits I. auch diese bulgarische Festung im Sturm nahmen.

Für die Bulgaren ist der 15. Juni 1393, an dem Târnovo fiel und ihr Reich unterging, ein Tag des schmerzlichen Gedenkens. Aber er hat in ihrem historischen Bewußtsein nicht die düstere Größe, die für die Serben der 28. Juni 1389 besitzt, der Tag der verlorenen Schlacht auf dem Amselfeld. Denn über das Schicksal des zweiten bulgarischen Reiches hatte bereits die Schlacht an der Maritza 1371 entschieden, in der Sultan Murat I. das Heer der Bulgaren, Serben, Ungarn, Walachen und Bosnier unter Ludwig von Ungarn vernichtete. Die folgenden dreißig Jahre, waren nichts als die Agonie eines einst großen Reiches.

Nach dem Fall von Târnovo sorgten die Türken dafür, daß sich kein neuer Widerstand bilden konnte. Hundertzwanzig Bojaren und Notabeln wurden von ihnen zu einer Ratssitzung in die Petrus- und -Paulus-Kirche am Fuße des Burgberges eingeladen und dort niedergemetzelt. Den Patriarchen Euthymios verbannten sie in das Rhodopen-Gebirge und die Kathedrale ließen sie verfallen. Den Sitz ihres Begler-Begs, des Generalgouverneurs von Rumelien, wie sie Bulgarien nannten, verlegten sie nach Sofia, das militärisch und verkehrsmäßig günstiger lag, weil es die Heerstraße von Istanbul zur Donau kontrollierte. Târnovo verlor seine Bedeutung als Landeshauptstadt und sollte sie auch nach der Wiederherstellung eines selbständigen Bulgarien nicht wieder erlangen.

Darüber kann auch nicht hinwegtäuschen, daß man zu Beginn der achtziger Jahre auf dem Gipfel des Burgberges die *Patriarchenkathedrale Christi Himmelfahrt* rekonstruiert hat. Oder besser gesagt: Man hat an der Stelle, an der die Kathedrale einst stand, ein kirchenähnliches Gebäude errichtet, mit Schiff, Tambour-Kuppel, Apsis und einem Turm an der Südseite, mit viel Marmor und Fresken im Innern. Nur dient dieses seltsame Bauwerk nicht als Kirche, sondern als eine Art nationaler Weihestätte, in der vom Tonband die Stimme Boris Christoffs mit Kirchenliedern ertönt. Die modernen Fresken zeigen den Weg der Bulgaren durch die Jahrhunderte. Vor der Apsis, an der Stelle des Altars, hat man ein großes Fresko einer jungen Mutter mit Kind aufgestellt, von der man nicht weiß, ob sie die Muttergottes oder eine ›Mutter Bulgaria‹ darstellen soll.

Weltliches und Religiöses sind untrennbar vermischt. Insgesamt hat man den Eindruck, daß die Errichtung dieser neuen

Kathedrale in der Patriarchie, der »Mutter aller Kirchen im bulgarischen Zarenreich«, wie sie in alten Handschriften bezeichnet wurde, in der Absicht erfolgte, Religion und Kirche nur als Bestandteil der nationalen Geschichte in Erscheinung treten zu lassen.

Da ist man mit der bereits erwähnten *Petrus- und -Paulus-Kirche* nordwestlich des Zarevez sorgfältiger verfahren, indem man vieles von der ursprünglichen bauplastischen Ausstattung, vornehmlich die Säulen und Kapitelle mit den schönen Pflanzenornamenten, übernommen hat.

Unterhalb des Burgberges befinden sich zwei weitere interessante Kirchen, die *Demetrioskirche* und die *Klosterkirche der Heiligen Vierzig Märtyrer.* Letztere hatten die Türken in eine Moschee verwandelt und mehrmals umgebaut. Dabei haben sie in ausgesprochen origineller Form spätrömische und frühchristliche Kapitelle einbezogen, die sie in der Umgebung Târnovos fanden. Sie benutzten sie als Basis für Holzsäulen, die ein Schutzdach zu tragen hatten – eine seltsame Umkehrung der Bestimmung von Kapitellen. Den Bulgaren ist diese Kirche teuer, weil sie zwei Säulen besitzt, die Funktion von Geschichtsbüchern haben, denn die eingemeißelten Texte berichten von den Taten der Herrscher, die sie aufstellen ließen.

Die eine Säule stammt von Zar Ivan Assen II. Auf ihr teilt der Zar mit, daß er im Jahre 1230 die Kirche bauen und mit Malereien ausschmücken ließ, zu Ehren der vierzig Märtyrer, mit deren Hilfe er das griechische Heer geschlagen und den Kaiser Kyrios Theodoros Komnenos mit allen seinen Bojaren gefangengenommen habe. »Und alle seine Länder habe ich erobert, von Adrianopel bis Dures, das griechische, das albanische und das serbische Land. Nur die Städte um Konstantinopel und diese Stadt selbst hielten die Franken, aber auch diese unterwarfen sich dem Zepter meines Zarentums und fristeten ihre Tage nach meinem Willen, da Gott es so befohlen hat.«

Noch eine zweite, viel ältere Säule kündet von großer Vergangenheit. Sie stammt aus der ersten Hälfte des 9. Jahrhunderts und der »große Khan Omurtag« gibt auf ihr bekannt, daß er einen großen Palast an der Donau errichtet habe. In der Mitte zwischen seinem alten und dem neuen Palast habe er einen Hügel geschaffen. »So gut auch der Mensch leben mag, er stirbt und ein anderer wird geboren. Möge der Spätergeborene diese Inschrift betrachten und sich an jenen erinnern, der sie geschaffen hat. Der Name des Herrschers ist Omurtag, Großer Khan. Möge Gott ihm hundert Jahre Leben schenken.«

Als ich Mitte der achtziger Jahre die Kirche besuchte, waren gerade Restaurierungsarbeiten in vollem Gange und von den beiden Säulen war nichts zu sehen. Man habe sie abgebaut und ins Depot genommen, wurde mir erklärt. Wenn ich sie jetzt sehen wollte, sollte ich in Sofia ins Nationalhistorische Museum gehen, dort gäbe es Kopien der Säulen. Dies tat ich auch, wobei ich feststellen mußte, daß nur Experten in der Lage sein dürften, Originale und Kopien auseinanderzuhalten. Aber eines Tages werden die Originale wohl wieder in der Kirche der Heiligen Vierzig Märtyrer anzutreffen sein, denn sie gehören zu dieser Stadt mit ihrer großen Vergangenheit.

Wenn man mich fragt, ob man sich in der Umgebung von Târnovo lieber eines der zehn Klöster oder das Dorf Arbanassi ansehen soll, so zögere ich keine Sekunde und sage: Arbanassi. Die Klöster liegen zwar alle sehr malerisch in den tief eingeschnittenen Tälern der Jantra-Zuflüsse, aber was ihre kulturelle und historische Bedeutung betrifft, so halten sie den Vergleich mit anderen Klöstern des Landes nicht aus, mit Rila zum Beispiel oder Batschkovo oder Roshen. Auch das **Preobrashenski-Kloster** nicht, das sich nur 7 Kilometer von Târnovo entfernt im Dervent-Durchbruch des Jantra versteckt und am stärksten besucht wird. Seine Gründung reicht zwar ins 14. Jahrhundert zurück, seine heutige Gestalt erhielt es aber im 19. Jahrhundert. Zwei bekannte Baumeister der bulgarischem Erneuerungsepoche haben hier gewirkt, Dimitâr aus Sofia, den die Türken wegen Beteiligung an einem Aufstand in Târnovo hinrichteten, und Nikola Fitschev, auf dessen architektonische Schöpfungen man auch beim Gang durch Târnovo immer wieder stößt. Die Fresken in der *Klosterkirche Verklärung Christi* stammen natürlich auch erst aus dem vorigen Jahrhundert, ihr Schöpfer ist aber Zacharij Zograph, der bedeutendste bulgarische Kirchenmaler der Neuzeit.

Trotz allem: Interessanter ist **Arbanassi,** vier Kilometer von Târnovo entfernt, auf einem Hochplateau gelegen. Das Dorf mit den großzügig angelegten Häusern seiner einst reichen Bürger und den nach außen hin bescheidenen, im Inneren jedoch üppig ausgestatteten Kirchen gibt einige Rätsel auf. Schon über den Namen streiten sich die Gelehrten; die Erklärung, er weise auf angesiedelte Albaner hin, wird neuerdings kaum mehr vertreten. Woher aber stammt der Reichtum, wie ihn das Hadschiilijev-Haus oder das Konstanzaliev-Haus oder wie die Häuser Arbanassis sonst noch heißen mögen, ausstrahlen? Sie beeindrucken in der Tat sehr: Umgeben von bis zu drei Meter hohen Mauern, durch die ein Tor mit schweren, eisenbeschlagenen Holzflügeln führt, sehen sie zunächst wie kleine Festungen aus. Denn entweder sind sie ganz aus Stein gebaut, oder das Untergeschoß ist es, das dann ein mit Kalk verputztes Fachwerkgeschoß trägt. Im unteren Teil sind die Fenster klein oder ähneln Schießscharten, die Dächer sind vorgebaut und werden manchmal von hölzernen Trägern abgestützt. Veranden und Erker gibt es kaum.

Dafür sind die Räume im Innern aufs reichste ausgestattet mit kunstvoll geschnitzten Holzdecken in den Gästezimmern, Schlaf- und Aufenthaltsräumen, mit dekorativen Türfüllungen und Fensterläden. Vom Typus der Arbanassi-Häuser findet sich in Bulgarien sonst nichts Vergleichbares.

Die Blütezeit Arbanassis lag im 17. und 18. Jahrhundert, als seine Kaufmannsfamilien Geschäfte im ganzen Osmanischen Reich und darüber hinaus bis nach Indien im Osten, Rußland im Norden und Italien im Westen machten. Es waren in der Hauptsache Viehzüchter und -händler und jene Handwerker, die sich mit der Verarbeitung von Wolle und Leder, Fleisch und Fell befaßten. Sie alle scheinen viel verdient zu haben, ob sie nun Bulgaren oder Griechen waren. Und sie scheinen auch höchsten Schutz genossen zu haben, denn die Privilegien, mit denen Sultan Süleyman der Prächtige das Dorf 1538 ausstattete, als er es zusammen mit anderen Ländereien seinem Schwager, dem Großwesir Rustem Pascha schenkte, wurden erst dreihundert Jahre später aufgehoben. Danach allerdings litt auch Arbanassi unter den Überfällen der ›Kirdshalis‹, der

Räuberbanden, die im 19. Jahrhundert das Land drangsalierten, und begann zu verfallen. Heute werden die Bürgerhäuser und Kirchen wieder restauriert. Am Rande der Hochebene, von Târnovo aus deutlich sichtbar, hat sich die Regierung ein luxuriöses Sommer- und Gästehaus gebaut. Was jedoch Stil und Geschmack betrifft, fällt ein Vergleich mit den alten Bürgerhäusern nicht zu seinen Gunsten aus.

Nikopol – Das Ende der Ritter

Nikopol (Nicopolis ad Istrum) liegt etwa hundert Kilometer nordwestlich von Târnovo an der Donau und ist heute mit seinen sechstausend Einwohnern ein eher unbedeutender Flekken. Vor knapp sechshundert Jahren aber erschütterte dieser Name das ganze Abendland.

Ich sagte schon, daß die Türken nach der Eroberung von Târnovo, der Hauptstadt des zweiten bulgarischen Reiches, 1393 dann auch die Festung Nicopolis stürmten, wo sich die Spur des letzten Zaren von Târnovo, Ivan Schischman, verliert. Diese beiden Ereignisse alarmierten den König von Ungarn, Sigismund, der sein Land und seine Herrschaft jetzt durch die in Südosteuropa unaufhaltsam vordringenden Türken unmittelbar bedroht sah. Er schickte eine eindrucksvolle Gesandtschaft ungarischer Magnaten und Bischöfe nach Frankreich, um dort vom ganzen Abendland Hilfe zu erbitten und die Ritterschaft Deutschlands, Frankreichs, Burgunds und Englands für die Vertreibung der Türken von europäischem Boden zu gewinnen. Tatsächlich fanden seine Appelle gewaltigen Widerhall, und nachdem sich auch beide Päpste, Bonifatius IX. in Rom und sein Widersacher Benedikt XIII. in Avignon, für einen Kreuzzug gegen die ›Ungläubigen‹ ausgesprochen hatten, wälzte sich im Sommer 1396 ein gewaltiger Heerbann durch Ungarn an die untere Donau. Der Übergang über den Fluß bei Orșova dauerte allein acht Tage. Vidin, das noch einen bulgarischen, aber dem Sultan schon tributpflichtigen Herrscher und auch eine türkische Besatzung hatte, öffnete den Kreuzrittern seine Tore, in Rahovo (heute Orjahovo) ergaben sich die bulgarischen Einwohner König Sigismund gegen die Zusicherung, daß ihr Leben und ihr Besitz geschont würden. Trotzdem wurden sie von den französischen Rittern niedergemetzelt, die später auch die türkischen Gefangenen von Rahovo massakrierten.

Die Befehlsgewalten im Heer waren also höchst zweifelhaft, was später den Kreuzfahrern zum Verhängnis werden sollte.

Danach versuchte man, Nicopolis zu erobern, damals eine der bedeutendsten Festungen der Türken an der Donau. Die türkische Besatzung, die wußte, was ihr blühen würde, wenn sie aufgab, hielt stand und wartete auf Ersatz durch das von Sultan Beyazit in Eilmärschen herangeführte Heer. Der Sultan machte seinem Beinamen ›der Blitz‹ auch alle Ehre: viel schneller, als die Kreuzritter erwartet hatten, erschien er vor Nicopolis. Man stritt sogar im christlichen Heer, ob die auf den Höhen südlich von Nicopolis auftauchenden Reiter tatsächlich die Vorhut des türkischen Entsatzheeres seien. Nicht nur darüber gab es Streit; der vorsichtige König Sigismund wollte möglichst wenig riskieren und gut verschanzt den Angriff Beyazits abwarten. Die französischen, burgundischen und deutschen Ritter waren jedoch begierig, über die Türken herzufallen. Sie sahen sich bereits auf dem Wege ins Heilige Land und als neue Befreier von Jerusalem.

Sigismund, damals 28 Jahre alt, gab nach und das Unheil nahm seinen Lauf. Die Ritter warfen zwar im ersten Ansturm die Türken zurück, mußten dann aber in dem tückischen Gelände, in das sie Beyazit gelockt hatte, absitzen und in ihren schweren Rüstungen zu Fuß weiterkämpfen. Jetzt aber brach der Sultan mit seinen Spahi-Reitern, die er hinter einem Hügel in Reserve gehalten hatte, mit voller Wucht über sie herein. Es entstand ein furchtbares Gemetzel, und als die ungarischen, walachischen und siebenbürgischen Truppen sahen, was mit den Rittern geschah, ergriff sie Panik und sie flohen zur Donau, versuchten über den Fluß zu entkommen und prügelten sich um jedes Boot. Auch König Sigismund gelang es erst im letzten Augenblick, sich auf ein Boot und donauabwärts zu flüchten; ein venezianisches Schiff nahm ihn im Schwarzen Meer auf und brachte ihn in Sicherheit.

Zwei Tage lang, so berichten die Chroniken, dauerte die

blutige Schlacht in den Donauauen. Die Gefangenen ließ der Sultan nackt und in Gruppen zu drei und vier gefesselt vor sich bringen und, wütend über die Brutalitäten der Kreuzfahrer in Rahovo, verschonte er nur die, von denen er sich ein hohes Lösegeld versprach. Allein der Herzog Philipp von Burgund mußte eine Million Goldfranken aufbringen, eine für die damalige Zeit horrende Summe, um schließlich seinen in die Hände der Türken gefallenen Sohn Jean de Nevers und andere burgundische Edelleute freizubekommen. Alle anderen übergab der Sultan dem Henker, wobei er die französischen Edlen zwang, neben ihm zu stehen und zuzusehen, wie die Köpfe ihrer Mitstreiter unter den Krummsäbeln fielen. Vom Morgen bis zum Nachmittag sollen die Hinrichtungen gedauert haben, bis auch Beyazit den Anblick des Blutes und der Leichen nicht mehr ertragen konnte und die Hinrichtungen einstellte.

Von den Rittern, die sich über die Donau retten konnten und dann zu Fuß der Heimat zustrebten, kamen noch viele unterwegs um. Graf Rupprecht von Bayern erreichte in Bettlerkleidung seine Heimat, nur um kurze Zeit später an den Folgen der erlittenen Entbehrungen zu sterben. Noch eine makabre Episode aus dem letzten Kreuzzug: als König Sigismund auf dem venezianischen Schiff durch den Hellespont fuhr, stellten die Türken ihre Gefangenen aneinandergekettet am Ufer auf und riefen dem König höhnisch zu, er solle doch an Land kommen, um seine Mitkämpfer zu befreien.

Über dieses und viele andere Details des unglücklichen Unternehmens haben wir durch einen deutschen Teilnehmer Kenntnis, den Hanns Schiltperger aus München, der als Knappe eines bayerischen Ritters an dem »großen Zug, den Chönig Sigmundt in die Thürckay thet«, teilnahm. Er geriet in Gefangenschaft, wurde aber wegen seiner Jugend – er war gerade sechzehn geworden – verschont, trat in türkische Dienste, geriet in die Gefangenschaft der Mongolen, kam von ihnen zu den Tataren in Südrußland und gelangte erst nach 31 Jahren zurück in sein Heimatland Bayern. Dort schrieb er dann nieder, was er »in der Haydenschafft« erfahren hatte.

Ich habe das so ausführlich erzählt, weil die Schlacht von Nicopolis eine der entscheidendsten im Kampf des christlichen

Europas mit den vordringenden Türken war. Der englische Historiker Steven Runciman bezeichnet den Kreuzzug von Nicopolis als »die größte und auch die letzte der großen völkerumspannenden Kreuzzugs-Unternehmungen« und die amerikanische Historikerin Barbara Tuchman sieht in ihrem Buch über das dramatische 14. Jahrhundert ›Der ferne Spiegel‹ in jenem Feldzug noch eine andere Zäsur: »Die Kreuzritter von 1396 brachen mit der strategischen Absicht auf, die Türken aus Europa zu vertreiben, aber in Wirklichkeit dachten sie an etwas anderes. Die jungen Männer aus Boucicauts [des Marschalls von Frankreich] Generation verfielen den seltsamen Lockungen von Ehre und Ruhm. Sie dachten nicht an Erkundung, Taktik und gesunden Menschenverstand, sie wollten nur in der Vorhut kämpfen – deshalb rollten ihre Köpfe in den blutgetränkten Sand zu Füßen des Sultans.«

Kozloduj – Schiffsentführung und Kernkraftwerk

Am 17. Mai 1876, kurz nach elf Uhr, ertönte auf dem österreichischen Donaudampfer ›Radetzky‹, der gerade den damals noch türkischen Donauhafen Rahovo (Orjahovo) passiert hatte, plötzlich ein Hornsignal und der Befehl »Na Oražie«, An die Waffen! Das Kommando hatte ein junger Mann in einer Uniform gegeben, die die Besatzung und die Passagiere für die eines rumänischen Kavallerieoffiziers hielten. In Wirklichkeit war es der bulgarische Revolutionär und Dichter Christo Botev, 28 Jahre alt, Anführer einer Gruppe von zweihundert bulgarischen Freiheitskämpfern, die, als Gärtner und Arbeiter verkleidet, das Passagierschiff in rumänischen Häfen bestiegen hatten. Umringt von seinen bewaffneten Leuten erklärte Botev dem Kapitän Dagobert Engländer, das Schiff stehe jetzt unter seinem Kommando und sei dorthin zu lenken, wohin er es als bulgarischer Vojvode befehle. Gleichzeitig überreichte er dem Kapitän einen in schlechtem Französisch verfaßten Aufruf, in dem er die Passagiere beruhigte und ihnen mitteilte, daß sich bulgarische Insurgenten an Bord befänden, die ihren »aufständischen Brüdern zu Hilfe eilen, die sich so tapfer unter dem Banner des bulgarischen Löwen für die

Freiheit und Unabhägigkeit unseres teuren Vaterlandes schlagen«. Der Aufruf schloß mit dem Kriegsruf: »Es lebe Bulgarien! Es lebe Franz Joseph! Es lebe Graf Andrássy! Es lebe das christliche Europa!«

Die erste politisch motivierte Schiffsentführung der neueren Geschichte klappte perfekt. Den Anweisungen Botevs folgend, lenkte Kapitän Engländer die ›Radetzky‹ bis auf zehn Meter an das Ufer bei Kozloduj. Als erster sprang Botev in das seichte Wasser und betrat damit heimatlichen Boden, seine Leute stürmten nach und entfalteten am Ufer ihr Banner mit einem Löwen auf grünem Grund und der goldbestickten Inschrift: »Freiheit oder Tod«. Während Botev eine flammende Ansprache hielt, bemühte sich Kapitän Engländer, seine ›Radetzky‹ möglichst schnell vom türkischen Ufer wegzubekommen, um die Fahrt normal fortsetzen zu können, was ihm unter den Hochrufen der Passagiere und der abgesetzten Aufständischen auch gelang.

Das Schicksal Christo Botevs und seiner Schar ist schnell erzählt. Sie wußten nicht, daß der Aufstand in Bulgarien entweder gar nicht ausgebrochen oder bereits wieder zusammengebrochen war. So schloß sich ihnen auf ihrem Marsch in Richtung Vraca auch niemand an. Dafür schickten ihnen die Türken eine Abteilung Tscherkessen entgegen, die mit den Aufständischen leicht fertig wurde. Botev fiel im Kampf, von einer Kugel in die Stirn getroffen, die Türken schnitten ihm den Kopf ab und schleppten ihn zusammen mit den Köpfen der anderen gefallenen Bulgaren, auf lange Stangen gesteckt, durch die Straßen von Vraca. Dann warfen sie ihn in einen Tümpel. Die Leichname der Aufständischen überließen sie den Tieren des Waldes zum Fraß. So blieb von Christo Botev nichts übrig als der Ruhm seiner Tat und der Zauber seiner Gedichte. Diese jedoch behaupten ihren festen Platz in der Geschichte der Wiedergeburt seiner Nation.

Kozloduj, in Nordwest-Bulgarien neunzig Kilometer donauaufwärts von Nikopol gelegen, hat die Erinnerung an Botev und die legendäre Kaperung der ›Radetzky‹ bewahrt. Fünf Kilometer nördlich der Stadt, dort wo Botev bulgarischen Boden betrat, gibt es heute einen Park mit einem Denkmal des Dichters und Freiheitshelden, eine Gedächtnisstätte für Botev und ein Restaurant ›Radetzky‹. An das Donauschiff mit dem Namen des populären Feldmarschalls erinnert außerdem eine Nachbildung des Dampfers, auf dem junge Pioniere mit rotem Halstuch den Besuchern von den dramatischen Ereignissen des 17. Mai 1876 erzählen. Schließlich ist auch noch der Weg, den Botevs Schar in Richtung Vraca und der umliegenden Berge zurücklegte, durch Wegsteine und Baumalleen nachgezeichnet.

Kozloduj, früher ein verschlafenes Städtchen an der träge dahinfließenden Donau, ist heute aber nicht nur als Ort der Erinnerung an Christo Botev interessant. Die Machthaber in Sofia haben ihm eine in die Zukunft weisende Aufgabe zugedacht: Bei Kozloduj steht das erste Atomkraftwerk in Bulgarien und auf dem Balkan überhaupt. Ein Block arbeitet schon seit einiger Zeit und liefert einen beträchtlichen Prozentsatz des im Lande erzeugten elektrischen Stromes. Eine Erweiterung des Komplexes mit Hilfe der Sowjetunion ist geplant. So gehen im kleinen Kozloduj Vergangenheit und Moderne ineinander über.

Vidin

Ein sonniger Herbst führt uns nach Vidin, in Bulgariens Nordwestecke. Es ist Sonntag. Wir streifen durch die Festung Babavida, einen mächtigen Block aus Mauern, Gräben und Bastionen, an den Ecken von quadratischen Türmen begrenzt, deren rote Ziegeldächer dem gewaltigen, unmittelbar an der Donau gelegenen Bauwerk etwas von seiner abweisenden Strenge nehmen, ihm einen heiteren Akzent aufsetzen.

Heiter stimmt auch der heutige Verwendungszweck eines Teiles der Bastion. Die Stadt hat ihn in ihre Badeanstalt an der Donau einbezogen und im Sommer sonnen sich die Badegäste auf der breiten Terrasse der Befestigung unmittelbar am Fluß. Heute ist vom Baden nicht mehr die Rede. Dafür haben vielköpfige Familien auf dem Sand in der warmen Sonne Decken und Tücher ausgebreitet, Körbe mit Speisen und Weinflaschen abgestellt und essen dann lang und laut und ausgiebig. Im Innenhof der Burg wird eine Bühne zurechtgezimmert, offenbar für ein Jazzkonzert am Nachmittag. Im Sommer gibt es hier regelmäßig Freilichtaufführungen. Alles in allem eine sehr sympathische und unpathetische Verwendung des alten Mauerwerks, obwohl man die eindrucksvolle Burg sehr gut ihrer historischen Bedeutung entsprechend aufputzen könnte.

Denn Vidin war schon im bulgarischen Reich des Mittelalters der am meisten exponierte Punkt im Nordwesten des Landes, immer den überraschenden Angriffen der Ungarn oder der Reitervölker ausgesetzt, die aus Südrußland zur Donau vorstießen.

Vidin war aber auch die letzte Zuflucht des letzten bulgarischen Zaren, bevor die Türken seinem Reich den Garaus machten. Hier hielt sich bis zum Ende des 14. Jahrhunderts Zar Ivan Strazimir, als der größte Teil des Landes mit Sofia und Târnovo schon in der Hand der Türken war. Zum Schluß war er nur noch Vasall der Pforte und hatte eine türkische Besatzung in seinem Staat. Nach der Schlacht von Nikopol 1396 war auch das Schicksal dieses bulgarischen Reststaates besiegelt.

Dreihundert Jahre später war Vidin aber auch in den ersten großen Versuch miteinbezogen, die Türken aus den Gebieten südlich der Donau zu vertreiben. Er ist mit dem Namen des ›Türkenlouis‹, also des Markgrafen Ludwig Wilhelm von Baden verbunden, der mit dem Kurfürsten Max Emanuel von Bayern 1688 Belgrad eroberte, den Kurfürsten dann als Oberbefehlshaber des kaiserlichen Heeres ablöste und mit seinen Truppen tief in den Balkan vorstieß. Während einer seiner Unterführer, der Generalleutnant Piccolomini auf Skopje [Üsküb] marschierte, drang Ludwig zunächst in Richtung Sofia vor, schwenkte dann aber bei Pirot, kurz vor der heutigen jugoslawisch-bulgarischen Grenze, nach Norden in Richtung Vidin ab. Es ging ihm weniger darum, die Bulgaren zu befreien, als den Türken diesen wichtigen Platz an der Donau zu entreißen, um sein Heer im Winterquartier auf dem Wasserweg der Donau besser versorgen zu können.

Nach einem abenteuerlichen Marsch durch das unwirtliche Land zwischen dem Tal der Nišava und der Donau gelang es den Kaiserlichen tatsächlich, Vidin zu besetzen – die Türken ergaben sich schließlich –, aber sie vermochten es nicht lange zu halten. Prinz Ludwig von Baden mußte sich schon im nächsten Jahr zurückziehen, weil ihm Wien wegen des Krieges mit den Franzosen am Rhein keine Verstärkungen schicken konnte. Auch Belgrad ging 1690 wieder verloren.

In das Blickfeld Europas und der diplomatischen Kanzleien rückte Vidin erst wieder um die Wende des 18. zum 19. Jahrhundert. Damals drang aus jenem Winkel des Osmanischen Reiches seltsame Kunde: Ein ehrgeiziger Janitscharen-Offizier habe sich dort zum lokalen Machthaber aufgeschwungen und sich aus eigener Machtvollkommenheit zum Pascha des ganzen Sandschaks (Verwaltungsbezirkes) von Vidin aufgeworfen. Sein Name: *Osman Pasvantoglu.*

In dieser Zeit, da das innere Gefüge der Türkei durch die Schwäche der Staatsführung und die Selbstherrlichkeit der Provinzstatthalter schon stark erschüttert war, war dieser Pasvantoglu zunächst keine Ausnahmeerscheinung. Man braucht nur an Mahmud Buschatli in Nord-Albanien und an Ali Pascha Tepeleni in Süd-Albanien, Epirus und Thessalien zu denken. Der Mann in Vidin aber wurde der Hohen Pforte besonders gefährlich, einmal durch seine militärische Begabung, denn er trotzte drei großen Armeen des Sultans, von denen eine 120000 Mann stark war. Dann gelang es ihm aber auch, das Vertrauen und die Unterstützung der christlichen Bevölkerung zu gewinnen. Schließlich, und das war vielleicht entscheidend, war er ein großer Diplomat, der im Ränkespiel der damaligen Großmächte kräftig mitmischte. Das Direktorium der französischen Revolution dachte 1799 sogar daran, den Sultan am Bosporus mit Hilfe von Pasvantoglu zu stürzen und diesen auf den Thron im Topkapı-Palast zu setzen.

Vidin wimmelte damals von Emissären, ›Beratern‹ und Agenten Frankreichs, Österreichs und Rußlands, und auch Pasvantoglu schickte Missionen in die europäischen Hauptstädte. Die Stadt an der Donau im politischen Wetterwinkel zwischen Serben, Ungarn, Rumänen und Bulgaren wurde zeitweise zu einem politischen Brennpunkt auf dem Balkan.

Die Herrlichkeit Osman Pasvantoglus dauerte allerdings

nicht allzu lange, etwa ein Dutzend Jahre. Obwohl er sich absolutistisch verhielt, eigene Münzen prägen ließ und sein Herrschaftsgebiet zeitweise bis Adrianopel ausdehnte, konnte er sein großes Ziel, als Padishah das Osmanische Reich zu regieren, nicht erreichen. Die europäischen Großmächte hatten schließlich andere Sorgen, Napoleon beherrschte die politische Bühne. Auch kündigte die christliche bulgarische Bevölkerung dem Pascha ihre Gefolgschaft auf. Der serbische Aufstand von 1804 hatte ihr gezeigt, daß es auch andere Mittel und Wege gab, die türkische Herrschaft abzuschütteln und die nationale Freiheit zu gewinnen. Sein ›Reich‹ von Vidin aber konnte Pasvantoglu unangefochten bis zu seinem Tode 1807 halten. Zum Schluß hatte auch die Hohe Pforte ihren Frieden mit ihm gemacht und ihn sogar in den hohen Rang eines Paschas mit »drei Roßschweifen« erhoben. Sein Nachfolger war dann wieder ein braver und unbedeutender Statthalter des Sultans. Das selbständige, von Istanbul unabhängige Vidin war nur eine Episode gewesen, vom Wind der Geschichte schnell hinweggetragen.

Aber die Spuren des rätselhaften, ehrgeizigen Mannes sind in Vidin noch heute zu verfolgen. Im Park am Donauufer, wo sich früher die alte Stadt erstreckte, stößt man auf eine kleine *Moschee,* die er errichten ließ und die seinen Namen trägt. Daneben ein kleiner Kuppelbau, die von ihm gegründete *Bibliothek.* Auf der Kuppel der Moschee und auf der Spitze des Minaretts sucht man vergeblich den üblichen Halbmond. An seiner Stelle befindet sich etwas, das aus der Ferne aussieht wie ein Blatt, offenbar aber ein Herz sein soll. Ein Herz auf einer Moschee? Die bulgarische Historikerin Vera Mutafatschieva, Spezialistin für die türkische Epoche ihres Landes, meint, es sei nicht geklärt, welche Motive Pasvantoglu veranlaßt haben, den Halbmond durch ein Herz zu ersetzen. Sah er im Herz, das allen Menschen eigen ist, das Symbol des Humanismus? Oder stand er, wie die Historikerin vermutet, unter dem Einfluß freimaurerischen Gedankenguts? Dies ist nicht auszuschließen, da die Ideen der französischen Revolution zu jener Zeit bis ins Osmanische Reich vordrangen und am Bosporus Sultan Selim II. herrschte, der große Reformideen verfolgte und die Türkei in einen modernen Staat nach westlichem Muster umwandeln wollte. Pasvantoglu gehörte nicht zu den Paschas, die gegen die Pforte rebellierten, weil sie gegen Reformen waren. Der Pascha von Vidin wollte Reformen nach seinen eigenen Vorstellungen und natürlich unter Wahrung seiner Selbständigkeit.

Das heutige Bulgarien und das heutige Vidin lassen Osman Pasvantoglu Gerechtigkeit widerfahren. Seine Moschee und seine Bibliothek werden als Kulturdenkmäler gepflegt, obwohl man sonst mit den aus türkischer Zeit stammenden Gebäuden einschließlich der vielen Moscheen, die Vidin hatte, nach der Befreiung von der türkischen Herrschaft nicht sehr schonend umgegangen ist. Auch nicht mit der Mustapha-Pascha-Moschee, auf deren Friedhof Osman Pasvantoglu begraben war. Es gibt sie nicht mehr, obgleich sie noch in Reiseführern aus jüngster Zeit erwähnt wird. Diese Moschee wurde schon im Zuge der Sanierung der Altstadt abgerissen. Aber das Pasvantoglu-Grab gibt es noch, man muß sich jedoch durchfragen, um es zu finden. Es liegt heute im modernen Stadtteil auf der Rückseite eines nüchternen vierstöckigen Wohnblocks, der zusammen mit zwei anderen Betonblocks eine Art Hof bildet. Ein seltsamer Platz für das Grab eines Paschas. Die schlanke Grabsäule, die den steinernen Turban trägt und eine kunstvolle persische Inschrift aufweist, wirkt wie Strandgut, das der Strom der Zeit hat liegenlassen. Allerdings ist nicht nur Vergänglichkeit um dieses Grab. Aus ihm wachsen ein Rosenstock und ein Weinstock, deren Ranken bis hinauf zu den Balkonen im zweiten Stock des Wohnhauses reichen, auf denen Wäsche trocknet und Kränze roter Paprika und gelber Maiskolben hängen.

Vidin präsentiert sich überhaupt höchst lebendig. Mit seinen modernen Kaufhäusern und dem pompösen Bankgebäude auf dem Hauptplatz, den breiten Straßen, weiten Plätzen, Parks und den neuen Wohnvierteln macht die Stadt von vierzigtausend Einwohnern nicht den Eindruck verlorener Provinz. Vielleicht ist ihr ein wenig vom Ehrgeiz Osman Pasvantoglus und von dessen kurzem Traum von Macht und Glanz erhalten geblieben.

Moltke überschreitet das Balkangebirge

In Ruse, dem türkischen Rustschuk, hat auch ein deutscher Feldherr bulgarischen Boden betreten. Es war, ich habe es bereits erwähnt, Helmuth von Moltke, damals allerdings erst Hauptmann im Heer des Königs von Preußen. Er befand sich auf der Reise nach Istanbul, wo er als militärischer Instruktor und Berater bei der Modernisierung der Streitkräfte des Sultans tätig sein sollte. Das war im November 1835, das Wetter war miserabel, »anhaltender Regen hatte, ehe der Frost eintrat, den schweren Boden sehr aufgeweicht. Jetzt waren alle diese Unebenheiten festgefroren und durch hohen, aber lockeren Schnee verdeckt. Es war daher ein halsbrechendes und langwieriges Reiten«, schreibt der damals 35 Jahre alte Hauptmann nach seiner Ankunft in Istanbul an seine Angehörigen daheim.

Das »langwierige Reiten« von der Donau an den Bosporus unter der Führung eines Tataren dauerte zehn Tage. Es war eine Gewalttour. »Die Tataren, wenn sie auch noch so früh ausreiten, halten erst des Abends an. Die Pferde gehen oft zwölf bis vierzehn Stunden ohne Futter. Bergauf reitet man Schritt, in der Ebene einen kurzen Zuckeltrab, der den Reiter schrecklich ermüdet; bergab aber, selbst auf den abscheulichsten Wegen, geht es Galopp.« Und dann als Summe seiner Erfahrungen: »Wer nicht an Reisen zu Pferde gewöhnt und überhaupt ziemlich rüstig ist, dem kann ich einen Ritt im Winter mit den Tataren durch Bulgarien und Rumelien nicht empfehlen.«

Entsprechend spärlich sind in diesem Bericht die Landschaftsschilderungen. Aber Moltke sollte eineinhalb Jahre später, im Mai 1837, wieder nach Bulgarien kommen, diesmal im Gefolge des Sultans Mahmut II., der eine Inspektionsreise dorthin unternahm. Und jetzt hatte unser Hauptmann Zeit und Muße für seine Beobachtungen und Beschreibungen von Land und Leuten. »Was für ein wunderschönes Land ist doch dies Bulgarien!«, schreibt er aus Târnovo. »Alles ist grün; die Wände der tiefen Täler sind mit Linden, wilden Birnbäumen bestanden, breite Wiesen fassen die Bäche ein, üppige Kornfelder bedecken die Ebene und selbst die weiten Strecken unbebauten Landes sind mit reichem Graswuchs geschmückt. Die vielen einzeln stehenden Bäume geben der Gegend einen besonderen Reiz und zeichnen ihre dunklen Schatten auf lichtgrünen Flächen ab. Die Niederung der Donau erinnert lebhaft an die Dessauer Gegend; die Dörfer sind selten, aber groß, denn in einzelnen Gehöften zu wohnen ist noch ein Wagnis.«

Wenn Moltke von Bulgarien spricht, meint er das Bulgarien nördlich des Balkangebirges. Das Land südlich davon bezeichnet er mit dem damals üblichen Begriff Rumelien. Beide Landesteile waren ja damals noch türkisch. Abgesehen davon, daß ich die Dessauer Gegend nicht kenne, also keine Vergleiche mit ihr ziehen kann, habe ich der Beschreibung des Landes um Târnovo nichts hinzuzufügen; sie gilt auch heute noch.

Die Karawane des Padischahs bewegte sich dann über Gabrovo hinauf auf den Schipka-Paß, überquerte dort das Balkangebirge und zog dann hinunter nach Kasanlâk im berühmten Rosental. Das ist auch heute noch der Hauptübergang über diese Gebirgskette.

Über den 1200 m hohen *Schipka-Paß* schreibt Moltke nicht viel, er bemerkt nur, daß ihm die Pässe im Thüringer Wald viel höher scheinen. »Westwärts freilich steigen die Gipfel bedeutend an und sind noch mit Schnee bedeckt; auf der Höhe des scharfen Kammes hat man eine weite Aussicht über das Hügelland von Bulgarien und eine noch schönere auf der rumelischen Seite in das reizende Tal von Kasanlâk. Wie eine Landkarte liegen die Felder, Wiesen und Dörfer da, die weißen Wege und die Bäche, deren Lauf an prächtigen Bäumen kenntlich ist; jenseits erhebt sich eine andere, aber niedrigere Bergkette, und das ganze erinnerte mich lebhaft an das schöne Hirschberger Tal.«

Über **Gabrovo,** heute eine Stadt von beinahe hunderttausend Einwohnern, von wo die Straße zum Schipka-Paß aufsteigt, schreibt Moltke nichts, es gab damals dort wahrscheinlich auch nichts zu sehen. Daß in Gabrovo zwei Jahre vor seinem Besuch das erste weltliche Gymnasium in Bulgarien ins Leben gerufen wurde, haben ihm die den Sultan begleitenden türkischen Würdenträger wahrscheinlich nicht gesagt. Den Uhrturm, das Wahrzeichen der Stadt, gab es bei seinem Besuch noch nicht, und schon gar nicht die Textilindustrie, die die als außerordentlich geschäftstüchtig geltenden Bewohner von Gabrovo später aufgebaut haben.

Diese Geschäftstüchtigkeit scheint auch ein ausgesprochenes Talent für Werbung einzuschließen, denn Gabrovo wird heute in aller Welt als ›Stadt des Humors‹ verkauft. Findige Leute gründeten hier in den sechziger Jahren ein *Haus für Humor und Satire,* das in aller Welt Material über den Humor der Völker sammelt, einschlägige Ausstellungen organisiert und regelmäßig eine Biennale veranstaltet, auf der Karikaturisten und Satiriker aus vielen Ländern ihre Arbeiten zeigen.

Schließlich befindet sich acht Kilometer südlich von Gabrovo, beiderseits eines Seitenflusses des Jantra, noch der ethnographische Komplex *Etyr,* der deshalb sehenswert ist, weil den bereits vorhandenen Mühlen, Schmieden, Bäckereien und Webereien noch Werkstätten und für die Zeit der bulgarischen Wiedergeburt, also das 19. Jahrhundert, typische Bürgerhäuser hinzugefügt worden sind. Man könnte den Komplex als Freilichtmuseum bezeichnen, wenn in den Werkstätten, Backstuben und Läden nicht gearbeitet und verkauft würde. Die Brunnen und Brücken und die alten Bäume machen den Ort auch landschaftlich reizvoll.

Als Moltke im Gefolge des Sultans über den **Schipka-Paß** kam, war dieser nichts anderes als ein geographischer Begriff. Von der historischen und emotionalen Bedeutung des Passes für die Bulgaren konnte Moltke freilich nichts wissen, denn diese erhielt der Paß erst vierzig Jahre später im russisch-türkischen Krieg von 1877/78. Im Juli 1877 besetzten nämlich russische Truppen den Paß, den die Türken nach anfänglich erfolgreicher Verteidigung überraschend geräumt hatten. Im August versuchte dann der türkische Feldherr Suleiman Pascha den Paß wiederzuerobern, und es kam dabei zu tagelangen heftigsten Kämpfen, wobei siebentausend Russen zusammen mit bulgarischen Landwehrleuten den Gebirgsübergang gegen dreißigtausend Türken hielten. Im Januar 1878, bei großer Kälte, kam es dann noch einmal zu beiderseits äußerst verlustreichen Kämpfen um den Paß, als die Russen nach dem Fall der türkichen Festung Pleven in Nord-Bulgarien zum entscheidenden Vorstoß nach Süden ansetzten, die türkischen Stellungen unterhalb des Passes in tiefstem Schnee umgingen und die dort verschanzten Türken zur Kapitulation zwangen.

Heute erinnern auf dem Paß, der eigentlich ein Sattel ist, einige Denkmäler und die zum Teil wiederhergestellten Infanterie- und Artillerie-Stellungen mit Geschützen aus der damaligen Zeit an die legendären Kämpfe im Zuge des russisch-türkischen Krieges, der den Bulgaren nach fünfhundert Jahren türkischer Herrschaft die nationale Unabhängigkeit wiedergebracht hat. Das größte Denkmal steht auf dem Stoletov-Gipfel, es ist eine Pyramide aus grauem Granit, zu der eine monumentale Treppe hinaufführt.

Unterhalb des Passes, bei dem Dorfe Schipka, gibt es eine weitere Erinnerung an die Kämpfe auf dem Gebirgskamm: die *Gedächtniskirche des Klosters Schipka,* deren fünf vergoldete Kuppeln weit ins Land strahlen. Sie wurde um die Jahrhundertwende aus Spenden des russischen und des bulgarischen Volkes erbaut. Auf 34 Marmorplatten sind im Innern der Kirche die Namen der am Schipka-Paß gefallenen russischen Soldaten und bulgarischen Freiwilligen eingemeißelt. Die geschnitzte und vergoldete Ikonostase und die Glocken stammen aus Moskau, die Ikonen haben die Mönche des Panteleimon-Klosters auf dem Berge Athos gemalt.

Der Schipka-Paß ist also dem Gemüte der Bulgaren außerordentlich teuer, als kampfentscheidend für den Ausgang des russisch-türkischen Krieges. Das wird auch oft behauptet, doch stimmt es nicht, denn die strategischen Entscheidungen fielen andernorts. Aber dem Gedächtnis einer Nation prägen sich in entscheidenden Phasen ihrer Geschichte offenbar am tiefsten jene Begebenheiten ein, die am stärksten Gefühl, Mitgefühl und Phantasie des Volkes erregen.

Mittelbulgarien

Das Rosental

Vom Dorfe Schipka sind es nur wenige Kilometer nach *Kasanlâk,* und da ist man dann mitten im Rosental. Ich sagte schon, daß auch unser Hauptmann aus dem fernen Norden diesen Weg genommen hat, wobei er, wie sein Brief vom 21. Mai 1837 aus Kasanlâk zeigt, geradezu ins Schwärmen geriet. »Das ganze Tal ist ein Bild des Wohlstandes und der reichsten Fruchtbarkeit«, schreibt er, »ein wahres gelobtes Land; die weiten Felder sind mit mannshohen, wogenden Halmen, die Wiesen mit zahllosen Schaf- und Büffelherden bedeckt ... die Luft ist von Wohlgerüchen erfüllt, und das ist hier nicht bildlich wie gewöhnlich in Reisebeschreibungen, sondern ganz buchstäblich zu nehmen. Kasanlâk ist das Kaschmir Europas, das türkische Güllistan, das Land der Rosen; diese Blume wird hier nicht wie bei uns in Töpfen und Gärten, sondern auf den Feldern und in Furchen wie die Kartoffel gebaut. Nun läßt sich wirklich nichts Anmutigeres denken, als solch ein Rosenacker; wenn ein Dekorationsmaler dergleichen malen wollte, so würde man ihn der Übertreibung anklagen; Millionen, ja viele Millionen von Centifolien sind über dem lichtgrünen Teppich der Rosenfelder ausgestreut, und doch ist jetzt vielleicht erst der vierte Teil der Knospen aufgebrochen. Nach dem Koran entstanden die Rosen erst während der nächtlichen Himmelfahrt des Propheten, und zwar die weißen aus seinen Schweißtropfen, die gelben aus denen seines Tiers, die roten aus denen des Gabriel; und man kommt in Kasanlâk auf die Vermutung, daß wenigstens für den Erzengel jene Fahrt sehr angreifend gewesen sein muß.«

Hundertfünfzig Jahre später gilt Moltkes Beschreibung im wesentlichen immer noch, auch wenn die Rosen jetzt nicht mehr so vorherrschen wie zur Türkenzeit. Derzeit würde, so sagte man uns, noch etwa ein Drittel der Fläche mit Rosen bepflanzt. Dafür gibt es aber weite Felder mit Rosmarin,

Lavendel, Minze und anderen Gewürz- und Heilpflanzen, die zur Blütezeit das Tal mit ihrem Duft füllen.

Wie sind die Rosen aber ins Rosental gekommen und warum haben sich hier am Fuße des Balkangebirges die Rosenplantagen entwickelt? »Wollen Sie gleich eine sachliche Antwort oder wollen Sie zunächst eine Geschichte hören?«, fragt der Mann, der uns bei unserem ersten Besuch im Rosental vor mehr als zwanzig Jahren begleitete. »Zuerst die Geschichte, denn ohne Geschichten geht es ja bei Ihnen nicht!«

»Also hören Sie: In Persien lebte einst ein Scheich mit seiner wunderschönen Tochter. Ihre einzige Freude war ihr Rosengarten, denn ihre Mutter war schon längst gestorben. Eines Tages kam ihr Vater von einem siegreichen Feldzug zurück und brachte viele Gefangene mit, darunter auch einen jungen schmucken Bulgaren. Der Scheich wollte zum Gedenken an seinen Sieg eine Moschee errichten und ließ deshalb im ganzen Lande verkünden, daß er demjenigen, der ihm die schönste und prunkvollste Moschee baue, drei Wünsche freigeben werde. Niemand wollte sich an das Unternehmen wagen, weil man die hohen Ansprüche des Scheichs kannte; nur der gefangene Bulgare, der zu Hause ein Baumeister war, trat hervor und machte sich ans Werk. Und bei der Arbeit an der Moschee erblickte er die Tochter des Scheichs, und er verliebte sich in sie und sie verliebte sich in ihn.

Als die Moschee fertig war – und sie war ein wundervolles Bauwerk –, fragte der Scheich den Bulgaren nach seinen drei Wünschen. Der erste lautete: Gebt alle Gefangenen frei. Der zweite: Gebt soviel Geld, als die Moschee gekostet hat, den Armen. Und der dritte: Gebt mir Eure Tochter zur Frau, denn wir lieben uns.

Da wurde der Scheich zornig und ließ den jungen Baumeister ins Gefängnis werfen. Aber die Tochter befreite ihren Geliebten in einer Nacht, und beide flohen in die Wüste. Der Weg war schwer, Nahrung und Wasser gingen zur Neige, die junge Schöne wurde krank und schwach und ihr Geliebter mußte sie auf seinen Händen tragen. Eines Abends sagte sie zu ihm: Ich kann nicht mehr, diese Nacht werde ich sterben. Sei nicht traurig, bleibe bei mir bis Sonnenaufgang. Des Morgens werden Rosen auf meinem Grabe blühen. Nimm sie mit nach Haus, sie werden dir Ruhm bringen und dich ewig an mich erinnern. Und so geschah es: Das Mädchen starb, der junge Mann begrub sie und bei Sonnenaufgang blühte ein ganzer Rosenstrauch auf dem Grabhügel. Der junge Bulgare weinte bitterlich, grub den Strauch aus und gelangte mit ihm glücklich in seine Heimat. Hier pflanzte er die Rosen an, und bald wurde sein Land ein großer schöner Rosengarten. Wenn Sie morgens die Rosen betrachten, werden Sie Tropfen auf ihren Blütenblättern sehen. Das ist nicht der Tau, das sind die Tränen der schönen Tochter des Scheichs aus dem Morgenland ...«

In die nüchternen Worte unserer Zeit übertragen, bedeutet das, daß die Türken die Rosenzucht nach Bulgarien gebracht haben. Dies geschah angeblich schon Ende des 14. Jahrhunderts, also in den ersten Jahren ihrer Herrschaft im Lande beiderseits des Balkangebirges. Es gibt aber auch Hinweise, daß die Rosen erst später, im 16. Jahrhundert an den Fuß des Balkangebirges gelangten.

Und die Tränen der Schönen aus dem Morgenlande auf den Rosenblättern – sie sind nicht nur dazu da, unserer Geschichte eine rührende Schlußpointe aufzusetzen, sie haben einen realen Hintergrund. Die Rosenblätter werden tunlichst vor Sonnenaufgang gepflückt, wenn der Tau noch auf den Blättern liegt. Denn das Wasser in der Blüte, so belehrt man uns, erhält das Aroma.

Überhaupt das Wasser, die Feuchtigkeit: Hier scheint der Schlüssel zum Geheimnis der Rosen im Rosental zu liegen. Die Rose, jedenfalls die Rose von Kasanlâk, also die Spezies, die aus der Rose von Damaskus entwickelt wurde und große, zartrosa gefärbte Kranzblätter trägt, die Spezies, die sich hier wohlfühlt, liebt den Regen in der Blütezeit. Dieser wird ihr am Fuße der *Stara Planina,* des Alten Gebirges, wie das Balkangebirge in der Landessprache heißt, reichlich zuteil. Außerdem mag sie häufige und große Temperaturschwankungen. Die unterste Grenze ist bei minus 15, oberste bei 20 bis 25 Grad Celsius. Weder die kalten noch die heißen Tage sollten zu lange dauern, da unsere Rose den Wechsel liebt.

Auf der Fahrt durch das Rosental stellten wir bald fest, daß es Rosenromantiker und Rosenskeptiker gibt. Letztere argumentieren in etwa: »Eine Rose – zauberhaft. Ein Rosenstrauch – wunderschön. Aber ganze Felder von Rosen, und Rosenblüten zu pflücken, sie in Säcke zu stopfen und dann zu destillieren – eine schreckliche Sache. Denken Sie daran, daß man für ein Gramm Rosenöl zweitausend Rosenblüten braucht, und für ein Kilogramm Rosenöl zweieinhalb bis drei Tonnen Blüten. Da kann man sich doch nur abwenden.«

»Aber es muß doch schön sein, bei Sonnenaufgang, wenn der Tau auf den Büschen liegt und die Vögel zwitschern, die Rosen zu pflücken.« Es trifft uns ein etwas mitleidiger Blick: »Fragen Sie die Rosenpflückerinnen, die werden Ihnen etwas erzählen. Zum Beispiel vom Aufstehen bei Dunkelheit, von der morgendlichen Kälte in den Feldern, von den Dornen und dem mühseligen Pflücken.«

»Und die Rosenpflückerinnen singen nicht, wenn die Morgenröte den Himmel im Osten färbt und eine neuer Tag anbricht?« »Die Rosenpflückerinnen singen mitnichten, sie reiben sich ihre erstarrten Finger und wischen sich ihre tropfende Nase und warten auf die ersten wärmenden Strahlen der Sonne.«

»Aber das Rosenpflückerinnen-Lied?«

»Das Rosenpflückerinnen-Lied, das Sie gehört haben, stammt von Herrn Emanuel Manoloff aus Kasanlâk und gesungen hat es der Mädchenchor einer Landwirtschafts-Genossenschaft. Natürlich gibt es heute auch eine Rosenerntefest und eine ›Miss Rose‹ und Umzüge, und die Bestarbeiterin der Rosenpflückerinnen wird in eine Tracht gesteckt, aber das ist halt so der Schnickschnack, der heutzutage sein muß.«

Früher kamen zur Rosenernte Wanderarbeiterinnen von weit her, heute mobilisiert man zwischen Mitte Mai und Mitte Juni, wenn die Blüten abgenommen werden, die Arbeiter und Arbeiterinnen der fünf staatlichen Agrarkombinate, die sich im Rosental mit dem Rosenanbau beschäftigen. Außerdem werden durch die Fachschulen des Gebietes Studentenbrigaden gebildet. So ist die Rosenernte eher eine Sache der Organisation als der Romantik. Das Rosenöl selbst wird von der staatlichen ›Farmachim‹ in ihren Destillationsbetrieben gewonnen. Die Rosenblätter werden zerpflückt und die Blätter, stark genäßt, in Destillationsapparate geschüttet, aus denen das kondensierte Rosenwasser in Glasflaschen abtröpfelt. Hier setzt sich dann oben eine dünne Ölschicht ab, die wie Gänseschmalz aussieht, und mit kleinen Löffeln sorgfältig abgeschöpft wird. Das Rosenwasser, das zurückbleibt, wird im Lande für die Rosenmarmelade verwendet, außerdem gilt es in der Volksmedizin als Heilmittel gegen Leber- und Gallenbeschwerden. Sehr beliebt ist das Rosenwasser als Duftzusatz im Vorderen Orient, wohin die Bulgaren es exportieren. Ebenso das Rosenwachs, das an den Händen der Rosenpflückerinnen kleben bleibt. Es wird mit einer Spachtel sorgfältig abgeschabt und zu kleinen Kugeln geformt; so dient es in den vornehmen Häusern der arabischen Länder als Quelle zarten Dufts.

Das Hauptprodukt aber ist das Rosenöl. Wieviel davon im Jahr produziert wird, wird nicht mitgeteilt, auch sind die Ernten in Menge und Güte verschieden. Entsprechend schwankt auch der Preis des Rosenöls auf den Hauptmärkten in Paris und New York von Jahr zu Jahr, wie beim Gold. Um von diesen Schwankungen unabhängig zu sein, sind die Bulgaren in den letzten Jahren dazu übergegangen, mittels französischer Lizenzen selbst Parfums und Kosmetika herzustellen. In Kasanlâk kann man Proben davon erstehen. Man ist also nicht mehr, wie Moltke, auf den Erwerb des Rosenöls selbst angewiesen, unter Umständen, um ihn ein letztes Mal zu zitieren, mit Folgen: »Ich hatte mir einen Vorrat Rosenöl mitgenommen, und da ich genötigt war, einen Tag mit der Flasche in der Tasche zu reiten, so duftete ich auch acht Tage wie ein Rosenstock.«

Heute braucht man nicht mehr durch das Rosental zu reiten, heute fährt man auf einer breiten Asphaltstraße, die Sofia mit dem Schwarzen Meer verbindet. Am Südfuße des Balkangebirges und in den Städtchen sind Fabriken und Wohnblocks entstanden, die sich in dieser Landschaft nicht immer sehr gut ausnehmen. Aber wenn ich ein Wort zur Charakterisierung des Rosentals wählen sollte, dann würde ich diese Landschaft auch heute noch als »anmutig« bezeichnen. Denn sie ist voller

Leichtigkeit und Heiterkeit; wenn am Morgen der Wind von den Hängen des Gebirges herabkommt und die Blätter der Silberpappeln wendet, wenn die Esel in den Höfen ihren Jammer zum Himmel schreien, wenn ein barfüßiges Mädchen durch die schmale staubige Straße die Schafe auf die Weide treibt, und wenn vor den kleinen Cafés die alten Männer mit den gewaltigen grauen Schnauzbärten in die Sonne blinzeln, dann hat man einen Eindruck von dem, was das Rosental bedeutet.

Das Thrakische Grabmal

Was ich im folgenden beschreibe, habe ich im Original nicht gesehen, denn das Thrakische *Grabmal von Kasanlâk* ist schon seit Jahren dem Reisepublikum nicht mehr zugänglich. Mit Recht, denn im Zeitalter des Massentourismus müßten die aus dem 4. Jahrhundert v. Chr. stammenden Wandmalereien durch das ständige Kommen und Gehen von Besuchern unweigerlich leiden, trotz Klimaanlage und sonstigen Schutzmaßnahmen.

Einen Eindruck von der Grabanlage erhält man dennoch, und zwar durch die Nachbildung, die 1975 unweit des Originals in einem Park am Rande von Kasanlâk errichtet worden ist und in Kuppeln und an Wänden Kopien der berühmten Fresken zeigt. Eine ähnliche Nachbildung ist übrigens auch in Sofia zu finden, im Ikonenmuseum in der Alexander-Newski-Kathedrale. Aber hier an Ort und Stelle ist ihre Atmosphäre stärker und vermittelt einen unmittelbaren Eindruck vom originalen Bauwerk.

Das Grabmal ist eines der dreizehn thrakischen Kuppelgräber, die bisher auf bulgarischem Boden ergraben worden sind. Darunter sind größere Grabbauten, aber der von Kasanlâk ist durch seine Wandmalereien ganz einzigartig. Es wurde 1944 entdeckt, als man während des Krieges in einem sieben Meter hohen Grabhügel einen Luftschutzraum ausheben wollte. Der Grabhügel, der einen Durchmesser von vierzig Meter hatte, ist inzwischen abgetragen worden. Das Grab von Kasanlâk wurde wahrscheinlich schon in der Antike aufgebrochen und beraubt, denn von den Grabbeigaben war kaum mehr etwas zu entdecken. Aber in den folgenden zwei Jahrtausenden muß die Grabkammer unter dem mächtigen Hügel unberührt geblieben sein, denn die Fresken wiesen nicht die geringste Beschädigung oder irgendwelche Witterungseinflüsse auf. Die Farben – das stark vorherrschende pompeianische Rot vor allem – haben sich, das kann den Kopien entnommen werden, erstaunlich frisch erhalten. Die Komposition der Szenen im Gang zur Grabkammer und in der Kammer selbst bezeugt das Können des unbekannten Malers.

Die Anlage besteht aus drei Teilen, wie es für Gräber von Angehörigen der thrakischen Stammesaristokratie üblich war. An einen Vorraum für den Kampfwagen und die Pferde, die ihren Herrn ins Jenseits begleiteten, schließt sich ein Korridor

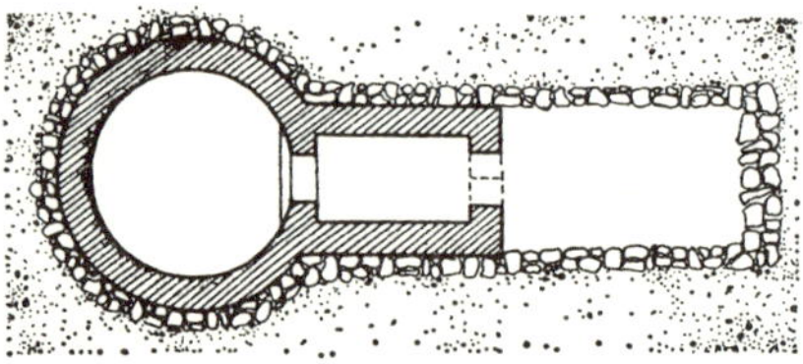

an, in dem Kleidung und Beigaben für das zweite Leben des Verstorbenen untergebracht waren. Dieser mündet in die runde Grabkammer ein, die 2,62 Meter im Durchmesser mißt

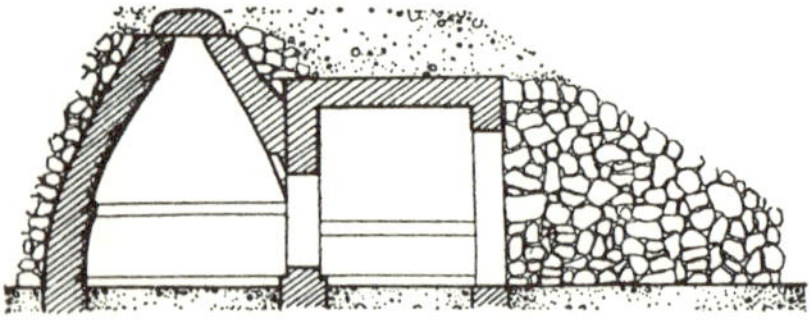

und die eine 3,25 Meter hohe Kuppel in Form eines Bienenkorbes trägt. Die Dimensionen des Grabmales sind also bescheiden, und als ich die Nachbildung betrat, war ich auch von der Enge des Raumes überrascht. Aber um so intimer wirkt er, um so stärker kommt seine Abgeschiedenheit vom Leben außerhalb zum Ausdruck, um so überzeugender ist er in seiner Funktion als Vorraum zum Jenseits.

Der Schöpfer der Fresken muß vor allem ein Meister der Farben gewesen sein. Das schon erwähnte pompeianische Rot an den Wänden und das zarte Gelb und Grün der Friese verleihen schon dem Vorraum und dem Korridor eine feierliche Aura. Dieser Grundton setzt sich in der Grabkammer fort. Was die Wandmalereien alles darstellen sollen, darüber gingen die Meinungen lange Zeit auseinander. Jetzt neigen die Gelehrten in der Mehrheit dazu, das Thema des großen Frieses als Abschiedsmahl zu deuten: Der thrakische Heerführer, der hier bestattet wurde, sitzt auf einem dreibeinigen Stuhl, vor ihm auf einem Tisch Speisen und Früchte. Er hat das Gesicht mit den dunklen Augen seiner Frau zugewandt und seine ausgestreckte Linke berührt sanft die rechte Hand seiner Frau, deren Züge von Trauer gezeichnet sind. Auf beide bewegt sich ein feierlicher Zug von Menschen, Pferden, Dienern und Musikanten zu – als Kontrast zur Abschiedsszene eine Darstellung der Schönheit und der Freuden des irdischen Lebens.

Wie immer man diese so nobel empfundenen und anschaulich gemalten Szenen interpretieren will – wir solllten damit zufrieden sein, daß uns dieses Grabmal erhalten geblieben ist und uns einen Einblick in die thrakische Vergangenheit Bulgariens ermöglicht, die man erst in den letzten Jahrzehnten genauer zu erforschen begann.

Aber was ist nun an den Fresken von Kasanlâk das besonders Thrakische? Die Komposition weiche vom hellenistischen Kanon ab, behaupten Sachkenner, weil sie von der architektonischen Form des Kuppelbaus beeinflußt sei, die der griechischen Kunst der damaligen Zeit fremd war. Auch ließen Details in der Darstellung der Personen auf Sitten und Lebensumstände schließen, die nicht allgemein griechische waren, sondern östliche Einflüsse verrieten.

Insgesamt könnte man sagen, daß die Wandmalereien in der Grabkammer dieses thrakischen Edlen griechische Kunst sind, in der sich allerdings etwas von den Lebensformen in jenem Randgebiet der damaligen zivilisierten Welt widerspiegelt. Und je nachdem, welche Elemente der Fresken man mehr betonen möchte, kann man ihren Schöpfer mehr der griechischen Kunst oder einer thrakischen Spielart zurechnen.

Das Grabmal von Kasanlâk ist die spektakulärste Hinterlassenschaft eines thrakischen Stammes, die bisher auf dem Gebiete des heutigen Bulgarien entdeckt worden ist. Da die Bulgaren außer dem Reitervolk der Proto-Bulgaren und den bis auf den Balkan vorgedrungenen slawischen Stämmen auch die Thraker als ihre Urväter betrachten, wird jetzt ihrer Erforschung und den ergrabenen Zeugnissen ihres Daseins große Aufmerksamkeit geschenkt. Weil immer neue Funde gemacht werden – allein in den letzten Jahren sind in Nordost-Bulgarien zwei thrakische Nekropolen ausgegraben und ein Silberschatz zutage gefördert worden, der als der größte und vollständigste der bisher aufgefundenen gilt –, ist dem Besucher zu empfehlen, sich stets nach neuen Ausgrabungen zu erkundigen. Im national-historischen Museum in Sofia zum Beispiel, aber nicht nur dort, sondern auch in der Provinz. Denn die Funde bleiben oft in den Museen des Bezirkes, in dem man auf sie gestoßen ist. Der erwähnte Silberschatz wird jetzt, nachdem er in Sofia ausgestellt war, im Museum von Vraca bewahrt, in Nordwest-Bulgarien, wohin Ausländer nur selten kommen. Wer also diese kunstvoll ornamentierten Krüge, Schalen, Becher und Schmuckstücke aus dem fünften und vierten vorchristlichen Jahrhundert sehen möchte, die wahrscheinlich vergraben wurden, als Philipp von Makedonien und Alexander der Große die Thraker unterwarfen, der muß sich jetzt schon nach Vraca bemühen. Allein der Krug mit der auf einem Löwen reitenden Göttin, eine thrakische Artemis mit Pfeil und Bogen, könnte schon zu einer Fahrt dorthin verlocken.

Koprivschtiza – Die reichen Händler

Von den vielen Gebirgen Bulgariens ist die *Sredna Gora* das harmloseste und gemütlichste. Mit seinen runden Kuppen, den ausgedehnten Weiden, den Buchen-, Birken- und Tannenwäldern zieht es sich zwischen der mächtigen Balkankette und der fruchtbaren Thrakischen Ebene dahin, nicht zu hoch und nicht zu niedrig, keine Herausforderung für ehrgeizige Bergsteiger, eher eine Einladung für geruhsame Wanderer. Sein höchster Gipfel, der Berg *Bogdan*, benannt nach einem legendären Haiducken, ist zwar 1604 Meter hoch, aber man merkt das kaum. Ebensowenig würde man glauben, daß das Städtchen *Koprivschtiza*, unser heutiges Ziel auf der Fahrt aus dem Rosental nach Sofia, 1060 Meter über dem Meeresspiegel liegt, so unmerklich steigt die Straße dorthin an. Nur gegen Abend, wenn die Wärme des Tages schnell von einer empfindlichen Kühle abgelöst wird und man den frischen Duft der umliegenden Wiesen und des Waldes spürt, weiß man, daß man in den Bergen ist.

Den Abstecher nach Koprivschtiza haben wir aber weniger der Gebirgslandschaft als der Architektur des Ortes wegen gemacht. Es gibt hier, in Bulgarien eher eine Seltenheit, ein beinahe geschlossenes Stadtbild, geprägt von Bürgerhäusern aus dem vergangenen Jahrhundert, die, so verschieden sie untereinander auch sein mögen, doch einen bestimmten Stil haben, der pauschal als der Bulgarische bezeichnet wird.

Es sind alles ein- oder zweistöckige Holzhäuser mit Erkern und Veranden, manchmal von hohen Steinmauern umgeben, durch die ein überdachtes Holztor führt. Es sind meist große Häuser, die durch ihre Räumlichkeiten und die Ausstattung vom Reichtum ihrer Eigentümer zeugen. Es sind farbenprächtige Häuser, die Fronten blau oder rot gestrichen, die Fensterläden tief braun, die Schornsteine weiß, die Giebel mit Ornamenten verziert und darüber das Rot der gewölbten Dachziegel. So ziehen sie sich an den sanft geneigten Hängen hoch – in der Sonne dieses makellosen Tages ein Bild der Harmonie und Heiterkeit.

Die gesamte Szenerie wirkt jedoch recht museal, denn das Leben ist längst aus den schmalen Gassen und den imposanten Häusern gewichen. Die Zeiten von Ruhm und Reichtum von Koprivschtiza sind dahin, geblieben sind nur die Zeugnisse des einstigen Wohlstandes. Sie stehen heute unter Denkmalschutz.

Es wohnen noch etwa dreitausend Menschen in dem Städtchen. Um die Mitte des vorigen Jahrhunderts waren es beinahe zwölftausend. Woher aber kam der Reichtum Koprivschtizas, das doch so abseits aller großen Straßen und Verbindungswege liegt? Eben aus dieser Lage in einem Gebiet, das für die Türken eher uninteressant war. Die Sage will zwar wissen, daß der mächtige Sultan von der Schönheit einer jungen Bulgarin so betört war, daß er ihrem Wunsche entsprach und Koprivschtiza große Privilegien zugestand, die praktisch Autonomie bedeuteten. Die Einwohner der Stadt durften zu Pferde reiten und Waffen tragen, hatten ihre eigene Ortsverwaltung, der sogar der Müdür, der Vertreter der türkischen Staatsgewalt und seine Gendarmen unterstanden, und Türken durften nur mit Genehmigung des Sultans das Städtchen passieren, oder die Nacht dort verbringen. Koprivschtiza also war, um es in unserer Sprache zu sagen, gleichsam reichsunmittelbar.

Aller Wahrscheinlichkeit nach war es jedoch nicht die junge Schöne, die dies bewirkte, sondern die Hohe Pforte folgte dabei ihren ureigensten Interessen. Koprivschtiza und seine Einwohner waren für die Türken vor allem wirtschaftlich wichtig. Die Weiden in der Sredna Gora waren voller Schafe, und die Leute von Koprivschtiza, oder besser gesagt, ihre Frauen, stellten aus der Wolle Stoffe, Hosen, Strümpfe, Teppiche, Decken her. Die Männer verkauften diese Waren im ganzen großen türkischen Reich, und die Karawanen der ›Abadschis‹ von Koprivschtiza, wie die Wollhändler hießen, zogen, wenn der Herbst kam, bis nach Vorderasien. Auch der Viehhandel florierte. Die ›Djelepis‹ kauften in Bulgarien, Makedonien und Serbien Schafe auf, ließen sie den Sommer über auf den Weiden der Sredna Gora und des Balkangebirges fett werden und verkauften sie dann zum Bairam-Fest in der ganzen Levante.

Koprivschtiza gedieh und blühte bei diesen Geschäften. Aber nicht nur das; es war den anderen Städten in Bulgarien auch kulturell voraus. Die Kontakte mit der Außenwelt, wenn auch vornehmlich im Rahmen des türkischen Reiches, brachten den Einwohnern des Städtchens Erfahrungen von draußen. So wirkten hier frühzeitig Ärzte, die im Ausland studiert hatten, und es gab auch eine Apotheke, die noch heute zu sehen ist. Ebenso gab es hier die erste Schule mit mehreren Klassen in Bulgarien. In einem um die Mitte des vorigen Jahrhunderts geschaffenen ›Tschitalischte‹, einer Art Kulturhaus, lasen die Schullehrer den übrigen Bewohnern aus den im Lande erschienenen oder aus Rumänien und Serbien eingeschmuggelten bulgarischen Emigrantenzeitschriften vor.

Kein Wunder, daß in Koprivschtiza am berühmten 20. April 1876 die Glocken das Signal zum Aufstand gegen die türkische Herrschaft gaben. Es war zu früh, die Vorbereitungen waren noch nicht abgeschlossen, und die Erhebung erfaßte nicht alle Teile Bulgariens. Die Türken schlugen den Aufstand mit einer Grausamkeit nieder, die die Weltöffentlichkeit empörte und das Schicksal der Bulgaren zu einer europäischen Sache machte. Nach dem Fehlschlag der internationalen Konferenz in Istanbul, die den christlichen Völkern im Osmanen-Reich hätte Reformen bringen sollen, erklärte das zaristische Rußland ein Jahr nach dem bulgarischen Aufstand der Türkei den Krieg, und am 29. Dezember 1877 kam auch für Koprivschtiza die Befreiung von der türkischen Herrschaft.

Die Erfüllung ihres Jahrhunderte alten Traumes bedeutete allerdings für die Wollweber, Händler und Viehtreiber von Koprivschtiza den wirtschaftlichen Ruin. Der Handel ging andere Wege, die handgefertigten Stoffe konnten der Konkurrenz der maschinell erzeugten Waren aus dem europäischen Westen nicht standhalten. Koprivschtiza begann sich zu entvölkern, die schönen Häuser blieben leer und verfielen. In den Gärten hinter den hohen Steinmauern wucherte das Unkraut. Auch das neue Regime hat dem Städtchen nach dem Zweiten Weltkrieg kein frisches Leben einhauchen können, obwohl es einen kleinen holzverarbeitenden Betrieb dorthin verlegte. Es hat aber Koprivschtiza zu einer Museumsstadt erklärt und wendet viel Geld darauf, die Bürgerhäuser, die für die bulgarische Architektur des 19. Jahrhunderts so charakteristisch sind, zu erhalten. Es wäre auch ein Jammer, wenn sie weiter verfielen. Die meisten der sehenswerten Bauten stammen entweder aus der ersten Hälfte des 19. Jahrhunderts oder aus den Jahren zwischen dem Krimkrieg 1856 und der Befreiung Bulgariens 1878, den zwei Jahrzehnten des größten Wohlstandes der Bürger. Die Häuser tragen klingende Namen, sie sind nach den Familien benannt, die sie einst bewohnten: Benkovsky und Hadjistojanov, Debeljanov, Djogobanov und Oslekov, Staridev, Staikov und wie sie sonst noch heißen.

Die Häuser der früheren Periode unterscheiden sich von den späteren vor allem dadurch, daß ihr ländlicher Charakter noch stärker ausgeprägt ist. Das gemauerte Untergeschoß diente oft als Stall oder Scheune, und die Wohnräume befanden sich im oberen Stockwerk, das ganz aus Holz gebaut und mit einer offenen Veranda versehen war. Die Häuser der zweiten Epoche besitzen schon eher städtischen Charakter, sie sind nun durchwegs zweistöckig, das obere Stockwerk ist oft vorgebaut oder wird von schlanken Holzsäulen getragen, und hat viele breite Fenster, die das Licht voll in die Wohnräume fallen lassen. Wer seinem Haus nach außen noch eine besondere Note geben wollte, ließ die Fassade zur Straße hin mit bunten Ornamenten schmücken.

Im Inneren wetteiferte man in kostbarer Ausstattung. Holzschnitzer müssen damals gesuchte Leute gewesen sein. Man legte offensichtlich großen Wert auf kunstvoll gearbeitete Treppengeländer und mit allerlei Symbolen versehene Kassetten-Decken. Eine der schönsten befindet sich im Haus Oslekov, in dem heute das ethnographische Museum untergebracht ist. Die Häuser waren durchwegs geräumig, da sie ja eine Großfamilie beherbergen mußten. Das Haus »Todor Kabletschkov« zum Beispiel, 1845 erbaut, zählt, abgesehen von den Wirtschaftsräumen, zehn Zimmer, zwei größere Salons und einen sehr geräumigen Erker.

Das Reizvollste an der Szenerie von Koprivschtiza aber ist, daß kein Haus dem anderen gleicht, obwohl sie alle einen gemeinsamen Stil zeigen. Jedes hat sein eigenes Gesicht, seinen individuellen Charakter. Und alle fügen sich organisch in das Bild dieser sanften Landschaft ein.

Eindruckvolle und wohl ausgestattete Häuser reicher Kaufleute, Händler und Handwerker haben wir schon in Arbanassi bei Târnovo und auch in Târnovo selbst gesehen, wir werden sie noch in Melnik zu sehen bekommen und vor allem auch in Plovdiv. Das wirft die Frage auf: Wie waren die Lebensverhältnisse der christlichen Bulgaren unter dem »türkischen Joch« wirklich, und sind die »türkischen Greuel«, die in der zweiten Hälfte des vorigen Jahrhunderts ganz Europa auf den Plan riefen, charakteristisch für die ganzen fünfhundert Jahre der osmanischen Herrschaft? Ich glaube, ich überlasse in dieser heiklen Frage einem zuständigeren Mann das Wort, dem deutschen Balkanologen Edgar Hösch. »Die bewunderungswürdige organisatorische und staatsmännische Leistung der Osmanen in der Führung und Bewahrung eines riesigen Vielvölkerreiches während mehrerer Jahrhunderte hat naturgemäß im historischen Bewußtsein der betroffenen Balkanvölker nicht die gebührende Beachtung und unvoreingenommene Würdigung finden können. Die offensichtlichen Verfallserscheinungen der Spätzeit haben einen nachhaltigen Eindruck hinterlassen und einer aus der Erbitterung der Freiheitskämpfe verständlichen Türkengreuel-Propaganda immer wieder Nahrung gegeben, die bis in die unmittelbare Gegenwart hinein das Ansehen der osmanischen Fremdherrschaft verdunkelt hat ... Es gehört zu den Eigentümlichkeiten der Herrschaftsordnung der Osmanen, daß sie eine absolutistische und streng militaristische Regierungsform mit einer weitgehenden Kultur- und Verwaltungsautonomie der unterworfenen Bevölkerung zu einem funktionierenden Ganzen zu verbinden wußten.«

Von dieser Kultur- und Verwaltungsautonomie haben in erster Linie die christlichen Religionsgemeinschaften, vor allem die orthodoxe Kirche und jene Bevölkerungsschichten profitiert, die mit Handel, Gewerbe, Handwerk und Geldwesen zu tun hatten – Tätigkeiten, die der dünnen osmanischen Herrenschicht fremd waren. Es blühten unter der ›Rajah‹, der Herde, wie die christlichen Untertanen bezeichnet wurden, das Zunftwesen, und Orte wie Koprivschtiza, Arbanassi und so weiter, genossen weitgehende Privilegien, die ihnen sogar noch während der Freiheitskämpfe einen gewissen Schutz bedeuteten.

Allerdings darf nicht vergessen werden, daß sich mit dem Verfall der Zentralgewalt der Hohen Pforte und den immer selbstherrlicher werdenden lokalen Paschas Willkür, Korruption, Unterdrückung und Anarchie ausbreiteten, worunter die Mehrheit der nichtmuslimischen Bevölkerung außerordentlich zu leiden hatte. So wurden im 19. Jahrhundert besonders die Bulgaren von den ›Kirdshalis‹ drangsaliert, Banden von desertierten und entlassenen Soldaten und gewöhnlichen Räubern, mit denen die lokalen Potentaten entweder nicht fertig wurden oder die sie für ihre internen Kämpfe sogar in Dienst nahmen. Fügt man dem noch die brutale Unterdrückung des Aufstandsversuches von 1876 dazu – es wurden dabei ganze Dörfer ausgerottet und zwischen zehn- und fünfzehntausend unschuldiger Menschen erschlagen –, dann versteht man die Klagen der Bulgaren über die Leiden, die sie in dieser Zeit zu erdulden hatten und auch die Anteilnahme, die dem Schicksal des unglücklichen Volkes in der europäischen Öffentlichkeit damals zuteil wurde.

Sofia

Hauptstadt im Umbruch

Mit den Hauptstädten auf dem Balkan konnte man es sich früher sehr einfach machen. Belgrad, das war echter Balkan, oder was man sich darunter vorstellte; die Stadt eher ein großes Dorf, das bäuerliche Element dominierend, das urbane nur aufgesetzt, das öffentliche Leben undurchschaubar, sonst aber erfüllt von einer Atmosphäre von Großzügigkeit und augenzwinkernder Toleranz. Bukarest war Klein-Paris, leichtfertig, zynisch, frivol, bestechlich, eine Stadt der großen Allüre, die allerhand Fragwürdiges zu verdecken hatte, eine giftige Blüte auf einem schön schillernden Sumpf. Und Sofia? Da war man sich schnell einig: brav und bieder, überhaupt nicht aufregend, stellenweise mit einem versteckten Charme, aber im großen und ganzen doch eher langweilig.

Das stimmt heute nicht mehr. Alle drei Hauptstädte sind enorm gewachsen, und das allein verändert bereits die Atmosphäre. Belgrad ist eine Anderthalb-Millionen-Stadt geworden, Bukarest hat die Zwei-Millionen-Grenze erreicht und Sofia zählt jetzt auch bereits eine Million Einwohner. Gemeinsam sind allen dreien die neuen Wohnbezirke an den Rändern, die Betonblocks und Hochhäuser, die den Kern der Stadt einschließen, wie es einstmals die Wehrmauern, Wälle und Bastionen getan haben.

Und innerhalb dieses Ringes hat das Leben einen neuen und anderen Rhythmus bekommen. In Belgrad ist es hektisch, rücksichtslos und brutal geworden, so als fürchte jeder, auf der Strecke zu bleiben, wenn er nicht seine Ellbogen einsetzt. Über Bukarest ein einigermaßen gültiges Urteil zu fällen, ist derzeit schwer, weil es nach dem Willen Nicolaie Ceaușescus ein neues, »sozialistisches« Gesicht erhalten soll und im Zuge dieser Umgestaltung ganze Straßenzüge abgerissen werden.

In Sofias Innenstadt hingegen hat sich trotz des Bevölkerungszuwachses und der Verkehrsschwierigkeiten – in den Geschäften und Büros gibt es gestaffelte Arbeitszeiten, weil

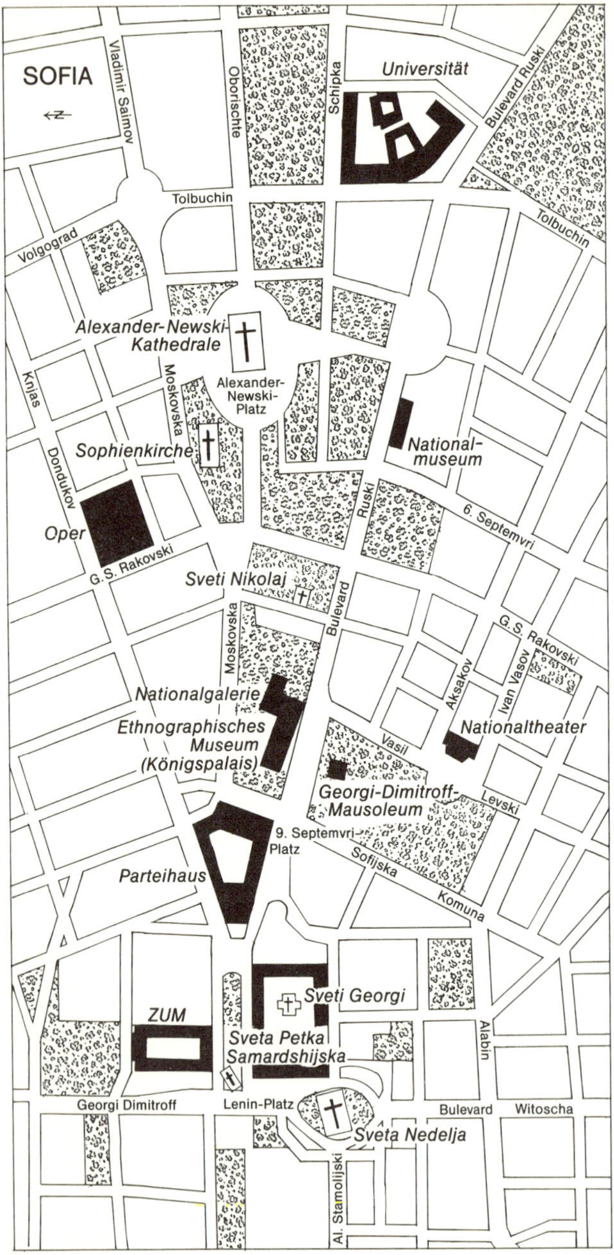
SOFIA
Vladimir Saimov
Oborischte
Schipka
Universität
Bulevard Ruski
Tolbuchin
Volgograd
Tolbuchin
Alexander-Newski-
Kathedrale
Alexander-
Newski-
Platz
Moskovska
Knjas
Dondukov
Sophienkirche
National-
museum
Ruski
6. Septemvri
Oper
G.S. Rakovski
Sveti Nikolaj
Bulevard
Moskovska
G.S. Rakovski
Aksakov
Ivan Vasov
Nationalgalerie
Ethnographisches
Museum
(Königspalais)
Nationaltheater
Vasil
Levski
Georgi-Dimitroff-
Mausoleum
9. Septemvri-
Platz
Sofijska
Komuna
Parteihaus
Sveti Georgi
ZUM
Sveta Petka
Samardshijska
Alabin
Georgi Dimitroff
Lenin-Platz
Bulevard
Witoscha
Sveta Nedelja
Al. Stamolijski

die veralteten Verkehrsmittel den Zustrom der Werktätigen zum gleichen Zeitpunkt nicht bewältigen würden –, in Sofia hat sich noch eine gewisse Geruhsamkeit erhalten. Geht das vielleicht von dem gelben Klinkerpflaster aus, das eher für Flanieren, Pferdehufe und Kutschenräder geschaffen zu sein scheint, als für schnell dahingleitende Autos? Die Plätze und Straßen, in denen es noch existiert, sind jetzt zum größten Teil in eine Fußgängerzone einbezogen, was zur ›Gemütlichkeit‹ des Zentrums zusätzlich beiträgt.

Wenn ich vom Zentrum spreche, dann meine ich den Bereich zwischen dem Lenin-Platz und der Kirche Sveta Nedelja, um die sich der Verkehr herumschlängeln muß, einerseits und der Universität andererseits, um den Platz des 9. September und rechts und links vom Boulevard Ruski, also das Gebiet, in dem sich das ehemalige Königspalais, das Nationaltheater und die Oper, die alte Kirche der Heiligen Sophia und die Alexander-Newski-Kathedrale, der Sitz des Patriarchen, das Parlament und schließlich auch das im Stil der Stalin-Zeit gebaute Warenhaus Zum, das Parteigebäude und das Dimitroff-Mausoleum befinden. Hier schlägt sich noch immer etwas vom Charakter der Bulgaren nieder, deren Temperament nicht nach außen gekehrt ist und die auch dort, wo sie in Massen auftreten, keinen Trubel verursachen, denen nervöse Betriebsamkeit ebenso fremd ist, wie Angeberei und falsche Ambitionen. Und doch hat sich in der Atmosphäre von Sofia etwas Entscheidendes geändert. Die bulgarische Frau, in erster Linie die junge Frau, tritt viel stärker ins Bild dieser Stadt, sie beeinflußt durch ihre äußere Erscheinung und ihr selbstbewußtes Auftreten ganz wesentlich das Ambiente in den Cafés und Restaurants, in den Parks und in den Geschäften – es ist, als ginge von ihr in dieser Stadt eine neue Lebensart aus. Dies gilt nicht nur für ihr Auftreten in der Öffentlichkeit, sondern auch für ihre Stellung in der Familie. Meine Vermutung, daß nämlich die wahre Revolution in Bulgarien die der Frau war, findet sich bestätigt.

Bevor wir uns aber weiter mit dem heutigen Sofia beschäftigen, müssen wir einen Abstecher in seine Geschichte machen. Es ist merkwürdig: die Stadt sieht aus, als ob sie erst aus dem vorigen Jahrhundert stammen würde, obwohl doch ihre Wurzeln tief in die Jahrhunderte zurückreichen. Ihr erster verbürgter Name war Serdica und leitete sich von einem thrakischen Stamm ab, der sich in ihrem Umland niedergelassen hatte. Die Römer förderten seit Trajan die Stadt und machten unter Kaiser Aurelian Serdica zur Hauptstadt ihrer neugeschaffenen Provinz Dacia Mediterranea, und als sich der Bulgaren-Fürst Khan Krum ihrer bemächtigte, gab er ihr den slawischen Namen Sredez. Sofia hieß sie seit dem zweiten bulgarischen Reich, aber sie spielte politisch noch keine Rolle, denn die Hauptstädte der bulgarischen Reiche bis zum Einbruch der Osmanen waren ja bekanntlich Pliska, Preslav und Târnovo. Erst als die Türken Bulgarien ihrem Reich einverleibten, machten sie Sofia zum Sitz des Begler-Begs von Rumelien, des Generalgouvernements für den größten Teil ihres damaligen Herrschaftsgebietes auf dem Balkan. Der Satz in einem bulgarischen Geschichtsbuch: »Mit der Eroberung Sofias durch die Osmanen im Jahre 1386 war der Entwicklung der Stadt ein Ende gesetzt, sie begann zu verfallen«, stimmt einfach nicht; das kann man schon den ›Briefen aus dem Orient‹ der mutigen Lady Mary Montagu entnehmen, die im Winter 1716/1717 von Wien über Budapest, Belgrad und Sofia reiste und die spätere bulgarische Hauptstadt als »sehr groß und sehr volkreich« beschreibt und ihre heißen Bäder wegen ihrer Heilkraft rühmt.

Für das Bild Sofias im Jahre 1878 haben wir einen unverdächtigen Zeugen, den österreichischen Geographen und Reiseschriftsteller Friedrich Kanitz. Er schreibt: »Am 4. Jänner 1878 mittags hielt der [russische] General Gurko an der Spitze seiner siegreichen Truppen unter Musik, Gesang und dem Jubel der von banger Sorge erlösten Bevölkerung seinen Einzug in Sofias Mauern und Kathedrale, in welcher ein erhebender Gottesdienst gefeiert wurde. Seit 1434, also genau durch volle 444 Jahre, betrat keines christlichen Soldaten Fuß die thrakische Hauptstadt ... Da die Bulgaren schon lange Wohnungsmangel litten, nahmen mehrere hundert christliche Familien sofort Besitz von den Häusern der mit den Osmanen abgezogenen Moslems, wodurch sie der Vernichtung entgingen, welcher die türkischen Viertel bald anheim fielen. Durch Feuersbrünste und absichtlich von Russen und Bulgaren gemeinsam ausgeführte Demolierungen wurden achthundertsiebzig türkische und acht jüdische Häuser, alle Tülbeler (Grabkapellen), die meisten kleinen und acht große Moscheen zerstört; von den erhaltenen vierzehn aber dreizehn für militärische Zwecke verwendet ... Auch der dem reichen Israeliten Farchi gehörende Han, den Baron Hirsch während des serbischen Krieges in ein Musterhospital umwandeln ließ, wurde zerstört, und gleiches Los teilten die zwei Gassen inmitten der Stadt, in welcher türkische Gerber das größtenteils zum Export nach Österreich bestimmte Safian-Leder zubereiteten. Auf den rasierten Plätzen errichteten die Brotlieferanten für das russische Feldlager ihre Bäckerei. Ein am 10. Dezember 1878 ausgebrochener furchtbarer Orkan vollendete das traurige Vernichtungswerk.«

Der genaue Herr Kanitz gibt uns auch die Einwohnerzahl Sofias 1879, also ein Jahr nach der Befreiung an: 500 Türken, 200 Zigeuner, 50 Tataren, 7700 Christen, 4250 Israeliten, 500 Fremde, insgesamt 13 200 Menschen.

Hundert Jahre später ist aus diesem kleinen Sofia eine Millionen-Stadt geworden.

Was ist aber aus den Jahrhunderten geblieben, die wir hier etwas summarisch behandelt haben? Zunächst einmal die kleine *Rundkirche Sveti Georgi* im Hof des Balkan-Hotels, ganz erdrückt von dessen wuchtigen Fassaden. Wann immer ich auch in den vergangenen dreißig Jahren in Sofia war, nie ist es mir gelungen, das älteste Bauwerk in Bulgariens Hauptstadt zu betreten, immer wurde an ihm restauriert und rundherum gegraben. Vielleicht hat ein Leser später mehr Glück, irgendwann einmal muß man ja mit den Arbeiten fertig werden. Jedenfalls stammt die Rotunde aus dem vierten nachchristlichen Jahrhundert, im 10. Jahrhundert soll sie umgebaut und zum ersten Mal ausgemalt worden sein, vom 16. Jahrhundert bis zum 19. Jahrhundert diente sie den Türken als Moschee.

Ganz in der Nähe, in der Unterführung vor dem Parteihaus, steigt man buchstäblich noch tiefer in die Jahrhunderte hinab.

Unter der Straße hat man sozusagen ein kleines Museum mit Funden aus der Römerzeit eingerichtet; Reste der einstigen Stadtmauern und ihrer Tore, Spuren einer Straßenpflasterung, das Ziegelwerk einer Badeanlage, geborstene Säulen, gesprengte Marmorplatten – bloßgelegte antike Wurzeln der Hauptstadt Bulgariens. Wenn wir bei unserem Spaziergang durch das alte Sofia in zeitlicher Folge bleiben wollen, dann müßten wir jetzt unbedingt zur *Kirche der hl. Sophia* am Rande des weitläufigen Alexander-Newski-Platzes gehen. Der Backsteinbau ist unverputzt, umgeben von Lindenbäumen, altersgrau und gezeichnet von den Stürmen, die seit der Völkerwanderung über ihn hinweggegangen sind. Denn schon im 4. Jahrhundert stand an dieser Stelle eine kleine Kirche, von der noch Teile eines Bodenmosaiks zu sehen sind, allerdings im Nationalmuseum. Wenn ich richtig gezählt habe, dann hat die der Heiligen Sophia geweihte Kirche mindestens siebenmal ihr Aussehen geändert, denn sie wurde immer wieder zerstört, von den Goten, den Hunnen, den bulgarischen Reiterscharen, aber sie wurde auch immer wieder aufgebaut. Ihre heutige Form als dreischiffige Basilika hat sie im wesentlichen im 8./9. Jahrhundert erhalten und sie hat sie auch durch die Zeiten bewahrt, in denen sie, mit einem Minarett versehen, eine Moschee war.

Aus den fünfhundert Jahren der türkischen Herrschaft gibt es in Sofia übrigens nur wenige christliche Kirchen. Sie sind dazu noch klein und unscheinbar, sie durften ja baulich mit den Moscheen nicht konkurrieren. Man findet sie um das Balkan-Hotel herum, rührende Zeugen einer Zeit, da die Bulgaren als orthodoxe Christen Staatsbürger zweiter Ordnung waren. Zu ihnen zählen die *Kirche Sveta-Petka-Samardshijska* in der Unterführung des Georgi-Dimitroff-Boulevards, eine Stiftung der Sattler-Zunft aus dem 15. Jahrhundert, vermutlich auf älteren Fundamenten, und Sveti Nikolaj, ein Kirchlein, das im Schatten der Hochhäuser zwischen dem Balkan-Hotel und dem Rila-Hotel ein kaum beachtetes Dasein fristet.

Und weil wir schon in dieser Gegend sind: schräg gegenüber vom Balkan-Hotel in der Mitte des Lenin-Platzes befindet sich die *Kirche Sveta Nedelja,* von der im heutigen Bulgarien wenig geredet wird, weil sie Schauplatz eines der blutigsten Terroranschläge war, die je in Europa verübt wurden. Hier explodierte am Nachmittag des 16. April 1925, als sich dort die gesamte bulgarische Regierung, die Generalität, der Hofstaat und die meisten Parlamentarier zur Trauerfeier für den tags zuvor ermordeten General Kosta Giorgiev eingefunden hatten, eine Bombe, die die große mittlere Kuppel zum Einsturz brachte. Die Bilanz des Anschlags: 146 Tote, darunter allein vierzehn Generäle, 323 Verletzte, darunter Ministerpräsident Tsankov. Zar Boris, dem das Attentat kommunistischer Illegaler wahrscheinlich gegolten hatte, war zur Trauerfeier nicht erschienen.

Prominente ausländische Gäste werden vorzugsweise in die große *Kathedrale* geführt, deren vergoldete und grüne Kup-

Sofia, Alexander Newski-Kathedrale

peln die Silhouette von Sofia beherrschen und deren zwölf Glocken an Feiertagen über die Stadt hallen. Sie ist noch keine hundert Jahre alt und dürfte zu den wenigen Kirchen in der Welt zählen, die ihren Ursprung nicht im Glauben, sondern in der Politik haben. Sie wurde von 1904 bis 1912 zur Erinnerung an die russischen Soldaten erbaut, die im Befreiungskrieg 1877/78 für Bulgarien ihr Leben ließen. Sie wurde auch nicht von einem bulgarischen Baumeister, sondern nach dem Entwurf des Professors an der Zaristischen Kunstakademie in Petersburg, A. N. Pomeranzev, errichtet. Und schließlich trägt sie nicht einmal den Namen eines bulgarischen Heiligen, Herrschers oder Helden, sie ist vielmehr nach dem russischen Fürsten *Alexander Newski* benannt, des Mannes, der im 13. Jahrhundert die Voraussetzungen für die Macht der Moskauer Großfürsten und die Einigung Rußlands schuf. Damit ist die Alexander-Newski-Kathedrale wohl das augenfälligste Beispiel für den ganz besonderen Charakter der Beziehungen zwischen Bulgaren und Russen. Besser als durch die Benennung einer Kathedrale in der Hauptstadt Bulgariens nach einem russischen Nationalhelden kann wohl das Schutz- und Vormundschaftsverhältnis, das zwischen der großen russischen und der kleinen bulgarischen Nation für alle Zeiten bestehen bleiben soll, nicht bezeigt werden.

In ihrer ganzen Atmosphäre kann die Kathedrale auch ihren weltlichen Ursprung nicht verleugnen. Schon durch ihre gewaltigen, die Stadt geradezu erdrückenden Ausmaße hat sie den Charakter einer Repräsentations-Kirche. Er wird noch verstärkt durch den pausenlosen Strom von Besuchergruppen, die tagtäglich durch die Kathedrale geführt werden. In der Krypta befinden sich nicht etwa die Gräber von Herrschern und Großen der bulgarischen Geschichte, sondern sie dient als Ausstellungsraum, allerdings als ein durchaus sehenswerter. In ihr werden die schönsten bulgarischen Ikonen gezeigt, wenn sie nicht gerade auf Goodwill-Reise im Ausland sind. Auch eine Nachbildung des Thrakischen Grabmales von Kasanlâk mit seinen kostbaren Wandmalereien befindet sich hier.

Und wohin kommen ausländische Besucher, ob sie nun prominent sind oder nicht, in Sofia mehr oder minder zwangsläufig sonst noch? Zum ehemaligen *Königspalais* auf dem Platz des 9. September – das Datum ist der bulgarische Nationalfeiertag – einem unauffälligem Neo-Barock-Bau, über den beim besten Willen nichts besonderes auszusagen ist, außer dem Tatbestand, daß das bulgarische Königshaus von einst offensichtlich keinen Hang zu übertriebenem Aufwand und zu großer Repräsentation zeigte. Heute befindet sich das sehr sehenswerte *Ethnographische Museum* in dem Palais.

Gegenüber, vor einem kleinen Park, steht das *Dimitroff-Mausoleum,* dem Lenin-Mausoleum in Moskau nachempfunden. Aber welch ein Unterschied zu dem Mausoleum auf dem Roten Platz. Dort ein wuchtiger Würfel aus rotem Granit, fremdartig, im Vergleich zur Leichtigkeit der Kremlmauer, dem Farbenspiel der Kirchenkuppeln und dem Palais dahinter, beinahe asiatisch drohend und düster. Hier ein tempelartiger Bau aus weißem Marmor, ein bißchen an klassische Vorbilder in dem gar nicht so fernen Griechenland erinnernd. Hinter dem Mausoleum, in dem der wächserne Leichnam des Komintern-Agenten, Gegenspieler Görings im Leipziger Reichstagsbrandprozeß und ersten Ministerpräsidenten des kommunistisch regierten Bulgarien ruht, befindet sich ein Park. Wenn ausländische Delegationen oder einheimische Gruppen ihre Kränze am Mausoleum niederlegen, dann mischen sich in das steife Ritual die Stimmen der Kinder, die zwischen Blumenbeeten des Parks spielen, und damit ist der ganzen Zeremonie schon viel von ihrem pseudosakralen Ernst genommen.

Überhaupt geht es hier etwas lässiger zu als an den entsprechenden Weiheplätzen in anderen Ländern. Schon die Traditionsuniformen der Garde in roten Hosen, weißem Waffenrock und mit der Feder geschmückten Mütze, die am Mausoleum die Ehrenwache hält, sorgt für ein eher heiteres Bild. Die Wachablösung mit Kommandorufen und Parade-Schritt vollzieht sich mit einer Lässigkeit, gegen die das entsprechende Zeremoniell, sagen wir der königlichen Garde vor Amalienborg im so zivilen Dänemark, beinahe militärisch zackig wirkt.

Ich habe schon in einem anderen Zusammenhang erwähnt, daß ich in Sofia, obwohl es eine Millionen-Stadt geworden ist, noch immer etwas von der früheren Geruhsamkeit, Gelassenheit und Anspruchslosigkeit verspüre. Nur frage ich mich nach meinen letzten Bulgarien-Reisen immer häufiger, wie lange dieser Eindruck noch vorhalten wird. Denn nicht nur in Sofia, auch an anderen Orten im Lande zeigt sich eine Tendenz zum Aufwendigen und Großspurigen. Es begann Mitte der siebziger Jahre mit der Schaffung einer neuen Staatsresidenz am Fuße des Witoscha-Gebirges, wo die Staats- und Parteispitze ihre Empfänge gibt und ihre prominenten Gäste aus dem Ausland unterbringt. In einem riesigen Areal wurden Repräsentationsgebäude errichtet, die mit allem ausgestattet wurden, was im Westen gut und teuer ist, von schwedischen Kühlanlagen bis zu Kristallüstern aus Österreich. Es folgte dann der mit Hilfe der Japaner errichtete Hotelkomplex Otani-Witoscha, bei dem man sich fragen muß, wem hier eigentlich der Sinn für Maß abhanden gekommen ist. Das ist kein Hotel mehr, sondern eine Hotelstadt, die überall auf der Welt stehen könnte, in Caracas wie in Kuweit, in Johannesburg wie in Osaka. Anfang der achtziger Jahre kam noch der *Kulturpalast* auf dem Witoscha-Boulevard hinzu, ein Gebäudekomplex von gewaltigen Ausmaßen. Für Kongresse, Tagungen und Konferenzen stehen dort sechs Säle zur Verfügung mit zweihundert bis viertausend Sitzen, es gibt Ausstellungsräume, Lesehallen, Restaurants, Cafés, Konditoreien, alles auf das Beste ausgestattet. Die namhaftesten bulgarischen Künstler sind hier mit ihren Werken vertreten, und ringsum bieten sich weite Grünflächen, Fontänen und monumentale Plastiken dem Auge dar. Entsprechende neue Kongreßzentren in Budapest oder Belgrad nehmen sich im Vergleich zu diesem Bau beinahe ärmlich aus.

Dem Witoscha-Boulevard folgend, sollten wir auch gleich auf die Witoscha selbst fahren, dem Gebirgsstock unmittelbar am Südrand der Stadt, der für die Sofioter von großer Bedeutung ist. Die Witoscha, das ist die grüne Lunge der Stadt, der Jungbrunnen ihrer Bewohner; ganz abgesehen davon, daß sie dem Stadtbild auch eine dekorative Note aufsetzt.

Wo gibt es in Europa schon eine Hauptstadt, von der aus man in kaum mehr als einer halben Stunde Autofahrt auf zweitausend Meter gelangen und dann mit dem Rucksack auf dem Rücken in den Tannenwäldern untertauchen und über weite Matten marschieren kann? Welche Millionen-Stadt hat im Winter ein Skigebiet sozusagen vor der Haustür?

Aber auch die, die zu Hause bleiben, profitieren von diesem Gebirgsstock, der mit seiner höchsten Erhebung, dem Tschernivrach-Gipfel, 2286 Meter erreicht. An heißen Sommertagen sorgt er für die frische Abendluft, im Herbst treibt der Wind von seinen Hängen den Nebel aus dem Kessel, in dem Sofia liegt, und im Frühjahr, wenn in den Gärten unten an seinem Fuß schon die Narzissen blühen, sind seine Höhenzüge, auf denen noch der Schnee liegt, postkartenreif.

Es gäbe in dieser Berglandschaft an die vierzig Berg- und Schutzhütten, der Abstand zwischen ihnen sei gering und alle Wege markiert, las ich in einem touristischen Büchlein über die Witoscha. »Hier kann man sich schwer verirren«, wurde hinzugefügt. Und doch ist vor mehr als fünfzehn Jahren Bulgariens damaliger Außenminister Ivan Baschew beim Schifahren an einem Sonntagnachmittag in einen Schneesturm geraten, gestürzt und erfroren. So harmlos ist die Witoscha also auch wieder nicht.

Bojana – Fresken der Frühe

Mit der Witoscha ist aber Bojana verbunden, der Vorort am Fuße des Gebirgsstocks, wo einst die wohlhabenden Sofioter Bürger ihre von Gärten umgebenen Landhäuser hatten. Auch von der neuen Prominenz des Landes wohnen viele Leute dort, außerdem befindet sich die von hohen Mauern umgebene Residenz für illustre Gäste und für Staatsempfänge dort. Dennoch hat sich der Ort einen gewissen ländlichen Charme bewahrt; man spürt ihn, wenn man sich in einer der volkstümlichen Kneipen und nicht in dem folkloristisch zurechtgeputzten Nobelrestaurant zum Abendessen niederläßt.

Bojana – das ist aber zuallererst die kleine Kirche der hll. Nikolaus und Panteleimon, die wegen ihrer Fresken eine Weltberühmtheit ist. Der unter dem Grün der Tannen, der Lebensbäume und Pappeln fast verschwindende dreiteilige Bau geht auf das 11. Jahrhundert zurück; aus dieser Zeit stammt der quadratische Kuppelbau aus Backstein, der dann 1259 vom Sebastokrator Kalojan, dem Sofioter Statthalter des Zaren Konstantin Assen, umgebaut und durch einen zweigeschossigen Anbau erweitert wurde. In dieser Zeit wurde die Kirche auch ausgemalt. Ein weiterer Anbau und der Glockenturm stammen aus dem Jahre 1882. In den Fresken sind Kalojan und seine Gattin dargestellt, ebenso Zar und Zarin Irina, entspre-

Gemahlin des Sebastokrators Kalojan
Bojana, Kirche der hll. Nikolaus und Panteleimon

chend dem byzantinischen Brauch, an den Kirchenwänden Herrscher und Kirchenstifter zu verewigen. Den Portraits in Bojana kommt jedoch aus mehreren Gründen besondere Bedeutung zu: in Târnovo, der Hauptstadt des damaligen bulgarischen Reichs, sind keine Bildnisse dieser Art erhalten, die Mehrzahl der dortigen Kirchen wurde bei der Eroberung der Stadt durch die Türken zerstört oder fiel Erdbeben zum

Opfer. Die Portraits von Bojana füllen also eine Lücke, sie sind die ältesten Bildnisse in Bulgarien. Im Vergleich zum strengen Ikonen-Stil der byzantinischen Malerei sind sie künstlerisch etwas Neues, denn der Maler stellte seine Figuren vor einen schwarz-blauen Hintergrund, was damals noch nicht üblich war, er gab den Gesichtern bereits individuelle Züge und er hielt auch die Besonderheiten der Kleidung, des Schmuckes und die Abzeichen des Ranges der dargestellten Personen genau fest. In die Schematik der byzantinischen Wandmalerei um die Mitte des 13. Jahrhunderts hat also der Meister von Bojana einen gewissen individuellen, realistischen Zug gebracht, mit dem er den künstlerischen Tendenzen seiner Zeit voraus war.

Dieser Fortschritt zeigt sich übrigens nicht nur in der Darstellung weltlicher Personen, sondern auch in der Gestaltung der biblischen Szenen und der Heiligen. Ein Beispiel ist die in der byzantinischen Wandmalerei seltene Komposition ›Christus im Gespräch mit den Schriftgelehrten im Tempel‹. Christus ist hier ein lebensvoller junger Mann, mit klugem, nachdenklichem Gesicht, das sich in seiner Frische von dem tiefdunklen Hintergrund abhebt. Auch die Gesichter der Schriftgelehrten sind nicht schematisch erfaßt, jedes zeigt individuelle Züge, so daß die ganze Gruppe szenische Lebendigkeit vermittelt. Oder das Gesicht des Mönches Euphrem, das mit den brennenden Augen und den Zügen voller Entschlossenheit und Energie aus der dunklen Hülle der Kapuze wie das eines zum letzten Einsatz bereiten Kriegers hervorbricht.

In ihrem Buch ›Byzanz und seine Welt‹ hat Christa Schug-Wille über die Fresken von Bojana geschrieben: »Wenn auch heute der Ruhm dieser bulgarischen Werke neben den serbischen Malereien von Mileševa und Sopočani verblaßt, so darf doch nicht übersehen werden, daß es sich hier um eine ganz eigenständige Leistung handelt, die zu einem so frühen Datum nur schwer zu erklären ist. Die weit getriebene Psychologisierung des Ausdrucks, die nicht nur ornamentale, sondern auch in ihren realistischen Zusammenhängen richtig ausgedeutete Faltenzeichnung, der dunkelblaue Grund, die räumliche Gestaltung des Baldachins und die Tempera-Technik der Malerei, all das sind Eigenheiten, die im 14. Jahrhundert eher zu erwarten wären, als in der Mitte des 13. Jahrhunderts. Nun sind aber die Fresken inschriftlich datiert. Allerdings liegen sie in einer Landschaft, in der zwischen den Vorstufen und der Nachfolge eine riesige Lücke klafft. Man kann sagen, daß auch heute noch die Geschichte der bulgarischen Kunst, die sich so deutlich von der benachbarten serbischen unterscheidet, nicht bekannt ist.«

Als ich vor dreißig Jahren zum ersten Mal Bojana besuchte, war ich nicht nur von den außergewöhnlichen Wandmalereien beeindruckt; ich genoß die Stimmung um diese Kirche, die Stille unter den Bäumen, in denen nur die Vögel lärmten, während die Geräusche der Großstadt verstummt waren. In späteren Jahren erwies sich die Besichtigung der Kirche und ihrer Fresken als etwas problematischer. Man war nicht mehr allein, der Tourismus hatte sich auch dieser Stätte bemächtigt, es ging lauter und organisierter zu. Bei meinem letzten Besuch Mitte der achtziger Jahre war die Kirche geschlossen. Man müsse die Fresken restaurieren und die Kirche sanieren, hieß es. Es wurde auch unweit der Kirche ein Museum errichtet. Ob der Reisende die Wandmalereien in ihrer originalen Form jemals wieder zu Gesicht bekommen wird und ob das Museum nicht dazu ausersehen sein wird, Kopien dieser Fresken zu zeigen, weiß ich nicht. Es sind nur Gerüchte in Umlauf, daß die Bewahrung der Fresken ein sehr mühseliges und risikoreiches Unternehmen war und noch ist, weil sie unter dem Zustrom der Touristen sehr gelitten haben. Weil die Kirche nicht mehr Gotteshaus, sondern ein nationales Denkmal war, fehlte das, was dazu hätte beitragen können, daß die Malereien an den Wänden überdauerten, nämlich der Ruß der von den Gläubigen angezündeten Kerzen, unter dessen Schutz die Farben seither ihre Leuchtkraft über die Jahrhunderte hinweg bewahrten.

Südbulgarien

Der dunkle Wein von Melnik

Will man vom Süden, aus Griechenland, nach Bulgarien, so kommt nur der Grenzübergang Kulata an der Fernstraße E 20 Saloniki–Sofia in Frage. Weder im Pirin-Gebirge noch in den Rhodopen, die die Grenze zwischen Bulgarien und Griechenland bilden, kann man von dem einen in das andere Land überwechseln. Zwar haben sich in den letzten Dezennien auch die Beziehungen zwischen Sofia und Athen gebessert, aber eine Portion Mißtrauen ist doch geblieben, zumal das Gebiet zwischen Struma (griech. Strymon) und Maritza (griech. Evros) wegen des wiederholt gezeigten Dranges der Bulgaren an die Ägäis in den letzten hundert Jahren eine politisch neuralgische Zone war. Auch erleichtert die Natur die gegenseitigen Kontakte nicht. Die Gegend ist dünn bevölkert und liegt abseits aller größeren Verkehrswege, Straßen gibt es nur wenige. Ein Eiserner Vorhang zwischen dem kommunistisch regierten Bulgarien und dem Nato-Land Griechenland ist hier kaum nötig; die entlegene balkanische Bergwelt und das Mißtrauen der Bevölkerung beiderseits der staatlichen Trennungslinie erfüllen die gleichen Funktionen.

Bei *Kulata* aber herrscht normaler internationaler Grenzbetrieb, denn die E 20 ist ja nicht nur die direkte Straßenverbindung zwischen Bulgarien und Griechenland, sondern in weiterer Folge auch zwischen Rumänien und Griechenland. Wer von Bukarest über Sofia und Saloniki nach Athen will, muß hier durch.

Uns interessieren in dieser südwestlichen Ecke Bulgariens aber weniger die Verkehrswege als das Städtchen **Melnik,** das bis ins vorige Jahrhundert wirtschaftlich recht bedeutend war, jetzt aber in einen Dornröschenschlaf versunken ist, aus dem es an den Wochenenden höchstens durch Scharen von Touristen aufgeschreckt wird. Es liegt zwölf Kilometer östlich der Fernstraße in einer merkwürdigen Landschaft: ringsum gelbe Lößwände und bizarr geformte Felsen, und zwischen ihnen in einem tief eingeschnittenen Tal zu beiden Seiten eines Baches die Bürgerhäuser, die von dem Reichtum künden, den es hier einmal gegeben haben muß. Denn in den Zeiten seiner höchsten Blüte, im 18. und 19. Jahrhundert, hatte Melnik zwanzigtausend Einwohner, heute sind es keine tausend mehr, aber die Häuser der wohlhabenden Leute von einst stehen noch, das *Kordopulov-Haus,* das *Zinzarov-Haus,* das *Ibrahim-Bey-Haus.* Ähnlich wie in Koprivschtiza werden diese großen Häuser aber heute nicht mehr bewohnt, sie beherbergen entweder das örtliche Museum oder sie werden als Denkmäler der einstigen Wohnkultur bewahrt. Charakteristisch für sie ist das hochgelegene Erdgeschoß, die Treppe im Innern und der große geschlossene Salon im Obergeschoß, mit geschnitzten Holzdecken, farbenfroher Wandmalerei und viel Stuck. Vom Blauen Salon im Kordopulov-Haus, das aus dem Jahre 1754 stammt und etwas erhöht über dem Tal liegt, hat man einen schönen Blick auf das Städtchen.

Ihren Reichtum haben die großen Familien des Ortes mit dem Weinexport gemacht. Denn in dieser Gegend wächst ein dunkler samtiger Rotwein, dessen Ruf seinerzeit weit über die Grenzen des Osmanischen Reiches hinausreichte. Im Kordopulov-Haus kann man noch die ausgedehnten Weinkeller besichtigen, die in zwei Etagen und mit vielen Verzweigungen hundertachtzig Meter tief in den Lößberg hineingetrieben worden waren.

Es wird behauptet, daß Melnik in seiner Glanzzeit zweiundsiebzig Kirchen hatte. Von ihnen sind nur noch zehn übrig geblieben, die meisten klein, altersgrau und baufällig. Eine Ruine ist auch die dreischiffige Nikolaus-Kirche, die ehemalige Bischofskathedrale vom Anfang des 13. Jahrhunderts, als Melnik Hauptstadt des Herrschaftsgebietes des bulgarischen Despoten Slaw und zugleich Bischofssitz war.

Einen großen Weinkeller, in dem sich jetzt eine Ikonenausstellung befindet, hat auch das **Kloster Roshen,** sechs Kilometer östlich von Melnik, dort wo diese Lößlandschaft besonders skurril ist: Rechts und links der Straße erheben sich phantastische Türme und Pyramiden, dazwischen wuchert grünes Gestrüpp und dichter Laubwald, mitten darin das Kloster auf einem Plateau, von dem man einen weiten Blick in die südlichen Ausläufer des Pirin-Gebirges hat.

Von außen gesehen besitzt die in Form eines unregelmäßigen Sechsecks gebaute Anlage beinahe Festungscharakter. Die Außenmauern und hofwärts auch das Erdgeschoß sind aus Stein, die Obergeschosse, zu denen vom Hof aus ein Gewirr von Holztreppen führt, sind Holz- und Fachwerk. Auch der steinerne Torbau macht einen sehr wehrhaften Eindruck. Tatsächlich hat sich die Bevölkerung der umliegenden Ortschaften im 18. und 19. Jahrhundert vor den Räuberbanden und bei Repressalien der türkischen Soldaten hierher geflüchtet.

Früher lebten und arbeiteten im Kloster sechzig bis siebzig Mönche, heute ist ihre Zahl erschreckend zusammengeschrumpft. Sie brauchen aber auch nicht mehr für den Bestand des Klosters zu sorgen, das machen die Orthodoxe Kirche und der Staat, denen an Roshen aus kulturhistorischen Gründen gelegen ist. Denn sowohl die Klostergebäude wie die Kirche haben in der Form, die sie im 16. Jahrhundert erhalten haben, die Zeiten überdauert. Außerdem weist Roshen im Vergleich zu anderen Klöstern noch einige Besonderheiten auf: Als einziges in Bulgarien hat es bemalte Glasfenster, und Fresken an der Außenwand einer Klosterkirche, wie hier an der südlichen, sind in diesem Lande auch selten. Wer nach Roshen kommt, will aber in erster Linie die geschnitzten Ikonostasen sehen, deren Schöpfer – sie dürften der Holzschnitzerschule von Debar im heutigen Jugoslawien angehört haben – ihrer Phantasie bei der Darstellung biblischer Szenen freien Lauf gelassen und damit höchst originelle dekorative Lösungen gefunden haben. Von den Werken des berühmten Skriptoriums von Roshen bekommt man nur wenig zu sehen; die meisten der dort geschriebenen und illumierten Bücher sind heute über die Kirchen und Museen von der Donau bis nach Jerusalem verstreut.

Bei der bulgarischen Bevölkerung scheint Roshen recht beliebt zu sein. An jenem Samstag im Juni, als ich dort war, wimmelte es auf dem Klosterhof und auf den Holzgalerien der ihn einschließenden Wirtschaftsgebäude von Besuchern. Es waren keine Reisegruppen, die in Autobussen herangekarrt worden wären, sondern Familien, die einen Ausflug hierher unternommen hatten, die Männer in der sommerlichen Hitze des Nachmittags mit nacktem Oberkörper, viele Frauen im Badeanzug, über den sie erst ein Kleid streiften, als sie durch das Tor des Klosters traten. Die Kinder blieben draußen und spielten Ball auf der Wiese.

Rila, das Kloster der Nation

Fährt man im Tal der Struma von der griechisch-bulgarischen Grenze nach Norden, so ragen zur rechten Hand über den Tabak- und Maisfeldern und den Weinbergen die schroffen Zacken des *Pirin-Gebirges* in den Himmel. Es ist nicht das höchste Gebirge Bulgariens, aber es ist wohl das dramatischste: Gipfel bis knapp an die dreitausend Meter reichend, abweisende Wände, scharfe Grate, Bergseen in der urweltlichen Einsamkeit steiniger Kare – eine Berglandschaft mehr für Alpinisten als für geruhsame Wanderer. Bei den Thrakern hieß es das »schneeweiße Gebirge«, die Slawen glaubten, daß auf seinen Gipfeln ihr Gott Perun wohne, und benannten es nach ihm. Seine höchste Spitze, der 2914 Meter hohe Vihren, wird nicht aus dem Struma-Tal, sondern von Bansko und den Kurorten im nordöstlichen Teil des Gebirges bestiegen.

Etwa dort, wo sich an das Pirin-Gebirge das *Rila-Gebirge* anschließt, liegt im Struma-Tal *Blagoevgrad*. Es ist der Hauptort von Pirin–Makedonien, also des bulgarischen Teils jenes Makedonien, das außerdem noch aus dem jugoslawischen Vardar–Makedonien und dem griechischen Ägäis–Makedonien besteht. Ich habe schon in den jugoslawischen und griechischen Kapiteln dieses Buches darauf hingewiesen, wie sehr die Meinungen in diesen drei Ländern in der Makedonien-Frage auseinandergehen. In Jugoslawien sind die Makedonier ein Volk, das dort seine eigene Teilrepublik hat. Für Bulgaren gibt es Makedonier nur in geographischer Hinsicht, als Bewohner eines bestimmten Gebietes; ethnisch sind sie Bulgaren. Und für Griechenland sind die Makedonier slawisierte Griechen, ohne Anspruch auf Zuerkennung irgendeiner ethnischen Sonderstellung.

Weil für Bulgarien eine makedonische ›Volksgruppe‹ nicht existiert, findet man in Blagoevgrad auch keine Hinweise auf sie. Dem war allerdings nicht immer so. Nach dem zweiten Weltkrieg bis in die Hälfte der fünfziger Jahre hinein konnte man sich in Bulgarien, wenn man wollte, noch als Angehöriger einer makedonischen Minderheit deklarieren. Das stammte noch aus der Zeit des guten Einvernehmens zwischen Tito und Dimitroff. Bei der Volkszählung 1956 machten noch 180 000 Menschen in Pirin–Makedonien davon Gebrauch. Später gab es dann offiziell keine Makedonier mehr in Bulgarien, wie es ja seit 1984/85 auch keine türkische Minderheit mehr gibt. Alle sind jetzt Bulgaren.

Aber hiervon soll an dieser Stelle nicht weiter die Rede sein, wir wollen lieber nördlich von Blagoevgrad ins Rila-Gebirge zum **Rila-Kloster** abzweigen, dem Kloster, das für Bulgarien weit mehr ist als eine kirchliche Institution, nämlich ein nationales Heiligtum.

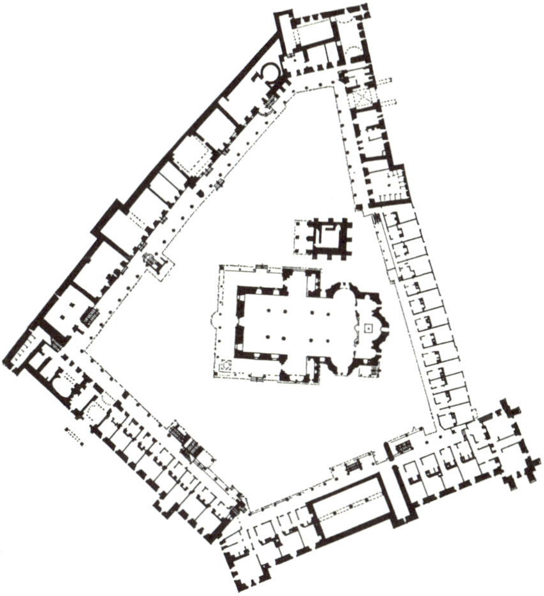

Schon von seiner Lage her ist es ein balkanisches Bilderbuchkloster. Etwa dreißig Kilometer östlich der großen Straße versteckt es sich am Ende eines Seitentales, das dort einen kleinen Kessel bildet. Ringsum steigen steil die bewaldeten Hänge hoch, dahinter erheben sich dann aus dem Dunkelgrün der Tannen die Felswände der Zweitausender des Rila-Gebirges. Macht man sich die Mühe, auf einen dieser Hänge zu steigen, dann hat man einen überwältigenden Blick auf den ein unregelmäßiges Fünfeck bildenden Klosterbau mit seinen roten Ziegeldächern.

Ein Kloster? Eher eine Gottesfestung, 1100 Meter hoch gelegen, fernab vom lauten Getriebe der Welt, Symbol der Dauer und des Überdauerns aller Stürme und Katastrophen, die die Zeiten für Bulgarien mit sich brachten.

Die Klostergebäude, an manchen Stellen fünf Stockwerke hoch, umschließen lückenlos den Klosterhof, in dessen Mitte die Kirche mit ihren blauen Kuppeln steht. Neben der Kirche, wie ein ewiger Wächter, der vierschrötige Turm, der einzige Überrest der mittelalterlichen Klosteranlage. An den Innenseiten der Klostergebäude, vier Stockwerke hoch, die durch Holztreppen verbundenen Galerien, in den unteren Geschossen mit ein- und zweigeschossigen Arkaden, im obersten mit hölzernen Stützen und Geländern.

Wenn man es genau nimmt, so war das Rila-Kloster gar nicht so unverletzbar, wie es sich nach außen präsentiert und wie es im Bewußtsein der bulgarischen Nation lebt. Gegründet wurde es schon im 10. Jahrhundert, zur Zeit des ersten bulgarischen Reiches von Ivan von Rila (Ivan Rilski, 876-946) als eine Einsiedler-Gemeinschaft. In den späteren Jahrhunderten war es allen Wechselfällen der Geschichte ausgesetzt, es wurde niedergebrannt, es wurde verlassen, es wurde neu aufgebaut und mit großen Privilegien versehen, von den bulgarischen Zaren ebenso wie von den Sultanen, und es versank wieder in die Dunkelheit der Zeiten. Aus dem Mittelalter ist nur der Chreljo-Turm übriggeblieben, benannt nach dem Feudalherren Dragovol Chreljo, der im 14. Jahrhundert über diese Gegend herrschte. Er ist ein quadratischer Festungsbau, fünf Stockwerke hoch mit der Christi-Verklärungskapelle im letzten Obergeschoß, in der sich auch die einzigen Fresken aus dieser Zeit befinden. Alles andere, die Kirche, die Klausur, der Flügel für die Pilger, die Wirtschaftsgebäude stammen vom Ende des 18. Jahrhunderts und aus dem 19. Jahrhundert, also aus der Zeit der bulgarischen Wiedergeburt. Den Baumeistern, Handwerkern und Malern der damaligen Zeit ist dabei eine harmonische Schöpfung gelungen. Die Verwendung der verschiedensten Baumaterialien, Steine, Holz und Kalkputz macht die Innenfassaden sehr lebendig, ein Eindruck, der noch durch die Erker, Arkaden und Treppen der Holzgalerien verstärkt wird. Das Katholikon, die Hauptkirche Mariä Himmelfahrt, geht auf verschiedene östliche und italienische Baustile zurück, die hier aber zu einer durchaus originellen Schöpfung verbunden wurden.

Die Bulgaren stört es nicht, daß das Kloster in seiner jetzigen Gestalt relativ jungen Datums ist. Der Hauch der nationalen Geschichte geht hier nicht vom Alter des Gemäuers aus, auch nicht von der kunsthistorischen Bedeutung der Wandmalereien, die mit Ausnahme einiger Reste im Chreljo-Turm natürlich auch Schöpfungen des vorigen Jahrhunderts sind. Rila ist für die Bulgaren das Symbol all dessen, was die Klöster für die Erhaltung der geistigen Substanz der Nation während der Türkenherrschaft und für die nationale Wiedergeburt bedeuteten. Denn es waren die Klöster, in denen zu Beginn des 19. Jahrhunderts die ersten Schulen in bulgarischer Sprache geschaffen wurden, in denen das kulturelle Erbe der Nation in Form religiöser Handschriften, Bücher und Urkunden die Fremdherrschaft überdauerte und die Grundlage für die geistige Wiedergeburt der Bulgaren bildete, und es waren die Klöster, die die ersten Sammelpunkte der Befreiungsbewegung darstellten. Rila spielt dabei eine führende Rolle, und so wurde es für die Bulgaren das Kloster schlechthin. Es verkörperte gewissermaßen die Einheit von Kirche und Nation in den dunklen Zeiten des bulgarischen Volkes und auf seinem Weg in die neue Freiheit. Es ist, als ob sich alle Bulgaren dessen erinnern würden, was der erste Geschichtsschreiber der Nation, der Mönch Paissij von Hilendar 1762 in seiner ›Slawisch-bulgarischen Geschichte‹ über Rila geschrieben hat:

»Von dem ganzen Ruhm Bulgariens, als es damals so viele große Klöster und Kirchen in Bulgarien gab, ließ Gott in unserer Zeit als einziges das Rila-Kloster bestehen ... Allen Bulgaren ist es von großem Nutzen. Deshalb müssen es alle Bulgaren schützen und dem heiligen Rila-Kloster milde Gaben spenden.«

Was Rila den Bulgaren bedeutet, mußte auch das kommunistische Regime erfahren, das Anfang der sechziger Jahre auf die Idee kam, Rila zu säkularisieren. Es verteilte die Mönche auf andere Klöster und machte Rila ausschließlich zu einer rein national-politischen Gedenkstätte. Es investierte viel Geld in ein Museum, in dem die schönsten Ikonen, illuminierte Handschriften und kunstvolle Holzschnitzereien aus dem 14. Jahrhundert gezeigt wurden. Es ließ die Schlafräume der Wallfahrer und die ehemaligen Mönchszellen neu herrichten, um auch einen Massentourismus bewältigen zu können. Denn die Absicht des Regimes war klar: aus Wallfahrten sollten touristische Unternehmen mit nationalen und kulturellen Zielsetzungen werden.

Als ich 1965 nach Rila kam, war der Leiter des ›Kulturkomplexes Rila‹ sehr stolz darauf, sagen zu können, das Rila-Kloster sei das einzige Hotel in Bulgarien, das dem Kulturministerium unterstehe. Es gäbe außer Touristen und ›Kulturpilgern‹ natürlich auch religiöse Menschen, die hierher kämen, räumte er ein. Und großzügig fügte er hinzu: »Es ist ihnen nicht verboten, hierher zu kommen, sie können auch Kerzen anzünden und für das Kloster spenden.« Keine drei Jahre nach meinem Besuch waren die Mönche wieder in Rila. Das Rila-Kloster ohne Mönche war einfach eine nationale Absurdität. Das Regime war auf den geschlossenen Widerstand der Nation gestoßen, der sich zwar nach außen hin nicht manifestieren konnte, dafür hinter den Kulissen um so wirksamer war. Außerdem setzte sich offenbar auch die Erwägung durch, daß es mißlich sei, prominenten Besuchern aus dem Ausland jedesmal erklären zu müssen, warum das Rila-Kloster keine Mönche mehr beherberge. Denn Rila, 120 Kilometer südlich von Sofia gelegen, ist ein fester Bestandteil offizieller Besuchsprogramme in Bulgarien. Der Parkplatz vor dem Westtor ist auch an Wochentagen voller Omnibusse, größerer und kleinerer Lastautos und auch Pferdefuhrwerke, mit denen die Leute in dieses enge Tal kommen. Zwischen ihnen nehmen sich die schwarzen Limousinen der offiziellen Besucher geradezu verloren aus. Sieht man die Fülle der Wagen, erwartet man einen gewaltigen Rummel innerhalb der Klostermauern selbst. Aber die Bulgaren sind ein ruhiges Volk, und so geht es im Klosterhof, in den Schauräumen und natürlich erst recht in der Kirche ordentlich und ohne Trubel zu. Nur die Kinder lärmen, wenn sie über die Holzstiegen und die knarrenden Dielen zwischen den Stockwerken, in denen sich die Räume für die Pilger befinden, herumtollen.

Vor Jahren war das Bild im Klosterhof noch recht farbenprächtig, denn viele Pilger aus den Dörfern und kleinen Städten, die um die Brunnen herumsaßen oder sich unter den Arkaden ausruhten, trugen noch die bunten Jacken, Blusen, Röcke und Kopftücher der Volkstrachten. Heute dominieren auch hier die langweiligen modernen Anzüge. Aber wie eh und je packen die Leute ihre großen Brote, Käse, Tomaten, Gurken und Zwiebeln aus und lassen die Wein- und Slivova-Flasche kreisen. Jede dritte Stunde läuten die Klosterglocken und man meint, ihr Klang stünde noch lange in der klaren Luft zwischen den Rila-Bergen.

Batschkovo, die Idylle

Klöster, so sagen die Bulgaren, sollten dort gebaut werden, wo das Gras fett, der Wald grün und der Wind still ist. Im Falle Batschkovos könnte man noch hinzufügen: wo das Wasser aus der Erde sprudelt, das Licht hinter den Bergen schon den Süden verheißt und im Garten der Johannisbrotbaum wächst. Deshalb gehört unter den bulgarischen Klöstern mein Herz auch Batschkovo, trotz Rila und seiner Größe, seiner Lage und seiner nationalen Bedeutung für die Bulgaren.

Batschkovo liegt nicht ganz eine Stunde Autofahrt von Plovdiv entfernt in den Bergen, die schon zum Rhodopen-Gebirge zählen. Es ist keine dramatische, es ist eher eine harmonische Berglandschaft, die das Kloster umgibt. Hinter Assenovgrad ist das Tal des Asseniza zunächst schmal, dann öffnet es sich aber zu einem Kessel und darin liegt das Kloster. Schon der Eingang zum Kloster vermittelt Heiterkeit: zu beiden Seiten des Haupttores befinden sich Brunnen, die aus je zwei kunstvollen Mündern klares, kühles Bergwasser in die Steintröge strömen lassen. Vor allem der Klosterhof hat es mir angetan: An der Mauer der Kirche Sveti Archangeli, die vom Ende des 11. Jahrhunderts stammt, rankt sich der Wein hoch, an den Brunnen füllen die Mönche ihre Krüge, über das holprige Pflaster schlürfen die Bauersleute, die den Mönchen in der Landwirtschaft helfen, und neben dem Kirchenportal steht wie ein ernster Wächter eine mächtige dunkle Zypresse. Die Welt draußen ist unendlich fern, hier haben nur die Verrichtungen, die das tägliche Leben fordert, Bedeutung, hier zählen Sonne und Regen und die Zeiten der Gebete. Der Besucher hat den Eindruck, daß sein Kommen und Gehen mit demselben Gleichmut hingenommen wird wie die Launen des Wetters.

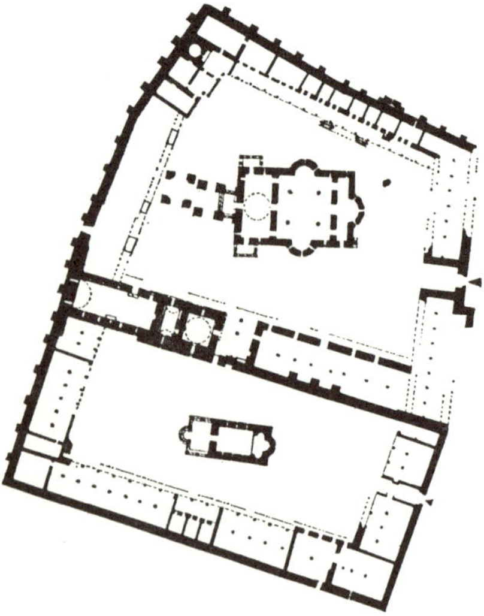

Vielleicht bilde ich es mir nur ein, aber ich meine, es herrscht bereits eine griechische Atmosphäre um und in Batschkovo, in der Entrücktheit und Versenkung in sich selbst und in die Mysterien des Glaubens, wie man sie in entlegenen griechischen Klöstern antreffen kann. Vielleicht rührt mein Eindruck aber auch daher, daß Batschkovo ursprünglich keine bulgarische, sondern eine georgisch-griechische Gründung war. Das Kloster wurde 1083 von dem byzantinischen Feldherren Grigorij Bakurian, einem Georgier, gestiftet, der mit Genehmigung des Kaisers und des Patriarchen von Konstantinopel auch selbst die Klosterregeln entwarf. Es war die Zeit zwischen dem ersten und zweiten bulgarischen Reich, als die Bulgaren wieder mehr als eineinhalb Jahrhunderte lang der Herrschaft von Byzanz unterstanden. Auch nach dem Wiedererstehen eines selbständigen bulgarischen Reiches Ende des 12. Jahrhunderts blieb Batschkovo noch griechisch. Erst im 14. Jahrhundert, unter Zar Ivan Alexander, wurde es bulgarisch. Dies blieb es auch durch die Jahrhunderte der türkischen Herrschaft bis auf den heutigen Tag.

Die Portraits des Stifters Grigorij Bakurian, des georgischen Adligen, und seines Bruders Abasij sind nicht in der Klosterkirche Heilige Gottesmutter, sondern in der Grabeskirche zu sehen, die etwa dreihundert Meter vom Kloster entfernt auf einer Terrasse oberhalb des Flusses steht. Eine kleine unscheinbare Kirche, die roten Ziegelschichten und der Tuffstein, die das Baumaterial bildeten, von den Zeiten angegriffen und verwittert.

Die Portraits der Stifter, die die Kirche als ihre Grabstätte bauen ließen, stammen jedoch nicht aus der Gründungszeit, sondern sind zusammen mit dem Bildnis des Zaren Ivan Alexander, der viel für Batschkovo getan hat, im 14. Jahrhundert gemalt worden. Ivan Alexander war der letzte der großen bulgarischen Herrscher des Mittelalters, unter dem das Land noch einmal eine Blüte erlebte, bevor es unter dem Ansturm der Osmanen zusammenbrach. Er ist hier mit Szepter, Kreuz und Schriftrolle in den Händen ganz in der Tradition byzantinischer Kaiserportraits gemalt, schematisch und ohne individuelle Züge. Verglichen mit den ein Jahrhundert älteren Portraits in der Kirche von Bojana, ist dies eher ein künstlerischer Rückschritt.

Aber an Batschkovo soll man keine strengen kunsthistorischen Maßstäbe anlegen; in Batschkovo soll man sich der Stimmung hingeben, die über dem Kloster und über der Landschaft liegt, diesem Gleichmut und dieser Heiterkeit, in der sich die Zwänge und Ränke der großen Welt in Nichts auflösen. Wenn es wahr ist, daß die Türken nach der Eroberung von Târnovo, der Hauptstadt des bulgarischen Reiches, den Patriarchen Euthymius, das letzte Oberhaupt einer selbständigen bulgarischen orthodoxen Kirche, nach Batschkovo verbannt haben, dann war das geradezu eine menschliche Tat.

Rilagebirge und Rhodopen

Mit Bulgarien assoziieren die meisten Menschen einen Sommerurlaub an der Schwarzmeerküste mit Sandstrand, wohlig warmem Wasser und abendlichen Vergnügungen um ein Holzkohlenfeuer, über dem Kebabschtita, die bulgarische Variante der Würstchen aus gehacktem Fleisch, braten. Vielleicht fällt ihnen noch das Balkan-Gebirge ein, weil sie einen Ausflug nach Târnovo unternommen haben. Daß das Land noch andere eindrucksvolle Gebirge aufzuweisen hat, wissen allenfalls Wintersportler und Bergsteiger. Vom Pirin-Gebirge habe ich schon gesprochen, das Rila-Gebirge und die Rhodopen habe ich dagegen nur kurz erwähnt, sie verdienen aber, daß man sie etwas näher betrachtet und beschreibt.

Das **Rila-Gebirge** ist ein Hochgebirge mit rund hundert Zweitausendern. Die *Musala-Spitze,* der höchste Gipfel des ganzen Balkans, ist 2925 Meter hoch. Touristischer und sportlicher Mittelpunkt ist *Borovec,* nur 72 km von Sofia entfernt, inmitten dichter Nadelwälder, 1300 Meter hoch gelegen. Will man aber einen richtigen Blick auf das Rila-Gebirge haben, dann muß man noch höher hinauf, auf einen der umliegenden Gipfel, wenn auch nicht gerade auf den Musala, dessen Besteigung von hier unternommen wird. Es genügt schon, wenn man sich mit einem der Sessellifte nach oben fahren läßt. In Borovec hatten die bulgarischen Zaren ihren Sommersitz. Heute gibt es dort Villen für Prominente aus allen Tätigkeitsbereichen und Erholungsheime für die weniger Prominenten, aber auch ganz normale Hotels und Feriendörfer für in- und ausländische Gäste. Manche davon wurden von ausländischen Firmen gebaut, französischen, finnischen, polnischen. Die Skilifts sind meist österreichischer Herkunft.

Das **Rhodopen-Gebirge** schließt unmittelbar an das Rila-Gebirge an, der Übergang fällt gar nicht auf, erst allmählich bemerkt man, daß sich der Charakter der Landschaft geändert hat. Die Nadelwälder begleiten uns zwar unverändert, aber aus ihnen und hinter ihnen ragen jetzt keine schroffen Wände, Grate und kahlen Gipfel mehr empor, die Höhen sind sanft gezogen, an ihren Flanken dehnen sich weite Weideflächen und Matten aus. Von Hochgebirge kann nicht mehr die Rede sein, auch wenn der *Goljam Perelik,* die höchste Erhebung, 2191 Meter erreicht, und der Kurort *Pamporovo* an seinem Fuße 1650 Meter über dem Meeresspiegel liegt. An diesem Gebirgszug, der mit einer Länge von 240 und einer Breite von 100 Kilometern praktisch den ganzen Südosten Bulgariens ausfüllt, ist nichts Dramatisches, eher etwas Melancholisches, so als hörte man in dem Wind, der über seine Wiesen und Wälder hinwegstreift, die Klage der schönen Rhodope um ihren Sohn Eumolpos, den Poseidon ihr geraubt hat.

Es geht aber auch ganz nüchtern in den Rhodopen zu, denn die Viehwirtschaft ist hier sehr entwickelt, natürlich auch die Holzindustrie, und im östlichen Teil des Gebirges, um Kârdžali und Madan, gibt es Vorkommen von Blei, Zink, Chrom- und anderen Erzen und die dazugehörenden Gruben und Aufbereitungsanlagen. Mittelpunkt dieses Teiles der Rhodopen ist *Smoljan,* eine Stadt von heute 40000 Einwohnern, deren führende Funktionäre von außergewöhnlichem Ehrgeiz gepackt zu sein scheinen. Sie haben in der Mitte der aus drei Dörfern gebildeten Stadt einen Gebäudekomplex, bestehend aus Rathaus, Theater, Jugendhaus, Museum, Hotel und Einkaufszentrum errichtet, der jeder Großstadt zur Zierde und Ehre gereichen würde. Im Rathaus, dessen Büros in Größe und Ausstattung die so mancher Ministerien in Sofia in den Schatten stellen, fragt man sich allerdings, ob solche Pracht in dieser doch recht entlegenen Gegend nicht übertrieben sei. Allerdings muß man einräumen, daß auch die Häuser, die aus dem vorigen Jahrhundert übrig geblieben sind, mehrstöckige Bauten mit grauen Schiefer- oder roten Ziegeldächern und dem bunten Fachwerk mit vorspringenden Erkern in den oberen Geschossen, äußerst großzügig angelegt sind. Deshalb konnte man in ihnen auch mühelos ein ethnographisches Museum oder ein Schriftstellerheim unterbringen. Von diesen alten Häusern haben sich aber offensichtlich auch die Architekten der neuen Wohnblocks inspirieren lassen, denn ihre modernen Häuser mit den flachen Ziegeldächern und den Holzbalkonen fügen sich, auch wenn sie bis zu sieben Stockwerk hoch sind, ganz natürlich in das Landschaftsbild ein.

Smoljan ist noch in einer anderen Hinsicht interessant; es ist, vielleicht sollte man sagen, es war, das Zentrum der Pomaken, jener Bulgaren, deren Vorfahren zum Islam übergetreten waren, zum Teil türkische Namen hatten, aber in ihrer Mehrzahl bulgarisch sprachen. Ein Drittel der Einwohner von Smoljan zählte zu dieser Minderheit, wurde mir gesagt. Sie wurden nun wie die noch im Lande lebenden Türken – in ganz Bulgarien dürften sie zusammen über eine Million, das sind 12% der Bevölkerung ausmachen – in den Jahren 1984-85 bulgarisiert. Das heißt, daß sie ihre türkischen Namen in slawische ändern mußten. Die Regierung argumentiert, daß die nach Auslaufen der Aussiedlungsverträge mit Ankara Ende der siebziger Jahre im Lande Verbliebenen eben keine Türken seien, sondern islamisierte Bulgaren, auch wenn sie türkische Namen trügen und türkisch sprächen. Bei den Pomaken sei ihre slawische Abstammung ohnedies klar. Also seien Türken und Pomaken in Wahrheit keine nationalen Minderheiten, sondern Bulgaren islamischen Glaubens. Daher könnten sich auch gleich bulgarische Namen tragen.

Die Türkei allerdings hat gegen die, wie sie sagt, unter Druck erfolgten Namensänderungen unter ihren Volksgenossen in Bulgarien vehement protestiert und ihre Respektierung als nationale Minderheit verlangt. Auch sonst ist die Aktion außerhalb Bulgariens auf wenig Verständnis gestoßen. Welche Gründe für sie maßgebend waren, ist auch heute noch unklar. War es eine verspätete Vergeltung für die fünfhundert Jahre des türkischen Jochs?

Wie dem auch sei, das Problem ist damit nicht aus der Welt geschafft. Ob mit türkischen oder bulgarischen Namen, die Betroffenen bleiben Angehörige der islamischen Glaubensgemeinschaft, und wie jeder weiß, ist der Islam nicht nur eine Religion, sondern auch eine Lebensanschauung, die ein spezielles Verhalten und eine eigene Mentalität hervorbringt. Da das Regime den Islam als Glaubensbekenntnis nicht antasten will, ist das Fortbestehen dieser Bevölkerungsgruppe unvermeidlich, selbst wenn per Dekret verfügt wird, daß es in Bulgarien keine nicht-bulgarischen Volksgruppen oder Minderheiten gibt.

Aber lassen wir dieses politische Thema, das in den Rhodopen nicht zu umgehen war, denn hier sind die Pomaken und auch ein großer Teil der Türken zu Hause. Wenden wir uns aber jetzt der Volkskunst zu, die dieses Bergland zu bieten hat. Oder muß man vielleicht sagen, zu bieten hatte? Denn was ich an schönen Ziegenhaardecken, Wollteppichen, Kissenüberzügen, Sofadecken, Wollstrümpfen, Taschen, Frauen- und Männertrachten zu Gesicht bekam, befand sich ausschließlich in den lokalen Museen. Aber es war eine Augenweide, denn es sind die Farben, die diese Erzeugnisse aus den Rhodopen so attraktiv machen. In den Westrhodopen dominieren Purpur-Rot und Karmesin-Rot; kommt man nach dem Osten, gehen die satten Rottöne in Orange und leuchtendes Gelb über. Querstreifen, Längsstreifen und geometrische Muster, verschieden getönt, schaffen ein hinreißendes Farbenspiel.

Will man sich auch noch eine für die Rhodopen typische Dorfarchitektur ansehen, dann muß man nach Schiroka Laka fahren. Dort haben sich viele Häuser aus dem 18. und 19. Jahrhundert erhalten. Wie kleine Burgen türmen sie sich würfelartig an den Hängen des engen Tales hoch, die Vorderfronten von Erkern mit schmalen Fenstern unterbrochen, die Rückseite von hohen Mauern umgeben, die Dächer grau von den Schieferplatten, aus denen weiß die Kamine herausragen. Die Zimmer im Inneren sind klein und bescheiden ausgestattet, schließlich ist es ein Gebirgsdorf, von dem man durchaus den Eindruck hat, daß sich an seinen Rändern im Winter außer den Füchsen auch noch die Wölfe gute Nacht sagen.

Der Korso war nicht nur für die Balkanstädte charakteristisch. Auch in den größeren Orten der ehemaligen Donaumonarchie von Tetschen-Bodenbach bis Kronstadt und von Lemberg bis Dubrovnik gehörte das Flanieren und Flirten in der Hauptstraße am frühen Abend zu den festen Gewohnheiten vor allem der jüngeren Jahrgänge. Unter den Arbeitsbedingungen von heute und im Zeitalter des Fernsehens und der Discos ist in Mitteleuropa der Korso weitgehend aus der Mode gekommen, und auch auf dem Balkan ist er nicht mehr das, was er war. In Plovdiv ist er allerdings noch im Schwange, denn der Wassil-Kolarow-Boulevard eignet sich vorzüglich dafür. Er gehört zur Fußgängerzone, hier befinden sich die meisten Geschäfte, Cafés und Restaurants, das Theater und die Kinos. Wenn man der besonderen Atmosphäre Plovdivs, der vergangenen und der heutigen, nachspüren möchte, muß man sich gegen sechs Uhr abends unter die Leute mischen. Schon die Fülle der Physiognomien ist ein Vergnügen und gleichzeitig ein Hinweis darauf, was die Stadt einst war. Es sind nicht durchwegs bulgarische Gesichter, denen man hier begegnet, also etwas breit, die Nase eher kurz und die Stirn nicht allzu hoch. Statt dessen sieht man häufig Profile, die man auf Anhieb als griechisch bezeichnen würde, außerdem wimmelt es von dunkelhaarigen Typen, für die sich die Bezeichnung ›levantinisch‹ geradezu aufdrängt.

Dieses Plovdiv war ehemals auch keine typisch bulgarische Stadt, wie etwa Târnovo oder seit der Befreiung von der Türkenherrschaft in gewissem Sinne auch Sofia. Plovdiv war zur Zeit der Türken ein großer Handelsplatz mit einer Bevölkerung, deren Zusammensetzung bunter nicht sein konnte. Hier lebten Griechen und Juden, Armenier und Vlachen, Ragusaner und Venezianer und machten ihre Geschäfte. Türken und Bulgaren gab es natürlich auch. Alle diese Völkerschaften spiegeln sich noch heute in den Zügen der auf dem Korso Lustwandelnden wider. Seine Stellung als Handelsplatz versucht Plovdiv auch heute noch zu halten. Seine alljährliche Messe gilt als die bedeutendste auf dem Balkan, trotz der

Messen in Bukarest, Saloniki und Zagreb, wobei ich, um mir nicht den Zorn der Kroaten zuzuziehen, Zagreb nur als Messeplatz dem Balkan zuschlagen möchte.

Die Stadt an der Maritza ist aber nicht nur eine kosmopolitische und geschäftige, sie ist auch eine sehr alte Stadt. Um die steilen Hügel, die wie Felsenfontänen aus der Ebene emporschießen, und um die behäbigen Hügel mit den runden Rükken hatten schon die Thraker eine befestigte Siedlung errichtet. Sie hieß *Eumolpos* und ihr Ursprung reicht damit in die griechisch-thrakische Mythologie zurück. Denn Eumolpos war diesem Sagenkreis zufolge der Sohn Poseidons und der schönen Rhodope, deren Namen heute das südlich von Plovdiv gelegene Rhodopen-Gebirge trägt. Seine Wälder und Matten hat Orpheus besungen.

341 v. Chr. eroberte Philipp II. von Mazedonien die Stadt und nannte sie *Philippopolis,* ein Name der sich dann durch viele Jahrhunderte hielt. Es kamen die Römer und machten die Stadt zum Mittelpunkt ihrer Provinz Thracia. Welche Bedeutung sie in dieser Zeit hatte, geht so richtig erst aus den Ausgrabungen der siebziger Jahre hervor. Wie groß das *antike Theater* war, ist aus den Freilegungen und den Rekonstruktionen in der Mulde zwischen den Hügeln Taxim und Dshambastepe ersichtlich, und von dem *Stadion* ist nur ein ganz geringer Teil am Ende der Korsostraße ausgegraben. Daß in dem Halbrund der freigelegten marmornen Sitzreihen ein Café untergebracht wurde, zeigt, wie zwanglos hier die Jahrtausende ineinander übergehen.

Die Hügel von Plovdiv hatten es dem französischen Dichter Alphonse de Lamartine angetan, als er auf seiner Orientreise 1833 die Stadt besuchte. Er wohnte in der Tat sehr schön, hoch über der Stadt, in dem prachtvollen, mit Holzdecken und kostbaren Teppichen ausgestatteten Haus des reichen griechischen Kaufmannes Mavridis. Lamartine fand die Aussicht vom Garten seines Gastgebers aus so hinreißend, daß er Plovdiv überschwenglich zu »einem der schönsten Flecken der Welt« erklärte. Auch wenn wir heute seine Verzückung nicht mehr ganz teilen können, müssen wir doch zugeben, daß die Szenerie der Stadt ganz außergewöhnlich ist. *Bürgerhäuser* wie die des reichen Herrn Mavridis gibt es noch mehrere, das Kojumdshioglu-Haus zum Beispiel, das Chindlijan-Haus, das Georgiadi-Haus oder das Nedkovitsch-Haus, stattliche Wohnungen der einst reichen griechischen, armenischen und bulgarischen Familien. Verglichen mit den anderen bulgarischen Bürgerhäusern sind die in Plovdiv außen wie innen am großzügigsten gestaltet. Die Fassaden mit Säulen, geschwungenem Gesims und mehrstufigen Erkern wirken sehr repräsentativ. Im Innern finden sich große Salons und Speisezimmer, die meist mit Erkern abschließen, geschmückt mit geschnitzten Wandverkleidungen, Holzdecken und romantischen Wandmalereien. Wohlstand und soziale Position der Bürger wurden also nicht versteckt. Heute sind die Häuser Eigentum des Staates, der sie als Museen oder Schaustücke der bürgerlichen Architektur des vorigen Jahrhunderts hegt und pflegt.

Im Herbst ist es besonders reizvoll, in den Gäßchen zwischen den Hügeln mit den wie aus einem orientalischen Märchen klingenden Namen Djambaz Tepe und Sachat Tepe umherzustreifen, in die stillen Gärten zu treten, in denen die Herbstblumen leuchten, die schweren blauen Trauben am Spalier der Mauern hängen und auf dem Rand der Brunnen die Katzen in der Sonne schlafen. Wenn man genug der süßen Stille hat, kann man sich in das Gewühl auf dem Budnardschik-Hügel begeben. Für die Bulgaren ist sein Besuch beinahe eine patriotische Pflicht, und an Sonn- und Feiertagen, auch während der Messe, pilgern ganze Karawanen zu den Denkmälern auf seinem Gipfel. Es sind die Denkmäler der russischen Befreier, derer von 1878 und derer von 1944.

Welch ein Unterschied im Geschmack. Das eine eine bescheidene, aber ergreifende Granitpyramide zu Ehren der russischen Soldaten, die vor mehr als hundert Jahren ihr Leben für ein selbständiges, von der türkischen Herrschaft freies Bulgarien opferten. Das andere dagegen, das neue Befreierdenkmal, ist eine riesige, aus gewaltigen Granitquadern geschaffene Figur eines Sowjetsoldaten, der in dieser leicht verspielten und heiteren Umgebung wie ein finsterer Golem wirkt.

Seit Anfang der siebziger Jahre besitzt Plovdiv noch ein weiteres Denkmal, das an Befreiungskämpfe erinnern soll. Es ist den im letzten Krieg gefallenen bulgarischen Partisanen und Widerstandskämpfern gewidmet und ist in der Form eines altthrakischen Hügelgrabes errichtet. 14 Betonplatten umschließen kranzförmig einen Innenhof, an dessen Rand 90 Skulpturengruppen Ereignisse aus der Geschichte des bulgarischen Volkes symbolisieren. Junge Pioniere stellen eine Ehrenwache. Die monumentale Gedenkstätte liegt im Westteil der Stadt, genau in der Verlängerung der Denkmäler auf dem ›Hügel der Befreier‹, wie der Budnardschik-Hügel auch heißt. Ich halte es nicht für einen Zufall, daß man hier einen nationalbulgarischen Kontrapunkt zu den Russendenkmälern weiter oben geschaffen hat, so als wollte man sagen: Wir haben uns die Freiheit nicht schenken lassen, auch wir haben für sie Opfer gebracht, auch wir haben Gefallene, deren Andenken es zu ehren gilt. Die Freundschaft zwischen Bulgaren und Russen ist nicht ganz ohne Probleme. Einerseits hat sich aufgrund von Sprache, Religion, Volkscharakter und Geschichte eine Beziehung zwischen den beiden Völkern entwickelt, wie sie sonst zwischen keinem der anderen slawischen Völker und den Russen besteht. Hinzu kommt noch, daß die Bulgaren die Befreiung vom »türkischen Joch« 1877/78 ohne Zweifel den Truppen des zaristischen Rußland verdanken, und daß sie sich nach dem Zweiten Weltkrieg dank sowjetischer Unterstützung von einem Verbündeten des Verlierers Deutschland auf die Seite der Sieger retten konnten. Schließlich ist noch die ideologische und politische Verquickung zwischen den kommunistischen Regimen der beiden Länder zu berücksichtigen. Andererseits ist offensichtlich, daß je enger sich die Beziehungen zwischen Sofia und Moskau entwickeln, desto größer auch die Gefahr für das kleine Bulgarien wird, seine Identität zu verlieren. Deshalb scheint es im Sinne des Regimes zu sein, wenn von Zeit zu Zeit Akzente gesetzt werden, die das nationale Bewußtsein gegenüber dem großen Bruder im Norden stärken.

Noch einmal ans Schwarze Meer

Vom Schwarzen Meer war schon in den rumänischen Kapiteln über die Dobrudscha und das Donau-Delta die Rede; die bulgarische Küste müssen wir aber gleichfalls besuchen, denn sie hat einiges zu bieten: Streckenweise eine heitere Landschaft mit Weingärten, Pappeln und sonstigem Grün, weite Sandstrände und stille Buchten, und für den Liebhaber von Altertümern auch byzantinische Kirchen aus frühen Jahrhunderten.

Eine persönliche Bemerkung sei mir gestattet: Mir gefällt die bulgarische Küste besser als die rumänische. Sie ist landschaftlich von größerer Vielfalt, abwechslungsreicher, malerischer. Angefangen von den Felsen des Kap Kaliakra im Norden und dem Städtchen *Baltschik* mit seinen Terrassen und einem orientalisch anmutenden Schlößchen. Hierher zogen sich, als auch der südliche Teil der Dobrudscha zu Rumänien gehörte, die rumänischen Königinnen zurück, wenn sie ganz privat sein wollten. Heute ist das Schlößchen, das unmittelbar an der Küste liegt und von dessen Garten man einen weiten Blick auf das Meer hat, mit der Literatur verbunden: Es dient dem bulgarischen Schriftstellerverband als Erholungsheim.

Weiter nach Süden folgen dann die Badestrände um Varna und Burgas und die weit ausschwingenden Buchten zwischen Sosopol und der türkischen Grenze. In diese Küstenszenerie fügen sich die bulgarischen Hotelbauten, die in den vergangenen dreißig Jahren sozusagen aus dem Sand gestampft wurden, harmonischer ein als die Hotelhochhäuser zwischen Mamaia und Mangalia auf der rumänischen Seite, die wie ›Strandsilos‹ und ›Urlaubskombinate‹ wirken. Zwar haben auch die Bulgaren ihre vielstöckigen Hotelbauten am ›Goldenen Sand‹ (Zlatni pjasaci) nördlich von Varna und am ›Sonnenstrand‹ (Slančev Brjag) zwischen Varna und Burgas. Aber nicht sie prägen das Bild dieser Urlaubsorte, sondern eher die mittelgroßen, architektonisch oft recht originellen Hotelbauten, die sich ihrer Umgebung anpassen.

Dem großen Binnenmeer haben die Türken seinen heutigen Namen gegeben, sie waren kein Seefahrervolk, und das

Schwarze Meer hatte für sie etwas Bedrohliches. Die Bulgaren mit ihren bäuerlichen Wurzeln hätten diese Bezeichnung freilich ebensogut erfinden können. Offenbar auch ihre thrakischen Vorfahren, denn es waren ja die Griechen, die von einem »gastfreundlichen Meer« sprachen, sich an seinen Ufern niederließen und dort ihre Städte gründeten. Von den griechischen Siedlungen im heutigen Rumänien haben wir schon gesprochen, an der bulgarischen Küste waren es Kavarna und Varna, das malerische Nessebar und auch Sosopol südlich von Burgas. Später wurden diese Städte Stützpunkte der Römer und der Byzantiner und dann auch der Bulgaren, bis sie schließlich während der Jahrhunderte der osmanischen Herrschaft ein buntes Völkergemisch beherbergten. Aus all diesen Zeiten sind noch einige Reste vorhanden, vieles wurde aber auch weggeschleppt, wie die schöne Apollo-Statue, die einstmals das Forum von Sosopol zierte und die man heute auf dem Kapitol in Rom bewundern kann, wohin sie der römische Feldherr Marcus Lucullus mitgenommen hatte.

In **Varna,** das wie Histria im heutigen Rumänien von griechischen Kolonisten aus dem kleinasiatischen Milet gegründet wurde und Odessos hieß, findet man aus dem Altertum nur noch Überreste der ausgedehnten Badeanlagen aus der römischen Zeit und einige Mosaiken aus der unter der byzantinischen Herrschaft errichteten Stadtbasilika. Dann gibt es in der Nähe der Stadt aber ein Mausoleum, das ins Mittelalter und nach Mitteleuropa weist. Es ist eine Gedenkstätte für den ungarischen König Wladyslaw III. aus dem polnischen Hause der Jagellonen, der am 10. November 1444 in der Schlacht von Varna den Tod fand.

Sie war eines der leichtfertigsten kriegerischen Unternehmen des christlichen Europa gegen die Türken, und es war auch kein Ruhmesblatt für den in der Abwehr der türkischen Gefahr sonst so glorreichen Johannes Hunyadi. Dieser hatte nämlich nur wenige Monate vorher in Szeged mit Sultan Murat II. einen zehnjährigen Waffenstillstand abgeschlossen. Als aber der Sultan in Kleinasien in Schwierigkeiten geriet, stachelte der päpstliche Legat Kardinal Julian Cesarini den ungarischen Feldherrn auf, den Waffenstillstand zu brechen und in türkisches Gebiet vorzudringen. Schneller als erwartet kehrte Murat aber auf den Balkan zurück, und bei Varna trafen die beiden Heere dann aufeinander. Empört über den Vertragsbruch, so wird berichtet, habe der Sultan das Abkommen von Szeged an seine Standarte heften und einen Herold damit vor das christliche Heer reiten und diesem zurufen lassen: »Christus, wenn Du wirklich Gottes Sohn bist, wie Deine Anhänger behaupten, dann strafe sie jetzt für ihre Niedertracht.«

Ob Christus den Ruf erhöhrt hat oder nicht – das abendländische Heer jedenfalls wurde vernichtend geschlagen, der neunzehn Jahre alte König und Kardinal Cesarini wurden im Getümmel erschlagen, Johannes Hunyadi konnte sich nur mit Mühe retten.

Die Schlacht von Varna war keine entscheidende Schlacht mehr zwischen Kreuz und Halbmond auf dem Balkan. Die wahren Entscheidungen waren, wie wir gesehen haben, schon mehr als ein halbes Jahrhundert früher gefallen, an der Maritza, auf dem Amselfeld, bei Nikopol. Es war ein überflüssiges und politisch wie militärisch noch dazu fragwürdiges Unternehmen, und entsprechend war auch sein Ausgang.

Keine hundert Kilometer weiter südlich kann man sich in etwas angenehmerer Weise mit der Vergangenheit beschäftigen. Auf einer kleinen Felseninsel – jetzt durch einen Damm mit dem Festland verbunden – liegt das Städtchen **Nessebar,** eine frühe griechische Siedlung, die im Altertum unter dem Namen Mesambria ein bedeutender Handelsplatz war. Das läßt sich schon an der Anlage der in Resten noch erhaltenen Befestigungen ablesen. Die Stadt muß aber auch noch zur Zeit von Byzanz und der bulgarischen Reiche eine Rolle gespielt haben, denn zwischen dem 4. und dem 14. Jahrhundert sind dort an die vierzig Kirchen gebaut worden. Die meisten davon sind nur noch Ruinen, um deren Mauer- und Bogenreste der Wind von der See streicht. Einige sind noch erhalten, oder sie sind restauriert worden, so die Kirche Johannes des Täufers (Sv. Ivan Krastitel) mit dem hohen, schlanken Tambour, die Stephanskirche (Sv. Stefan) mit ihren Wandmalereien aus dem 16. Jahrhundert, die Pantokratorkirche, an der die reich verzierten und bunt gegliederten Fassaden bemerkenswert sind. Wegen ihrer Außenverzierungen ist auch die Johannes Aleiturgetos-Kirche (Sv. Ivan Neosveteni) sehenswert, bei der der vielfarbige Dekorationsstil nach Meinung von Fachleuten seine höchste Vollendung erreicht hat. Sie bezeichnen daher diese Kirche als das bedeutendste mittelalterliche Bauwerk seiner Art in Bulgarien.

Aus dem mittelalterlich engen Gäßchen von Nessebar, aus denen man immer wieder überraschende Durchblicke auf das Meer hat, kann man sich, wenn einem nach Sonne, Sand und Wasser zumute ist, an den *Sonnenstrand* (Slančev Brjag) flüchten, der keine drei Kilometer entfernt ist. Als Ferienkomplex ist er deshalb interessant, weil nicht die Hotelbauten vom Allerweltstyp vorherrschen. Die bulgarischen Architekten, die hier in Kollektivs arbeiteten, haben sich andere Lösungen einfallen lassen. Inspiriert von den traditionellen ländlichen Bauformen in ihrem Lande, haben sie Kombinationen von höchstens ein- bis zweistöckigen Häusern mit Loggien, Terrassen und Innenhöfen geschaffen, die im Schatten von Pappeln, Erlen und Ulmen fast verschwinden und beinahe eine Atmosphäre des Privaten schaffen.

Wer es noch privater haben möchte, muß an die Küste südlich von Burgas gehen. Vor zwanzig Jahren gab es zwar Pläne, auch diesen Küstenabschnitt bis zur türkischen Grenze mit großen Hotelkomplexen zu bestücken. Davon ist man glücklicherweise abgekommen, ob aus Geldmangel, wegen der Schwierigkeiten bei der Schaffung der notwendigen Infrastruktur (Wasserversorgung) oder aus Gründen des Umweltschutzes – ich weiß es nicht. Abgesehen von ›Düni‹, einer Art Feriendorf, das seinen Namen von den nahen Dünen herleitet und das von österreichischen Firmen nach französischen Vorbildern gebaut wurde, ist dieser Teil der Schwarzmeerküste fast unversehrt geblieben. Zur großen Freude der Bulgaren, die sich im Sommer in kleinen Orten wie Sosopol und Ahtopol, Primorsko und Mičurin in Privatzimmern einmieten, um hier ihre Ferien fern des großen Urlauberrummels zu verbringen und zur uneingeschränkten Freude vieler einheimischer und ausländischer junger Menschen, die auch weiterhin die

Campingplätze bevölkern oder ihre Zelte unter den Kiefern an den flachen Sandstränden von Arkutino, Kiten und Alepu aufschlagen können.

Dieser Küstenstrich hat also weitgehend noch seine Ursprünglichkeit bewahrt. Zwar hat er keine Mittelmeer-bellezza mit Zypressen, Lorbeer, Orangen und Oliven zu bieten, aber seine Herbheit hat auch ihren Reiz, zumal es zwischendurch immer wieder grüne Oasen mit Eichen und Ulmen, Kiefern und Ahornbäumen gibt. An den Hängen wächst der Wein und in den Gärten reifen die Feigen.

ANHANG

ÜBER KÜCHE UND KELLER

Von der Küche der Balkanländer heißt es meist, sie sei in Wahrheit eine türkische Küche. Ich möchte noch weiter gehen und sagen, die Basis der Speisen, die man in Serbien und Bosnien, in Makedonien, Albanien und Bulgarien, in Griechenland und Rumänien serviert bekommt, sei allgemein orientalischer Natur. Denn die Wurzeln vieler Gerichte und auch der Eßgewohnheiten lassen sich bis ›hinunter‹ nach Persien verfolgen. Sogar in sprachlicher Hinsicht: Die Gurken-, Tomaten- und Käsestückchen, die die Bulgaren zum rakija, zum Schnaps reichen, heißen ›mese‹, was dem iranischen ›mase‹ entspricht, wie mir sach- und sprachkundige Leute versichert haben.

Aber so sehr in die Tiefe wollen wir gar nicht gehen. Fest steht, daß es in den Kochkünsten der Balkanvölker Gemeinsamkeiten gibt und daß die Besonderheiten der einen oder anderen Landesküche sich aus der Art der Zubereitung, aus den Zutaten und der Wahl der Gewürze ergeben.

Bei der Fülle der Balkanlokale, die in den letzten zwanzig Jahren in der Bundesrepublik, in Österreich und der Schweiz eröffnet wurden, ist es beinahe unnötig, auf die Bedeutung hinzuweisen, die den auf Rost gebratenen Röllchen aus gehacktem Fleisch in Südosteuropa zukommt, die in Jugoslawien Čevapčići, in Bulgarien Kebabschtita, in Rumänien Mititei, in Griechenland Suzugakia heißen.

Auf meinen Balkanfahrten habe ich die Erfahrung gemacht, daß man sich auf die Qualität der Fleischröllchen meist verlassen kann. Sie sind ein Volksnahrungsmittel, und ihr Konsum ist auch in der entlegensten Dorfkneipe beachtlich. Der Wirt, ob Angestellter eines Staatsbetriebs oder privater Gastronom, kann es sich gar nicht leisten, seiner lokalen Kundschaft Fleisch von zweifelhafter Qualität anzubieten.

Unter den **Vorspeisen** ist allen Balkanländern eine Art Strudel gemeinsam: Dünne Teigblätter werden in einer Pfanne abwechselnd mit Weißkäse, Spinat oder Fleisch aufeinandergeschichtet und dann gebacken. In Jugoslawien heißen diese Speisen je nach ihrer Füllung ›gibanica‹, ›zeljanica‹ oder ›pita sa mesom‹, ›pita‹ auch in Griechenland, in Rumänien ›plăcintă‹, in Bulgarien ›banica‹.

Eine angenehme Vorspeise ist in Serbien die Kombination von ›sir-kajmak-proja‹. Mit ›sir‹ bezeichnet man einen Weißkäse; der Begriff ›kajmak‹ läßt sich kaum übersetzen, es ist ein säuerlicher gelblicher, lockerer Rahmkäse, wobei der Rahm von gekochter Milch abgeschöpft worden ist. ›Proja‹ ist das Maisbrot.

Bei den auf dem Balkan allgemein üblichen Vorspeisen muß noch das luftgetrocknete Fleisch erwähnt werden. In Jugoslawien wird dafür der Sammelbegriff ›pršuta‹ meist in Verbindung mit einem bestimmten Ortsnamen verwendet, in Rumänien heißt das luftgetrocknete Schafsfleisch ›pastramă‹, in Bulgarien gibt es die ›lukanka‹.

Ebenso verbreitet, manchmal als Vorspeise, manchmal als Zwischengericht, ist das in Wein-, Kraut- oder Sauerampferblätter gewickelte Hackfleisch, zu dem Sauerrahm gereicht wird. In Jugoslawien, Bulgarien und Rumänien ist dafür, mit leichten Abwandlungen, die Bezeichnung ›sarma‹ gebräuchlich, in Griechenland ›dolmadakia‹.

Die **Suppen:** In Jugoslawien versteht man unter ›supa‹ eine klare Rindssuppe mit verschiedenen Einlagen. Das in Jugoslawien, Bulgarien und Rumänien gleicherweise gebrauchte Wort ›čorba‹ bezeichnet hingegen eine Suppe anderer Art: in Jugoslawien eine Rahmsuppe mit püriertem Kalb-, Hühner- oder Lammfleisch; in Bulgarien eine klare Suppe mit großen Stücken Fleisch, Zunge sowie Kartoffeln und Gemüse; ähnlich in Rumänien, nur gibt man ihr hier einen säuerlichen Beigeschmack, was schon in die Richtung des russischen Borschtsch weist.

Im Sommer sollte man sich, wenn man schon eine Suppe haben möchte, in Makedonien, Bulgarien und Rumänien für eine ›tarator‹ entscheiden: eine ungemein erfrischende Kaltschale aus etwas dünnem Joghurt, in den eine grüne Gurke gerieben ist, gewürzt mit Knoblauch und Pfeffer. Darauf kommen dann einige Tropfen Öl und geriebene Nüsse. Etwas Ähnliches haben die Griechen unter der Bezeichnung ›zaziki‹, nur ist hier der Joghurt dicker, es handelt sich also eher um einen Brei als um eine Kaltschale.

Nun zu den **Hauptspeisen,** von denen zwei als die Säulen der Balkanküche angesprochen werden können: ›djuveč‹ und ›mussaka‹. Von beiden gibt es regionale Varianten, aber das Prinzip ist überall das gleiche. Beim ›djuveč‹, rumänisch ›ghiveci‹, werden verschiedene Fleischsorten vermischt mit Zwiebeln, Tomaten, Paprikaschoten und Karotten in einem Tongefäß etwa zwei Stunden lang gedünstet und dann in diesem auch serviert.

Das ›mussaka‹ ist praktisch ein Fleischauflauf, unterlegt mit Auberginen oder Kartoffeln, mit Ei übergossen und im Rohr gebacken.

Von den regionalen Besonderheiten sei der ›bosanski lonac‹, eine Variante des ›djuveč‹, erwähnt, und auch die ›sogandolma‹, mit Hackfleisch gefüllte Zwiebeln, die ganz vorzüglich sein können. Wie ja überhaupt die bosnische Küche, was ihre Feinheiten betrifft, der serbischen weit überlegen ist, die sich bei Hauptgerichten im wesentlichen auf den ›roštilj‹, am Rost gebratenes Schweine- und Lammfleisch, stützt. Die Serben sind auch keine großen Meister im Gebrauch von Gewürzen.

In Bulgarien sollte man nicht versäumen, sich in Pergamentpapier Gebratenes zu Gemüte zu führen, ob es sich nun um Schafskäse, Lammfleisch oder sogar um Fisch handelt. Wenn man Glück hat, bekommt man in diesem Lande auch einmal einen in einem Hohlziegel gebackenen Fisch, der mit Öl, Zitrone und verschiedenen Gewürzen schmackhaft gemacht wird; das ist ein großer, wenn auch seltener Genuß.

Überhaupt die **Fische:** In unserem Bereich darf man sich von ihnen keine sehr differenzierte Zubereitung erwarten. Es sind meist Flußfische, die man vorgesetzt bekommt, gebacken oder gebraten; auch die Forellen. Am breitesten ist die Palette noch bei den Rumänen, die vor allem mit ihren Fischen aus dem Donaudelta – Hecht, Wels, Zander, Karpfen – etwas subtiler umzugehen verstehen. Auch die Fischsuppe sagt mir hier am meisten zu. Im heißen Sommer sind kalte Fischvorspeisen zu empfehlen.

Was die **Salate** betrifft, so steht in Jugoslawien an erster Stelle die ›srpska salata‹, der serbische Salat, bestehend aus Tomaten, Zwiebeln, grüner Gurke und grünem Paprika, mit Essig und Öl angemacht. Kommt darüber noch geriebener Schafskäse, dann hat man die ›šopska salata‹, ohne die in Bulgarien und Makedonien kein Essen aufgetragen wird.

Natürlich gibt es beinahe überall grünen Salat, weniger dagegen Gurkensalat mitteleuropäischer Art. In manchen Gegenden werden die Gurken in Scheiben geschnitten serviert, und man würzt dann selbst mit Salz, Essig und Öl. In Rumänien ißt man oft die in Streifen geschnittene und auf Eis servierte Gurke nur mit Salz.

In winterlichen Zeiten, wenn es schwierig ist, frischen Salat zu bekommen, empfiehlt es sich, auf ›ajvar‹ auszuweichen (Eingemachtes aus Auberginen und roten Paprikaschoten) oder auf

›pečene paprike‹ (gebratene und dann eingelegte rote Paprikaschoten) und bei den Serben auch auf ›kiseli kupus‹ (Sauerkraut): gevierteilte kleine Krautköpfe, in Salzwasser eingelegt und mit Paprika bestreut serviert.

Über die Süßigkeiten auf dem Balkan Gültiges auszusagen, fühle ich mich nicht befugt: Sie sind mir zu süß und zu klebrig, mit zuviel Honig und zuviel Zucker übergossen, die ›Baklavas‹ und ›Tufahijas‹, die ›Kadaif‹ und ›Tatlije‹, oder wie ihre blumigen Bezeichnungen nun lauten mögen.

Da kehre ich lieber zum Ausgangspunkt unseres Kapitels zurück, zum **Aperitif.** Der weitverbreitetste ist der Pflaumenschnaps, in Jugoslawien ›slivovica‹ genannt, in Bulgarien ›slivova‹, in Rumänien ›zuika‹. In seiner handelsüblichen Form hat er einen Alkoholgehalt von 25 bis 30 Prozent; will man ihn stärker, muß man in Jugoslawien und Bulgarien eine ›prepečenica‹, einen Doppeltgebrannten bestellen. Sehr verbreitet ist auch der Traubenschnaps, in Jugoslawien ›lozovača‹, in Bulgarien ›grozdova‹ genannt. In Albanien bekommt man ihn, wenn man einfach einen ›raki‹ bestellt, was eigentlich der balkanische Sammelbegriff für Schnaps ist. Im südlicheren Balkan trinkt man auch die ›mastika‹, den Anisschnaps, der bei den Griechen ›ouzo‹ heißt.

Die Jugoslawen trinken vor dem Essen oft einen ›vinjak‹, einen Weinbrand, von dem es im Lande unzählige Marken von recht unterschiedlicher Qualität gibt. Ich ziehe die rumänischen und vor allem die bulgarischen Weinbrände vor, ›Pliska‹ und ›Preslav‹ zum Beispiel, die ebenso wie der albanische ›Skanderbeg‹ schon in die Nähe des französischen Cognac kommen.

Und schließlich die **Weine:** Wo soll ich da angesichts der Fülle des Angebotes anfangen und wo enden? Zwei gute Weine aus der Herzegowina habe ich bereits erwähnt: den roten ›blatina‹ und den weißen ›žilavka‹. In Montenegro empfiehlt sich der rote ›vranac‹. Im Kosovo soll man nicht nach dem ›Amselfelder‹ fragen, so wird er nur in Deutschland genannt. An Ort und Stelle verbirgt er sich hinter verschiedenen Bezeichnungen, in denen aber immer das Wort Kosovo vorkommt. In Makedonien kann man sich auf die Weine aus Tikveš, rote und weiße, verlassen. In Serbien gibt es trockene Weißweine in der Umgebung von Smederevo an der Donau und helle Rotweine aus den Weinkulturen um Prokuplje im Süden des Landes. In Bulgarien heißen die bekanntesten Weißweine ›Evsinograd‹, ›Karlovo‹ und ›Tamjanka‹, um nur einige wenige zu nennen. Die Rotweine kommen aus der Umgebung von Melnik, Vidin an der Donau und von der Schwarzmeerküste südlich von Burgas. Nicht weniger groß ist die Auswahl in Rumänien: Den schweren Rotwein von Murfatlar habe ich schon genannt, es gibt auch verschiedene herbe Rotweine: ›Nicoresti‹, ›Minis‹ oder wie sie sonst noch heißen mögen. Trockene Weißweine sind meist in Siebenbürgen zu Hause.

Wer dem Alkohol entsagen muß, dem stehen in allen genannten Ländern Fruchtsäfte und Mineralwasser zur Verfügung, wobei allerdings der Einwand gestattet sei, daß die Fruchtsäfte nicht mehr das sind, was sie vor zwanzig bis dreißig Jahren waren. Offenbar haben sie mit steigender Produktion, auch für den Export, an Qualität eingebüßt. An einem im Sommer außerordentlich erfrischenden Getränk kann allerdings kaum etwas verdorben werden: an dem hauptsächlich in Bulgarien verbreiteten ›ajtan‹, einem mit Mineralwasser verdünnten Joghurt.

Zum Schluß noch zwei praktische Hinweise: Wünscht man in Jugoslawien und Bulgarien einfach einen **Tee,** einen ›čaj‹, so kann es passieren, daß ein Kräutertee gebracht wird. Einen russischen Tee, ›ruski čaj‹, oder auch schwarzen Tee, ›crni čaj‹, muß man ausdrücklich bestellen.

Und möchte man vom Balkan Gewürze mit nach Hause nehmen, so muß man sich auf den Märkten nach den Ständen umsehen, an denen die verschiedensten Sorten von Kräutertee verkauft werden, denn Gewürze und Kräuter gehen in einem, und manches, was wir als Gewürz verwenden, dient hier der Zubereitung von Tee.

DIE SPRACHEN

Das Albanische

Das albanische Alphabet hat 36 Buchstaben, 7 Vokale und 29 Konsonanten. Ihre Aussprache deckt sich meist mit der deutschen Aussprache, doch gibt es manche Unterschiede.

Die *Vokale* a, e, í, o, u werden mit voller Stimme ausgesprochen, aber

ë	wie	das deutsche ö
y	wie	ü

Von den *Konsonanten* werden ausgesprochen

c	wie	z	in Zeppelin
ç	wie	tsch	in Tscheche
dh	entspricht dem englischen th in dem Artikel the		
gj	entspricht dem g in dem Wort Gans, ausgesprochen von einem Berliner		
ll	ist ein starkes l wie in Kerl		
nj	wie	gn	in Champagner
q	wie	kj	
rr	wie	ein gerolltes r in Rausch	
s	wie	ein scharfes s in Haß	
sh	wie	sch	
th	wie	das englische th in Smith	
v	wie	w	
x	wie	ds	
xh	wie	dsch	in Dschungel
z	wie	s	in Sonne
zh	wie	das j in Journal	

Das Bulgarische

Wie die Russen, Serben und Makedonier benützen die Bulgaren die kyrillische Schrift, allerdings sind die Alphabete dieser Völker nicht ganz identisch, in Varianten unterscheiden sie sich. Das bulgarische Alphabet besteht aus 9 Vokalen und 21 Konsonanten.

А	а	К	к	Ф	ф
Б	б	Л	л	Х	х
В	в	М	м	Ц	ц
Г	г	Н	н	Ч	ч
Д	д	О	о	Ш	ш
Е	е	П	п	Щ	щ
Ж	ж	Р	р	Ъ	ъ
З	з	С	с	—	ь
И	и	Т	т	Ю	ю
Й	й	У	у	Я	я

Die Vokale:

а kurzes offenes a wie in Hand oder
kurzes unbetontes, etwas reduziertes a wie in Kamin
е kurzes offenes e wie in Fett
и kurzes offenes i wie in Milz
о kurzes offenes betontes o wie in Sold oder
unbetontes, etwas reduziertes o wie in Soldat
у kurzes u wie in Hund
ъ entspricht im Deutschen einem unbetonten e in
Endsilben -er, -en z. B. in Theater, Taler
ь kommt nur in der Mitte des Wortes und vor o vor,
entspricht in etwa dem deutschen ö wie in Köln
ю ju wie in Juni, oder nach einem Konsonanten
wie ü in Tünche
я ja wie in Jakob

Die Betonung liegt im Bulgarischen nicht auf einer bestimmten Silbe, sie ist veränderlich. Allerdings hängt von der Betonung der Sinn mancher Wörter ab, die gleich geschrieben werden.

Die Konsonanten:

б wie B ach
г wie G arten
д wie D ach
й wie J ahr
м wie M ond
н wie N est
к wie K opf (ohne Behauchung)
п wie P ark (ohne Behauchung)

т wie T afel (ohne Behauchung)
в wie *W* in Welt
ж wie franz. j in Journal
з stimmhaftes *s* wie in Sense
л vor und **и** wie deutsches *l* in Leder
weiches *l* vor **ю**, **я**, **ьо**, sonst hartes *l*,
etwa wie ein engl. *l* in *all*
р stets gerolltes Zungenspitzen-r
с wie *ss* oder *ß* in Wasser, heiß
ф wie *f* in Folge oder *v* in Vetter
х wie *ch* in Buch oder *h* in Hobel
ц wie *z* in Zeit oder *tz* in Hitze
ч wie *tsch* in deutsch
ш wie *sch* in Schale
щ wie *scht* oder *st* in Sturm

Das Rumänische

Die Besonderheiten:

ă			wird etwa wie das e in Vater oder das zweite e in gehen ausgesprochen
c	wie	k	folgt einem c ein e oder ein i, dann spricht man die Lautgruppe wie tsche oder tschi aus; folgt einem c die Lautgruppe he oder hi, so spricht man die ganze Silbe wie ke oder ki aus.
ge, gi	wie	dsch	in Gentleman und Dschiu-Dschitsu
ghe, ghi	wie	g	in Gefahr und Gipfel
i			ein nicht betontes auslautendes i zeigt nur die Erweichung des vorhergehenden Konsonanten an (wie ein angehängtes j)
î			wird wie ein geschlossenes ă ausgesprochen
j	wie	g	in Genie oder j in Jongleur
s	wie	ss	in Faß oder Nuß
ș	wie	sch	in Schule
ț	wie	z	in Zahn
v	wie	w	
z	wie	s	in sehen, suchen

Doppellaute

ai	ai	wie in Mai
au	au	wie in Frau

ei	e + i	wie in geimpft
eu	e + u	wie in beunruhigen
oa	oa	wie in Oase
oi	oi	wie in Boykott
ou	ou	wie in Po-Ufer
ui	ui	wie in Pfui

Für die *Betonung* gibt es keine festen Regeln. Gewöhnlich wird die vorletzte Silbe betont, es kann aber auch die letzte oder jede andere Silbe sein.

Das Serbo-Kroatische

Im Serbo-Kroatischen gibt es zwei Alphabete, das lateinische und das kyrillische. Ersteres wird in Kroatien, in Teilen Bosniens und der Herzegowina und in Teilen Montenegros gebraucht, letzteres in Serbien, in Teilen Bosniens und der Herzegowina und auch in Teilen Montenegros. Aber auch in diesen Bereichen sind öffentliche Aufschriften, Wegweiser und Straßenbezeichnungen oft in lateinischen Buchstaben gegeben.

Die *Vokale* kommen kurz und lang vor und sind immer offen zu sprechen.

Die *Konsonanten* sprechen sich wie folgt aus:

c	wie z	in Zimmer	
č	wie tsch	in Tschako	
ć		in der Mitte zwischen tj und tsch	
dž	wie dsch	in Dschungel	
đ		in der Mitte zwischen dj und dsch	
h	wie ch	in Lachen	
lj		eine Verschmelzung von l und j	
nj	wie gn	in Cognac	
s		stimmlos wie in Faß	
š	wie sch	in Schule	
v	wie w	in Wagen	
z	wie s	in Rose	
ž	wie j	in Journal oder G in Gelee	

Über die *Betonung* lassen sich schwer Regeln aufstellen, mit einer Ausnahme: ein Wort kann nie auf der letzten Silbe betont werden.

ZEITTAFEL

107	Dakien wird römisch
146	Makedonien wird römische Provinz
271	Römer räumen Dakien
330	Byzanz wird Hauptstadt des römischen Reiches (Nova Roma, Constantinopolis)
395	Reichsteilung. Das oströmische, byzantinische Reich mit Hauptstadt Konstantinopel
um 680	die Bulgaren setzen sich endgültig an der unteren Donau fest, besiegen unter Asparuch (Isperich, 681-702) ein byzantinisches Heer. Bis 1018 Erstes bulgarisches Reich.
705	der Bulgarenfürst Tervel (702-718) zum Zar erhoben
865	Zar Boris I. (852-889) nimmt das orthodoxe Christentum an
917	Zar Simeon (893-927) schlägt Serben und Byzantiner und führt das Erste bulgarische Reich zur größten Blüte
971	Erstürmung Groß-Preslavs und Niederwerfung Bulgariens durch den byzantinischen Kaiser Johannes I. Tzimiskes
976-1018	unter Samuil aus makedonischem Fürstengeschlecht lebt das bulgarische Reich nochmals mit Schwerpunkten in Prespa und Ohrid auf
1014	im Juli Vernichtungsschlacht im oberen Strumagebiet durch Kaiser Basileios II., dem ›Bulgarentöter‹. Zar Samuil stirbt wenige Tage später
1018	Einverleibung Bulgariens in das byzantinische Reich
1166-1196	Stephan Nemanja gründet ein serbisches Großreich, das seine Dynastie bis 1371 beherrscht
1196	Nemanja übergibt die Regierung seinem Sohn Stephan ›dem Erstgekrönten‹ und zieht sich ins Kloster zurück. Sein jüngster Sohn Rasko, der hl. Sava, organisiert die serbisch-orthodoxe Kirche, stirbt 1235 in Târnovo in Bulgarien
1204	Vierter Kreuzzug: Eroberung von Konstantinopel durch die Kreuzfahrer und Venedig, Gründung des ›Lateinischen Kaiserreichs‹

1243-1276	Stephan Uroš I. serbischer König
1261	Rückeroberung Konstantinopels durch die Byzantiner, Ende des ›Lateinischen Kaiserreichs‹
1276-1282	Stephan Dragutin serbischer König
1282-1321	Stephan Uroš II. serbischer König
1331-1355	Stephan Dušan serbischer König, seit 1346 Zar
1355-1371	Stephan Uroš Zar, letzter Nachkomme Nemanjas
1365-1371	Vukašin serbischer König, fällt in der Schlacht an der Maritza gegen die Türken
1371-1389	Lazar serbischer Fürst. Die Königskrone der Nemanjiden geht auf die Linie der Hrebeljanowitsch über, deren Herrschaft nur kurzlebig ist
1389	Schlacht auf dem Amselfeld. Sultan Murat I. wird ermordet, Lazar gerät in türkische Gefangenschaft und wird hingerichtet. Ende des serbischen Großreiches
1393-1397	das 1186 von Asen I. begründete zweite bulgarische Reich geht unter den Angriffen der Türken (1393 Einnahme von Târnovo, 1396 von Vidin) zugrunde
1396	Schlacht von Nikopol an der Donau. Die bunte Heeresmacht der Kreuzfahrer wird von den Türken vernichtet, König Sigismund von Ungarn gelingt die Flucht zu Wasser nach Konstantinopel
1453	Fall von Konstantinopel. Die Türken erobern 1459 Serbien, 1463 Bosnien, 1468 Albanien, 1482 die Herzegowina
1468	Tod Skanderbegs
1521	die Türken erobern Belgrad, 1526 durch die Schlacht von Mohacz auch Ungarn
1529	erste Belagerung Wiens
1668 u. 1689	Österreich stößt zweimal bis Skopje vor
1683	zweite Belagerung Wiens, 1686 Rückeroberung von Ofen durch die Kaiserlichen, 1689 erste Rückeroberung Belgrads, 1697 Prinz Eugen besiegt die Türken bei Zenta an der Theis
1717	Eroberung Belgrads durch Prinz Eugen
1718	Friede von Passarowitz, Teile von Serbien mit Belgrad und die Kleine Walachei kommen an Österreich
1739	im Frieden von Belgrad gibt Österreich die gewonnenen Gebiete wieder auf

1768-1774	erster russisch-türkischer Krieg. Im Frieden von Kütschük Kainardsché werden Moldau und Walachei an ihre Fürsten gegeben
1804-1812	erster Volksaufstand gegen die Türken in Serbien unter Karadschordsche
1815-1817	zweiter Aufstand der Serben unter Obrenovitsch
1817	serbisches Fürstentum unter Milosch Obrenowitsch, ab 1818 autonom
1859	Fürstentum Rumänien unter türkischer Oberhoheit durch Zusammenschluß der Fürstentümer Walachei und Moldau
1866-1914	Carol I. (Karl von Hohenzollern-Sigmaringen) Fürst von Rumänien, 1881 König
1877-1878	zweiter russisch-türkischer Krieg. Kämpfe um Plevna (Pleven) und am Schipka-Paß. Friede von San Stefano
1878	Berliner Kongreß: Rumänien, Serbien und Montenegro werden als unabhängige Staaten anerkannt, Bulgarien bleibt unter einem christlichen Fürsten tributpflichtig, Besetzung Bosniens und der Herzegowina durch Österreich-Ungarn
1879-1886	Alexander von Battenberg Fürst von Bulgarien
1887-1918	Ferdinand von Sachsen-Coburg Fürst, 1908 Zar von Bulgarien
1912	Gründung eines selbständigen Albanien, ab 1928 bis 1939 Königtum unter Zogu I.
1912-1913	erster und zweiter Balkankrieg
1914-1918	Erster Weltkrieg
1918	Königreich der Serben, Kroaten und Slowenen, seit 1929 Jugoslawien
1919-1920	Neuordnung des Balkans durch Pariser Vorortverträge, Albanien zunächst Republik, Bulgarien, Jugoslawien, Rumänien Königreiche
1939-1945	Zweiter Weltkrieg. Nach Kriegsende geraten Albanien, Bulgarien, Jugoslawien und Rumänien unter kommunistische Herrschaft und werden Volksrepubliken (Rumänien 1947 nach Sturz König Michaels I.)

REGIONALSTAATEN

Montenegro

1697-1852	das Gebiet der montenegrinischen Stämme wird von Fürstbischöfen (Vladikas) aus der Familie Petrović regiert
1830-1851	Peter II. Njegoš Fürstbischof und Dichter
1852-1860	Danilo II. nur noch weltlicher Fürst
1860-1918	Nikola I. Fürst, ab 1910 König
1918	Montenegro geht in Jugoslawien auf

Serbien

von 1817 bis 1903	regieren (mit Unterbrechungen) im wesentlichen die Obrenowitschs, zuerst als Fürsten, ab 1882 als Könige bis zur Ermordung Alexanders
von 1903 bis 1945	regieren die Karadschordsches, bis 1918 als Könige von Serbien, dann als jugoslawische Könige

Walachei-Moldau

um 1350	Entstehung eines selbständigen Fürstentums Walachei, bis 1714 regiert von einheimischen Fürsten, dann bis 1822 unter der Oberhoheit der Pforte von Phanarioten (Griechen aus Stambul)
1356	Entstehung des selbständigen Fürstentums Moldau, bis 1711 regiert von einheimischen Fürsten, dann bis in die erste Hälfte des 19. Jahrhunderts ebenfalls von phanariotischen Familien
1859	Vereinigung von Moldau und Walachei zum rumänischen Staat
1859-1866	Fürst Alexander Johann I. Cuza
1866	Carol I. (von Hohenzollern-Sigmaringen) als Fürst von Rumänien, 1881-1914 als König

T

DANK DES VERFASSERS

Für die freundliche Unterstützung bei seinen Reisen und bei der Beschaffung notwendiger Unterlagen ist der Autor einer Reihe von Institutionen und ihren Repräsentanten zu aufrichtigem Dank verpflichtet; so dem Jugoslawischen Touristenverband und dem Sekretariat für Information der Sozialistischen Bundesrepublik Jugoslawien in Belgrad, der Sofia-Press, Sofia, und ihrem Büro in Wien, sowie der Botschaft der Volksrepublik Bulgarien in Wien, der Presse- und Kulturabteilung der Rumänischen Botschaft in Wien, den Botschaften der Volksrepublik Albanien in Belgrad und in Wien und dem Komitee für die kulturellen Beziehungen zum Ausland in Tirana.

Ferner bedankt sich der Verfasser bei den vielen Bürgern der besuchten und beschriebenen Balkan-Länder, die durch ihre Kenntnisse und Hinweise ihm zum besseren Verständnis ihrer Heimat verholfen haben.

Bei der Erstellung des Manuskriptes war Veronika Erich von größter Hilfe, wofür ihr besonders gedankt werden soll.

ABBILDUNGSNACHWEIS

Leonore Ander, München: Farbt. 11; Deutscher Kunstverlag, München, Bildhandbücher: (Jugoslawien) S. 125, 132, 133, 181, 212, 284, (Rumänien) Abb. 34, 38, S. 338, 339, 343, 373, (Bulgarien) Abb. 48, S. 421, 422, 450, 477; Edition Leipzig, Verlag für Kunst und Wissenschaft (Vasil Eftimov, Sofia): Abb. 53; Klaus Gallas, München: Schutzumschlag; Margot Granitsas, New York: Farbt. 7, 14, 21; Gerhard Klammet, Ohlstadt: Farbt. 6, 8-10, 12, 13, 15-20, 22/23; Bildagentur Mauritius, Mittenwald: Farbt. 3 (Dr. Sanader), 5 (Dr. Reisel); José Poblete, Frankfurt am Main: Abb. 41-47, 49-52, 54-59, S. 456, 465; Propyläen Kunstgeschichte, Bd. 3: S. 228, 327, 470; Hanns Reich, Icking: Abb. 10, 28; Inge + Arved v. d. Ropp, Köln: Farbt. 1, 4; Toni Schneiders, Lindau; Schutzumschlag-Rückseite, Abb. 1-7, 15-27, S. 21 (2), 211, 215, 225, 295, 303; Visum, Hamburg (Gerd Ludwig): Farbt. 2; Eduard Widmer, Zürich: Abb. 11-13, 32, 33, 35-37, 39, 40. Nicht nachgewiesene Abbildungsvorlagen stammen aus dem Archiv des Verlags.

Kartographie: Astrid Fischer, München.